刑事事件における証拠等関係カードの記載に関する実証的研究
―新　訂―

研　究　員

福岡高等裁判所　　内　藤　和　宏
　　（現　福岡地方裁判所小倉支部）
横浜地方裁判所　　廣　戸　　　充
　　（現　東京地方裁判所）

初版第３刷発行に当たって

　本研究報告書は、裁判所職員総合研修所の許可をいただいて発行しているものですが、下記の点について、ご承知おきくださいますようお願いいたします。

2022年11月

　　　　　　　　　　　　　　　　　　一般財団法人　司　法　協　会

記

　本研究報告書は、平成28年に刊行されたものを増刷したものであり、法令、判例、運用等は、研究当時のものですので、留意してください。

は　し　が　き

　刑事事件における証拠等関係カードの記載については，平成5年度裁判所書記官実務研究報告書「刑事事件における証拠等関係カードの記載に関する実証的研究」があり，発刊以来，現在にいたるまで，カード作成事務は，この報告書に記載された考え方を基本として運用されてきたところです。

　その間，刑事裁判においては，被害者保護のための諸制度，即決裁判手続，公判前整理手続，裁判員裁判などの新しい制度が導入されるとともに，当事者の訴訟対応も多様化・複雑化してきました。他方，カードの様式面においては，B4判縦書き（袋とじ）からA4判横書きに変わり，「裁判所書記官印」欄が廃止されて各欄の記載スペースが広くなるなどの変更がなされています。

　このような変化の中で，現在のカード作成事務について，カードの目的や機能を十全に果たせるものが作成できているのか，新しい手続に対応できているのか検討しなければならないということで，今回の研究がスタートしました。本研究は，このような問題意識の下，カード作成事務について，その根拠と目的を踏まえた合理的な事務の在り方を検討しています。

　本研究報告書では，カードの各欄の記載事項がどのような根拠に基づいているのかを常に意識していただけるよう，根拠となる法律，規則や関連する通達，通知を明示しているほか，どういった趣旨で記載するのか具体的に分かるような記述を心掛けています。また，実際の記載方法のイメージを共有するのに必要な限度で記載例を掲載しています。

　本研究では，十分に検討を尽くせなかったところや明確な根拠・理由を示すことができなかったところも多々あろうかと思います。しかし，できるだけ分かりやすく，現場の書記官事務に役立つ実務的な内容を心掛けて作成したこの報告書が，各庁において活用され，議論の素材となり，適正・迅速な裁判の実現に向けて，合理的な事務処理への改善に寄与することになれば幸いです。

　最後に，貴重な時間を割いてヒアリング調査やアンケート調査に御協力いただいた各裁判所の裁判官及び書記官の皆様，懇切丁寧な御指導をいただいた裁判所職員総合研修所の教職員の皆様，最高裁判所事務総局総務局及び刑事局の皆様には，心から感謝し，厚くお礼を申し上げます。

　平成27年10月

内　藤　和　宏
廣　戸　　　充

凡　例

1 　法令

　　　法　　　　　　　　　刑事訴訟法
　　　規則　　　　　　　　　刑事訴訟規則
　　　裁判員法　　　　　　　裁判員の参加する刑事裁判に関する法律
　　　裁判員規則　　　　　　裁判員の参加する刑事裁判に関する規則
　　※　以上の法令名は略語を使用し，項をⅠ，Ⅱ…，号を①，②…と表記した。
　【例】
　　　法 48　　　　　　　　刑事訴訟法 48 条
　　　規則 44 Ⅰ⑪　　　　　刑事訴訟規則 44 条 1 項 11 号

2 　判例
　【例】
　　　最判昭 25.7.13 刑集 4-8-1343
　　　→昭和 25 年 7 月 13 日，最高裁判所判決，最高裁判所刑事判例集 4 巻 8 号 1343 頁
　【判例集】
　　　刑集　　　　　　　　　最高裁判所刑事判例集
　　　裁判集　　　　　　　　最高裁判所刑事裁判集
　　　高刑集　　　　　　　　高等裁判所刑事判例集
　　　特報　　　　　　　　　高等裁判所刑事裁判特報
　　　下集　　　　　　　　　下級裁判所刑事裁判例集

3 　通達等
　　　カード様式等通達　　　平成 12 年 8 月 28 日付け最高裁刑二第 277 号事務総長通達「証拠等関係カードの様式等について」
　　　カード記載要領通達　　平成 12 年 8 月 28 日付け最高裁刑二第 278 号刑事局長，総務局長依命通達「証拠等関係カードの記載要領について」
　　　カード解説　　　　　　最高裁判所事務総局刑事局編「証拠等関係カード等に関する通達の解説」
　　　質疑回答　　　　　　　昭和 52 年 9 月最高裁判所事務総局刑事局第二課編「証拠等関係カードの記載要領等についての質疑回答集」
　　　押収物等取扱規程　　　昭和 35 年 5 月 31 日付け最高裁判所規程第 2 号
　　　押収物等取扱規程運用通達　平成 7 年 4 月 28 日付け最高裁総三第 24 号事務総長依命通達「押収物等取扱規程の運用について」
　　　記録編成通達　　　　　平成 12 年 10 月 20 日付け最高裁総三第 128 号事務総長通達「刑事訴訟記録の編成等について」

4 参考文献等
(1) 単行本
 石井・証拠法　　　　　　石井一正「刑事実務証拠法（第五版）」
 栗本・証拠法　　　　　　栗本一夫「実務刑事証拠法」
 実務講座　　　　　　　　団藤重光「法律実務講座・刑事編」
 刑訴の実務　　　　　　　石丸俊彦ほか「（三訂版）刑事訴訟の実務」（上）（下）
 条解　　　　　　　　　　松尾浩也ほか「条解刑事訴訟法（第4版）」
 高田・刑訴法　　　　　　高田卓爾「現代法律学全集刑事訴訟法（二訂版）」
 注解　　　　　　　　　　平場安治ほか「注解刑事訴訟法（全訂新版）」（上）（中）（下）
 注釈　　　　　　　　　　伊藤栄樹ほか「注釈刑事訴訟法（新版）」㈠～㈦
 刑訴Ⅱ　　　　　　　　　松尾浩也編「刑事訴訟法Ⅱ」
 ポケット　　　　　　　　小野清一郎ほか「ポケット註釈全書 刑事訴訟法（新版）」
 　　　　　　　　　　　　（上）（下）
 判例解説　　　　　　　　最高裁判所判例解説刑事編
 大コンメ　　　　　　　　河上和雄ほか「大コンメンタール刑事訴訟法（第二版）」
 　　　　　　　　　　　　(1)～(10)
 新基本コンメ　　　　　　三井誠ほか「新基本法コンメンタール刑事訴訟法」
 逐条説明　　　　　　　　法曹会編「刑事訴訟規則逐条説明－第2編第3章－公判」
 調書講義案　　　　　　　裁判所職員総合研修所「公判手続と調書講義案
 　　　　　　　　　　　　（再訂補訂版）」
 刑訴法講義案　　　　　　裁判所職員総合研修所「刑事訴訟法講義案（四訂補訂版）」
 特殊調書の研究　　　　　裁判所書記官実務研究報告書「－改訂－刑事事件に関する
 　　　　　　　　　　　　特殊調書作成についての研究」
 渉外事件の研究　　　　　〃「渉外刑事事件における書記官事務の研究」
 控訴審の研究　　　　　　〃「書記官事務を中心とした刑事控訴審の研究」
 破棄差戻後の研究　　　　〃「破棄差戻後の公判調書作成を中心とした実務上の問題
 　　　　　　　　　　　　の研究」
 被害者保護制度の研究　　〃「犯罪被害者等の保護のための諸制度に関する書記官事
 　　　　　　　　　　　　務の実証的研究」
 公判前整理手続の研究　　〃「公判前整理手続を中心とする書記官事務の研究」
 控訴審の理論と実務　　　石井一正「刑事控訴審の理論と実務」
 刑事控訴審の実際　　　　横川敏雄「刑事控訴審の実際」
(2) 資料
 刑裁資　　　　　　　　　最高裁判所事務総局・刑事裁判資料
 　　　　　　　　　　　　第67号「刑事手続法規に関する通達・質疑回答集」
 　　　　　　　　　　　　第73号「刑事手続法規に関する通達・質疑回答集（追補Ⅰ）」
 　　　　　　　　　　　　第164号「刑事控訴審手続の運用について」
 　　　　　　　　　　　　第170号「刑事第一審手続の運用について」
 　　　　　　　　　　　　第200号「刑事控訴審手続の運用について（二）」

	第285号「刑事訴訟規則の一部を改正する規則の解説及び関係執務資料」
	第289号「裁判員の参加する刑事裁判に関する法律」,「裁判員の参加する刑事裁判に関する規則」及び「刑事訴訟規則の一部を改正する規則」の解説
訟執資	最高裁判所事務総局・訟廷執務資料
	第41号「裁判所書記官会同協議要録(刑事関係)」
	第51号「裁判所書記官会同協議要録(刑事関係)」
	第68号「押収物等取扱規程の解説(改訂版)」
刑執資	最高裁判所事務総局・刑事執務資料
	第8号「刑事判決書に関する執務資料」
	第22号「国選弁護人選任手続及び即決裁判手続に関する執務資料」

(3) 雑誌
　　判タ　　　　　　判例タイムズ
　　判時　　　　　　判例時報
　　会報　　　　　　全国裁判所書記官協議会「全国書協会報」
(4) 研究会
　　幹研　　　　　　幹部書記官研究会(刑事)
　　中管研　　　　　中間管理者(刑事)研修
　　※　前後の数字は,年度及び問題番号を表す。

5　本研究におけるヒアリング調査及びアンケート調査の実施について

　本研究においては,裁判官の視点から,現在のカード作成事務に対する問題意識や意見を聴取するため,裁判官に対するヒアリング調査を実施した。また,現在のカード作成事務について,各庁の事務処理の状況等を調査し,現在の実務の実情及び問題点を把握するため,書記官に対するアンケート調査を実施した。これらの調査の分析検討結果は,適宜文中で取り上げた。

(1) ヒアリング対象者は次のとおりである。
　　東京高裁,大阪高裁,名古屋高裁,札幌高裁,東京地裁,大阪地裁,名古屋地裁,札幌地裁の裁判官
(2) アンケート対象庁は次のとおりである。
　　全国高等裁判所本庁8庁,全国地方裁判所本庁50庁

目 次

序 論 ··· 1
　第1　研究の目的及び方針 ··· 1
　　1　研究の目的 ··· 1
　　2　研究の方針 ··· 1
　第2　研究報告書の構成 ··· 2
　　1　全体構造 ··· 2
　　2　平成5年度裁判所書記官実務研究との関係 ··························· 2

第1章　証拠等関係カード総論 ··· 3
　第1　証拠等関係カード作成事務の意義等 ·································· 3
　　1　公判調書作成事務 ··· 3
　　　(1)　根拠・目的 ··· 3
　　　(2)　記載事項 ··· 3
　　2　公判前（期日間）整理手続調書作成事務 ····························· 4
　　　(1)　根拠・目的 ··· 4
　　　(2)　記載事項 ··· 4
　　3　カード作成事務 ·· 4
　　　(1)　様式制定の経緯 ··· 4
　　　(2)　根拠・目的 ··· 5
　　　(3)　記載事項 ··· 6
　第2　カードの機能 ·· 7
　　1　個別証拠の一覧性 ··· 7
　　2　証拠全体の一覧性 ··· 7
　第3　カード作成事務の在り方について ····································· 8
　　1　適正な裁判の実現のための公証事務 ·································· 8
　　2　裁判官との認識の共有 ··· 8
　　3　見やすさ・明確さなどの一覧性の確保 ······························· 9

第2章　証拠等関係カードの記載要領 ·· 10
　第1　カードの様式等 ·· 10
　　1　対象事件（カードを使用する事件） ································· 10
　　2　カードの様式等 ··· 10
　　　(1)　カード様式等通達の内容 ·· 10
　　　(2)　手続調書との関係 ·· 11
　　　(3)　別様式のカード使用 ··· 11
　　3　カードの編てつ箇所及び編てつ順序 ································ 12
　第2　カードの記載基準 ··· 12

1　請求者等別の使用‥‥‥‥‥‥‥‥‥‥‥‥‥‥‥‥‥‥‥‥‥‥12
　　　　(1)　請求者・職権別の使用‥‥‥‥‥‥‥‥‥‥‥‥‥‥‥‥‥‥12
　　　　(2)　甲号証・乙号証，書証・人証‥‥‥‥‥‥‥‥‥‥‥‥‥‥‥13
　　　2　被告人1名用，複数用カード様式‥‥‥‥‥‥‥‥‥‥‥‥‥‥‥14
　　　3　カードの基本原則‥‥‥‥‥‥‥‥‥‥‥‥‥‥‥‥‥‥‥‥‥‥15
第3　カードに記載する事項‥‥‥‥‥‥‥‥‥‥‥‥‥‥‥‥‥‥‥‥‥‥16
　　　1　カードに記載する「証拠調べ等」の意義‥‥‥‥‥‥‥‥‥‥‥‥16
　　　　(1)　「証拠調べ等」の意義‥‥‥‥‥‥‥‥‥‥‥‥‥‥‥‥‥‥16
　　　　(2)　厳格な証明と自由な証明‥‥‥‥‥‥‥‥‥‥‥‥‥‥‥‥‥17
　　　　(3)　事実の取調べとカードの記載‥‥‥‥‥‥‥‥‥‥‥‥‥‥‥18
　　　　(4)　公訴権濫用による公訴棄却申立てに関連する証拠申請‥‥‥‥19
　　　2　カードの記載事項‥‥‥‥‥‥‥‥‥‥‥‥‥‥‥‥‥‥‥‥‥‥19
　　　　(1)　調書となる部分について‥‥‥‥‥‥‥‥‥‥‥‥‥‥‥‥‥19
　　　　(2)　調書とならない部分について‥‥‥‥‥‥‥‥‥‥‥‥‥‥‥21
第4　カードの記載要領一般‥‥‥‥‥‥‥‥‥‥‥‥‥‥‥‥‥‥‥‥‥‥22
　　　1　契印等について‥‥‥‥‥‥‥‥‥‥‥‥‥‥‥‥‥‥‥‥‥‥‥22
　　　2　書面の引用‥‥‥‥‥‥‥‥‥‥‥‥‥‥‥‥‥‥‥‥‥‥‥‥‥22
　　　　(1)　他の書面の引用の原則的禁止の趣旨‥‥‥‥‥‥‥‥‥‥‥‥22
　　　　(2)　他の書面の引用方法‥‥‥‥‥‥‥‥‥‥‥‥‥‥‥‥‥‥‥23
　　　　(3)　引用した書面の編てつ方法‥‥‥‥‥‥‥‥‥‥‥‥‥‥‥‥25
　　　　(4)　当該事件の証拠等関係カードの記載の引用‥‥‥‥‥‥‥‥‥26
　　　　(5)　一覧性確保のための留意点‥‥‥‥‥‥‥‥‥‥‥‥‥‥‥‥26
　　　3　検察官・弁護人提出の書面の利用‥‥‥‥‥‥‥‥‥‥‥‥‥‥‥27
　　　　(1)　検察官提出の書面の利用‥‥‥‥‥‥‥‥‥‥‥‥‥‥‥‥‥27
　　　　(2)　弁護人提出の書面の利用‥‥‥‥‥‥‥‥‥‥‥‥‥‥‥‥‥28
　　　　(3)　証拠調べ請求書（カード）の正確性を確保するための方策について‥‥28
　　　4　略語の使用‥‥‥‥‥‥‥‥‥‥‥‥‥‥‥‥‥‥‥‥‥‥‥‥‥29
　　　　(1)　略語表による略語の使用‥‥‥‥‥‥‥‥‥‥‥‥‥‥‥‥‥29
　　　　(2)　略語の使用範囲について‥‥‥‥‥‥‥‥‥‥‥‥‥‥‥‥‥30
　　　　(3)　略語表にない略語の使用‥‥‥‥‥‥‥‥‥‥‥‥‥‥‥‥‥33
　　　　(4)　略語表の整理について‥‥‥‥‥‥‥‥‥‥‥‥‥‥‥‥‥‥34
　　　5　訂正方法‥‥‥‥‥‥‥‥‥‥‥‥‥‥‥‥‥‥‥‥‥‥‥‥‥‥34
　　　　(1)　規則及び通達に定める訂正方法‥‥‥‥‥‥‥‥‥‥‥‥‥‥34
　　　　(2)　期日における事項の訂正について‥‥‥‥‥‥‥‥‥‥‥‥‥34
　　　　(3)　期日外における事項，メモ的記載事項の訂正について‥‥‥‥34
　　　　(4)　調書整理後の訂正について‥‥‥‥‥‥‥‥‥‥‥‥‥‥‥‥35
　　　　(5)　訂正等の記載欄について‥‥‥‥‥‥‥‥‥‥‥‥‥‥‥‥‥35
　　　　(6)　カード空欄，余白の処理‥‥‥‥‥‥‥‥‥‥‥‥‥‥‥‥‥36
　　　6　期日ごとの横線による区分‥‥‥‥‥‥‥‥‥‥‥‥‥‥‥‥‥‥36
　　　　(1)　期日ごとに横線で区切ることの趣旨‥‥‥‥‥‥‥‥‥‥‥‥36

(2)　同一期日内の記載に関して横線で区切ることについて‥‥‥‥‥‥‥‥37
　7　訴訟行為の主体の記載‥‥‥‥‥‥‥‥‥‥‥‥‥‥‥‥‥‥‥‥‥‥‥38
　　(1)　訴訟行為の主体の記載について‥‥‥‥‥‥‥‥‥‥‥‥‥‥‥‥‥38
　　(2)　訴訟行為の主体を明示すべき場合‥‥‥‥‥‥‥‥‥‥‥‥‥‥‥‥38
　　(3)　訴訟行為の主体の記載の簡略化‥‥‥‥‥‥‥‥‥‥‥‥‥‥‥‥‥39
　8　継続記載‥‥‥‥‥‥‥‥‥‥‥‥‥‥‥‥‥‥‥‥‥‥‥‥‥‥‥‥‥40
　　(1)　継続記載の方法‥‥‥‥‥‥‥‥‥‥‥‥‥‥‥‥‥‥‥‥‥‥‥‥40
　　(2)　弁論の併合と継続記載‥‥‥‥‥‥‥‥‥‥‥‥‥‥‥‥‥‥‥‥‥41

第5　被告人1名用カード各欄の記載要領‥‥‥‥‥‥‥‥‥‥‥‥‥‥‥‥‥41
　1　冒頭部分‥‥‥‥‥‥‥‥‥‥‥‥‥‥‥‥‥‥‥‥‥‥‥‥‥‥‥‥‥41
　　(1)　請求者等‥‥‥‥‥‥‥‥‥‥‥‥‥‥‥‥‥‥‥‥‥‥‥‥‥‥‥41
　　(2)　「(№)」の箇所‥‥‥‥‥‥‥‥‥‥‥‥‥‥‥‥‥‥‥‥‥‥‥‥42
　　(3)　「事件番号」の箇所‥‥‥‥‥‥‥‥‥‥‥‥‥‥‥‥‥‥‥‥‥‥42
　　(4)　「番号」欄‥‥‥‥‥‥‥‥‥‥‥‥‥‥‥‥‥‥‥‥‥‥‥‥‥‥42
　2　欄外の「(被告人　　)」の箇所‥‥‥‥‥‥‥‥‥‥‥‥‥‥‥‥‥‥43
　3　「標目」欄‥‥‥‥‥‥‥‥‥‥‥‥‥‥‥‥‥‥‥‥‥‥‥‥‥‥‥44
　　(1)　記載の根拠・趣旨‥‥‥‥‥‥‥‥‥‥‥‥‥‥‥‥‥‥‥‥‥‥‥44
　　(2)　標目の特定について‥‥‥‥‥‥‥‥‥‥‥‥‥‥‥‥‥‥‥‥‥‥44
　　(3)　標目の記載方法について(証拠書類その他の書面)‥‥‥‥‥‥‥‥‥45
　　(4)　「供述者・作成年月日等」の記載方法‥‥‥‥‥‥‥‥‥‥‥‥‥‥47
　　(5)　「標目」欄の訂正について‥‥‥‥‥‥‥‥‥‥‥‥‥‥‥‥‥‥‥50
　　(6)　「標目」欄の釈明について‥‥‥‥‥‥‥‥‥‥‥‥‥‥‥‥‥‥‥52
　4　「立証趣旨」欄‥‥‥‥‥‥‥‥‥‥‥‥‥‥‥‥‥‥‥‥‥‥‥‥‥53
　　(1)　記載の根拠・趣旨‥‥‥‥‥‥‥‥‥‥‥‥‥‥‥‥‥‥‥‥‥‥‥53
　　(2)　立証趣旨及び公訴事実の別‥‥‥‥‥‥‥‥‥‥‥‥‥‥‥‥‥‥‥54
　　(3)　立証趣旨の補充(追完)・釈明‥‥‥‥‥‥‥‥‥‥‥‥‥‥‥‥‥57
　　(4)　立証趣旨の追加,変更,一部撤回‥‥‥‥‥‥‥‥‥‥‥‥‥‥‥‥58
　　(5)　伝聞証拠の例外となる法的根拠‥‥‥‥‥‥‥‥‥‥‥‥‥‥‥‥‥59
　　(6)　書面の引用について‥‥‥‥‥‥‥‥‥‥‥‥‥‥‥‥‥‥‥‥‥‥60
　5　「請求」欄‥‥‥‥‥‥‥‥‥‥‥‥‥‥‥‥‥‥‥‥‥‥‥‥‥‥‥61
　　(1)　記載の根拠,趣旨‥‥‥‥‥‥‥‥‥‥‥‥‥‥‥‥‥‥‥‥‥‥‥61
　　(2)　「請求」欄の記載方法‥‥‥‥‥‥‥‥‥‥‥‥‥‥‥‥‥‥‥‥‥61
　　(3)　証拠調べ請求に関する問題‥‥‥‥‥‥‥‥‥‥‥‥‥‥‥‥‥‥‥62
　6　「意見」欄‥‥‥‥‥‥‥‥‥‥‥‥‥‥‥‥‥‥‥‥‥‥‥‥‥‥‥63
　　(1)　記載の根拠・趣旨‥‥‥‥‥‥‥‥‥‥‥‥‥‥‥‥‥‥‥‥‥‥‥63
　　(2)　同意・不同意‥‥‥‥‥‥‥‥‥‥‥‥‥‥‥‥‥‥‥‥‥‥‥‥‥64
　　(3)　証拠意見‥‥‥‥‥‥‥‥‥‥‥‥‥‥‥‥‥‥‥‥‥‥‥‥‥‥‥69
　　(4)　期日外における事項‥‥‥‥‥‥‥‥‥‥‥‥‥‥‥‥‥‥‥‥‥‥73
　7　「結果」欄‥‥‥‥‥‥‥‥‥‥‥‥‥‥‥‥‥‥‥‥‥‥‥‥‥‥‥73
　　(1)　記載の根拠・趣旨‥‥‥‥‥‥‥‥‥‥‥‥‥‥‥‥‥‥‥‥‥‥‥73

(2)　「内容」欄 …………………………………………………………… 74
　　　(3)　「取調順序」欄 ……………………………………………………… 77
　　8　「備考」欄 ………………………………………………………………… 78
　　　(1)　使用方法 ……………………………………………………………… 78
　　　(2)　記載事項 ……………………………………………………………… 78
　　　(3)　一覧性の確保について ……………………………………………… 79
　　9　「編てつ箇所」欄 ………………………………………………………… 81
第6　被告人複数用カードの記載要領 ………………………………………… 81
　　1　冒頭部分「請求者等」の箇所 ………………………………………… 82
　　2　「関係被告人」の記載 ………………………………………………… 82
　　　(1)　「関係被告人」欄 …………………………………………………… 82
　　　(2)　「備考」欄における関係被告人の記載 …………………………… 83
　　3　被告人複数用カードの一覧性の確保について ……………………… 84
　　4　「被告人の符号と全被告人の範囲」表 ……………………………… 84
　　　(1)　意義 …………………………………………………………………… 84
　　　(2)　作成者の明示及び訂正印 …………………………………………… 85
　　　(3)　記載方法 ……………………………………………………………… 85
第7　続カードの記載要領 ……………………………………………………… 86
　　1　使用方法 ………………………………………………………………… 86
　　2　各項目について ………………………………………………………… 87
　　　(1)　冒頭の「(No.)」の箇所 …………………………………………… 87
　　　(2)　「事件番号」の箇所 ………………………………………………… 87
　　　(3)　「※」欄 ……………………………………………………………… 87
　　　(4)　「期日」欄 …………………………………………………………… 88
　　　(5)　「請求・意見・結果等」欄 ………………………………………… 88
　　　(6)　期日ごとの横線 ……………………………………………………… 90
　　　(7)　契印等の措置 ………………………………………………………… 90
　　3　書面の引用 ……………………………………………………………… 90
第8　一括記載の要領 …………………………………………………………… 91
　　1　意義 ……………………………………………………………………… 91
　　2　一括記載が許される要件 ……………………………………………… 91
　　3　一括記載の方法 ………………………………………………………… 92
　　　(1)　一括記載すべき箇所 ………………………………………………… 93
　　　(2)　一括記載した冒頭の証拠以外の証拠の「請求」,「意見」,「結果」欄 …… 93
　　　(3)　一括記載の枠 ………………………………………………………… 94
　　　(4)　一括記載における取調順序 ………………………………………… 94
　　　(5)　被告人複数用カードの一括記載 …………………………………… 95
　　　(6)　一括記載と書面の引用 ……………………………………………… 96
　　　(7)　一括記載において証拠物がある場合 ……………………………… 97

第3章　証拠別による証拠調べ手続とカードの記載 ･･････････････････････ 98
　第1　書証（証拠書類） ･･ 98
　　1　意義 ･･ 98
　　2　書証の取調べ請求 ･･ 98
　　3　証拠とすることの同意（法326） ････････････････････････････････ 98
　　　(1)　一部同意 ･･･ 99
　　　(2)　一部の被告人の不同意 ･････････････････････････････････････ 100
　　　(3)　同意の擬制 ･･･ 101
　　4　不同意書証と要件立証 ･･･ 102
　　　(1)　要件の立証（法321ないし323） ･･･････････････････････････ 102
　　　(2)　カード作成上の問題点 ･････････････････････････････････････ 113
　　　(3)　不同意の撤回・同意の撤回 ･････････････････････････････････ 116
　　5　書証の証拠調べの方式 ･･･ 117
　　6　証拠調べを終わった書証の提出 ･････････････････････････････････ 117
　　　(1)　「謄本提出」等の記載について ･･････････････････････････････ 117
　　　(2)　一部同意の書証について ･･･････････････････････････････････ 118
　　7　特殊な書証の証拠調べ手続 ･････････････････････････････････････ 118
　　　(1)　書類の謄本，抄本，写し ･･･････････････････････････････････ 118
　　　(2)　外国語で記載された書面 ･･･････････････････････････････････ 119
　　　(3)　合意書面（法327） ･･･････････････････････････････････････ 122
　　　(4)　証明力を争うための証拠（法328） ･････････････････････････ 123
　　○伝聞証拠と証拠能力取得要件一覧表 ･････････････････････････････ 125
　第2　証人 ･･ 126
　　1　意義 ･･･ 126
　　2　カードの記載 ･･･ 126
　　　(1)　「氏名」の記載 ･･･ 126
　　　(2)　「住居」の記載 ･･･ 126
　　　(3)　「尋問時間等」の記載 ･････････････････････････････････････ 127
　　3　出頭の確保 ･･･ 128
　　4　証人尋問の実施方法を定める決定 ･･･････････････････････････････ 130
　　5　証人尋問の実施 ･･･ 131
　　　(1)　証人尋問の手続 ･･･ 131
　　　(2)　証人尋問の方式 ･･･ 132
　　6　公判期日外の証人尋問 ･･･ 135
　　　(1)　手続 ･･･ 135
　　　(2)　カードの記載 ･･･ 136
　　7　証人の負担を軽減する措置 ･････････････････････････････････････ 137
　　　(1)　制度趣旨 ･･･ 137
　　　(2)　証人への付添い ･･･ 138
　　　(3)　証人の遮へい ･･･ 140

| | | (4) ビデオリンク方式による証人尋問 | 142 |

第3 証拠物 · 145
1 意義・性質 · 145
2 カードの記載 · 145
  (1) 「標目」欄 · 145
  (2) 「立証趣旨」欄 · 146
  (3) 「意見」欄 · 146
  (4) 「結果」欄 · 146
  (5) 「備考」欄 · 147
  (6) その他 · 147

第4 証拠物たる書面 · 148
1 伝聞法則の適用を受けない証拠物たる書面 · 148
2 伝聞法則の適用を受ける証拠物たる書面 · 149
3 書証としての証拠能力が得られないため証拠物として証拠調べがなされる場合 · 150

第5 写真 · 152
1 証拠として用いられる写真の性質 · 152
  (1) 存在自体が証拠となる写真 · 152
  (2) 証拠物や書証の写しとして使用する写真 · 152
  (3) 供述証拠の一部である写真 · 152
  (4) 独立証拠として使用する写真(現場写真) · 153
2 現場写真の奥書の証拠調べ手続 · 153
3 カード記載上の留意点 · 154

第6 映像・音声記録媒体 · 154
1 記録媒体の存在が証拠となる場合 · 154
2 供述を記録媒体に記録する場合 · 155
3 犯行現場の状況を記録媒体に記録する場合 · 156
4 取調状況を記録媒体に記録した場合 · 158
5 複製・編集された記録媒体の証拠調べ · 158

第7 鑑定 · 159
1 意義 · 159
2 手続及びカードの記載 · 159
  (1) 鑑定請求 · 159
  (2) 鑑定決定 · 159
  (3) 鑑定人の選任 · 160
  (4) 鑑定人尋問 · 160
  (5) 鑑定の経過及び結果の報告 · 160
3 鑑定人尋問調書の証拠調べ手続 · 161
4 鑑定書の証拠調べ手続 · 162
  (1) 職権証拠調べ説 · 162
  (2) 請求包含説 · 163

| | | （3） 新請求説 | 163 |

	5	口頭による鑑定結果報告	166
	6	鑑定証人としての尋問	167
	7	第1回公判期日前の鑑定	167

第8 通訳・翻訳 168
  1 意義 168
  2 性質 169
  3 手続 169
  4 尋問調書の作成 169
  5 原供述と通訳（原文と翻訳文）の関係 170
  6 具体的場面における検討 170
    （1） 被告人に通訳人を付した場合 170
    （2） 証人のみに通訳人を付した場合 170
    （3） 外国語の文書を翻訳させた場合 171

第9 検証 173
  1 意義 173
  2 公判廷における検証 173
  3 公判廷外における検証 175

第10 公務所等への照会 177
  1 意義・性質 177
  2 手続 177
  3 カードの記載 178

第11 書類等の取寄せ 179
  1 意義・性質 179
  2 手続及びカードの記載 179
    （1） 書類の取寄せ 179
    （2） 記録の取寄せ 181
    （3） ビデオリンク方式による証人尋問調書の取寄せ 182
    （4） 少年調査記録の取寄せ 183

第12 押収・捜索 184
  1 意義 184
  2 公判廷における押収・捜索 185
  3 公判廷外における押収・捜索 185
  4 差押えの請求とカードの記載 186
  5 提出命令 187
    （1） 提出命令の申立て 187
    （2） 提出命令の申立てに対する裁判 188
    （3） 提出された物の証拠調べ手続 188
    （4） 職権による提出命令 191

第13 被告人質問 191

		1	意義・性質	191
		2	手続	192
		3	公判期日外の被告人質問	192
		4	公判調書（カード）の記載	193
		5	具体的場面における記載	193
			(1) 被告人質問が次回期日に続行された場合	193
			(2) 被告人が複数の場合	194
			(3) 同一公判期日に複数回にわたって被告人質問が行われた場合	195

第4章　各種手続とカードの記載 ……196

第1　職権による証拠調べ ……196
1 意義 ……196
2 カードの記載 ……196
  (1) 法303条による取調べの場合 ……196
  (2) 公判手続の更新の場合 ……197

第2　公判期日外の証拠調べ ……197
1 意義 ……197
2 カードの記載 ……197

第3　公判手続の更新 ……198
1 意義 ……198
2 公判手続の更新の方法 ……198
3 カードの記載 ……199
  (1) 「取り調べない旨決定」について ……199
  (2) 「謄（抄）本により済」について ……200
  (3) 証拠調べ手続相互間の順序 ……200
4 裁判員裁判における公判手続の更新 ……201
  (1) 意義 ……201
  (2) 更新を必要とする場合 ……201
  (3) 更新の手続 ……201
  (4) 裁判員法65条1項の記録媒体 ……202
  (5) 公判調書の記載 ……202
  (6) 区分審理を行った場合の公判手続の更新 ……203

第4　簡易公判手続 ……204
1 簡易公判手続による審理 ……204
  (1) 意義 ……204
  (2) 開始の要件 ……204
  (3) 通常手続との相違 ……204
  (4) カードの記載 ……205
2 簡易公判手続の取消し ……206
  (1) 取消しの事由 ……206

			(2)	簡易公判手続の取消しによる公判手続の更新	206
			(3)	公判手続の更新の方法	206
			(4)	カードの記載	207

第5 即決裁判手続 ... 211
1 即決裁判手続による審理 ... 211
(1) 意義 ... 211
(2) 簡易公判手続との相違 ... 211
(3) 開始の要件 ... 211
(4) 審理の特例 ... 211
(5) カードの記載 ... 212
2 即決裁判手続の取消し ... 213
(1) 取消しの事由 ... 213
(2) 即決裁判手続の取消しによる公判手続の更新 ... 213

第6 弁論の併合・分離 ... 213
1 意義 ... 213
2 証拠調べ手続 ... 214
(1) 弁論の併合・分離の効果 ... 214
(2) 本起訴事件で取調べ済みの証拠を追起訴事件でも証拠とする手続 ... 214
3 訴訟記録の編成 ... 215
(1) 弁論の併合 ... 215
(2) 弁論の分離 ... 215
4 公判調書作成上の問題の所在 ... 216
5 手続調書の記載 ... 217
(1) 事件番号 ... 217
(2) 公判期日の回数 ... 218
(3) 証拠調べ手続相互間の順序 ... 219
6 カードの記載 ... 219
(1) 弁論の併合 ... 219
(2) 弁論の分離 ... 223
○主観的併合・分離の処理一覧 ... 229

第7 その他の手続 ... 230
1 証拠調べに関する異議申立て ... 230
(1) 異議申立て制度の意義 ... 230
(2) 証拠調べに関する異議申立ての手続 ... 230
(3) カードの記載 ... 231
2 証拠排除 ... 233
(1) 証拠排除の手続 ... 233
(2) 排除決定があった証拠の措置 ... 233
(3) カードの記載 ... 233

第5章　公判前整理手続におけるカードの記載 …… 235
1　意義 …… 235
2　手続の概要 …… 235
3　公判前整理手続調書 …… 236
　(1)　意義 …… 236
　(2)　記載事項 …… 236
4　カードの記載 …… 239
　(1)　公判前整理手続におけるカードの特徴 …… 239
　(2)　一部同意について …… 240
　(3)　公判前整理手続終了後の証拠調べ請求 …… 240
　(4)　その他の記載上の留意点 …… 241
5　カードの問題点と改善策 …… 242
　(1)　標目の訂正 …… 242
　(2)　整理された証拠を見やすくする工夫 …… 242
　(3)　1枚のカードに記載する証拠の数 …… 243
　(4)　証拠意見の変遷と記録化について …… 243
　(5)　期日外で提出された証拠意見書の取扱いについて …… 243
　(6)　一括記載について …… 244
6　期日間整理手続 …… 245
7　裁判員裁判 …… 245
　(1)　公判前整理手続と裁判員裁判 …… 245
　(2)　カードの記載 …… 245
　(3)　証拠一覧表について …… 245

第6章　控訴審におけるカードの記載 …… 247
第1　控訴審における事実の取調べ …… 247
1　事実の取調べの意義 …… 247
2　事実の取調べの範囲 …… 248
　(1)　原則的な事実の取調べ（法393条1項本文）の場合 …… 248
　(2)　義務的な事実の取調べ（法393条1項ただし書）の場合 …… 248
　(3)　原判決後の情状についての事実の取調べ（法393条2項）の場合 …… 249
3　カードの記載について …… 249
　(1)　事実の取調べ請求について …… 249
　(2)　立証趣旨の記載について …… 250
　(3)　原則的な事実の取調べと義務的な事実の取調べ …… 251
　(4)　原判決後の情状についての事実の取調べ …… 253
第2　控訴審における被告人をめぐる問題 …… 254
1　被告人の供述 …… 254
2　被告人が提出した控訴趣意書 …… 255
3　被告人の事実取調べ請求 …… 256

| | 4 | 被告人への出頭命令 | 257 |

第7章　破棄差戻し審におけるカードの記載 ... 258
第1　破棄差戻し後の第一審手続 ... 258
1　手続の概要 ... 258
2　証拠調べ手続 ... 259
　(1)　公判手続の更新における証拠調べ ... 259
　(2)　差戻し審での新たな証拠調べ ... 262
第2　破棄差戻し後の控訴審手続 ... 268

第8章　再審請求事件におけるカードの記載 ... 269
第1　再審事件の概要 ... 269
第2　再審請求手続 ... 269
1　事実の取調べの手続 ... 269
2　カードの記載について ... 270
第3　再審公判手続 ... 271
1　審理の方法 ... 271
2　カードの記載について ... 272
第4　記録の編成について ... 274

序　論

第1　研究の目的及び方針
1　研究の目的
　近年の刑事裁判においては，公判前整理手続や裁判員裁判等の新しい制度が加わり，また，当事者の訴訟対応も多様化，複雑化する中で，刑事事件の裁判運営の見直しが図られている。このような状況においても，刑事訴訟の目的は，「刑罰法令を適正且つ迅速に適用実現すること」（刑事訴訟法1条）であり，裁判所法60条に規定される書記官事務の目的も適正迅速な刑事裁判の実現を支えるためにあることに変わりはない。

　上記のとおり，刑事訴訟手続について新しい制度が導入され，同時に，審理の在り方が見直される中で，それを支える書記官事務の在り方についても現状の事務を検討した上で，必要に応じて見直されることになる。特に，手続の適正確保を目的とする記録作成保管事務の中心である調書作成事務の一部である証拠等関係カード（以下，本書において「カード」ともいう。）作成事務については，従来の事務処理方法のままで，カードの目的，機能を十全に果たせるものが作成できているのか検討されなければならない。

　本研究は，上記の問題意識から，カード作成事務について，その法的根拠と目的を踏まえて，合理的な事務の在り方を研究することを目的としている。

　本研究は，カード作成事務について，これまで積み重ねられた議論やそれを踏まえた現場の実情，実務の問題状況について調査し，その基となる考え方を分析した上で，上記の観点から検討を重ねて，実務で共有できる事務の在り方を提言することを目指したものであるが，実務では，裁判官の訴訟運営方針，事案ごとの個別の事情などによって，カード作成事務の在り方が変わってくる場面もあることから，本研究の考え方や方向性を素材として，カード作成事務の在り方について，現場においてさらに検討が加えられなければならない。

2　研究の方針
　本研究においては，現在のカード作成事務について，各庁の事務処理の状況等を調査し，現場の書記官がどのように考え，そこでどういった問題が生じているのかなどを把握するため，アンケート調査等を実施して，広く実情を把握することに努めた。アンケート調査の結果から問題状況を分析して，カード作成事務の在り方を実証的に研究し，実務のベースとなっている考え方を整理した上で，在るべき裁判事務のために真に必要なものに対して，現場の書記官の意識が向けられ，労力が費やされているか，カード作成事務を合理的に実践するためにどのように考えを整理すればよいかとの観点で研究を進めた。

　また，カード作成事務は，その作成権限は書記官にあることから，書記官が独自に検討し，作成してきた経緯がある。しかし，在るべき裁判事務のためには，書記官だけで検討することでは足りず，裁判の運営主体である裁判官の視点を踏まえて検討する必要がある。そこで裁判官に対するヒアリングを実施し，現在のカードにどのような問題があるのか，カードの目的，機能に照らし，カードはどう在るべきかなどの裁判官の問題

序論

意識を聴取し，本研究を進めていく上での参考とした。さらに，個々の事務処理においても，裁判官と書記官が認識を共有することが必要であることから，研究報告書では随所にその重要性に言及していくことにした。

　研究報告書においては，カードの項目ごとに法的根拠と記載する趣旨を明確に示し，それらを踏まえてカード作成事務の在り方を提示した。また，提示したもののイメージを共有し，理解する手段として，必要な限度において図表や記載例を示すこととした。さらに各記述においては，単にカードの作成に止まらず，それに関連した書記官事務の留意点を付加することによって，カードの記載そのものの意義を深めると共に，その他の書記官事務との関連性についても理解が深まるように配慮した。

第2　研究報告書の構成

1　全体構造

　本研究報告書は，総論部分と各論部分の大きな枠組みで構成する。総論においては，まず第1章において，カード作成事務の法的根拠と目的，カードに備わる機能を確認し，それから導かれる作成全般に共通する事務の在り方を示した。第2章では，カードの記載基準や一般原則，カードの項目ごとに法的根拠や記載する趣旨を示して，カードの記載要領一般について記述をした。

　各論においては，総論で示した考え方を具体的な証拠方法，手続に反映させ，より実践的な内容となるように記述を行った。第3章では，証拠別による証拠調べ手続ごとに，第4章では，各種の証拠調べ手続ごとに，カードの記載の前提となる説明を加えた上で，カードの記載方法を示した。第5章では，公判前整理手続に関し，手続の概略を説明し，カードの記載方法を示した。第6章以下は，控訴審，破棄差戻し審，再審請求事件における各カードの記載について概略を示した。

2　平成5年度裁判所書記官実務研究との関係

　刑事事件におけるカードの記載に関しては，平成5年度裁判所書記官実務研究において研究が行われている。前回の研究当時からは，カードが従来のB4判（袋とじ）縦書きからA4判横書きに変わり，さらに「裁判所書記官印」欄が廃止され，各欄のスペースが広くなるなど，カードの様式面が変更されたこと，前記のとおり公判前整理手続や裁判員裁判等の新しい制度が施行され，刑事裁判の在り方に変化があること，その他，OA機器の普及により，カード作成が容易になったことなど，書記官事務の環境が大きく変わっている。そこで，本研究は，当時の研究記述を基に，研究の目的に照らした観点からの検討を加え，内容を大幅に見直したものである。

第1章　証拠等関係カード総論

第1　証拠等関係カード作成事務の意義等

　証拠等関係カードとは，公判期日又は公判前（期日間）整理手続期日における訴訟手続のうち，証拠調べに関する事項について，公判調書又は公判前（期日間）整理手続調書の一部となって公証するとともに，証拠調べ手続の経過を一覧して把握できるように，期日外のものも含めて証拠調べ手続の経過及び被告人の供述がなされた事実を一覧表形式に記載した文書である。

　カードのうち，期日における証拠調べ手続に関して記載した部分については，調書の一部となるものであるから，始めに調書作成事務[*1]について記述した上で，カード作成事務の根拠，目的及び在り方等について検討していくこととする。

1　公判調書作成事務

(1)　根拠・目的

　　公判期日における訴訟手続については，法48条1項において，公判調書を作成しなければならないこと，規則37条において，訴訟に関する書類は裁判所書記官が作らなければならないことがそれぞれ定められており，それらの規定が裁判所書記官において公判調書を作成する根拠となる。

　　公判調書は，期日における訴訟手続の経過及び結果を明らかにして，訴訟手続が適式に行われたか否かを公証し[*2]，事件が上訴審に係属した場合には原審の公判手続の適法性判断の資料となることから，公判調書を作成する事務は，基本的には，公判手続の適正確保を目的とする。

(2)　記載事項

　　公判調書の記載事項について，法48条2項は「裁判所の規則が定める公判期日における審判に関する重要な事項[*3]を記載しなければならない」旨定めている。それを受けて，類型的に重要な事項が，「必要的記載事項」として規則44条1項各号に具体的に列記されており，したがって，公判調書には，規則44条1項に定める事項を記載する必要がある。また，同条2項には，裁判長が記載を命じた事項を記載しなければならない旨定められており，同様に公判調書に記載する必要がある（記載命令事項）。

　　しかし，「公判期日における審判に関する重要な事項」は，上記の規則で定められた

[*1]　調書作成事務は，裁判所法60条2項の記録作成保管事務及び手続法規定事務であり，その目的は裁判手続の適正を確保することにある。

[*2]　「公証」とは，一般的には「特定の事実又は法律関係の存否を公に証明する行為」をいうが，本書においては，「公判期日における訴訟手続で公判調書に記載されたものは，公判調書のみによってこれを証明することができる（法52）」という，いわゆる絶対的証明力を有するものを意味する。

[*3]　法48条2項にいう「公判期日における審判に関する重要な事項」とは，ことがら自体からみて，訴訟法上重要な意義を有する事項ではなく，特に公判調書に記載しておくことを必要とする事項を意味するのであり，いかなる事項がこれに該当するかは，裁判所の規則の定めるところに委ねられている。例えば，公判期日で行われた手続のうち，一般的に通常当然行われる事項（例えば，審理を公開したこと，起訴状を朗読したこと，黙秘権を告げたことなど）は，これを特に公判調書に記載しなくとも手続が履践されたことが推定される（最判昭30.12.9集9-13-2682）。

第1章　証拠等関係カード総論

事項に限られるものではない。公判手続の適正確保という調書作成の目的に鑑み，調書に記載する必要性や実益がある場合には，そのような事項（記載相当事項）も，「公判期日における審判に関する重要な事項」に当たり，公判調書に記載することになる。この場合，どのような事項が必要性や実益があるといえるかどうかは，個別の事件ごとに判断される。

2　公判前（期日間）整理手続[*4]調書作成事務

(1)　根拠・目的

　公判前整理手続期日における手続については，法316条の12第2項において，公判前整理手続調書を作成しなければならないこと，公判調書と同様，規則37条において，訴訟に関する書類は裁判所書記官が作らなければならない[*5]ことがそれぞれ定められており，それらの規定が裁判所書記官において公判前整理手続調書を作成する根拠となる。

　公判前整理手続調書は，期日における手続の経過及び結果を明らかにして，公判前整理手続が適式に行われたか否かを公証し[*6]，事件が上訴審に係属した場合には原審の公判前整理手続の適法性判断の資料となることから，公判前整理手続調書を作成する事務は，基本的には，公判前整理手続の適正確保を目的とする。

(2)　記載事項

　公判前整理手続調書の記載事項について，法316条の12第2項は，裁判所の規則の定めるところによる旨定めており，それを受けて「必要的記載事項」が，規則217条の14第1項各号に具体的に列記されている。

　公判前整理手続調書についても，必要的記載事項に限らず，公判前整理手続の適正確保という調書作成の目的に鑑み，記載相当事項や記載命令事項（規則217の14Ⅱ）を記載しなければならないのは，公判調書と同様であるが，公判前整理手続が，事件の争点及び証拠を整理する手続（法316の2Ⅰ参照）であることから，必要的記載事項として規定されている結果的事項のみならず，結果に至る経過的事項のうち，上記の目的に照らして，重要なものについても記載する必要がある。

3　カード作成事務

(1)　様式制定の経緯

　昭和26年最高裁規則15号刑事訴訟規則の一部を改正する規則が施行されて以降，公判期日における証拠調べ手続の経過は，公判調書中の「証拠関係カード」に記載するという運用がなされてきた。従来の「証拠関係カード」は，当該期日の公判調書の他の部分と一つづりになって編てつされていたことから，証拠調べ手続の経過を知るには，訴訟記録中に散在している各期日のカードを全部見なければならない上，公判

[*4] 期日間整理手続については，ほぼ全般にわたって公判前整理手続に関する規定が準用されていることから（法316の28Ⅱ，規則217の27），以下，本書においては，特に断らない限り，公判前整理手続における記述は，期日間整理手続にも該当する。

[*5] 規則217条の15も裁判所書記官が作成することを前提とした規定である。

[*6] 規則217条の17により法52条が準用される（公判前整理手続と読み替える）ことから，公判前整理手続期日における手続で公判前整理手続調書に記載されたものは，公判前整理手続調書のみによってこれを証明することができる。

期日外の証拠調べ手続についてはカードに記載されないので、関係書類を訴訟記録中から探し出さなければならないという煩わしさがあり、このような難点は、単に労力の浪費を招くのみならず、訴訟手続の脱漏や過誤の原因ともなりかねなかった。

そこで、昭和51年に通達が改正され[*7]、カードに一体文言を付し、「裁判所書記官印」欄に立会書記官が押印することによって公判調書としての一体性を担保する措置を講じた上で、手続調書から分離して訴訟記録中の1か所にまとめて編てつすることとなった。その結果、カードには一つの証拠に関する証拠調べ手続の経過を、期日を異にしてされた場合でも同一の用紙に記載できるようになり、証拠調べに関する事項は、期日外のものも含めて全てその経過を記載するほか、被告人の供述のうち一定のものについては供述がされた事実を記載することから、名称も「証拠等関係カード」と改められた。

その後、パソコン等を利用した文書作成方法の普及等によるＯＡ化の進展に伴い、裁判文書についてもＡ判横書きに改められることとなり、現行のカード様式等を定める、平成12年8月28日付け最高裁刑二第277号事務総長通達「証拠等関係カードの様式等について」（以下、本書において「カード様式等通達」という。）及び同日付け最高裁刑二第278号刑事局長・総務局長依命通達「証拠等関係カードの記載要領について」（同「カード記載要領通達」という。）が施行された[*8]。基本的には、従来のＢ4判（袋とじ）縦書きをＡ4判横書きにしたものであるが、利便性の向上、事務の効率化の観点から「裁判所書記官印」欄を削除するとともに、各記載欄を広げて必要な欄のスペースを確保したことから、記載内容が複雑になった場合でも、従前と比べて、補充用のカードを引用することなく記載することが可能となった。

(2) **根拠・目的**

カードは、『調書となる部分』と『調書とならない部分』から構成される。

調書となる部分の作成根拠は、前述のとおり公判調書の作成根拠である法48条1項、規則37条や公判前整理手続調書の作成根拠である法316条の12第2項及び規則37条の各規定に求められる。また、調書とならない部分についても、裁判所書記官が必要性を判断して記載するものであり、規則37条に根拠を求めることができる。

カードは、期日における証拠調べ手続の経過及び結果を明らかにして、手続が適式に行われたか否かを公証する[*9]とともに、期日外における事項[*10]を含めた証拠調べ手続の経過を記載することによって、上訴審における原審の証拠調べ手続の適法性判断の資料ともなることから、カード作成事務は、証拠調べ手続の適正確保を目的としている。

[*7] 昭和51年11月20日付け最高裁刑二第232号事務総長通達「証拠等関係カードの様式等について」及び同日付け最高裁刑二第233号刑事局長・総務局長事務取扱依命通達「証拠等関係カードの記載要領について」。この当時、各庁から寄せられた質疑等に対する刑事局第二課の参考意見が「証拠等関係カードの記載要領等についての質疑回答集」（以下、本書では「質疑回答」という。）として取りまとめられている。

[*8] これらの通達が施行されるに当たり、執務の参考に供するために同通達の趣旨及び内容等を説明するとともに、カードの細目的な記載要領について刑事局の参考意見として、「証拠等関係カード等に関する通達の解説」（以下、本書では「カード解説」という。）が示されている。

[*9] 具体的には、証拠調べ手続に関し、所定の手続が行われたか否かについて争いが生じた場合の証拠資料となることが考えられる。

第1章　証拠等関係カード総論

(3) 記載事項

調書となる部分には，期日における証拠調べに関する事項（以下，「期日における事項」という。），すなわち，前記1及び2で記述した調書の記載事項のうち，証拠調べ手続に関する事項を記載する。

調書とならない部分には，期日外における証拠調べに関する事項（以下，「期日外における事項」という。）とその他必要に応じてメモ的に記載する事項（以下，「メモ的記載事項」という。）を記載する。期日外における事項とは，期日外になされた訴訟手続のうち，カード作成事務の目的である証拠調べ手続の適正確保のために重要となる事項である。そこで，重要となる事項として，例えば，証拠請求，証拠意見，証拠決定等，仮に期日において行われた場合には調書の記載事項となるものを記載することになる。また，メモ的記載事項*11は，後述のカードの機能を高めるために，①証拠調べ手続の経過や結果の明確性，②証拠の関連性や整理・検索など証拠全体の一覧性，③事務処理の明確性といった観点から記載するものであり，記載する趣旨や必要性について，各手続の場面ごとに検討が必要となる（第2章第3の2(2)イ，22頁を参照）。

【参考】

調書となる部分		調書とならない部分	
期日における事項		期日外における事項	メモ的記載事項
必要的記載事項	記載相当事項 記載命令事項		
絶対的証明力あり		絶対的証明力なし	

---

*10　調書とはならない期日外に関する事項については，証明力の程度としては，調書ではないために絶対的証明力（法52, 規則217の17）を有するものではないが，作成権限（規則37）のある書記官が記載していることから，記載した事実の存否を一定程度証明するものである。例えば，期日外の証拠調べ請求がいつなされたのかが問題となった場合，記録に存する証拠調べ請求書の受付手続を行った日（受付印の日付）によって証明することができるものの，当該カードにおける請求日の記載も，請求がいつなされたのか，一定の証明力を有するものと思料する。

*11　メモ的記載事項の証明力の程度としては，期日外における事項と同様に，調書ではないために絶対的証明力（法52, 規則217の17）を有するものではないが，作成権限（規則37）のある書記官が記載していることから，一定の証明力を有するものである。

第2　カードの機能
　カード作成事務の目的（証拠調べ手続の適正確保）を実現するために，カードは次のような機能を有する。
　カードは，個別の証拠に関する証拠調べ手続の経過を把握することで，当該証拠における手続の脱漏，過誤の原因を防止するとともに，事件の全ての証拠関係を把握することで，事件全体の証拠関係を整理し，証拠調べ手続の適正を確保することができる。

1　個別証拠の一覧性
　一つの証拠に関する証拠調べ手続の経過は，期日を異にしてなされた場合であっても，同一の用紙に記載されることから，個々の証拠が期日又は期日外においてどのような経過で取り調べられたかは，その証拠が記載されている1欄（証拠番号から標目，請求，意見，結果等の横に見る1欄）によって把握することができる（以下，本書では，この機能を「個別証拠の一覧性」という。）。カードの様式が定められたのは，訴訟手続の脱漏等を防止するために*12，個々の証拠に関する証拠調べ手続の経過をカードで一覧して把握できるようにするのが目的であることから，この個別証拠の一覧性の機能は，カードの基本となるものである。

2　証拠全体の一覧性
　証拠調べに関する事項は全てカードに記載し，訴訟記録中の一か所にまとめて編てつされることにより，当該事件の全ての証拠関係がカードによって一覧できるものとなっている（以下，本書では，この機能を「証拠全体の一覧性」という。また，1の個別証拠の一覧性の機能と併せて，「カードの一覧性」という。）。
　証拠全体の一覧性の機能は，上記の個別証拠の一覧性を基本として，個々の証拠の証拠調べ手続経過の記載が並ぶことにより，全証拠の証拠調べ手続経過を一覧して把握することを可能にする機能のみならず，当該事件の証拠関係，どのような証拠が請求されているかを一目瞭然たらしめる証拠整理機能及び訴訟記録中の関係書類の索出を容易にする証拠検索機能をも含むものである。すなわち，カードを請求者等の別に分けて作成することにより，犯罪事実についての検察官の立証，それに対する弁護人・被告人の反証，職権による補充的な取調べという訴訟主体ごとに証拠全体を整理して把握することができ，さらに，別の欄に記載された証拠が同一の証拠であることや各証拠の手続的関連性がカードに適宜明示されることにより，全体の証拠の中での個々の証拠の同一性あるいは関連性が明らかとなり，証拠整理を容易ならしめている。また，取り調べられた証拠が当該訴訟記録中のどこに存するかも，証拠目録的な役割を果たすカードによって索出可能となっている。
　上記のような証拠全体の一覧性は，具体的には，同一審級内での事件係属中における裁判所及び訴訟当事者の証拠調べ手続経過の把握，裁判官の交替時における裁判所の円滑な訴訟指揮，判決書作成の際の証拠関係整理等の場面などで，その機能を発揮することとなる。したがって，これらの各場面で，カードが十分にその機能を果たせるよう，その記載に当たっては，見やすさ等の点で工夫配慮されたものであることが要求される。

＊12　例えば，結審前に採否未了の証拠がないか（最決昭28.4.30刑集7-4-904参照），採用決定をしながら取調べをしていない証拠がないか（最決昭30.11.18刑集9-12-2460参照）などが一覧になることで容易に確認できよう。

第1章 証拠等関係カード総論

第3 カード作成事務の在り方について
1 適正な裁判の実現のための公証事務
　カード作成事務は，前述のとおり，証拠調べ手続の適正確保を目的としていることから，カードにおいては，証拠調べ手続が法定の方式に従い適法になされたか否かを公証しなければならない。
　そこで，期日に行われた証拠調べ手続に関する訴訟行為のうち，どの事項をカードに記載するかについては，規則上に定められている必要的記載事項はもちろん，その他の事項についても，審判に関する重要な事項として，前記カード作成事務の目的を踏まえて具体的に記載する必要性や実益を検討し，的確に取捨選択して記載しなければならない。
　期日で行われ，必要的記載事項として記載される証拠調べ手続に関する事項は，それが期日外に行われる場合でも，同様に審判に関する重要な事項であるから，カードには，期日外における事項も，期日に行われた場合に準じて記載する。また，前述したとおり，カードには証拠調べ手続の経過を一覧して把握できるという機能もあるから，証拠調べ手続の現状や経過を正確に把握するため，期日外の事項であっても，その記載は正確でなければならない。
　なお，期日外における事項は，調書の一部とならないとはいえ，いったん作成したカードに安易に訂正を加えることは，調書となる部分も含めて，カード全体としての信用性にも関わることから，整理された調書の記載を直接訂正することが許されないのと同様に，許されない。カードは，パソコン等により作成することもあると思われるが，複数回にわたり行われた証拠調べ手続について，既に記載された事項の存在するファイルを利用して，新たな記載事項を追加入力するなどして，カードそのものを差し替えることは，既に裁判長が認印した調書の一部を改ざんしていることになり，絶対に許されない。

2 裁判官との認識の共有
　証拠調べ手続に関する事項について，規則に定められている必要的記載事項の他，どのような事項がカードに記載すべき「重要な事項」となるのかは，一般的な事件類型の別や，個別の事件の内容，これまでの経過，今後の進行の見込み等によって異なる。その検討の際の前提となるのは，カードがどのような目的のために作成され，どのような機能を果たさなければならないのかという視点である。したがって，まずは裁判官とこの視点を共有しなければならない。次に，その視点に基づいて，一般的に証拠調べ手続における重要な事項としてはどのようなことが考えられるのか，個別の事件において特に重要であると考えられる事項は何かという点に関して，裁判官と書記官が議論し，認識を共有しておく必要がある。
　これは，実践的には，日々の事件処理を通じて実現されていくものであると考える。具体的には，日常的に行われるミーティング等の機会において，個別の事件の進行予定やポイントを確認するとともに，裁判官が証拠調べ手続をどのように進行させていこうと考えているのかを理解した上で，当該事件において，どのような事項をカードに記載すべきであるかの議論を重ねる必要がある。
　以上のような裁判官との認識の共有により，カードを正確かつ迅速に作成することが可能となる上，今後，証拠調べ手続がどのように進行していくのか，それによってどの

ような記載を要することになるのかについても予測が立てやすくなり，カードの機能面から記載方法を工夫することも可能となる。

3　見やすさ・明確さなどの一覧性の確保

　カードの一覧性を確保するためには，常に記載事項の見やすさや明確さを工夫・配慮しながらカードを作成する必要がある。例えば，原則として，カードには書面の引用が相当ではないとされているのは，必要な内容を端的に記載し一覧性を確保するためには，できる限りカードに直接記載することが望ましいと考えたことによる。ただし，カードには限られたスペースしかないため，全ての情報をカードに盛り込むことは困難であり，また，必ずしもそうすることが一覧性に資することではない。特に当事者の対応次第では記載事項が多くなる傾向にある「意見」欄においては，記載する内容や分量に応じて，直接本カードに記載するか，続カードを含めた書面を引用するかを見極め，引用する場合においても，その内容をおよそ把握できる適切な見出しを付すことにより，カードの一覧性を確保しなければならない。そのためには，当事者の主張内容に鑑み，今後証拠調べ手続がどのように進行していくのか，それによってどのような記載を要することになるのか，カードを記載するに当たっての予測も必要となってくるであろう。

　また，カードは作成した書記官だけが理解できるものであってはならず，裁判官（上訴審を含む）や訴訟関係人及び事件関係者にとって，明確で見やすいものでなくてはならない。そのために，どういった記載方法や書面引用の方法が求められるのか，カードの主たる利用者である裁判官の意向を確認しておくことが必要である。

　特に「備考」欄の記載が多くなれば，調書としての記載事項とその他のメモ的記載事項が混在し，著しくカードが見づらくなる要因にもなる。記載にあたっては，十分に見やすさに配慮した工夫が必要であり，他の欄の補充記載であれば，可能な限り本来の欄に記載できないか検討し，その他のメモ的記載事項については，前記カード作成事務の目的を踏まえ，記載する必要性や実益を個別・具体的に検討しなければならない。

第2章　証拠等関係カードの記載要領

第1　カードの様式等
1　対象事件（カードを使用する事件）
　　カード様式等通達において，次の事件については，できる限りカードを使用することとされている。
　　① 通常第一審事件
　　　上記通達が適用される通常第一審事件とは，平成4年8月21日付け最高裁総三第26号事務総長通達「事件の受付及び分配に関する事務の取扱いについて」の別表第3（刑事事件）の2の公判請求事件をいう。したがって，略式命令請求事件及び交通事件即決裁判手続請求事件はこれに含まれないが，正式裁判の申立てがあった事件，付審判決定があった事件はこれに含まれる。
　　② 控訴事件
　　　控訴審は，事実の取調べをすることができ，この事実の取調べが証拠調べの方式によりなされた場合には，第一審の証拠調べに関する規定が準用されるので，カードを使用する。
　　③ 再審開始決定後の再審請求事件
　　　再審開始の決定が確定した事件については，その事件について，その審級に従いさらに審判することになる。
　　　したがって，原裁判が第一審判決，第二審判決である場合には，上記①，②と同様にカードを使用する。
　　なお，再審開始決定前の再審請求事件，付審判請求事件等は，カード様式等通達が適用される事件ではないが，このような事件についても，必要に応じてカードを使用することは差し支えない。

2　カードの様式等
(1)　カード様式等通達の内容
　　カード様式等通達で定められたカードの様式は，
　　① 被告人1名用（被告人が1名の場合に使用するカード）
　　② 被告人複数用（被告人が2名以上の場合に使用するカード）
　　③ 補充用（被告人1名用及び被告人複数用カードの各欄の記載を補充する場合に使用するカード）
　の3種類で，被告人1名用及び被告人複数用のカード（以下，本書において「本カード」ともいう。）は，検察官請求分，弁護人・被告人請求分，職権分に分けて使用し，補充用証拠等関係カード（以下，本書において「続カード」ともいう。）は，これらに共通して使用する（カード様式等通達1，カード記載要領通達第1の1）。
　　また，カードに付随するものとして，
　　④ 略語表（カードの記載に用いる略語を示した表）
　　⑤ 「被告人の符号と全被告人の範囲」表（被告人複数用カードの「関係被告人」欄に当該事項に関係する被告人を記載するに際し，必要に応じて，同表に所要の事項を

記載して，関係する被告人の氏名及び被告人の範囲を明らかにする表）が定められている（カード記載要領通達第1の7，第2の2の(1)）。

(2) 手続調書との関係

　カードは，公判調書又は公判前整理手続調書の各手続部分とは別に編てつされるが（規則49の2前段），カードの公判期日又は公判前整理手続期日の記載部分は，当該公判調書又は公判前整理手続調書の一部であり，手続部分と一体となって一つの調書となる。

　また，カードを公判調書又は公判前整理手続調書から分離させたことによって一体性が損なわれてはいけないので，一体となるものであることを当該調書上明らかにしておくことが必要となる（規則49の2後段）。公判調書又は公判前整理手続調書の手続部分には，「証拠調べ等　証拠等関係カード記載のとおり」という引用文言を記載して，カードとの関連を明らかにした上で，さらに，一体性担保の措置として，カードには，「このカードは，公判期日，公判前整理手続期日又は期日間整理手続期日においてされた事項については,各期日の調書と一体となるものである」との一体文言を付し，事件番号を記載して（カード解説4参照），調書と一体となるものであることを明らかにする。

(3) 別様式のカード使用

　カード様式等通達の適用の対象となる事件については，できる限り前記(1)の①ないし③の様式のカードを使用することとされているが（カード様式等通達），事件によっては，カードを使用するより別様式のものを用いる方が手続の過誤，脱漏を防止する上で望ましいと思われる場合もないとはいえない（カード解説3参照）。しかし，証拠調べ手続経過を一覧して把握するという目的のためにカードの様式及び記載の統一を図った趣旨から，事件ごとに独自の様式を使用する場合には，その必要性，妥当性について十分検討されなければならない。

　現在使用されているカードは，一覧性の面で優れ，証拠関係の把握，記載方法の統一化においても十分な効果が発揮されているが，例えば，被告人も訴因も多数あり，かつ共犯関係の訴因が含まれている上，これら共犯関係にある多数の被告人が，書証の請求に対し，同意の範囲が異なる場合など，手続関係が複雑かつ錯そうする事例では,現在使用されている様式では，その記載が繁雑で見づらいものとなることもあろう。しかし，このような場合であっても，現行のカード様式を使用した上で，各欄の幅を広げるなどの修正を加えることによって，証拠調べ手続の経過をカードで一覧できるように工夫することは可能である。

　なお，カードの様式例では，1枚につき5つの欄を設定して記載できるようにしている[*1]が（カード様式通達別紙様式第1及び第2），パソコン作成で適宜欄を広げた結果，1枚における欄の数を減らすこと（又は増やすこと）は許容されているものと思料する。ただし，1枚に記載する証拠の数が減れば,それだけカードの枚数が増えて，証拠全体の一覧性を損ねかねないことに注意を要する。

＊1　旧カード様式通達では，カードはB4判（袋とじ）で1枚につき11欄であった。

第2章　証拠等関係カードの記載要領

　　　なお，現行様式とは別様式のカードを使用する場合には，当該カードに一体文言を付し，事件番号記載欄を設けて，当該カードと調書との一体性を担保する措置を講じなければならない（規則49条の2後段，カード解説3参照）。
3　カードの編てつ箇所及び編てつ順序
　　　刑事訴訟記録の編成については，平成12年10月20日付け最高裁総三第128号事務総長通達「刑事訴訟記録の編成等について」（以下，本書において「記録編成通達」という。）に基づき，高等裁判所，地方裁判所，簡易裁判所の通常第一審事件及び再審開始決定後の再審請求事件並びに高等裁判所の控訴事件の各記録の編成は，原則として事項別編成方式である5分方式を採用し[*2]，訴訟書類は，第1分類に手続関係，第2分類に証拠関係，第3分類に身柄関係，第4分類にその他の書類，第5分類に裁判員等選任手続関係とそれぞれ分類して編成する扱いとしている。
　　　5分方式の記録編成において，第2分類の証拠関係書類は，さらに，証拠等関係カード群，証拠書類群及び公判調書（供述）群の3群に分け，その順に編てつされる（記録編成通達第1の2）。カードは，証拠調べ手続経過の一覧的機能，書類索出等の便宜を考慮し，第2分類の証拠関係書類の冒頭につづる。
　　　証拠等関係カード群は，略語表，「被告人の符号と全被告人の範囲」表，証拠等関係カードを検察官請求分，弁護人又は被告人請求分，刑事事件における第三者所有物の没収手続に関する応急措置法3条の参加人請求分，職権分，補充用カードの順につづり，次に証拠調べ手続に関する書類（冒頭陳述書を除く。）及び押収物の還付に関する書類を編年体によりつづる（記録編成通達第1の2の(1)，調書講義案337参照）。

第2　カードの記載基準
1　請求者等別の使用
(1)　請求者・職権別の使用
　　　被告人1名用及び被告人複数用のカードは，検索の便を考慮して，証拠の請求者等の別に検察官請求分，弁護人・被告人請求分及び職権分に分けて使用する（カード記載要領通達第1の1前段，カード解説14参照）。弁護人及び被告人の両者から証拠調べの請求があったときは，別にカードを作成することなく，「弁護人・被告人」と記載する（カード解説51(1)参照）。また，カードを請求者等別に使用しながらも，これを(追)起訴状別，被告人別に使用することは，カードの「公訴事実の別」の箇所や「関係被告人」欄で区別することが可能であることから，相当ではない。
　　　一つの証拠について，当事者双方から請求がされた場合，それぞれの請求者分のカードに記載する[*3]。
　　　「刑事事件における第三者所有物の没収手続に関する応急措置法」による参加人が証拠調べの請求をした場合には，参加人請求分のカード（本カード）を作成するのが相当である（カード解説15参照）。

[*2] 平成21年3月10日の同通達改正により，裁判員裁判の施行と同時に，訴訟記録がこれまでの4分方式から5分方式となった。
[*3] この場合，「備考」欄において，「双方申請」と記載するのが相当である（第5の1(1)，41頁を参照）。

補充用のカード（続カード）は，補充すべき内容が検察官請求分，弁護人・被告人請求分あるいは職権分のいずれに関係しようとも，それらに共通の継続用紙として使用する。それは，本カードを検索した後に続カードを検索することになるので，証拠の請求者等の別に使用するまでの必要性はなく，かえって「※」印のついた番号が一連していることによって必要箇所を迅速に見分けることができるなど検索に利点があるからである（カード解説14後段参照）。

(2) 甲号証・乙号証，書証・人証

請求者等別に本カードを使用するに当たり，甲号証・乙号証，あるいは，人証・書証について別用紙を用いることも差し支えない（カード解説55参照）。これは，自白調書についての証拠の取調べの順序を制限したと解される法301条との関係で証拠調べに段階を設けている実務の取扱いや，証拠書類等の検索を考慮したものである。そこで，実務では検察官請求の証拠を甲号証，乙号証に分けて別用紙を用いるのが大半である。証拠が膨大な事件については，さらに書証・人証に分けて別用紙を用いる実務例もある。

ア 甲号証・乙号証

甲号証とは，検察官が取調べ請求をした証拠のうち犯罪事実に関する証拠であって，被告人の供述書や供述調書以外のものをいい，乙号証とは，被告人の供述書，供述調書及び公文書である被告人の身上，前科調書類をいう。乙号証が限定的なものであるため，結果的には現在のところ乙号証に属するもの以外の証拠が全て甲号証と呼ばれており，被告人供述調書の任意性立証のための証人申請は，甲号証のカードに記載している。

共同被告人の自白調書は，犯罪事実に関する他の証拠にあたるとされているが（最決昭29.3.23刑集8-3-293），共同被告人に共通の証拠として請求される場合は，法301条の趣旨を考慮して通常乙号証のカードに記載されている。いったん請求が撤回されて，改めて供述者以外の他の被告人の関係でのみ請求された場合は，原則的には，法律関係の個別性という点から甲号証のカードに記載すべきことになるが，その供述者の他の自白調書が乙号証のカードに記載されている場合等は，被告人（共同被告人）供述調書の検索の便などを考慮した併合審理における証拠の分類の特別な場合として乙号証のカードに記載しても差し支えなく，その方が相当な場合もあると思われる。

イ 書証・人証

書証と人証は，同時に請求する場合でも，別用紙を用いてもらうと便利である（カード解説23参照）。これは，多くの証拠請求がある場合に，書証，人証別の証拠方法の検索並びに証拠書類群と供述調書群別に編てつされた証拠資料の検索が容易となるからである。もっとも，特にその必要がなければ，別用紙を用いるまでもない。書証と人証について別用紙を用いる取扱いをする場合，証拠物は書証と同一用紙に記載してもらうのが相当であろう（カード解説23参照）。また，検証及び鑑定は，人証と同じ用紙に記載する方が便利である（質疑回答42参照）。

検察官請求分の証拠を甲号証・乙号証に分けた上，事案に応じて，さらに，甲号証を書証・人証に分けて，別用紙を用いる実務例がある。弁護人請求の証拠におい

ても，書証と人証に分けることもある。証拠の数が相当数の場合に，書類の検索の便のため，このように「甲書」，「甲人」，あるいは，「弁書」，「弁人」と細分する必要性が生じるからである。

　なお，検察官請求証拠につき，いったん甲号証・乙号証に分けたあと，人証請求があり，そこで甲号証のなかでも書証・人証を区分して別用紙にする場合，人証請求分は，本来は「甲人」となるわけであるが，実務では「人」としている例が多い。さかのぼって「甲書」とする弊害等*4を考慮してのことであるが，あらかじめ相当数の人証請求が予測され，書証と人証のカードを区分する必要がある事件においては，最初から「甲書」，「甲人」と分けておくことも考えられよう*5。

2　被告人1名用，複数用カード様式

　被告人複数用カード様式が被告人1名用カード様式と大きく異なる点は，「関係被告人」欄が設けられている点である。現行のカード様式が，証拠の標目を軸として証拠調べ手続経過を記載することが定められているところ，被告人が複数の場合，被告人ごとにカードを作成するのではなく，一つの証拠についてその証拠調べがどの被告人との関係でなされたかを「関係被告人」欄で明らかにすることとしている。

　そこで，被告人が1名の場合は被告人1名用カードを，被告人が複数の場合には被告人複数用カードを使用することになるが（カード様式等通達1の(1)，(2)），カード様式等通達にいう「被告人1名」，「被告人複数」とは，カードを使用する事件が訴訟法的に被告人1名又は複数の事件として係属しているかどうかではなく，一つの訴訟記録が1名の被告人の関係で編成されているのか，複数の被告人との関係で編成されているのかを意味している。すなわち，関係被告人を明示し，どの被告人の関係で証拠調べ手続がなされたかをカードと手続調書とを逐一照合せずに，カードの記載によって一覧できるようにする必要があるときに複数用カード様式が使用されることになる。したがって，「被告人が複数の場合」とは，「共同被告人」と同義ではなく，被告人ごとに弁論が分離された場合でも，記録が一つに編成されている限り，被告人が複数の場合とされるし，公訴事実（訴因）ごとに被告人が1名か複数かではないから，次の①②の場合はいずれも複数用カードを使用する。

　①同一起訴状で，公訴事実第1がA・B，同第2がA，同第3がBとの関係で起訴された場合。全ての公訴事実の関係で複数用カードを使用し，公訴事実第1の関係の証拠調べについて被告人複数用，同第2，第3の関係の証拠調べについて被告人1名用というような使用方法はしない。

　②複数用カードが使用されている事件で，複数被告人のうちの1人について追起訴があった場合。追起訴の公訴事実の関係では被告人は1名でも，記録は複数の被告人の関係で編成されているから追起訴関係の証拠調べについても複数用カードを使用する。

　「被告人が複数の場合」は，原則として複数用カードを使用するが，例外として，被告人1名用カードの使用が許される場合があるか問題となる。例えば，①被告人1名を残

---

*4　甲号証として既にカードを作成しており，また，公判前整理手続では証明予定事実記載書面において，証明予定事実とそれに対応する証拠を証拠番号と共に記載している例が多い等の理由による。
*5　この場合のカードは，「甲書」（又は「甲」），「甲人」（又は「人」），「乙」の順に編てつする。

して他の被告人に対して判決が言い渡されるなどした場合，②共同被告人の事件で，被告人の死亡による公訴棄却の決定（法339）がなされ，他の1名の被告人との関係で証拠調べがなされるような場合，③控訴審において，一部の被告人が控訴を取り下げ，残る1名の被告人との関係で事実の取調べが証拠調べの方式でなされるような場合である。①②③の場合は，複数の被告人の関係で記録が編成されているものの，将来併合される可能性がないから，その後の証拠調べ手続につき新たにカードを起こす場合，被告人1名用カードを使用しても差し支えないとの考えがある（62中幹研4参照）。しかし，上記の場合でもいったん複数用カードを使用したのであれば，その後も引き続き複数用カードを使用したほうが，記録を閲読した際にどの被告人の関係の証拠調べであるか一見して明らかになり，分かりやすいと思料する[*6]。

3 カードの基本原則

一つの証拠に一つの証拠番号を付し，「標目」及び「立証趣旨」の各欄は，1証拠につき1欄を用いるのが原則である（これを「1証拠1欄の原則」という。カード解説17参照）。「1証拠1欄の原則」を実質的にとらえれば，期日及び期日外を通じて，一つの証拠に関する証拠調べ手続経過を同一用紙の「標目」欄以下の「請求」，「意見」，「結果」等の横の1欄に記載するということを意味するものと考えられる。この1証拠1欄の原則は，カード様式の基本であり，証拠ごとに証拠調べ手続経過を一覧するという個別証拠の一覧性の要請のカード記載基準への反映といえよう。

1証拠を1欄に記載するに当たり，限られたスペースに記載しきれないような場合は，欄のスペースを適宜広げて記載するか，継続記載をする方法（質疑回答44参照）がある[*7]。

継続記載は，離れた欄を実質的に継ぎ足す記載方法であり，本カードのその時点で請求のあった証拠番号の末番の次欄に証拠の番号及び標目を移記した上で，その「意見」欄，「結果」欄及び「備考」欄に継続して記載する方法をいうが（第4の8，40頁を参照），これは，元の欄を起点として，移記する欄を継ぎ足し，実質上同一の横の1欄とする実務的技術として許されたものといえよう。

なお，1証拠を2枚のカードにわたって記載し，数枚のカードを一体化することは，カードの性質と相容れないことになる（質疑回答1参照）。

1証拠1欄の原則との関係で問題となるのは，第1に，当該証拠の法的許容性が変化した場合に，同一欄に記載することが許されるかである。例えば，相手方の同意が得られなかった伝聞証拠を，非供述証拠として用いるという意味で証拠物としての請求に変えたりする場合であるが，このような場合，1証拠1欄の原則を形式的に捉えると，新たな欄に改めて記載することになる。しかし，同原則を実質的にとらえれば，証拠調べ手続経過を一覧しうるということから，同一の欄を利用して記載することも許されよう。

[*6] これらの場合，今後検察官からの証拠調べ請求がある場合には，あらかじめ検察官に対し，どちらのカードを使用するか，裁判所の意向を伝えておく必要があろう。

[*7] カード解説17においては，1証拠を2欄以上使用して記載する方法が考えられるとある。しかし，2欄以上にまたがる記載は，裁判官ヒアリングにおいて見づらいとの指摘があった。そこで，2欄以上の使用が考えられる場面としては，証拠調べの請求時に「標目」欄又は「立証趣旨」欄を記載するときであることから，第1の2(3)，11頁のとおり，1欄のスペースを適宜広げて記載すればよいと思われる。

第2章　証拠等関係カードの記載要領

　　次に問題となるのは，証拠の性質が人証から書証に変化するなどして，証拠の個数が2個になったような場合である。例えば，①公判準備において検証や証人尋問等がなされ，書証に転化した検証調書や証人尋問調書等を取り調べる場合（法303），②簡易公判手続や即決裁判手続の取消しによる公判手続の更新にあたり，書面に転化した更新前の供述等を取り調べる場合（規則213の2③），③鑑定請求に基づき鑑定人が作成した鑑定書を法303条を類推して取り調べる場合があげられる。これらの場合においても，1証拠1欄の原則を形式的に捉えると，職権カードに新たに欄を起こして調書等の証拠調べの経過を記載すべきものと考えられるが，その取調べ関係が複雑でない場合は，元の証拠の標目が記載された同一欄である「備考」欄を利用して記載することも簡便な方法として許されている（カード解説71参照）。これは，証拠の性質が変化し，証拠の個数が2個になったとしても，一つの証拠請求に基づく証拠の取調べの結果も併せて1欄に記載することにより証拠調べ手続経過を一覧できるからである。

第3　カードに記載する事項
1　カードに記載する「証拠調べ等」の意義
(1)　「証拠調べ等」の意義
　　カードには，証拠調べ手続の経過（冒頭陳述を除き*8，公判期日外のものを含む。）及び被告人の供述（冒頭手続における陳述，公判手続の更新の際の陳述，最終陳述及び明らかに手続的な供述を除く。）がなされた事実を記載する*9（カード様式等通達1前段参照）。

ア　証拠調べの意義
　　カードに記載すべき証拠調べとは，広義の証拠調べ（法292）を意味する。証拠調べとは，狭義には，公訴提起された被告事件に関し，その犯罪の成否，刑の量定に関する事実について心証を形成するために，公判期日に各種の証拠方法を適式に取り調べて証拠資料を獲得する行為をいうが，広義の証拠調べは，狭義の証拠調べのほか，その準備的行為，すなわち冒頭陳述，証拠調べの請求，証拠の採否の決定，証拠調べの範囲，順序，方法を定め又は変更する決定，異議の申立て，公判期日外の証人尋問，検証等の実施など，証拠の取調べに関する手続の全体をいう（条解610参照）。

イ　被告人の供述
　　カードに記載する被告人の供述がなされた事実とは，一般に「被告人質問」と呼ばれるもので，裁判長や検察官，弁護人の求めに応じて事実に関して被告人が供述した場合（法311Ⅱ）をいう。被告人質問は，本来の証拠調べではないが，任意になされた被告人の供述は証拠となるから，それがいつなされたかを他の証拠の証拠調べ手続経過とともにカードに記載することによって一覧できると便利だからであ

---

*8　冒頭陳述がカードに記載すべき事項から除かれたのは，カードが個々の証拠の取調べ手続経過を明らかにすることを基本とするので，証拠によって証明すべき事実全体を明らかにするための冒頭陳述は，手続調書に記載する方が適切とされるからである。

*9　現在の様式が「証拠関係カード」ではなく，「証拠等関係カード」と称されるのは，被告人の供述がなされた事実もカードに記載するからである。

る。被告人の供述のうち，冒頭手続における陳述，公判手続の更新の際の陳述及び最終陳述については，手続としても重要なものであるから，明らかに手続的な供述とともに除外され，公判調書（手続）に記載することとされている（カード解説6参照）。

ウ　カードに記載しない事項

証拠調べに関係する事項ではあるが，カードに記載すべき証拠調べには含まれないものがある。

(ア)　証拠開示に関する事項

訴訟指揮権に基づく証拠開示命令（最決昭44.4.25刑集23-4-248等を参照）の申出に関する事項は，手続調書に記載して処理すべき事項であり，カードには記載すべきではないとされている（質疑回答48参照）。同様に，公判前整理手続や期日間整理手続における証拠開示の裁定請求（法316の26Ⅰ）に関する事項についても，カードには記載すべきでないと考えられる（記録編成通達上，裁定請求書及び決定書は第1分類に編てつすべきものとされている。）。いずれの証拠開示も，検察官の手持ち証拠について，いまだ証拠調べ請求をするか否かが明らかでない段階で（あるいは，開示を求める証拠自体は証拠調べ請求する意図がないのに）閲覧等を求めるものであって，上記アにおける証拠調べの準備的行為にすら当たらないと考えられるから，このような事項についての職権発動を促す申出や裁定の請求は，手続事項として手続調書に記載すべきである[10]。

(イ)　押収物の還付，保管・処理方法に関する事項

押収物の還付・仮還付（法123, 124）に関する事項も，カードには記載せず，手続調書に記載する。押収物の還付・仮還付は，収集した証拠物について留置の必要がないものを返還したり，あるいは，所有者等の請求により一時的に返還するという手続的な事項で，証拠調べ手続の範囲外のものと考えられるからであり，カードにこれらの事実を記載する実益はないであろう。

また，押収物の保管・処理方法について，所有者その他の者に保管させる裁判や廃棄，換価の裁判がされる場合があるが，これらの裁判も証拠調べ手続の範囲外のものなので，カードに記載を要しない。

(2)　厳格な証明と自由な証明

ア　厳格な証明とカードの記載

カードに記載される事項を証明の形式という点からみると，厳格な証明の手続がとられるものは全てカードに記載される。厳格な証明とは，刑訴法の規定により証拠能力が認められ，かつ，公判廷における適法な証拠調べを経た証拠による証明である（最判昭38.10.17刑集17-10-1795参照）。例えば，伝聞証拠が証拠能力を取得するのは，法326条の同意がある場合や，その余の伝聞例外の要件に該当する場合であるが，これらはカードの「同意」の記載や，伝聞例外の要件立証に関する経過の記載で明らかになるし，公判廷において適法な証拠調べを行ったことは，「済[11]」

---

[10]　開示を受けた証拠を当事者が別途証拠調べ請求をした段階で，カードに記載することになる。

[11]　法定の証拠調べの方式（法305ないし307）以外の方式で取り調べた場合は，その旨を明らかにする（第5の7の(2)のエ，75頁を参照）。

の記載で明らかになる。その意味で、カードは厳格な証明による証拠調べ手続を想定しているといえる。

どの事実が厳格な証明を要するかについては説が分かれるが、多教説によれば、刑罰権の存否及び範囲を画定する事実（犯罪事実、処罰条件、刑の加重減免の理由となる事実など）を厳格な証明の対象とする（石井・証拠法108参照）。

イ　自由な証明とカードの記載

厳格な証明を要するとされる事実以外の事実、主として、単に量刑の資料となる事実及び訴訟法上の事実が自由な証明で足りるとされる（最判昭24.2.22刑集3-2-221、最判昭58.12.19刑集37-10-1753）。自由な証明とは、厳格な証拠による必要のない証明である。自由な証明の場合には、当該証拠が証拠能力を取得した経過や適法な証拠調べ手続を経たことを明らかにする必要はないことから、原則としてカードに記載する必要はない。

しかし、専ら量刑の資料となる事実や、訴訟法上の事実であっても、訴訟条件、補助事実（証拠の証明力に関する事実）については、実務上、厳格な証拠によって証明をさせようとする扱いが多い（石井・証拠法109参照）。この場合は、厳格な証明を要する通常の証拠調べ手続と同様、証拠能力を取得した経過や適法な証拠調べを経たことを明らかにする必要があることから、カードに記載する。

なお、証拠調べ請求がなされた証拠につき、相手方が不同意の意見を述べたところ、厳格な証明を要しないので伝聞法則は適用されないとして、当該証拠を採用して取調べが行われることがある。この場合、相手方が不同意の意見を述べたが、裁判所が自由な証明で足りると考えて証拠を採用したという経過や、公判廷において適法な取調べが行われたことをカード上明らかにする必要がある。

【記載例1】自由な証明により証拠を採用した場合

1　告訴						
〔○○○○　　　26.3.8〕 告訴の事実 （　　　　　　　　　　　）	1	1	不同意	1	訴訟条件に関する 資料として 　　決定・済	1

※　親告罪における告訴状、告訴調書等は、「告訴の事実」という訴訟条件を証明するためのものであり、厳格な証明を要しないとされるが、他の証拠とともにカードに記載して証拠調べ請求がなされるのが通例である。
※　相手方が「不同意」の意見を述べた場合、単に「決定・済」としてしまうと、伝聞証拠の例外として採用されたのか、厳格な証明を要せず伝聞法則の適用がないとして採用されたのかが明らかにならないため、「訴訟条件に関する資料として決定・済」等、その経過を記載する。

(3) 事実の取調べとカードの記載

事実の取調べとは、決定又は命令をするに当たり、事実関係について資料を調査することである（法43Ⅲ、規則33Ⅲ）。証拠調べとは異なり、公判廷で法定の方式に従ってその資料を取り調べることは要せず、また、資料に証拠能力は要求されないのが一

般である（条解97参照）。
　訴訟法的事実（手続的な事実）の存否について事実の取調べがなされた場合，原則としてカードに記載しない。公判審理が進行する過程では，このような実体的な事実以外の事実について，以下の例のように立証を要する事実が多くある。
① 被告人が公判期日に出頭できない資料として差し出した診断書に関して，診断書を作成した医師の取調べをする場合（規則184Ⅱ）。これは被告人の出頭に関する訴訟法的事実の取調べである。この事実の取調べ調書や診断書は手続の経緯を知るために第1分類につづる。
② 保釈の決定に当たり，身柄引受人を呼んで事情を尋ねたり，提出された身柄引受書，勤務先や親族の上申書などの取調べをする場合。これは，保釈事由にあたるか否かについての訴訟法的事実の取調べであり，関係書類は第3分類につづる。
　なお，上記①②のような訴訟法的事実の立証のために提出された資料が，犯罪行為の当時における責任能力あるいは情状立証等のために弁護人などから証拠調べ請求（法298Ⅰ）がなされれば，当然にカードに記載しなければならない。

(4) **公訴権濫用による公訴棄却申立てに関連する証拠申請**
　弁護人から検察官の冒頭陳述前に公訴権濫用による公訴棄却申立てに関連する証拠申請がなされた場合，これは，公訴棄却申立てという訴訟法的事実についての立証と解されるから，広義の証拠調べには含まれず，原則としてカードに記載は不要であり，これらの証拠申請書は，第1分類に申立書とともに編てつすれば足りるが，裁判官の指示により，便宜的にカードに記載することも許されよう。これは，検察官の不当な公訴の提起に対しては，裁判所は公訴権の濫用として，形式裁判（法338④の準用説等）で打ち切るべきであるとする公訴権濫用論の主張が認められるとした場合，公訴権濫用の主張の前提となる事実関係が，実体的な事実に密接に関連し，実体に関する証拠調べの前にこれらの証拠調べを行うことが起訴状一本主義との関係で問題となり*12，どのような審理方式をとるかは，裁判所の判断によることとなるので，裁判官の指示による便宜的なカードの利用の余地もあるからである。

2 **カードの記載事項**
　カードは，『調書となる部分』と『調書とならない部分』で構成されており，それぞれの部分について，記載の根拠や記載する事項が異なる。

(1) **調書となる部分について**
　カードは，期日になされた事項については調書の一部となる。公判期日における事項については法48条2項により，公判前（期日間*13）整理手続期日における事項については法316条の12により定められた記載事項のうち，証拠調べ手続に関する事項を記載する。

ア **必要的記載事項（規則44条1項，規則217条の14第1項）**
　公判調書の記載事項について，法48条2項は「裁判所の規則の定めるところによ

---

*12　最判昭55.12.17刑集34-7-672，渡部・昭55最判解説392，渡辺・刑事手続（上）391，竹内・別冊判タ7-289参照。
*13　期日間整理手続調書は，ほぼ全般にわたって公判前整理手続調書における規定が準用されることから（法316条の28，規則217条の27），記載事項等は公判前整理手続調書のそれに準ずることとなる。

第2章　証拠等関係カードの記載要領

り，公判期日における審判に関する重要な事項を記載しなければならない」旨定めており，それを受けて類型的に重要な事項が，「必要的記載事項」として規則44条1項各号に具体的に列記されている。カードにはこのうちの証拠調べに関する事項を記載しなければならない。

【カードの必要的記載事項（公判調書）】

規則44条1項	記載事項	カードの該当欄
14号	証拠調べの請求その他の申立て	標目欄，請求欄，結果欄
15号	証拠と証明すべき事実との関係（証拠の標目自体によって明らかである場合を除く。）	立証趣旨欄
16号	取調べを請求する証拠が法328条の証拠である旨	立証趣旨欄
17号	法309条の異議の申立て及びその理由	意見欄，結果欄
29号	法326条の同意	意見欄
30号	取り調べた証拠の標目及びその取調べの順序	標目欄，取調順序欄
31号	公判廷においてした検証及び押収	結果欄
45号	決定及び命令（ただし，証拠調べの範囲，順序及び方法を定め，又は変更する決定，主任弁護人及び副主任弁護人以外の弁護人の申立て，請求，質問等の許可，証拠決定についての提示命令，証人の尋問及び供述並びにその状況を記録媒体に記録する旨の決定，証拠書類又は証拠物の謄本の提出の許可を除く。）	意見欄，結果欄
46号ロ	公判手続の更新の際に取り調べない旨の決定をした書面及び物	結果欄

また，公判前整理手続調書の記載事項について，法316条の12第2項は，「公判前整理手続期日における手続については，裁判所の規則の定めるところにより，公判前整理手続調書を作成しなければならない」旨定めており，それを受けて「必要的記載事項」が規則217条の14第1項各号に具体的に列記されている。カードにはこのうちの証拠調べに関する事項を記載しなければならない。なお，法316条の12第2項は，公判調書に関する規則44条1項と同様ないし類似する事項が多い[14]が，主に異なる事項としては，公判前整理手続においては，証拠の取調べをすることができないことに起因する事項である。

【カードの必要的記載事項（公判前整理手続調書）】

規則217条の14第1項各号	記載事項	カードの該当欄
9号	証拠調べの請求その他の申立て	標目欄，請求欄，結果欄
10号	証拠と証明すべき事実との関係（証拠の標目自体によって明らかである場合を除く。）	立証趣旨欄
11号	取調べを請求する証拠が法328条の証拠である旨	立証趣旨欄
12号	法309条の異議の申立て及びその理由	意見欄，結果欄
13号	法326条の同意	意見欄
16号	決定及び命令（ただし，証拠調べの順序及び方法を定める決定，主任弁護人及び副主任弁護人以外の弁護人の申立て，請求，質問等の許可，証拠決定についての提示命令を除く。）	意見欄，結果欄

---

[14] 規則44条に規定する公判調書の必要的記載事項と共通する事項については，その記載の要領についても，公判調書と同様と解してよいであろう（刑裁資第285号32頁参照）。

第3　カードに記載する事項

　イ　記載命令事項（規則44条2項，規則217条の14第2項）

　　上記アの必要的記載事項に該当しない事項であっても，公判期日又は公判前整理手続期日における各手続中，裁判長（又は受命裁判官[*15]）が訴訟関係人の請求により又は職権で記載を命じた事項は，審判に関する重要な事項として，これをカードに記載しなければならない。この裁判長（又は受命裁判官）から記載を命じられた事項は，公判調書となる部分につき規則44条2項，公判前整理手続調書となる部分につき規則217条の14第2項により記載命令事項となる。

　ウ　記載相当事項

　　上記ア，イの事項を記載するほか，規則に定めがない事項であっても，カードを作成する目的に鑑み，カードに記載する必要性や実益のある場合には，そのような事項（記載相当事項）も，審判に関する重要な事項に当たり，カードに記載することになる。公判期日又は公判前整理手続期日に行われた事項のうち，個々の手続の経過を明らかにすることが，カード作成事務の目的である証拠調べ手続の適正確保のために必要性や実益があると認められるか否かを具体的な事件や手続において判断し，記載する事項を選別していくことになる。

　　なお，公判前整理手続における記載事項の相当性の判断は，基本的には公判手続における考え方と同様であるが，公判前整理手続が争点整理とともに公判で取り調べる証拠の整理を行うことがその主要な目的であることに鑑み，証拠の整理に至る経過事項をどこまでカードに記載していくかがポイントとなる。例えば，証拠の厳選の見地から，証拠請求の必要性や不明確な証拠意見についての裁判所と当事者間の釈明のやりとり，請求証拠の証拠能力や証明力等に関する具体的な意見に対する反論，それに応じた意見の補足といった当事者間のやりとりなど，それらの事項をどこまでカードに記載していくかは，個々の場面で判断していくことになり，記載事項を選別する場面が増えていくことになると思料される。

(2)　**調書とならない部分について**

　ア　**期日外における事項**

　　公判期日及び公判前整理手続期日外になされた訴訟手続についても，カード作成事務の目的である証拠調べ手続の適正確保の観点から，重要となる事項を記載する。重要となる事項としては，上記(1)アないしウに記載した期日における記載事項と同様である。すなわち，証拠請求，証拠とすることの同意・不同意やその他の証拠意見，証拠調べをする旨の決定又は証拠調べ請求の却下決定等，期日において行われた場合にはカードに記載する事項については，調書に準じて記載する。また，公判準備における証人尋問，鑑定人尋問，検証等がなされた事実も同様に記載する（カード解説5参照）。このように，期日外の事項も含めて記載することで，記録中における証拠調べ手続の経過をカードに集約し，証拠関係を一覧して把握することにより，証拠調べ手続の適正を確保することができるのである。

[*15]　裁判所は，合議体の構成員に命じ，公判前整理手続（法316条の5②，⑦及び⑨から⑪までの決定を除く。）をさせることができる。この場合において，受命裁判官は，裁判所又は裁判長と同一の権限を有する（法316条の11）。

第2章　証拠等関係カードの記載要領

イ　メモ的記載事項

カードには，上記(1)及び(2)のアのほか，メモ的な事項を記載する。メモ的記載事項は，カードの機能（第1章第2，7頁を参照）を高め，証拠調べ手続の円滑な進行を図るために，①証拠調べ手続の経過や結果の明確性，②証拠の関連性や整理・検索など証拠全体の一覧性，③事務処理の明確性といった観点から記載するものである。

具体的に，①の事項としては，証拠決定や証拠の取調べ等の記載とともに，「結果」欄に記載して証拠調べ手続の経過や結果を明確にするもので，個別証拠を一覧するに有益な事項[*16]である。例えば，証人尋問における，「続行（出頭命令告知[*17]）」，「済（遮へいの措置）」などの括弧内の記載がある。②の事項としては，「備考」欄に記載して，証拠の関連性や整理・検索など証拠全体を一覧できるようにする事項である。例えば，「尋問調書の取調べは職権カードに記載」，「甲○関係の証拠」，「双方申請」，「甲（No.○○）に継続」などの記載がある。③の事項としては，「備考」欄に記載して，事務処理を明確にする事項である。例えば，「即日検察官に返還」，「少年調査記録中」など，証拠調べが終わった証拠につき，その扱いを明確にするための記載がある。

メモ的記載事項については，個別の事件ごとに記載する趣旨や必要性を上記の観点から判断して記載するものであるが，その判断においては，書記官が裁判官の認識や意向を適切に把握した上で検討する必要があると思料する。

第4　カードの記載要領一般

1　契印等について

カードは，1枚ごとがそれぞれ数個の調書の一部ともなり得べきものであるから，数枚が続いて編てつされていてもそれぞれが区分して編てつされているものと解することができ，かつ，1枚ごとに調書の他の部分との一体性を担保する措置が講じられていることから，カード相互間の契印又はこれに準じる措置を採ることは不要である。

2　書面の引用

(1)　他の書面の引用の原則的禁止の趣旨

カードの記載に当たっては，他の書面を引用することができない。ただし，「標目」及び「立証趣旨」欄以外の各欄について，記載すべき事項の一部につき他の書面を引用することは差し支えないとする（カード記載要領通達第1の2）。その趣旨は，必要な内容を端的に記載し一覧性を確保するためには，できる限りカードに直接記載することが望ましいと考えたからであると解する。特に「標目」及び「立証趣旨」の各欄については，書面を引用してしまうと，どういった証拠が，どのような立証趣旨のもとに請求されているのか，一見して分からなくなり，カードの一覧性が損なわれることになる。「標目」及び「立証趣旨」以外の各欄については，証拠調べ手続の経過の一覧性が損なわれないように留意しつつ，記載すべき事項の一部につき他の書面を引用することは差し支えない。

[*16] これらは，手続調書や尋問調書に別途記載しているものを，カードにも記載する実益があるとして記載する事項である（第5の7の(2)のセ，77頁を参照）。

[*17] 手続調書にも記載した上で，カードにメモ的記載をした場合である（第3章第2の3，128頁を参照）。

第4 カードの記載要領一般

規則49条が，調書には書面，写真その他裁判所又は裁判官が適当と認めるものを引用し，訴訟記録に添付して，これを調書の一部とすることができるとしているにもかかわらず，カードの記載に当たっては，原則として他の書面を引用すべきではないとするのは，カードの一覧性を重視した結果によるものと思料する。

(2) 他の書面の引用方法

「標目」及び「立証趣旨」以外の各欄について他の書面を引用する場合の引用方法としては，

①書面はいわゆる独立の文書としたまま，その内容を引用する方法【独立文書の引用】
②書面自体を調書の一部にする方法【非独立文書の引用】 *18

の二つが考えられる（カード解説19参照）。①の方法は，作成年月日及び作成者の署名押印等がある独立文書（規則60，60の2）を引用する場合にとり，②は，書面に作成者の署名押印等がないなどの非独立文書を引用する場合にとる方法である。

なお，本カードの該当欄に直接引用文言を記載する場合，本カードについては，引用文書との契印又はページを付すなどの措置を採ることができないので「別紙○○のとおり」として書面自体を調書の一部とする②の方法は許されず，独立文書としたまま内容を引用する①の方法によることになる。

本カードで独立文書を引用する場合，例えば，書証の請求に対する一部同意の具体的な内容について，独立文書を引用する際には，「一部同意　26.10.26付意見書」などと記載して，端的に書面を引用する旨を表示する。

【記載例2】本カードを使用して独立文書を引用した記載

3 員　〔○○○○　26.5.13〕被害状況（　　　）	1	2	一部同意 26.10.26付意見書	2	同意部分　決定・済 不同意部分　撤　回	3	

※　書証の請求に対し，一部同意の同意部分を特定するために，証拠意見書（独立文書）を引用する場合の例である。
※　引用書面については，通常は日付で特定すれば足りることから，具体的な書面の標題を記載するまでもなく，内容面から単に「意見書」と記載してもよいと思料する。
※　引用書面の作成日が期日の当日である場合，「本日付け」と記載すると，当該意見書を検索する際，意見書の具体的な日付がすぐには判明しなくなるため，具体的な日付を記載したほうがよい。
※　引用書面に不同意部分しか記載がない場合の措置については，第3章第1の3（1），99頁を参照。

---

*18　引用書面との契印又はページ数を付すなどの措置が必要となる。

第2章　証拠等関係カードの記載要領

【記載例3】続カードを使用して独立文書を引用した記載

3　員				
〔〇〇〇〇　　26.5.13〕 被害状況 (　　　　　　　　　)	1　2	一部同意※1	2	同意部分 　決定・済 不同意部分 　撤　回	3

※	期日	請　求・意　見・結　果　等
1	2	一部同意（甲3） 　　弁護人 　　　平成26年10月26日付け意見書記載のとおり

【記載例4】続カードを使用して非独立書面を引用した記載

3　員				
〔〇〇〇〇　　26.5.13〕 被害状況 (　　　　　　　　　)	1　2	一部同意※1	2	同意部分 　決定・済 不同意部分 　撤　回	3

※	期日	請　求・意　見・結　果　等
1	2	一部同意（甲3） 　　弁護人 　　　別紙意見書記載のとおり

※　続カードと引用文書との間には，契印又はページ数を付すなど，書類の連続性が容易に認識できる措置を採ることを要する。

第4　カードの記載要領一般

(3) 引用した書面の編てつ方法
ア　独立文書の場合
　　カードで引用した独立文書は，第2分類の証拠等関係カード群内の「証拠調手続に関する書類」として，他の証拠調べ請求書や証拠に対する意見書等と共に編年体により編てつするのが原則である（編成通達第1の2の(1)）。

　　また，カード解説では，引用書面の閲読の便を考慮し，上記の編年体で編てつする方法に修正を加え，

　①本カードで独立文書を引用する場合は一括編てつされている本カードの末尾又は一括編てつされている続カードの末尾に編てつする方法

　②続カードで独立文書を引用する場合は，当該続カードの直後又は一括編てつされている続カードの末尾に編てつする方法

が考えられるとしている（カード解説19参照）。これらの場合，引用された書面を一括して編てつする場合には，引用した順につづり込む。

　　引用した書面の編てつ方法については，引用書面の多少により，いずれによるのが閲読に便利であるか等を考慮して選択しなければならない[19]。

　　具体的には，①の本カードで引用する場合，引用書面が少ない場合には，本カードの末尾に編てつしてもよいが，多い場合には，一括編てつしている続カードの末尾に編てつするのが相当な場合が多い。また，②の続カードで引用する場合も，引用文書が少ない場合には，当該続カードの直後に編てつしてもよいが，多い場合には，多数の引用書面の中に続カードが散在することになり，続カード自体を検索するのに不便が生じるから，続カードの末尾に一括して編てつするのが相当な場合が多い。

　　カードと証拠調手続に関する書類は明確に分けてつづるほうが簡明で分かりやすいことから，実務では引用書面や作成するカードが多くなる場合には，①と②のいずれの場合にも，一括編てつされた続カードの末尾に編てつしている例が多い。さらに公判前整理手続に付した事件など，引用書面の量が多い訴訟記録であれば，原則どおり編年体でつづることが分かりやすいこともあろう。それぞれの編てつ方法の特徴を踏まえて，どの方法を選択するか検討が必要となる[20]。

イ　非独立文書の場合
　　続カードで非独立文書を引用する場合の編てつ方法は，当該続カードの直後に編てつした上，契印又はページ数を付すなどの措置を採る[21]。続カードによる複数の非独立文書の引用方法については，第7の3，90頁を参照。

---

* 19　裁判官ヒアリングでは，カードで引用する書面が多くなればなるほど，一般的に引用書面の検索がしづらくなるとの指摘があった。

* 20　書記官アンケートでは，検索の便のために，引用した独立文書の右下余白に丁数を付して，カードの引用文言の後に丁数を記載したり，カードの作成とは別に，引用した独立文書に作成日付や「※」印の番号を表示した付箋等を貼付する，引用した独立文書の右上余白に※の番号を表示する，引用した書面と引用していない書面等の間に分界紙を挟むなどの運用例があった。

* 21　そうすると，非独立文書については，前記(2)のとおり本カードで直接引用することができず，続カードを利用しても必ず当該続カードの直後に編てつしなければならないことから，できれば書面が提出されたときに作成者の署名押印等の記載を促して独立文書としての体裁を整えてもらうとよいであろう。

第2章　証拠等関係カードの記載要領

(4) 当該事件の証拠等関係カードの記載の引用

　前述のとおり，カードの記載に当たっては，原則として他の書面を引用すべきでないとされているが，ここにいう「他の書面」には，カードとは別の独立文書や非独立文書だけでなく，当該事件のカードも含まれる。例えば，「立証趣旨」欄について「甲2と同じ」というようにカード内の他の記載を引用すると，引用した箇所を見なければならず，個別証拠の一覧性が損なわれることになるからである。

　ただし，例外的に「甲2と同じ」というような記載が認められる場合として，不同意となった書証の供述者を証人として取り調べるような場合に，証人の立証趣旨について，当該書証の立証趣旨を引用する場合がある（カード解説60参照）。この場合は，書証と証人との手続的関連性を「立証趣旨」欄を利用して端的に説明できるという積極的意味が認められるからである。

　また，「同上」又は「〃」によって，前の欄の記載を引用する方法も，記載の引用の一つであり，個別証拠の一覧性という点からは避ける方が望ましいが，直前の欄の記載を受けているために，その引用内容が明確である場合には許されよう。例えば，「標目」欄の記載において，同じ標題の書面が続く場合や，「立証趣旨」欄の記載において，同じ立証趣旨や公訴事実の別が続く場合が考えらよう。ただし，数枚のカードにまたがっての使用は，その都度ページを遡って引用した箇所を見なければならないことになるから，前葉の記載を引用するのは相当でない[*22]。なお，「標目」，「立証趣旨」以外の各欄については，記載の引用は相当でない。

(5) 一覧性確保のための留意点

　「標目」及び「立証趣旨」以外の各欄について，書面を引用する場合には，証拠調べ手続の経過の一覧性が損なわれないように留意する必要がある。先に述べたように，原則として，カードに書面を引用することができないとする趣旨を踏まえ，どうすればカードの一覧性を確保できるかを考えて，記載方法を検討しなければならない。特に当事者の対応次第では記載事項が増える傾向にある「意見」欄においては，記載する内容や分量に応じて，直接本カードに記載するか，続カードを含めた他の書面を引用するかを見極め，引用する場合にもその内容をおよそ把握できる適切な見出しを付すことにより，一覧性は確保されるものと思料する。

　そこで，独立文書を引用するに当たっては，個別証拠の一覧性の観点からは，続カードを使用するよりも本カードで直接引用する記載方法【記載例2】が相当な場合が多いと思料する[*23]。本カードで続カードを利用し，さらに続カードで書面を引用する取扱いは，いったん続カードを経由する必要があるので煩わしく[*24]，本カードで直接引

[*22] カードの冒頭に記載された証拠（例えば甲6号証）の立証趣旨において，「前記覚せい剤の押収手続」と前葉の記載の一部を引用している場合，実務では必ず訂正（抹消，追記）を要すると解している。しかし，前葉末尾の直前の記載を引用していることが明らかであり，しかも引用も一部に止まることから，その他の立証趣旨の記載で内容が把握できる場合にまで必ず訂正等を要するとするのは合理的ではないと思料する。

[*23] カード解説19では，続カードで引用するのを原則とした上で，本カードで直接引用文言を記載して，続カードを使用しない扱いをしても差し支えないとの記載となっているが，一覧性の観点からは本カードで直接引用する扱いが相当な場合が多いと思料する。

[*24] 裁判官ヒアリングでも，同様の指摘がなされた。単に書面を引用するだけの続カードの利用が増えると，引用文言だけを記載した続カードが大部になるとの指摘もあった。

用するほうが検索の便からも相当であろう。ただし，複数の証拠について書面を引用する場合など，本カード全体として引用文言が増えるのであれば，それだけ本カードの記載が複雑にもなることから，続カードを適宜利用したほうが見やすいこともあろう。

3 検察官・弁護人提出の書面の利用
(1) 検察官提出の書面の利用
ア 規則188条の2の書面のカードへの転用

証拠調べの請求をするときは，証人等の氏名及び住居あるいは証拠書類等の標目を記載した書面を差し出さなければならないが（規則188条の2），検察官が証拠調べの請求をするときは，カードと同じ様式の書面に所要の事項を記載したものを提出してもらう（法務大臣訓令「事件事務規程」第116条1項参照）。その場合には，書記官は，その記載を利用してカードを作成することができる（カード記載要領通達第1の3参照）。

このように，検察官が標目等を記載して提出する書面（証拠等関係カード）は，規則188条の2所定の書面である[25]とともに，公判調書又は公判前整理手続調書と一体となるカードとして利用することができる書面でもある。

そこで，事前準備の一環として，複数被告人の事件につき各被告人の証拠意見が分かれることが予想される場合には，1ページにおける欄の数を減らして，各欄の記載するスペースを広くしてもらうとか，証拠が膨大になるような事件については，カードの作成方法を打ち合わせ，「甲書」，「甲人」等と証拠を細分して別用紙に記載してもらうことが考えられよう。

なお，検察官が不同意書証に代えて直ちに口頭で証人の尋問を請求するような場合がある。そのような場合には，書記官が従前のカード用紙の余白を利用するか，又は，別用紙のカードを使用して所要の事項を記載することになる[26]（カード解説20，22参照）。

また，検察官が期日外に証拠調べの請求をする場合には，証拠調べ請求書にカードと同じ様式の書面に所要の事項を記載したものを添付して提出してもらう（法務大臣訓令「事件事務規程」第116条2項，カード解説26参照）。

イ 検察官が記載する部分

検察官が証拠調べの請求に当たってカードと同じ様式の書面に記載する部分は，「請求者等」の箇所並びに「番号」，「標目」及び「立証趣旨」の各欄である（カード解説21参照）。

なお，実務の運用としては，被告人複数用カードを使用する場合，検察官は，上記「立証趣旨」欄までの記載に加え，各被告人と符号との対応をカード欄外の「（被告人　　）」の箇所に「A甲山乙男，B丙野丁夫」などと記載した上で，あらかじめカード

---

[25] 規則188条の2所定の書面には，規則58条，60条の適用はなく，したがって，年月日の記載，作成者の署名押印等は不要と解されている（逐条説明54頁参照）。

[26] 従前のカード用紙（甲）の余白を利用するか，別用紙のカード（人）を使用するかは，当該事件において今後も証人尋問等の請求が予測され，書証と人証を別にしたほうが証拠の検索に資するのかどうか見極めて判断する。

第2章　証拠等関係カードの記載要領

の「請求」欄の「関係被告人」欄にそれらの符号を記載している例が多い。これは，「関係被告人」欄を記載することで，どの被告人の関係の証拠請求であるかを明確にし，弁護人が事前に証拠を検討する際や公判廷で裁判所が意見を求める際などに便利であることなどの理由からなされている運用である[*27]。

　ウ　**誤記の訂正**

　　検察官の提出した書面を利用してカードを作成するに当たり，誤記があった場合は，カードの作成者である書記官が訂正しなければならない。そこで，公判期日において検察官が提出した書面をそのまま利用する場合には，検察官が提出前に誤記を訂正した場合にも，訂正印を押なつしないで提出してもらう必要がある（カード解説24参照）。

　エ　**カードとして利用しない場合の措置**

　　検察官が提出した書面に誤記が多いなどのため，その書面をカードとして利用することが相当でないと思料される場合には，書記官は，所要の事項を記載してカードを作成し，カードとして利用しなかった書面は，記録上残す必要はない（カード解説25参照）[*28]。

(2)　**弁護人提出の書面の利用**

　　弁護人においても，証拠調べの請求をするときは，証人等の氏名及び住居あるいは証拠書類等の標目を記載した書面を差し出さなければならない（規則188条の2）。そこで，弁護人が証拠調べ請求をするに際し，カードと同じ様式の書面に所要の事項を記載して提出してきたときは，カードとして利用できることは検察官の場合と同様である。しかし，弁護人が請求する証拠は検察官の請求ほど多くないのが通常であるので，書記官の労を省く必要性も小さくその取扱いを原則とするまでの必要性はないであろう。もっとも，弁護人から多数の証拠が請求される場合等，事件によっては，弁護人にカードの用紙を交付し[*29]，これに所要の事項を記載して提出してもらうことは差し支えないが，その場合には，書記官が調書作成事務の負担を軽減するため弁護人にそれを押し付けるとの印象を与えないよう十分留意する必要がある(カード解説27参照)。

(3)　**証拠調べ請求書（カード）の正確性を確保するための方策について**

　　検察官及び弁護人から，証拠調べ請求書（カード）を受領した際には，これを閲読し，標目のほか作成者や作成年月日等といった証拠を特定するための事項が記載されているか，標目から予測される範囲で原本と写しとの区別がなされているか，立証趣旨（公訴事実の別を含む）の記載があるか，その他記載している事項に明白な誤記等がないかなどの形式的事項の点検を行う。また，その際には既に請求された証拠の番号と重複していないか[*30]，一連する番号に重複や欠落がないか[*31]なども点検し，ここで誤

[*27] どの被告人にどういう符号をつけるかは，一般的には起訴の順番（起訴状に記載された順番）であるため，通常はあらかじめ検察官との間で打ち合わせておくまでもない。
[*28] なお，この場合は，改めて誤記を修正してもらった上で，再度提出してもらう例が多いであろう。
[*29] 日本弁護士連合会のウェブサイトからカードの書式をダウンロードできる。
[*30] 仮に番号が重複している場合には，当事者と証拠番号に関しての認識に齟齬がある可能性があるので確認が必要となる。
[*31] カード解説56においては，検察官の記入した番号に重複がある場合の枝番使用や番号の欠落についての解説があるが，この段階で誤りが発見されれば，任意の補正を促すことができよう。

第4　カードの記載要領一般

記等を発見すれば，必要に応じて請求者に確認や照会を行い，任意の補正を促すことができよう。

なお，これらの点検は，正確なカードを作成することにより，カードの個別証拠の一覧性にも資するという目的で行うものであり，点検はあくまでも書面上把握できる範囲に限られる。証拠の取調べ前であることから，内容に踏み込んでの点検ではないことに注意し，書記官としても予断排除の観点から配慮が必要である。

ア　検察官との関係

実務上，検察官請求の証拠については，ほとんどの場合，検察官が作成した書面を利用してカードを作成していることから，標目の記載方法，略語使用の範囲，その他カード作成の留意点など，専ら形式的事項について，検察庁との間で協議，意見交換の場を設けている庁がある。必要に応じて，裁判所側の要望を伝える機会を設けることが考えられる。

また，個別事件においては，カード1枚における欄数の調整，甲号証を書証と人証の別用紙にするなど，事前準備で働き掛けが必要な事件があることは，前述27頁のとおりである。

イ　弁護人との関係

弁護人に対しては，第1回公判期日の指定時や公判前整理手続の付決定時などにおいて，証拠番号の付し方（関連する証拠であっても枝番を使用しないなど），標目の記載における留意点（原本又は写しの区別をするなど），立証趣旨の簡潔な記載の依頼など，請求書を作成するに当たっての留意点を記載した文書を事前に交付しておく[32]ことが考えられる。

4　略語の使用

(1)　略語表による略語の使用

カードの記載に当たっては，略語表記載の略語を用いることができる。略語の使用は，記載の省力化になるだけではなく，各欄の記載はもとより，全体としてカードの記載が簡潔となり，証拠調べ手続の経過を一覧して把握するのに役立つという機能を有するともいえる。

略語表記載の事項等を記載する場合は，同表記載の略語と異なる略語を用いることができない（カード記載要領通達第1の7）。カードの一覧性の要請は通用性のあるものでなければならず，比較的使用頻度の高い事項等についての略語の使用は全国的に統一する必要があるので，略語表記載の事項等について略語を用いる場合には，同表記載の略語のみを使用すべきである（カード解説36参照）[33]。

略語の使用は必要的ではないが，使用すれば，記載の統一化，カードの一覧性に資すると思われ（例えば，「証拠調べをする旨決定」と記載するよりも，略語を用いて「決定」とする方が，簡潔で見やすい。），特に「標目」欄においては，一見して書証の種類等を把握できることから，積極的に利用すべきである。

証拠を特定するに当たり，略語を使用する場合は，原則として書面等の標題を基準

---

[32]　弁護人に交付する文書については，その内容については裁判官と協議する必要がある。
[33]　裁判所書記官が独自に略語を考案の上，略語表に追加記載して使用することはできない（質疑回答12参照）。

第2章　証拠等関係カードの記載要領

とし，標題に該当する略語を用いる。例えば，証拠書類の標題が「捜査報告書」であるが，その内容が犯罪事実の現認状況を報告するものである場合，あるいは，写真撮影の結果を報告するものである場合の略語は，内容に従えば「現認」あるいは「写報」となるが，標題を基準として「報」と記載すればよい。これは，標目は，書面等を形式的に特定するために記載するものだからである。

ただし，請求者が証拠の標題と記載内容が明らかに異なるとして，内容に従った略語を使用した場合においては，書記官が取り調べた証拠を見て，内容に従った表記がされていることが確認できれば，形式的に標題の略語に訂正する必要はないと思料する（書証の特定につき，第5の3(2)，44頁を参照）。なお，内容に従った略語の使用など，どの範囲で略語を使用するかは，判決書における証拠の特定とも関連してくることから，略語の使用に関して裁判官と共通の認識を持つことが必要である。

(2)　略語の使用範囲について

略語表に記載されている書面の標題は，実務上多く使用されているものを掲げただけに過ぎず，略語の使用範囲が限定列挙されているわけではないので，必ずしもこれと同じ標題の書面についてのみその略語の使用を許すという趣旨ではない（カード解説39参照）。

そこで，略語表記載の標題が付けられている書面と同じ事項を内容とする書面であると明らかに認められるものの範囲が問題となることから，いくつかの例を挙げて検討する。

ア　「裁」

略語表上は，「裁判官に対する供述調書」となっており，略語の意味としては，裁判官の面前における供述を録取した書面である。

これまでの実務においては，「裁」の略語の意味としては，法321条1項1号書面と同意義であると解釈され，当該事件における被告人の他事件における供述調書（法322条書面[34]）及び当該事件における供述調書（法322条2項書面）を除外するのが相当とされてきた[35]。しかし，検察官に対する供述調書の略語（「検」）の使用について，法322条1項書面（当該事件の被告人の供述）と法321条1項2号書面（当該事件の被告人以外の供述）で区別していないこと，同様に司法警察員に対する供述調書の略語（「員」）の使用についても，法322条1項書面（当該事件の被告人の供述）と法321条1項3号書面（当該事件の被告人以外の供述）で区別していないことに鑑みると，「裁」の略語が使用できる範囲を，特定の証拠能力の関係で限定する必要はないと思料する[36]。そこで，「裁」の使用においては，当該事件の被告人の供述と被告人以外の者の供述を問わず，さらに当該事件における供述と他事件における供述も問わないと解する。なお，当該事件の被告人の供述か被告人以外の者

---

[34] 322条1項書面に該当する説と同2項に該当する説の両説がある。

[35] これまでの実務においては，被告人の前回裁判時における被告人供述調書について，「裁」の略語を使用するのは相当でないとされてきた。

[36] ただし，略語の使用を区別しないというだけであり，書記官としては，当該書面が伝聞法則の例外規定のどれに該当するのか，不同意の場合にどういった要件立証が考えられるのかといった意識を持つことは重要である。

の供述かは，供述者の表示に加えて，甲号証と乙号証の区別で識別が可能である。
　　このほか，この略語が使用できるものとしては，第1回公判期日前における証人尋問調書，受命・受託裁判官による証人尋問調書，民事事件・家事事件・少年審判における証人尋問調書，他事件の証人尋問調書・被告人供述調書などがある。

イ　「戸」，「戸附」
　　略語表上は，「戸」は「戸籍謄本，戸籍抄本，戸籍（全部・一部・個人）事項証明書」とあるが，略語の意味としては，身分関係を記録する戸籍の全部又は一部の写し（又はそれらの記載を証明するもの）を示すものであることから，略語の使用においては，現在の戸籍に関するものに限定する必要はないので，改製原戸籍謄本，除籍謄本を含んでよい[37]。
　　また，「戸附」は「戸籍の附票の写し」となっているが，戸籍の附票は住所の移転履歴を記録したものであることから，略語の使用には改製原戸籍の附票の写しも含んでよい。

ウ　「報」
　　略語表上は，「捜査報告書，捜査状況報告書，捜査復命書」が挙げられている。略語の意味としては，略語表の例を鑑みると，捜査機関が犯罪捜査の経過を明らかにするために作成する報告書（資料）全般を指すことから，その他，採尿報告書，所在報告書，引当捜査報告書，統合捜査報告書[38]などに使用してよい。また，「○○の捜査報告について」と題する書面であってもよい（カード解説39参照）。
　　なお，捜査機関が作成する報告書はその他の略語として，別途内容を特化した，「発見」，「現認」，「写報」，「交原（報）」などがあるので，それらに該当する場合には，他の略語を使用する。

エ　「電話」
　　略語表上は，「電話聴取書，電話報告書」が挙げられており，略語の意味としては，電話で聴取した内容を記録化するために作成した書面と解することができる。そうすると，作成者は捜査機関に限られず，捜査機関においても様々な標題が使用されているところ，上記の内容を記載した書面であれば略語を使用してよい。

オ　「捜照」
　　略語表上は，「捜査関係事項照会回答書，捜査関係事項照会書，捜査関係事項回答書」とあり，捜査機関による照会書とその回答書の両方を含んでいる。このため，標目欄では照会書か回答書かの区別は付かない[39]が，その区別は立証趣旨の記載で判明するものと思料する。

---

[37] 例えば，戸籍全部事項証明書に，同証明書と契印がない等，形式上一体性が明らかでない，戸籍附票の写し，改製原戸籍謄本及び改製原戸籍附票の写しが添付されている場合，カードには「戸（戸1通及び戸附2通添付）」などと記載する（第5の3(3)ウ，後述46頁を参照）。

[38] 主に裁判員裁判において，分かりやすく迅速な立証を行うために，複数の証拠のうち立証に必要な部分だけを抜粋し，それらを統合して作成される捜査報告書である。ただし，統合捜査報告書については，二次証拠としての性質をとらえて，標目においてはその他の一次証拠である捜査報告書と区別するため，そのまま標題を記載するとの考えもあろう。

[39] 実務上，両者を「標目」欄で区別するために，回答書については「捜照（回答）」と記載している例もある。

第2章 証拠等関係カードの記載要領

なお，捜査関係事項回答書については，様々な標題が用いられるところ（例えば，「○○について（回答）」など），捜査機関からの照会事項に基づいて回答した内容が記載された書面であれば略語を使用してよい。

【略語表記載の略語使用の範囲一覧表（一例）】

略語	略語の意味	略語使用が可能なもの（一例） （太字は略語表記載のもの）
裁	裁判官の面前における供述を録取した書面	第1回公判期日前における証人尋問調書 受命・受託裁判官による証人尋問調書 民事事件・家事事件・少年審判における証人尋問調書 他事件の証人尋問調書・被告人供述調書
戸	身分関係を記録する戸籍の全部又は一部の写し（又はそれらの記載を証明するもの）を記載した書面	**戸籍謄本，戸籍抄本，戸籍（全部・一部・個人）事項証明書，改製原戸籍謄本，除籍謄本，除籍全部（一部）事項証明書**
報	捜査機関が犯罪捜査の経過を明らかにするために作成する報告書	**捜査報告書，捜査状況報告書，捜査復命書**，採尿報告書，所在報告書，引当捜査報告書，統合捜査報告書，死体解剖立会報告書，その他捜査報告を内容とする標題のない書面
写報	捜査機関が犯罪捜査の経過として写真撮影の結果を報告する書面	**写真撮影報告書，現場写真撮影報告書**，デジタルカメラ撮影報告書
電話	電話で聴取した内容を記録化するために作成した書面	**電話聴取書，電話報告書**，電話受発信用紙（発信した事実のみの場合は除く），電話通信書，電話照会回答書
害	参考人が捜査機関に提出した被害内容等を記載した書面	**被害届，被害てん末書，被害始末書**，被害上申書
免照	運転免許の有無についての照会，調査した結果の記載ある書面	**運転免許等の有無に関する照会結果書，運転免許等の有無に関する照会回答書，運転免許調査結果報告書**，運転免許取得事実照会報告書，電話による免許照会について
領	捜査機関が証拠品を領置した経過又は結果を明らかにするために作成した書類	**領置調書**，領置報告書，領置状況報告書，領置経過報告書
振受	特定の銀行口座等に振り込むために金融機関が振込金を受領した事実を証する書類	**振込金兼手数料受領書，振込金受領書**，振込票，ATMカード利用明細

第4　カードの記載要領一般

(3) **略語表にない略語の使用**
　ア　**慣行上認められている略語**
　　略語表にはないが，既に実務上定着しており，あえて略語として掲載されなかったものに次の事項がある。これらは，略語表に掲げる必要はなく，掲げなくても使用することは差し支えない（カード解説38参照）。

同　　意	証拠とすることの同意
不同意	証拠とすることの不同意
撤　　回	証拠調べ請求の撤回
却　　下	証拠調べ請求の却下決定
取　　消	証拠調べをする旨の決定の取消決定
領　　置	証拠物を領置する旨の決定
続　　行	尋問の続行（次回期日への続行，証拠調べの続行の意味でも使用されている。）
留　　保	証拠意見を述べることの留保，証拠決定の留保。
施　　行	証拠調べの準備行為である公判期日外での証人等の尋問や検証がなされたこと，被告人質問がなされたこと。「済」の略語と区別して使用する。

　イ　**各庁，各受訴裁判所で定める略語**
　　各庁，各受訴裁判所において，略語を考案の上，略語表に追加記載して使用することにつき，カード解説40では，①特に必要がある場合で，②各庁において検察庁と協議の上，あるいは，③各受訴裁判所において検察官と協議の上，適宜の略語を定め，これを使用しても差し支えないとしている。これは，カード記載の省力化の要請から，略語表にない事項・書面について実務上略語の使用が特に必要とされた場合の略語使用の弾力性を残したものと考えられる。しかし，略語の全国的統一化をはかった趣旨から，①の「特に必要がある場合」という要件は，個々的な事件ごとの略語の必要性ではなく，相当な事件数におけるカードの記載に当たっての使用頻度，記載することによる省力化の程度等が検討されなくてはならないと思われる。租税事件などの専門的な事件を扱う裁判所においては，一般事件を扱う他の裁判所とは異なり，特に「標目」欄においては専門的に使用する用語は多く，適宜の略語を定める必要性は高いと思われる。

　　なお，各庁で検察庁と協議の上で定めた略語の有無について照会した書記官アンケート結果では，以下の略語を定めている旨が紹介された。
・「(麻)」，「(郵)」，「(海)」
　　「検」と「(検)」の使い分けと同様に，麻薬取締官，郵政監察官，海上保安官等の官職にある者が作成した書面を記載する場合を定めたもの
・「引報」
　　捜査報告書のうち，引き当たり捜査報告書を特化して定めたもの
・「車検」，「登録」
　　自動車検査証，自動車登録事項等証明書現在記録など自動車関係で定めたもの

第2章 証拠等関係カードの記載要領

(4) **略語表の整理について**

現在の略語表には、組織改編などにより現時点では存在しないもの、使用頻度が極端に低いと思われるもの、字数が少なく、あえて簡略記載の必要性が乏しいものがある。

また、必要に応じて追加がなされてきたことで、類似の証拠が細分化され、区分けされている趣旨や目的が不明となっていることから、現状では略語の使用範囲がどこまでかを判断する基準があいまいになっている。区分けの趣旨や目的を推測しながら、具体的な略語の使用範囲を検討するといった略語の当てはめ作業自体は合理的な事務とは言えないことから、略語の統合や整理など、略語表の見直しが必要であると思料する[40]。

5 **訂正方法**

(1) **規則及び通達に定める訂正方法**

公判調書及び公判前整理手続調書には、その訂正においては、公務員が作成する書類に関する規則59条が適用される。調書を作成するについては、文字を改変してはならないが、文字を加え、削り、又は欄外に記入したときは、その範囲を明らかにして、訂正した部分に認印しなければならない。ただし、削った部分は、これを読むことができるように字体を残さなければならない。

具体的な訂正方法は、平成11年12月9日付け最高裁刑二第299号刑事局長、家庭局長、総務局長事務取扱事務次長通達「刑事訴訟規則の一部を改正する規則の施行に伴う書類の訂正について」参照。

(2) **期日における事項の訂正について**

カードの記載を訂正する場合には、調書の一部となる記載については、1証拠、1期日ごとに訂正箇所の認印を要する（調書講義案16頁参照）。調書となる部分の記載の訂正方法については、規則59条により訂正部分に調書に押なつする印と同じ認め印を用いて認印する。

(3) **期日外における事項、メモ的記載事項の訂正について**

カードの記載を訂正する場合には、調書の一部となる記載については、訂正箇所の認印を要するが、調書の一部とはならない、期日外における事項及びメモ的記載事項の訂正に当たっては、規則59条の適用がないと解され、訂正印の押なつは要しないと解されている（調書講義案16頁参照）。

しかし、実務上、期日外における事項とその他のメモ的記載事項においても、訂正印を押なつする扱いがされている。前述のとおり期日外における事項やメモ的記載事項は単なるメモではなく、作成権限のある書記官が必要に応じて記載するものであって一定の証明力を有する記載であること、その記載が正確でなければ手続の経過を一覧する機能を果たすことはできないことからすれば、これらの事項についても訂正印を押なつするのが相当である。

また、略語表[41]及び「被告人の符号と全被告人の範囲」表の記載は、調書の記載

---

[40] 書記官アンケートにおいては、略語どうしの区別がつきにくく、略語の使用範囲が定かでない、略語が多いことから確認に時間を要する、略語は真に必要性の高いものに限るべきであるなどの意見が多かった。

[41] 定型的に印刷されたものなので、実際に訂正の必要が生じるのは略語を追加記載して使用する場合くらいであろう（カード解説40参照）。

第4　カードの記載要領一般

そのものではないが，カードの意味を確定し，理解するために必要な記載であるから，その記載を訂正した場合は，訂正印の押なつを要する（調書講義案16頁参照）。

(4) **調書整理後の訂正について**

調書の整理後は，調書の一部となっているカードの記載を直接訂正することはできない。しかし，整理後に調書の記載又は不記載が真実に反していることを発見した場合に，訂正調書を作成するなどして調書の訂正が可能かどうかは法52条の絶対的証明力の問題等があり議論のあるところである（特殊調書の研究253頁参照）。

カードの記載の訂正に関して，カード解説24後段によると，整理されたカードの記載に誤りを発見したときは，これを直接訂正することはできないから，その記載を利用してじ後の手続を記載するときは，「備考」欄に「第〇回公判，〇〇欄中「×××」とあるのは，「△△△」と訂正する。」旨の記載をすることとなろうとされている。ここで「訂正する」との文言を用いているが，これは既に整理された公判調書の記載に変更を加えることを認める趣旨ではなく，当該誤りを発見した段階で作成する公判調書に，「×××とあるのは△△△の誤りであることを発見したので，「×××」とあるのを「△△△」と訂正した上，その記載を利用して調書を作成した」ことを示す趣旨のものであると説明がなされている。上記カード解説は，調書の整理後の訂正調書作成等による調書の訂正の可否という問題を避け，「（誤った）その記載を利用してじ後の手続を記載するとき」と場面を極めて限定し，後の調書と一体となるカードの記載をする場合の方法について説明されたものと考えられている。

上記カード解説における，整理されたカードの記載に誤りを発見した際の措置については，専ら「標目」欄の記載を念頭に置いていると解する。「標目」欄の記載は，証拠調べの請求がなされたときに当事者の請求に基づいて記載するか，あるいは当事者があらかじめ記載して提出したカードを利用しているため，後に誤りが判明したり，証拠調べがされて提出された証拠と照合した結果，当初の標目の記載との間に齟齬が生じたりすることがあり得ることを想定してのものだと思料する。これは，「標目」欄が，当事者が「請求した証拠の標目」であるとともに，「取り調べた証拠の標目」でもあることに起因するものである。

証拠の標目の訂正についての記述は，第5の3(5)，50頁を参照。

(5) **訂正等の記載欄について**

カードの「標目」欄や「立証趣旨」欄に記載した事項につき，調書の整理後において上記(4)の記載の訂正や補充等の修正の必要が生じた場合の記載箇所について，ここで検討する。

これまでの実務においては，当事者の請求内容に基づいて，「標目」欄や「立証趣旨」欄に記載した事項について，上記の修正があったとしても，調書の整理後はそれが許されないこと，また，いつの時点で修正が行われたのか判明しないことから，「標目」欄や「立証趣旨」欄に記載することはできず，「備考」欄に記載するとの考えで行われてきた。

しかし，調書の整理後，既に記載した事項について，時期を異にして直接修正を加えることは許されないが，その修正は，修正前の事項が記載された「標目」欄や「立証趣旨」欄に記載したほうが，その内容を理解しやすい。また，後述のとおり「備考」

欄は他の欄の補充欄として使用するものであることから，本来記載すべき「標目」欄や「立証趣旨」欄に記載する方が合理的ではないかと思料する。これは期日における事項のみならず，期日外における事項についても，同様と考える。

そこで，本研究においては，カードの一覧性を損ねないように留意することを前提として，「標目」欄や「立証趣旨」欄に記載した事項について，時期を異にして修正する場合は，異なる期日又は期日外に訂正や補充等をした旨を明確に記載した上で，それぞれの欄に記載すること，仮に「標目」欄や「立証趣旨」欄に余白がなければ，補充として「備考」欄において記載することを提言する。

【記載例5】証拠を取り調べた後に「標目」欄の補充記載をした場合

17 自動装てん式拳銃1丁 第2回公判　領置番号「符号3」を補充 〔○○地検平成26年領第29号〕 犯行状況 （　　　　　　　）	1	1	異議なし	1	決定・済	15	即日検察官に返還

※　第1回公判において取り調べられた証拠（証拠物）につき，第2回公判において「標目」欄における領置番号の符号を追記する必要が生じたとして，その旨を「標目」欄に記載した例である。

(6) **カード空欄，余白の処理**

カードに空欄，余白がある場合，その部分に斜線を引くことを要しない（会報59号112・刑事局第二課長回答）。一般に調書の記載に当たっては，変造防止，記載終了部分の明確化，調書の形式的厳格性という点から，調書の末行に「以上」としたり，余白，空欄部分に斜線を引いた上，押印をするなどの方法が取られることがある。カードの記載について，そのような処理まで求めないのは，「標目」欄を起点とするカードの1欄1欄は独立した記載であり，記載範囲は自ずと明確となっていること，余白ごとに斜線を引くことでかえってカードが見づらくなるからであろう。

6　期日ごとの横線による区分

(1) **期日ごとに横線で区切ることの趣旨**

カードの「意見」，「結果」の各欄及び続カードの記載につき，記載すべき手続が期日を異にして行われた場合（期日外になされた場合を含む。）には，期日ごとに横線で区切った上，当該期日に行われた手続を記載する（カード解説65，同68，同79，同80参照）。

横線で区切る目的は，期日又は期日外における手続の範囲を画すためであり，期日における事項については，調書となる部分の範囲を明確にすることができる。

横線で区切る必要性が生じるのは，前に記載した期日又は期日外の手続と今回新たに記載を加えようとする事項との区別をするときであるから，横線で区切るのは，原

則として*42，後の期日（又は期日外）に記載をする書記官である。

なお，「備考」欄は他の欄と異なり，当該証拠に関して適宜の使用に供するために設けられ，期日ごとに各欄の補充記載をすることもあれば，その他のメモ的事項を記載することもあることから，「備考」欄に横線を引いて記載事項を区切るのは相当とはいえないであろう*43。

(2) 同一期日内の記載に関して横線で区切ることについて

上記のとおり，横線で区切るのは，期日又は期日外における手続の範囲を画すためであることから，同一期日内の記載を更に横線で区切ることができるか問題となる。

検討するに，カードの記載に当たっては，簡潔な表現によって証拠調べ手続の経過を一覧できることが求められるところ，そこで，期日ごとに引く本来の横線とは別に，同一期日内の記載であっても，「期日」欄を除いた欄に横線を引くことでその範囲を明確にすることが必要な事情があれば，一定の場合に限って，可能であると思料する。

このような趣旨の横線を引く必要が生じる場合としては，①一つの証拠が同一期日内で2回に分けて取り調べられ，その取調べの順序を記載することに特別の意味がある場合，②複数被告人の事件で被告人ごとに意見が異なるなど関係被告人の範囲が見にくくなるような場合等が考えられよう。

【記載例6】同一期日内で一つの証拠が2回に分けて取り調べられたことを特に明確にすべき場合の例

7	実						
〔（員）○○○○　26.3.26〕 違反現場の状況 （　　　　　　　　）	1	1	不同意	2	決定（証人○○尋問後）・済	2	
		2	法321Ⅱ書面 異議なし				

20	証人○○○○						
〔（省略）〕 甲7の作成の真正及び違反現場の状況，違反現認状況 （　　　　　　　　）	1	1	しかるべき	1 2	決定（次回同行） 済	その1 その2	1 3

---

*42　ただし，例えば「結果」欄において，「決定」とだけ記載すれば，後の期日（又は期日外）に何らかの記載がされることは当然予想されるので，こういった場合においては，当該記載をした書記官があらかじめ横線で区切っても差し支えない。

*43　書記官アンケートでは，「備考」欄の記載を見やすくする方策として，記載事項ごとに横線を引くことの提案があったが，上記のとおり，同欄の性質上相当ではないと思料する。

第2章　証拠等関係カードの記載要領

※　実況見分調書（甲7）が不同意となり，作成者の証人尋問（甲20）において，作成の真正に関する尋問とその他の尋問とに分けて実施され，作成の真正に関する尋問終了後，その他の尋問の前に，同調書（甲7）が取り調べられた場合の例である。
※　通常は，取調べの終了時を基準として記載すればよく，証人尋問の結果を分ける必要はない。しかし，この事例の場合には，証人尋問（甲20）を「その1」（作成の真正に関する尋問）と「その2」（その他の尋問）の2回に分けて記載し，取調順序をそれぞれ記載することで，要件立証のための証人尋問（その1）を行った後に実況見分調書（甲7）を採用したという，同調書（甲7）が証拠能力を取得した経過を明らかにすることができる。
※　上記の事例において，甲20の証人尋問調書は，その1とその2に分けて作成するまでもない。1通の尋問調書を作成し，同調書中に「（甲7号証の取調べ）」などと記載することによって，尋問中のどの時点で実況見分調書（甲7号証）が取り調べられたのかが判明すればよいと考える。
※　実況見分調書（甲7）の「結果」欄につき，「決定（証人〇〇その1尋問後）・済」と詳細に記載することも考えられるが，取調順序の記載により，「尋問後」が，その1の尋問後であることは明らかであると思料する。

7　訴訟行為の主体の記載

(1)　訴訟行為の主体の記載について

　訴訟手続のうち，誰が訴訟行為を行ったのかは重要であることから，調書においては通常はその特定のために行為の主体を明らかにして記載すべきである。手続調書においては，訴訟行為の主体を明示して「検察官　〇〇のため弁論再開請求・・。」，「弁護人　窃盗の事実につき・・。」などと記載し，また，当事者が複数の場合には，「〇〇検察官」，「〇〇弁護人」，「被告人〇〇」などとして訴訟行為の主体を特定して記載するのが原則である。
　しかし，本カード各欄の記載に当たり，訴訟行為の主体が明らかな場合は，記載を省略してもよい。これは，本カードが，請求者ごとに作成され，意見を述べるのは請求者の相手方であると理解できるなど，訴訟行為の主体を明示しなくても明らかな場合が多いこと，証拠調べ手続の経過を一覧できるように簡潔に記載すべきであることなどからである。
　請求者が伝聞法則の例外となる法的根拠を示して証拠能力に関する意見を述べた場合や立証趣旨の追加・変更等をした場合などは，いずれも証拠の請求者であることが明らかであるから，訴訟行為の主体の記載を省略してもよいと思料する。
　これに対し，続カードは，様式面において手続調書と変わらないこと，本カードを補充するものではあるが，続カードのみでもある程度内容を把握できるように記載する必要があることから，各行為者の記載が必要となる。

(2)　訴訟行為の主体を明示すべき場合

　カードの記載から訴訟行為の主体が一見して明らかではない場合や，特に明らかにする必要がある場合には，原則どおり訴訟行為の主体を記載する。特に「意見」欄には，相手方の意見だけではなく請求者の意見も記載されることがあり，請求者の意見を記載する場合には，訴訟行為の主体を記載しておく方が明確になることが多いと思われる。

【記載例7】「意見」欄に行為主体を明示して記載する場合

6	検						
〔〇〇〇〇　26.3.9〕(省略)( )		1	1　不同意　3　検察官　必要性について　26.12.3付意見書		3	却下	

※　検察官が，検面調書につき証拠調べの必要性についての意見を述べたものである。この場合は，請求者の意見であること，相手方からも必要性についての意見が述べられることも考えられることから，行為の主体を記載した方が明確になる。

「意見」欄における「同意」の記載については，条文上の同意権者は検察官及び被告人であり（法326条1項），書証において，当事者の請求の場合は請求者の相手方の同意，職権の場合は双方が同意した旨を記載することになる。なお，被告人においては，通常は弁護人が包括代理権に基づき，被告人の意思に反しない限り，被告人を代理して同意・不同意の意思表示をなすことから，被告人，弁護人の区別のための行為主体を明記する必要はない。しかし，被告人が全面的に公訴事実を否認し，弁護人のみがこれを認め，その主張を完全に異にしており，弁護人が検察官請求の証拠に同意したような場合など，弁護人の同意が被告人の意思に反していないことを確認する必要があるとして，裁判所が弁護人及び被告人からそれぞれ意見を聴取した場合は，「意見」欄にはそれを明示して記載すべきである（最判昭27・12・19刑集6-11-1329参照）。

【記載例8】「意見」欄に被告人及び弁護人が同意した旨を記載する場合

3	検						
〔(被)　26.3.26〕犯行事実( )		1	1　被告人及び弁護人　同意		1	決定・済	13

(3) 訴訟行為の主体の記載の簡略化

　　訴訟行為の主体を明示すべき場合において，検察官が複数の場合は，検察官同一体の原則及び個別証拠の一覧性の要請に基づくカードの簡潔な記載という点から，「〇〇検察官」などとしてどの検察官が訴訟行為をしたかを明示する必要はなく，単に「検察官」と記載すれば足りる[*44]。

　　職権により証拠決定をするにつき，検察官及び被告人又はその弁護人の意見を聴き，

[*44]　これに対し，弁護人が複数の場合には，主任（副主任）弁護人の権限（規25）に鑑み，主任（副主任）弁護人か，それ以外の弁護人かの区別が必要になる。そこで，前者の場合は「主任（副主任）弁護人」，後者の場合は「〇〇弁護人」などと記載して，その主体を明確にする。

第2章　証拠等関係カードの記載要領

当事者双方が「同意」と述べたときは，訴訟行為の主体を明示する必要があるが，この場合は，「双方　同意」と記載すれば足り，「検察官及び弁護人　同意」などとして検察官及び被告人又はその弁護人のいずれが同意と述べたのかを明らかにする必要はない。

8　継続記載

継続記載とは，1証拠の数欄にわたる記載が，隣り合う欄ではなく，その時点での当該請求者にかかる証拠番号の末尾番号の次の欄に続けて記載する方法をいう。「標目」及び「立証趣旨」の各欄を記載する段階では，記載量が多くても適宜欄を広げるなどして記載していくことができるが，「意見」欄以下の記載に当たって，各欄のスペースがなくなり，「備考」欄にも補充記載できず，既に隣り合う欄も記載済みになっているような場合に，継続記載の方法がとられる。

継続記載は，1証拠を数欄にわたって記載する方法の一つとして認められているが，実際問題として，1枚目のカードの証拠番号3の継続記載が，10枚目のカードになされるような場合の見にくさは否めず，個別証拠の一覧性を著しく害することになるのでそういった事態は極力避けるべきである。そこで，「意見」欄以下の記載が多くなることが予想される場合（例えば，複数被告人の事件で被告人ごとに意見が分かれることが予想される事件等）は，通常よりも欄を広くしておく必要がある。そのために，あらかじめ検察官に対し，カード1ページの欄数を少なくして，記載するスペースを広くしたカードの提出を依頼することが考えられよう（第1の2(3)，11頁を参照）。

(1)　継続記載の方法

継続記載の方法は，「意見」及び「備考」欄，あるいは，「結果」及び「備考」欄に余白がなくなるような場合に，その時点での当該請求者にかかる証拠番号の末尾番号[*45]の次の欄[*46]に証拠の番号及び標目を移記した上，その「意見」，「結果」又は「備考」欄に継続して記載する。その際には，元の記載の「備考」欄に継続記載をするカードのNo.を記載して，例えば「(No.○)に継続」と，番号及び標目を移記した欄の「備考」欄には「甲○の継続」と各記載し，両者の関連を明らかにするためのメモ的記載をする。

実務では，これまで継続記載をする箇所の特定としては，証拠番号を記載して，例えば「甲○の次欄に継続」（質疑回答44参照）と記載しているところ，カードのNo.で特定したほうが簡便である。このメモ記載は検索のために記載していることから，カードのNo.を記載した方が便利であり，複数の証拠で継続記載が連続する場合にも端的に記載できるからである[*47]。

[*45]　通常は，検察官請求証拠であれば甲号証と乙号証などと分けて別用紙に記載しているのが大半なので，ここでいう末尾番号とは，甲や乙などの同一の符号内における末尾の証拠番号である。

[*46]　当該請求者にかかる末尾番号の前に記載できる余白が仮にあったとしても，検索の便のために，記載するのは末尾番号の次の欄と統一しておいたほうがよいであろう。

[*47]　従来の記載方法によれば，仮に二つ以上（例えば甲3と甲7）の証拠につき，継続記載をする必要が生じた場合，継続先の特定として，一つ目（甲3）は「甲○の次欄に継続」と記載すると，二つ目（甲7）は「甲3の継続記載の次欄に継続」，又は，「甲○の次次欄に継続」と記載することになり煩瑣である。この記載方法であれば，端的にカードのNo.のみで記載できるし，検索においても支障はないと考える。

【記載例9】「意見」欄に余白がなくなり継続記載をした例

元の欄

26	検			1	一部同意 26.9.12付意見書	1	同意部分 決定・済	21	第2回公判立証趣旨の釈明「○○○○○ ○○○○○○ ○○○○○○○○」
〔○○○○　26.6.30〕 (省略) ( )				2	不同意一部撤回 3丁2行目から4 丁末尾まで同意	5	その余 決定・済	3	甲（No.12）に継続

移記した欄

26	検			5	不同意撤回 同　意				甲26の継続
〔　　　　　　　〕 ( )									

※　「意見」欄及び「備考」欄の余白がなくなるとして，継続記載をした例である。
※　元の欄と移記した欄の関係を明らかにするため，双方の「備考」欄には，記載例のとおりメモ的記載をする。
※　「意見」欄に継続記載をした後に，証拠調べの結果を記載する場合，元の欄の「結果」欄に余白があれば，元の欄に記載するのが相当である。証拠の経過を見ていくときには，まず証拠の標目が記載されている元の欄を見て，必要に応じて移記した欄を見ることになるし，元の欄の「結果」欄が空欄又は中途の記載になれば，証拠の採否や取調べが未了となっているかのような誤解を与えるかもしれないからである。

(2) 弁論の併合と継続記載

　　弁論の併合により，被告人が複数になり，複数用カードを起こした後に，既に作成済みの1名用カードについて継続記載をする場合，当該1名用カードの証拠番号の末番の次欄に記載するのではなく，その時点で請求のあった証拠番号の末番である複数用カードに記載された証拠の末番の次欄に記載する。また，被併合事件の記録が「引き舟」となった場合（併合事件に合てつされない場合），被併合事件のカードにつき継続記載をする必要が生じたときは，併合事件のカードに継続記載をする（第4章第6の6(1)ウ，221頁を参照）。

第5　被告人1名用カード各欄の記載要領
1　冒頭部分
(1)　請求者等

　　「請求者等」の箇所には，証拠調べの請求者の別を記載し，職権による取調べの場合は「職権」と記載する（カード記載要領通達第2の1の(1)のア）。どの当事者からの請求か明らかにする目的で設けられたものである。請求者が検察官であるときは「検察官」と，弁護人であるときは「弁護人」と，被告人であるときは「被告人」と記載する。

第2章 証拠等関係カードの記載要領

弁護人及び被告人の両者から証拠調べの請求があったときは、別個にカードを作成することなく、「弁護人・被告人」と記載する[*48]。「刑事事件における第三者所有物の没収手続に関する応急措置法」による参加人が証拠調べ請求をしたときは、「参加人」と記載する（カード解説51参照）。付審判決定があった事件及び検察審査会法における起訴議決に基づいた公訴提起事件について、検察官の職務を行う指定弁護士（法268、検察審査会法41条の9）による証拠調べ請求については、「指定弁護士」と記載する。

同一証拠につき、検察官と弁護人又は被告人の双方から取調べの請求がされたときは、検察官請求分と弁護人・被告人請求分の各カードに記載する。この場合、書証であれば、同一書面において、異なる立証趣旨で請求がされていること、証人尋問の請求であれば、採用されれば双方が主尋問をする権限を有することなどから、双方の請求があった時点で、相互の関連性や同一性が明らかになるようにメモ的に各カードの「備考」欄に「双方申請」と記載するのが相当である（第5の8(2)イ、78頁を参照）。また、合意書面（法327）であれば、双方からの取調べ請求として扱うべきであることは、第3章第1の7(3)、122頁のとおりである。

(2) 「(No.)」の箇所

(No.)の箇所には、検察官請求分、弁護人・被告人請求分及び職権分の別に、その丁数を記載する（カード記載要領通達第2の1(1)のイ）。No.の箇所は、カードの紛失、散逸を防止する目的で設けられたものである[*49]が、継続記載や一括記載においては、検索の便にもなる。請求者等別にその丁数を記載するが、カードを「甲」、「乙」、「甲書」、「甲人」等に分けて使用する場合には、そのそれぞれの丁数を記載する。

移送された事件については、移送前の最後の丁数に連続した丁数を記載する。

併合事件における (No.) の記載については、第4章第6の6(1)イ(ア)、220頁を参照。

(3) 「事件番号」の箇所

事件番号は公判調書における必要的記載事項ではないが、事件の特定の目的で記載している（調書講義案23）。また、カードにおける事件番号は、その目的とあわせて、手続調書との対応を明らかにすることにより、一体文言とともに一体性担保の措置としても記載する（カード解説4参照）。そうすると、具体的な番号の記載は手続調書に記載した表記と合わせるのが相当である。「事件番号」の箇所には、事件番号が複数ある場合は、その一つを選んで記載し、その余は「等」と付記する取扱いができることは手続調書と同様である（カード解説53参照）。

なお、新たにカードを作成した時点での事件番号を記載した後、弁論の併合・分離があり、当該カードに別期日の事項を記載する時点において事件番号の変動があった場合においても、事件番号の追記や削除は要しない（カード解説42、47参照）。

(4) 「番号」欄

検察官請求分、弁護人・被告人請求分及び職権分の別に、証拠の番号を記載する（カード記載要領通達第2の1(2)）。検察官請求分、弁護人・被告人請求分及び職権分の別に、

[*48] 被告人側からの反証活動において、被告人が証拠調べ請求をしたか、弁護人が証拠調べ請求をしたかをカード上特定して明らかにする必要はないと思料する（カード解説51(1)参照）。

[*49] 弁論の分離により、記録を別に編成する場合において、連続した丁数とならない場合は、その旨を余白にメモ記載するのが相当である（第4章第6の6(2)イ(ア)、224頁参照）。

第5 被告人1名用カード各欄の記載要領

それぞれ通し番号を付すが，カードを「甲」，「乙」や「甲書」，「甲人」等に分けて使用する場合には，それぞれ番号を起こす（カード解説55参照）。証拠に一つずつ番号を付すのは，証拠調べ手続を進行する際に，裁判所や当事者が証拠を特定する際には，証拠の標目と共に番号で特定したほうが簡便であるからである。

証拠の番号は，通常は請求の順序となるが，請求の順序を明らかにする必要はないので，必ずしも請求者が証拠調べ請求書等で表示する請求の番号と一致させなければならないわけではなく，裁判所で適宜の番号を付すことができる。請求者が同時に請求する書証と人証について別用紙を用いて記載するに当たっては，それぞれ番号を起こすことになるからである（カード解説23，55参照）。また，書証と人証が入り交じって複数請求されたような場合，書証，人証を同一用紙に記載する場合であっても，請求者別に書証と人証を分けて整理した上で番号を付すこともできる。

なお，裁判所が適宜の番号を付したり，請求者が表示した番号を裁判所で修正したりした場合には，当事者が認識する証拠の番号と齟齬があると，後に行われる証人尋問で，検察官，弁護人が修正前の証拠の番号に基づいて尋問したり，後に請求する証拠に修正前の番号に引き続いた番号が付されていたりするなどの種々の不都合が生じる場合があるので，必要に応じて証拠番号を修正した旨を関係人に連絡するなどの配慮が必要である。

ここでいう証拠の番号とは，証拠調べ請求がなされたときに1証拠ごとに付けられるものであるが，証拠収集の準備行為と解される公務所等に対する照会（法279）及び書類の取寄せ請求などがなされたときにも同様に番号を付すのが相当である。これは，カードが証拠調べ手続の経過を記載するものであり，後日それに基づく証拠請求との関係をも明らかにする必要があるからである。

検察官が記入した番号に欠番がある場合は，左部欄外に欠番である旨を明らかにするため，例えば，「番号〇は欠番」と付記する。また，検察官が期日においてカードに記載している証拠を請求しなかった場合には，「標目」欄と「立証趣旨」欄の記載事項を抹消し，同様に欠番である旨を明らかにする。

弁護人の証拠請求において，あらかじめ弁護人が関連する証拠ごとに証拠の番号に枝番を付していることがあるが[50]，証拠の関連性は，必要があれば立証趣旨や証拠説明等において明らかにすべきことであるから，カードにおいては枝番を使用するのは相当でなく，一連の番号を用いて記載する。

2 欄外の「（被告人　　）」の箇所

カード左下欄外の「（被告人　　）」の箇所は，主として，検察庁における便宜を考慮して設けられたものであり，必ずしも記載を要しない（カード解説54参照）。調書との一体性の担保は一体文言によってなされており，手続調書との対応は事件番号の記載で明らかになるからである。なお，この記載に誤記[51]があり，訂正が必要な場合でも，上記のとおりこの記載は便宜的なものにすぎないことから，必ずしも訂正印を押なつする必要はない。

---

[50] 例えば，示談関係の証拠につき，各種請求書，領収書，受領書等の書類に枝番を付す場合などである。
[51] 全くの別人の場合は別として，単に漢字の字体の違い等であれば，訂正するまでもないと思われる。

第2章 証拠等関係カードの記載要領

3 「標目」欄
(1) 記載の根拠・趣旨

> 根拠：規則44 Ⅰ ⑭・規則217条の14 Ⅰ ⑨（証拠調べの請求），規則44 Ⅰ ㉚（取り調べた証拠の標目）
> 趣旨：当事者がどのような証拠を請求しているのかを特定するため〈請求時〉
> どのような証拠が取り調べられたのかを特定するため〈取調べ時〉

　証拠調べの請求に当たっては，証拠を具体的に特定明示しなければならず，職権で証拠調べをする場合も同様である。標目とは，その証拠の同一性を示すに足りる標題，種目をいう。

　証拠調べの請求は，公判調書又は公判前整理手続調書の必要的記載事項である（規則44 Ⅰ ⑭，217条の14 Ⅰ ⑨）。「標目」欄は，当事者がどのような証拠の取調べを請求しているのか（又は職権で）を特定するために記載し，「標目」欄の記載を起点として，証拠ごとの証拠調べ手続の経過を一覧できるようにする機能を有する。その機能を鑑みると，個別証拠の一覧性の基本となる「標目」欄の記載に当たっては，原則として1証拠につき1欄を使用し，書面の引用も相当ではない。

　また，取り調べた証拠の標目は，公判調書の必要的記載事項である（規則44 Ⅰ ㉚）。通常は請求段階で記載する「標目」欄の記載をもって，取り調べた証拠の「標目」欄の記載となる。どのような証拠が取り調べられたのかを特定するために記載しており，その結果，どの証拠により犯罪事実が認定されたのか特定できることになる。

(2) 標目の特定について

　「標目」欄には，証拠を具体的に特定するために標目等を記載するほか，「供述者・作成年月日，住居・尋問時間等」の箇所に証拠書類等の供述者もしくは作成者及び作成年月日，証人の住居及び尋問所要見込時間又は証拠物の領置番号等を記載して（カード記載要領通達第2の1の(3)），記録上他の証拠とまぎれない程度の特定をする[*52]。

　書証であれば，標題と共に，作成者（供述者）と作成年月日の記載をすれば，最低限記録上他の証拠との識別が可能となり，どういった証拠が請求され，取り調べられたのか明らかになり，証拠全体を一覧するカードの機能も満たすことができる。

　そうすると，証拠の標目のほか，作成者（供述者），作成年月日の記載をもってしても，同一の証拠が複数ある場合に，他の請求証拠との区別をその他の要素（書き出し，丁数等の形式的事項）を付加してさらに特定する必要があるかどうかが問題となる。請求する証拠を特定する目的から考慮すると，その他の要素を記載して，カード上でも特定しなければならないことになるが，実務においては，証拠開示の段階から当事者において書証の上部余白に証拠番号を付記する[*53]ことが一般的になっており，その番

[*52] これらの特定のための記載事項を満たし，立証趣旨を明らかにした証拠調べ請求書（カード）を提出すれば，証拠調べ請求に関する規則188の2，規則188の3，規則189 Ⅰの要請はいずれも満たすことになる（石井・証拠法79，80頁参照）。

[*53] 取調べがなされた後に裁判所に証拠が提出された際には，書証の余白に付記する証拠番号はペン書きで記載することが必要であろう。

第5　被告人1名用カード各欄の記載要領

号の記載によって，請求者と相手方，裁判所の間で，どのような証拠が請求され，取り調べられたのか，それらの特定において共通の認識を持つための措置が採られているのであれば，カードの標目にその他の要素を記載して特定する実益は低いと考える*54。

なお，標目の特定方法の在り方については，判決書における証拠の標目の記載とも関連してくることから，裁判官と共通の認識を持つことが必要である。

(3)　**標目の記載方法について（証拠書類その他の書面）**

証拠書類その他の書面（以下，単に「書面」という。）の取調べを請求するときは，その標目を記載した書面を差し出すこととされている（規則188の2Ⅱ）。規則上は標目を記載した書面の提出のみを求めているが，その目的は請求証拠を特定することにあることから，その他，証拠を特定する事項として，作成者（供述者）や作成年月日等が必要となる。

ア　書面の標題

当該書証の標題を「標目」欄に記載する。特定は実際の書面の標題等を基準として行う。書証の実質内容を判断して特定を要するとすれば，記載する書記官によって判断内容が異なることにもなるので，特定は書面の標題等を基準にして形式的になされるのを原則とする。略語の使用においても同様に形式的な標題を基準として使用する。

ただし，請求者が証拠の標題と記載内容が明らかに異なるとして，内容に従った標題の記載や略語の使用をした場合，書記官が取り調べた証拠を見て，内容に従った表記がされていることが確認できれば，形式的な標題どおりにその記載を訂正する必要はないと思料する。

標題がない場合は，名称・外形・特徴（例えば，手紙，メモ，新聞記事など），書き出し（例えば，「○○」で始まる書面など）等で特定する。書面の内容が一見して明らかである場合（例えば，反省文，謝罪文など）は内容で特定しても形式的処理に反しないであろう。この場合，「『○○』で始まる書面」などと形式面で記載するよりも，「反省文」と記載するほうが，標目において，一見してどういった書面であるか明らかとなろう。

書面が原本であれば原本である旨の表示はいらないが，謄本（原本の内容の全部について同一の文字，符号により転写した文書で，原本と同一なる旨の認証を付したもの），抄本（原本の内容の一部について謄本と同じように作成された文書），写し（謄本と同じように作成された文書だが認証が付されていないもの）の場合*55は，判決書に掲げる証拠の標目において，原本とその他の区別が必要となることから，その旨を明確に表示する。

なお，略語表記載の「(謄)」の略語は，認証権限のある者により作成された認証ある謄本に限られないとされている。しかし，認証権限のない弁護人の正写文言の

---

*54　判決書に掲げる証拠の標目も書証の標目と共に，証拠番号で特定することが一般的になっている（刑執資第8号18頁参照）。

*55　書類の謄本，抄本，写しについては，第3章第1の7(1)，118頁を参照。

第2章　証拠等関係カードの記載要領

記載と押印のある書類は，実務では一般的に「(写し)」などと表示している。
 イ　書面の一部の請求
　　証拠書類の一部のみを請求する場合(規則189Ⅱ)は，それを明らかにするために，例えば，「実(第3項のみ)」などと，その部分，範囲を明確に記載する。これは，請求部分を特定するほか，証拠調べの請求のない部分について証拠調べが行われることを防止するためである(逐条説明57)。
 ウ　複数の書面の1欄への一括記載
　　一つの証拠に一つの証拠番号を付し，「標目」欄は，1証拠につき1欄を用いるのが原則である(1証拠1欄の原則)が，個別証拠の一覧性が強く要請されない場合，すなわち，証拠ごとの証拠調べ手続経過を一覧できるように1証拠1欄を用いる実益がないような場合には，ある程度柔軟な取扱いも許されよう。
　　具体的には，①1通の書面に複数の文書が表記され，区分しないで証拠請求がされた場合，②関連する複数の書面が一括して謄本(抄本)認証され，区分しないで証拠請求された場合，③主従の関係にあるなど書面に他の書面が添付引用されるなどして一体となっている場合，④純然たる情状証拠であって，立証趣旨が全てにつき共通し，認否も同一である場合が考えられる。
【①複数の文書が表記された一通の書面を1欄に記載した例】
・「任・領・仮還」
　　1枚の書式に任意提出書，領置調書，仮還付請書が印刷されたものである。この場合，作成者は同一ではないことから，任意提出書の作成者及び作成年月日を記載した上で，それぞれ「外」と記載する。
【②一括して謄本(抄本)認証された複数の書面を1欄に記載した例】
・「判(控訴審判決書，上告審決定書を含む)」
　　作成者等の箇所には，一審の裁判官名及び一審判決作成年月日を記載する。
【③添付書類を含めて1欄に記載する方法】
・「鑑(送付書添付)」
　　送付書とともに鑑定書が証拠請求された場合である。鑑定書の作成者及び作成年月日を記載し，送付書が添付されている旨を記載する。
・「裁(謄)(手続調書抄本添付)」
　　他事件の証人尋問調書謄本と公判調書(手続部分)抄本[56]が請求された場合であり，作成者等の箇所には，証人の氏名，供述した年月日を記載する。これまでの実務においては，供述者(証人氏名)を記載し，事件を特定するために，裁判所名，事件番号，公判回数等を記載していたところ，事件の特定に関する情報よりも，むしろ供述した年月日を記載することにより，誰がいつ供述したものか，カード上一見して明らかにできよう。
・「身(戸及び戸附添付)」
　　身上照会結果回答書に戸籍謄本及び同附票が添付されたものが請求された場合

[*56] 手続調書抄本が添付されるのは，証人尋問調書だけでは，どの事件の関係の調書か判明しないからである。

などは，主たる書面の標目を記載すれば足りるが，同回答書に添付する旨の表示がなく，契印等がないために，添付書類との一体性が不明確な場合には，括弧書きで「（〇〇添付）」と表示し，1証拠としての特定を明確にするのが相当である*57。

【④複数の純然たる情状証拠を1欄に記載した例】
・「請求書12通，受6通」
　「計184万円の被害弁償をした事実」を立証趣旨とする被害弁償関係の複数の書面が証拠請求された場合である*58。作成者として病院名を記載し，作成年月日は「〇．△．×外」などとする。

(4)　「供述者・作成年月日等」の記載方法
　ア　記載の考え方
　　誰が供述したか（供述調書の場合），誰が作成したか（その他の書面の場合）が重要であるということから，一見してそれが明らかになるように，原則として「供述者」の箇所には肩書きや地位，資格ではなく個人名を記載して書面を特定する。ただし，捜査機関の作成した書面については，作成者の資格を「（検）」，「（員）」などとして氏名とともに記載すると，略語と共に一見して捜査機関の作成した書類であることが明らかになる（カード解説記載例第3例参照）*59。
　　書面は作成者を記載して特定するが，供述調書においては，誰が供述したのか，一見して明らかになるように，供述者を記載して特定する。当該書面が不同意となり，供述者又は作成者の証人尋問請求があった場合には，書証と人証の関係が明らかになる。供述者・作成年月日等は，原則として，書面に記載されたとおりに記載すれば足りる*60。
　　一件記録中にその標題の書面が1通しかない場合でも，供述者・作成年月日等の記載を省略することは相当ではない。「標目」欄の記載は，前述のとおり証拠の特定のための必要最小限度の記載と解される。供述者，作成者，作成年月日等が不明の場合，あるいは記載すべき事項がない場合には，空欄とするか，例えば，電話聴取書に作成日の記載がなければ，聴取日を記載するなど，特定のためにそれに代わる日を記載してもよい。
　　供述した年月日と作成年月日が異なる場合，作成年月日を記載する。例えば，供

---

*57　なお，一体性を明確にするためだけでなく，証拠が採用され，取調べをする際には，添付資料としての音声・映像の記録媒体の再生が必要となることが分かるように，例えば，「報（DVD1枚添付）」，「録音・録画状況等報告書（DVD1枚添付）」などと，記録媒体が添付されている旨を記載する例がある。

*58　交通事件など示談立証が予想される事件では，事前準備の段階で，弁護人に依頼し，各種請求書，領収書，振込金依頼書兼受領書等を弁護人作成の報告書の添付書類（添付の旨を表示してもらう）として取り扱う実務例が多い。この場合の標目は，「報告書」となり，報告書の作成者である弁護人の氏名及び作成年月日を記載する。

*59　実務では，書面の証明力との関係で肩書となる作成者の資格（医師，〇〇鑑識課長，〇〇科学捜査研究所長，〇〇警察署長，〇〇税関監視部長等）を記載している例もある。

*60　例えば，供述者が同一人であるのに，各供述調書の署名の字体が「澤田」であったり「沢田」となっていたりしても，各供述調書の署名どおりに記載すればよい。もっとも，供述調書の署名とは異なり，検察官が他の証拠から判明したと思われる正しい表記をカードに記載したとしても，それを署名どおりに訂正するまでもないと思料する。

述がなされた翌日に供述調書が作成された場合とか，取調べ（供述）が数回にわたってなされ，1通の供述調書が作成された場合などは，供述調書の作成年月日を記載する。

イ　具体的な記載について

- 代理人が作成した書面は，本人ではなく，代理人の氏名を作成者として記載する。
- 謄本の場合は，証拠として意味を持つのは原本であるから，謄本の認証者ではなく，原本の作成者を記載する（ただし，戸籍謄本，登記簿謄本及びこれに準じるものを除く。）。
- 作成者が複数の場合，併記してもよいが，1人を選んで記載し「外〇名」，「甲野一郎外」としてよい。
- 作成者として法人，公私の団体が記載されていて，これらが単なる個人の肩書きであれば，個人名を記載し，法人，公私の団体を代表する者として個人名が記載されていれば，法人，団体名を記載することになろう。代表する者かどうかは，押印（代表者印，社印が押されているか否か等），個人の地位（代表者か否か等）などで区別することになるが，形式的に判断できない場合は，原則どおり個人名を記載すればよいと考える。
- 被告人甲が，通称名として，あるいは他人の氏名を冒用して，「乙」として供述調書に署名押印した場合，調書の供述者名は，被告人甲が作成したとの請求者の主張に従い，「(被)」と記載する[*61]。
- 外国語で記載されていても，日本語に直してよい（裁判所法74条）。
- 写真やビデオテープ，録音テープなどにつき撮影（録音）者，撮影（録音）年月日，撮影（録音）場所が判明している場合は，特定の意味で作成者，作成年月日に準じて記載する。

[*61] もっとも，乙と甲との同一性に争いや釈明があれば，必要に応じて，「(被)(乙とあるもの)」と表示したり，その経過を備考欄で記載したりすることで，請求，相手方の意見，証拠決定に至るまでの一連の経緯が明らかになる場合もあろう。

第5　被告人1名用カード各欄の記載要領

【供述者・作成者・作成年月日等の記載方法一覧表】

書　証	供述者・作成者・作成年月日等
判決謄本，判決抄本	判決裁判官名[*62]，判決書作成年月日を記載する。
調書判決謄本	判決裁判官名，調書作成年月日（作成年月日がないものは，宣告年月日）を記載する。
和解（調停）調書正本	和解（調停）調書の原本の作成者である書記官名，和解（調停）成立年月日を記載する[*63]。
戸籍謄本，住民票，身上調査回答書，登記簿謄本	認証者（職名のみ），認証年月日を記載する。
現行犯人逮捕手続書	現行犯人逮捕手続書に署名押印してある私人は作成者ではないので，司法警察職員のみの氏名を作成者として記載する[*64]。
他事件の公判期日における証人尋問調書「裁（謄）」	供述者名（証人氏名），供述年月日（公判期日の年月日）を記載する。
告訴調書，自首調書	供述者を記載する[*65]。
ウェブサイト出力文書[*66]	企業・組織・個人が作成・管理・運営するウェブサイトであれば，その団体名や個人名を記載し，当該サイトに掲載した年月日を記載する。なお，その年月日が判明せず，不明であればそれに代わる出力日（印刷日）等を記載してもよい。
メール出力文書	メール文書の作成者（送信者）を記載する。また，作成年月日は通常は文書からは判明しないので，不明であればそれに代わるメール送受信日を記載する。

---

*62　判決裁判所が合議体の場合，差支えにより署名押印できなかった裁判官も含め判決裁判官全員がその作成者となるので，全裁判官を「○○外2名」と記載する。

*63　当該調書には作成年月日の記載がないからである。

*64　逮捕者が私人の場合の同手続書は，司法警察職員が犯人を受け取った手続を記載する司法警察職員作成の文書だからである。

*65　表意者が誰であるかが重要だからである。

*66　請求者の立証趣旨を踏まえて，出力文書自体が証拠と考えれば，当該文書が「原本」であり，ウェブサーバ上のデータが証拠と考えれば，出力文書は「写し」になると思われる。いずれによるかについては，裁判官と共通の認識を持つことが必要である。

第2章　証拠等関係カードの記載要領

【記載例10】ウェブサイト出力文書を取り調べた場合の例

4	「○○○○」と題する ウェブサイト出力文書 〔○△病院　　　26.8.5〕 被告人が入院治療を予定している○△ 病院の概要と治療プログラムの内容 (　　　　　　　　　)	3	3	同　意	3	決定・済	5

※　ウェブサイト出力文書の記載内容を立証するものとして、当該文書自体を原本として取調べ請求をした例である。
※　当該サイトに掲載した年月日が判明しないものとして、「作成年月日」欄には文書の出力日（印刷日）を記載している。

【記載例11】メール出力文書を取り調べた場合の例

5	「○○○○」で始まる メール出力文書 〔（被）　　　　　26.2.26〕 本件犯行直後、被告人が家族に対し、 悔悟の気持ちを述べたこと (　　　　　　　　　)	2	2	同　意	2	決定・済	1

※　メール出力文書の記載内容を立証するものとして、当該文書自体を原本として取調べ請求をした例である。
※　「作成年月日」欄には、メールの送信日又は受信日を記載している。

(5) 「標目」欄の訂正について
　ア　取調べ後の点検
　　「標目」欄は、証拠調べの請求がなされたときに当事者の請求に基づいて記載するので、証拠が取り調べられ、取り調べた証拠が提出された際には、請求時に記載した標目と当該証拠を照合し、略語の取り違え、原本と写し等の区別[67]等の齟齬がないか、供述者・作成者・作成年月日等の特定事項の誤りがないか等、「標目」欄の点検を行う。この点検は、前述のとおり「標目」欄の記載は、取り調べた証拠の標目（規則44Ⅰ㉚）としても記載すべき欄であることから行うものである。この点検において、特定のために補充すべき事項や標目の記載の誤りを発見することがある。
　イ　標目の訂正について
　　上記アの点検を行い、請求時に記載した標目と提出された証拠を照合した結果、一致しない場合の措置について、ここで検討する。
　　証拠の請求と取調べが同一期日で行われた場合、取り調べた証拠とカードの標目

＊67　裁判所が取り調べた証拠が原本か否か、カードの標目において、その区別を明確にする。書類の謄本・抄本又は写し自体が証拠として取り調べられた場合、判決書に記載する証拠の標目は、「○○書の謄本」、「○○書（謄本）」などと記載されることから、正確な判決書の記載のためには、カードの標目においても原本か否かの区別を正確に記載しておくことが必要となる。

を点検した結果，それが一致しない場合には，実務上，カードの標目を直接訂正する運用が行われている[*68]。通常の公判審理では，多くの証拠について，証拠の請求と取調べが同一期日に行われることから，直接訂正できる例が多い。

しかし，実務では，特に公判前整理手続を経た事件において，証拠請求と取調べの時期が異なるために，書証の標題の誤記，供述者（作成者）や作成年月日などの証拠を特定する事項，その他の形式的な記載において，証拠の標目の訂正を行う例が少なくない。この記載が「備考」欄の記載を増やす原因の一つにもなっていることから，ここで標目の訂正の在り方について検討する。

カード解説で例示するカードの記載の訂正（第4の5⑷，前述35頁を参照）は，誤った記載のままだと，じ後の手続の記載と明らかに矛盾が生じてしまうなど，その訂正が必要な場面は，極めて限定されていると解し，証拠の標目において訂正が必要なのは，当事者の請求証拠と取り調べた証拠との間の同一性を疑わせるような場合であると思料する。例えば，原本と写しの相違，供述調書における作成年月日の相違[*69]などが考えられ，書面の標題等の形式的事項の訂正など，同一性を疑わせる余地がない場合にまで訂正を要するとするのは合理的ではないと思料する。同一性の判断に疑義が生じるかどうかは，具体的な証拠の内容，不一致の程度によって個別に検討が必要となる。

そして，提出された証拠を照合した結果，上記の同一性を疑わせるような標目の不一致に気がついた場合には，カード解説で説明する「訂正」という方法を採るのではなく，「標目」欄は取り調べた証拠の「標目」欄でもあることからすると，むしろ調書の必要的記載事項である「取り調べた証拠の標目」（規則44Ⅰ㉚）として記載すべきであると思料する。その場合には例えば，「第○回公判　標目は『○○○』」，「第○回公判　作成年月日は『○．○．○付』」などと「標目」欄に記載するのを相当とする。「標目」欄に余白がなければ「備考」欄において記載する。

【記載例12】取り調べた証拠の標目を記載する場合
① 「標目」欄に記載する例

| 2　員　
第3回公判　標目は「員（写し）」
〔（被）　　　　　　　26.3.21　〕
犯行状況
（　　　　　　　　　　） | 2 | 3 | 同　意 | 3 | 決定・済 | 5 | |

[*68] この場合，標目を直接訂正すると，請求時に正しい標目に訂正して請求されたのか，取調べ時に誤り等を発見して正しい標目に訂正したのかは明らかにはならないが，同一期日であれば，両者を厳密に区別する実益がないことから，このような取扱いも許容できると思料する。

[*69] 誤ったとされる作成年月日の供述調書が別途存在する可能性がある。

第2章　証拠等関係カードの記載要領

② 「備考」欄に記載する例

5 検　　　　　　　　　　　　　〔（被）　　　26.3.26〕犯行状況（　　　　　　　　　　）	1	1	任意性を争う※1	4	決定・済	1	第4回公判 作成年月日は「26.3.27」

　なお，証人の住所の誤記（請求時以降の転居も含む）について，証人の住所を明らかにする趣旨は証人の特定と召喚手続のためであることから（第3章第2の2(2)，126頁を参照），採用された際の召喚手続を確実にするためには，カードの「標目」欄（又は「備考」欄）にその旨を記載することが相当な場合もあろう。ただし，住所の誤記や転居の事実が，証人に対する人定尋問で明らかになった場合には，証人尋問調書に正確な住所が記載されることからすると，取調べ後のカードにその旨を記載する実益は少ないと思われる[*70]。

(6) 「標目」欄の釈明について

　作成者，作成年月日のない証拠書類について，当事者が証拠書類の作成者等について釈明した場合には，その趣旨に応じて記載の箇所を検討すべきである。

　請求段階で請求者が証拠を特定するためにそれらを明らかにした場合（証拠調べ請求書に記載した場合を含む。）には，「標目」欄に直接記載して差し支えないと思料する。これまでの実務では，この場合も「標目」欄ではなく，一種の証拠説明として「備考」欄に記載する扱いであった。これは「標目」欄は，あくまで証拠書類に記載されている限度で形式的に特定すべきであるとの考えによるものであるが，前述のとおり，どのような証拠が請求されたのかを明らかにする「標目」欄の趣旨や機能に鑑みると，「標目」欄に記載する方が合理的である。

【記載例13】作成者及び作成年月日についての釈明を「標目」欄に直接記載した例

2 手紙　　　　　　　　　　　　〔（被）　　　26.3.27〕（省略）（　　　　　　　　　　）	2	2	同　意	2	決定・済	2	

※　作成者及び作成年月日の記載がない証拠書類について，請求者が請求段階で釈明をした場合の記載例である。
※　この場合，請求段階で作成者及び作成年月日が明らかにされたのであるから，そのまま該当箇所に記載してよい。なお，釈明が当該証拠調べ請求期日と異にしてなされた場合は，釈明した期日（又は期日外の年月日）を記載して，「標目」欄に「第○回公判 作成者及び作成年月日『（被）　26.3.27』」などと記載する。

---

*70　在廷証人について，カードには「（在廷）」とだけ記載した上で，証人尋問調書の人定事項として住所を記載するのと同様に，人証については「取り調べた証拠の標目」としては基本的には証人の氏名で足り，必ずしも証人の住所をカード上明らかにする必要性は低いと考えられる。

他方，その釈明が証拠の特定のためではなく，証拠が作成された経緯などを説明する趣旨の場合においても，証拠決定が適正に行われたことを担保するため，証拠決定に至る経緯や理由が明らかになることから，カードに記載する必要性が認められる。この場合は，「標目」欄ではなく，その趣旨に応じて対応する各欄に記載するのが相当である。具体的には，①相手方の「関連性・必要性なし」との意見に反論する請求者の意見であれば「意見」欄に，②求釈明等を契機として関連性・必要性について請求者が自ら補足的に説明したような場合であれば，「立証趣旨」欄にそれぞれ記載する[*71]。

【記載例14】証拠の作成の経緯など，請求者による証拠説明があった場合

［弁護人］

4	写真12枚		3	関連性・必要性なし			
〔　　　〕本件当時道路工事がなされていたこと及びその状況（　　　）		3	4	弁護人　本件事故直後の平成24年10月28日に，工事会社関係者が事故現場周辺を撮影していたものである。	4	却　下	

※　弁護人の証拠調べ請求に対し，検察官から関連性や必要性がない旨の証拠意見が述べられ，それに対する弁護人の釈明をカードに記載した例（上記具体例①）である。この場合には，「意見」欄に記載するが，余白がなければ「備考」欄に記載する。

4　「立証趣旨」欄
(1)　記載の根拠・趣旨

> 根拠：規則44条Ⅰ⑮・規則217条の14Ⅰ⑩（立証趣旨），規則44Ⅰ⑯・規則217条の14Ⅰ⑪（法328条の証拠）
> 趣旨：相手方に対して攻撃防御の焦点を明らかにするため
> 　　　裁判所が証拠の採否を決定するに当たって参考にし，必要な証拠調べを行うため

　「立証趣旨」欄には，証拠と証明すべき事実との関係を記載し，「公訴事実の別」の箇所には，公訴事実が複数の場合に，当該証拠によって証明すべき公訴事実の番号等を記載する（カード記載要領等通達第2の1の(4)）。
　立証趣旨は，証拠の標目自体により明らかである場合を除き，公判調書及び公判前整理手続調書の必要的記載事項である（規則44Ⅰ⑮，217条の14Ⅰ⑩）。また，公訴事実が複数の場合には，公訴事実の別の記載により，証明すべき事実が，どの公訴事実にかかる事実であるかを明らかにしなければならないことから，公訴事実の別の記載も，立証趣旨と同じ根拠に基づくものである。

[*71]　請求者の釈明の訴訟法的な位置付けによって記載する欄が異なるので，裁判官と共通の認識を持った上でどの欄に記載するのか検討する。

第2章　証拠等関係カードの記載要領

　　立証趣旨は，相手方に対して攻撃防御の焦点を明らかにするとともに，裁判所が証拠の採否を決定するに当たって参考にし，必要な証拠調べを行うために記載する。そのため，「標目」欄の記載と同様に，一覧性が重視されるので，原則として書面の引用が相当でないことは，第4の2(1)，22頁のとおりである。
　　「立証趣旨」欄には，この他に，証明力を争うための証拠であること（法328，規則44 I ⑯），伝聞証拠の例外となる法的根拠（法321等）等を記載する。
(2) **立証趣旨及び公訴事実の別**
　ア　**立証趣旨**
　　　立証趣旨とは，証拠と証明すべき事実との関係をいい，当事者が証拠調べを請求する場合は，これを具体的に明示しなくてはならない（規則189 I）。「証明すべき事実」とは，公訴事実そのものではなく，個々の証拠と対応する訴因を構成する個々の事実ないしその証明に役立つ個々の間接事実を意味する（柳瀬・証拠法体系Ⅳ八）。立証趣旨を明示するに当たり，公訴事実を異にする訴因が複数あるときには，その証拠がいかなる公訴事実（訴因）にかかるものであるかも明らかにしなければならない。立証趣旨が明示されていない証拠調べの請求は，これを却下することができる（規則189 Ⅳ）。
　　　立証趣旨は，通常は，その証拠から請求者が立証しようとする主要な事実を簡潔に表示すること（例えば，「被害状況」，「アリバイの存在」など）によって明らかにされている（石井・証拠法81）。そこで，カードの立証趣旨の記載も，例えば，傷害被告事件においてナイフが証拠請求された場合，単に「凶器の存在と形状」と記載すれば，どのような手段により傷害を加えたかという要証事実とその証拠との関係がおのずと明らかとなる。
　　　不同意となった書証の供述者を証人として取り調べるような場合には，その立証趣旨は，例えば，「甲4と同じ」というように記載すると，その関連性が明らかになる（第4の2(4)，26頁を参照）。
　　　職権による証拠調べの場合でも，取調べが義務付けられる場合（法303）を除き，立証趣旨の記載の趣旨が攻撃防御の焦点を明らかにすることであることからすれば，原則的には立証趣旨を記載する。
　　　情状立証の場合の立証趣旨の記載は，単に「情状一般」とするよりも，例えば，「被害弁償の事実」，「社会復帰後の被告人の就労」などと具体的に記載する方が個別証拠の一覧性に沿うこととなる。
　　　証拠の標目自体によって立証趣旨が明らかな場合は，立証趣旨は記載しなくてもよいが（規則44 I ⑮括弧書き），実務ではほとんどの場合，記載しているのが現状である。
　　　被告人質問は，本来の意味での証拠調べではないから，立証趣旨は記載しない（ただし，控訴審の場合の記載につき，第6章第2の1，254頁を参照）。
　イ　**公訴事実の別**
　　　証拠調べの請求の際に公訴事実の別を明らかにするのは，特定の公訴事実との関係でのみ証拠能力が認められたり，証拠調べに関する手続が公訴事実ごとになされたりする場合が少なくないことから，当該手続がどの公訴事実について行われたも

のかを特定するためである。そこで、公訴事実が複数の場合には、公訴事実の別の記載により、証明すべき事実が、どの公訴事実にかかる事実であるか明らかにするために記載する。そのため、公訴事実が1個の場合には記載しない。公訴事実が複数の場合に、当該証拠によって証明すべき公訴事実の番号や起訴状の日付等を記載する。

なお、常習犯などの包括一罪においては、公訴事実としては単一であるが、行為ごとに補強証拠が必要とされるため（東京高判昭和49.4.8高刑集27-1-90）、具体的にどの行為にかかる事実であるかを明らかにしなければならない。

【記載例15】常習累犯窃盗罪につき訴因変更がなされた事実に関して証拠請求があった場合の記載例

11 害 〔〇〇〇〇　26.11.10〕 本件被害事実 （26.7.24付訴因変更第2）	2	2	同　意	2	決定・済	9	

※　常習累犯窃盗罪につき、訴因変更がなされた事実（事例では、訴因変更請求書第2の事実）についての証拠が請求された場合には、その事実を公訴事実の別において特定する。

被告人の身上照会結果回答書、戸籍謄本、前科照会結果回答書、純然たる情状立証のための証拠などは、公訴事実とは直接関係がないので記載は不要である。ただし、常習累犯窃盗罪等のように、前科が構成要件事実となっている罪を含む公訴事実が複数ある場合には、前科関係の証拠について公訴事実の別の記載が必要となる。

また、特定の公訴事実にかかる被害弁償、被害感情などの情状立証のための証拠については、情状証拠についても厳格な証明を要求する実務の扱いを前提とすると、どの公訴事実に関する証拠であるのかを特定するために、公訴事実の別の記載が必要となる。

【記載例16】前科関係の証拠について公訴事実の別の記載が必要となる場合

8 前科 〔（事）〇〇〇〇　27.1.8〕 被告人の前科関係 （　　　第1　　　）	1	1	同　意	1	決定・済	15	

※　例えば、常習累犯窃盗罪（第1事実）と傷害罪（第2事実）で起訴された事件の場合、常習累犯窃盗罪の構成要件である前科を立証する前科調書については、公訴事実の別（第1事実）を記載する。

第2章　証拠等関係カードの記載要領

【記載例17】情状立証のための証拠について公訴事実の別の記載が必要となる場合

3	振受						
〔〇〇〇〇　26.10.18〕 被害者〇〇に対し，被害弁償をした事実 （　26.6.16 付第1　）		1	1	同　意	1	決定・済	12

※　公訴事実が複数あり，それぞれ被害者が異なる場合などには，どの公訴事実に関する情状立証か，公訴事実の別を記載して明らかにする。

【公訴事実の別の記載の仕方等】
①　1通の起訴状に複数の公訴事実が記載されている場合
　　（第1）　　　　　　　公訴事実の第1
　　（全）　　　　　　　　公訴事実全部
　　（別表3）　　　　　　起訴状の別表3の公訴事実
②　追起訴，他の事件の併合がなされた場合
　　（26.6.16付）　　　　平成26年6月16日付け（追）起訴状の公訴事実
　　（26.6.16付第1）　　平成26年6月16日付け（追）起訴状の公訴事実第1
　　（26.6.16付全）　　　平成26年6月16日付け（追）起訴状の公訴事実全部
　　（26.6.16付別表3）　平成26年6月16日付け（追）起訴状の別表3の公訴事実
　　（全）　　　　　　　　基本事件も含め，併合された全事件の公訴事実全部
③　常習累犯窃盗被告事件において窃盗の事実が加わる場合など，訴因変更がなされた特定の事実を明示する場合
　　（26.7.24付訴因変更第2）平成26年7月24日付け訴因変更請求書の事実第2
④　後に追起訴，他事件の併合が予想される場合
　　カードを記載する時点で公訴事実が1個の場合には，公訴事実の別を記載する必要はない。ただし，その場合でも，後に追起訴や他事件の併合により，公訴事実が複数となることが予想される場合には，公訴事実が複数になったときにカードを一見しただけで基本事件における証拠であることが分かりやすいように，あらかじめ「26.6.16付」などと記載しておく実務例がある[*72]。
　　また，当該証拠によって証明すべき事実が公訴事実の全部にわたる場合には，単に「全」と記載して差し支えないことは上記のとおりであるが，「全」と記載した後に，弁論の併合がされると，「全」の範囲がどこまでであるか，カードを一見しただけでは識別し難いことになるので，追起訴等，後に弁論の併合が予想される場合には，「全」の範囲を具体的に，「26.5.21付全，26.6.16付全」等と特定しておくと分かりやすいであろう。

[*72] 基本事件のカードを記載する時点で追起訴や他事件の併合が予想されなかった場合は，「公訴事実の別」を直接追記することはできないし，「備考」欄に記載する必要もないであろう。

ウ 判決書の点検について

公訴事実の別の記載を含む,「立証趣旨」欄の記載は,判決書の点検において,重要な点検項目となる。判決書において,例えば,①証拠の証明力を争うために提出された証拠(法328)を犯罪事実の認定に用いていないか,②訴訟条件や情状の証拠として限定して請求しているのに,犯罪事実の存否の証拠に使用していないか,③公訴事実を限定して請求しているのに,それと併合罪の関係に立つ別の公訴事実の認定の証拠として挙げていないかなど,通常はカードの「立証趣旨」欄の記載と照合しながらそれらの項目を点検することになろう。したがって,カードを記載するに当たっては十分に注意して記載し,記載する際に当事者が提出したカードに明白な誤記等を発見すれば,裁判官に相談して対処すべきであろう。

(3) 立証趣旨の補充(追完)・釈明

書面による証拠請求がなされた同一の期日に口頭で立証趣旨が補充された場合は「立証趣旨」欄に直接記載すればよい。期日外での証拠調べ請求書に立証趣旨が明示されていなかったが,後に立証趣旨が補充(追完)された場合,「立証趣旨」欄に「第3回公判『示談交渉の経過』と補充」などと,その経緯を明らかにした上で,記載する。なお,原則として立証趣旨が明示されていない証拠請求は,そもそも不適法であるから,当事者に任意の補正を促し,立証趣旨を補充した段階で証拠請求があった旨をカードに記載する等,その証拠請求の扱いについては,裁判官と共通の認識を持つ必要がある。

不明確な立証趣旨を釈明により明らかにさせた場合(当事者の証拠説明を含む),その内容を記載することで相手方の攻撃防御の焦点が明らかになるなど,カードに記載する必要性や実益が認められるときは,それが証拠請求と同一の期日になされた場合には「立証趣旨」欄に直接記載する。また,期日を異にしてなされた場合には,「立証趣旨」欄(又は余白がなければ「備考」欄)に釈明した期日(又は期日外の年月日)を記載して,その旨を記載する。

【記載例18】立証趣旨の釈明を記載した例

12	証人 ○○○○					3	決定(次回喚問)		
〔(省略)〕 犯行状況 第3回公判「犯行状況とは,事務所の 被害状況及び侵入経路である」と釈明 ( )		1	3	異議なし		4	済	1	

※ 立証趣旨の釈明を「立証趣旨」欄に記載した例である。
※ 「立証趣旨」欄に余白がなく,「備考」欄にその旨を記載する場合は,「第3回公判 立証趣旨の釈明『犯行状況とは,事務所の被害状況及び侵入経路である』」などと記載する。

第2章　証拠等関係カードの記載要領

(4) 立証趣旨の追加，変更，一部撤回

立証趣旨が必要的記載事項とされている趣旨から，立証趣旨の追加（拡張）[*73]，変更等の申立てがあった場合は，立証趣旨の記載根拠である規則44条1項15号を根拠として，その旨を記載しなければならない。

その場合の記載方法は，立証趣旨に関することであるから，原則として「立証趣旨」欄に，例えば「第○回公判『～の事実』を追加」と記載したり，また，「第○回公判　立証趣旨の追加※1」等と見出しを記載した上，続カードにその内容を記載してもよい。「立証趣旨」欄に余白がなければ，「備考」欄に記載するか，さらに「備考」欄の記載でまかなえないのであれば，「備考」欄に見出しを記載した上で続カードを利用して記載する（続カードの利用につき質疑回答25参照）。「立証趣旨」欄は続カードを除き[*74]，書面引用は相当でないことから，続カードでさらに書面を引用することは相当でない。

同一の公訴事実内における立証趣旨の追加，変更等は，立証趣旨に拘束力が認められないとする通説的立場を前提として相手方の在廷する公判廷で告知すれば足りるとする考え（石井・証拠法84参照）に立った訴訟指揮がなされたときには，立証趣旨の追加，変更等の申立てをカードに記載すれば足りる。しかし，取り調べる旨の決定後においては，不意打ちの防止や手続の公正の観点から，相手方の意見を聴き，裁判長の許可（規則199の5を準用）を要するという考えに立った訴訟指揮がなされたときには，同申立てのほか，裁判長の許可は「決定」（規則44 I ㊺）であるから，カードに記載しなければならない。また，申立てに対する相手方の意見は，許可決定が適正になされたことを担保するため，同決定許可に至る経緯や理由が明らかになるものとして記載する必要性が認められることから，カードに記載する。これらの場合，「立証趣旨」欄又は同欄に余白がなければ「備考」欄に，「第○回公判立証趣旨の追加※○」などと記載した上で，詳細は続カードを利用して[*75]記載することになろう。

なお，本起訴事件で取り調べた証拠を，公訴事実が異なる追起訴事件でも証拠とする場合については，第4章第6の2(2)，214頁を参照。

[*73] 「立証趣旨の追加（拡張）」と呼ばれる手続には，同一公訴事実内で立証趣旨を追加，変更する場合と，ある公訴事実との関係で既に取り調べた証拠を別の公訴事実の立証にも用いようとする場合とがある。ここでは前者のみを扱う。

[*74] 「立証趣旨」欄は他の書面を引用すべきではないことは前述のとおりであるが，立証趣旨の追完等の記載が「備考」欄でもまかなえないとすれば，本カードの補充として，続カードに記載せざるを得ない（会報59号114頁・刑事局第二課回答）。

[*75] 「備考」欄に全て経過を記載できるのであれば，続カードを利用するまでもないが，適当な見出しを付した上で，本カードにおいては立証趣旨の追加のやりとりがあることさえ把握できれば，詳細は続カードの記載に譲ることで足りるとも考えられる。

第5　被告人1名用カード各欄の記載要領

【記載例19】証拠調べの請求者からの立証趣旨の追加の例

6	証人 ○○○○						
〔（省略）〕 本件当時の仕手株戦の実態等 第6回公判「被告人から仕手株戦の資金援助を求められた状況」を追加		1	1	不必要	10	却　下	

※　立証趣旨の追加を「立証趣旨」欄に記載した例である。
※　「立証趣旨」欄に余白がなく，「備考」欄にその旨を記載する場合は，「第6回公判『被告人から仕手株戦の資金援助を求められた状況』を立証趣旨として追加」などと記載する。

　　証人尋問の途中における立証趣旨の追加等については，訴訟の効率的進行を考慮し，裁判所の適切な訴訟指揮にかからせることが必要であるとして裁判所の許可が必要であるとする許可説にたった訴訟指揮がなされれば（許可説につき那須・判タ787-38），その申立てのほか，裁判長の許可は「決定」（規則44Ⅰ㊺）であるから記載しなければならない。また，申立てに対する相手方の意見は，許可決定が適正になされたことを担保するため，同決定に至る経緯や理由が明らかになるものとして，記載する必要性が認められることから，カードに記載する。カードの「立証趣旨」欄又は同欄に余白がなければ「備考」欄に「第○回公判立証趣旨の追加※○」と記載し，詳細は続カードを利用して記載するほか，尋問調書に立証趣旨の追加等がなされた時期を明らかにする（58中管研12参照）。

　　なお，反対尋問の機会における新たな事項についての尋問の申立てについては，第3章第2の5(2)ア，132頁を参照。

(5)　**伝聞証拠の例外となる法的根拠**

　　原則として伝聞証拠には証拠能力が認められないが，例外として法321条以下に定める要件に該当する場合には，証拠能力が認められる（法320Ⅰ）。そこで，伝聞証拠の例外となる根拠規定を明示して証拠請求がなされた場合[*76]，当該根拠規定は調書の必要的記載事項ではないが，裁判所が証拠調べの決定をするに当たり判断の参考となる点では立証趣旨と同様である上，証拠能力に関する裁判所の判断が適正になされたことを担保するために記載する必要性が認められることから，カードに記載する。これらの法的根拠は，立証趣旨と共に「立証趣旨」欄に記載する。また，この場合は相手方から，法326条の同意の有無を聴取する必要はなく，請求者が主張する伝聞法則の例外規定の該当性に対する証拠意見等が述べられることになる[*77]。

[*76]　伝聞証拠の請求につき，相手方が不同意の意見を述べたために，請求者が請求を維持したまま伝聞証拠の例外となる要件立証ができたとして，法的根拠を示して証拠能力に関する意見を述べた場合については，第5の6(3)イ(イ)，71頁を参照。

[*77]　仮に相手方から「同意」するとの意見が述べられたとしても，カードには「異議なし」と記載する。

第2章　証拠等関係カードの記載要領

【記載例20】検察官が法321条1項2号前段の書面として取調べを請求した場合

6 検							
〔〇〇〇〇　　26.4.13〕 被告人が保険金詐欺を〇〇と共謀した事実 法321条1項2号前段の書面 （　　　　　　　　　）	3	3	異議あり	3	決定・済	5	

(6) 書面の引用について

「立証趣旨」欄の記載に当たり，書面の引用は認められていないが，実務的には立証趣旨が長文にわたる場合などは，例外的に書面（当事者が提出する独立書面）の引用は許されるのではないかという意見がある[*78]。

しかし，カードの「立証趣旨」欄の記載は，証拠の標目の記載とともに，個別証拠の一覧性の基本となるものである。また，「立証趣旨」欄の記載は，裁判所が証拠の採否を決定するに当たって参考にし，当該事件における証拠全体の関係を一覧して把握することを目的としていることから，立証趣旨を一覧できるように記載することが必要であり，書面を引用すると一覧性を損ねてしまう[*79]。よって，書面の引用は相当ではない。

また，公判前整理手続に付した事件においては，立証趣旨の追加的補充，訂正，変更など，証拠採用の必要性の主張と相俟って，書面等で提出されることが多い。この場合も書面の引用は相当でないことは同様である。

そこで，仮に立証趣旨が同欄に記載しきれないような長文であった場合の記載方法としては，次のような方策が考えられる。

①カードに記載すべき立証趣旨の的確な要約

当事者から立証趣旨として示された内容は，必ずしも全てがカードに記載すべき立証趣旨とは限らず，当該書証の作成経緯や背景，他の証拠との関連性等についての証拠説明であったり，あるいは証人申請の場合には尋問事項ともいうべきものであったり，証拠の取調べの必要性を述べるものであったりすることがある。これらを捨象すれば的確な立証趣旨の要約が可能といえよう。

②「立証趣旨」欄を広げての使用等

立証趣旨を要約してもなお長文にわたる場合や当事者から示された長文の立証趣旨をそのまま記載すべきような場合は，「立証趣旨」欄のスペースを適宜広げて使用しても差し支えない[*80]。ただし，枠内に収めるために字のポイントを小さくし過ぎ

---

*78　書記官アンケートでも立証趣旨の書面引用を要望する意見があった。
*79　続カードの利用も他の書面の引用に当たるが，カードの一覧性において，各欄の補充としての続カードの利用と他の書面の引用は別個に考える必要があり，立証趣旨の追加の例など「立証趣旨」欄における続カードの利用まで相当ではないとはいえない。
*80　1欄のスペースを広げた結果，カード1枚につき必ずしも5欄にしなくてもよいことは，第1の2(3)，11頁を参照。

第5　被告人1名用カード各欄の記載要領

て記載すると読みづらくなることに注意が必要である[*81]。
③裁判所による釈明等
　当事者の立証趣旨が不明確である場合には，裁判所は適宜釈明権を行使してこれを明確にすることができることから（規則208Ⅰ），必要に応じて裁判所が期日に釈明権を行使したり，あるいは，裁判官の命により，書記官が期日外に請求者に趣旨を確認したりすることで，的確な立証趣旨を記載できると思われる。

　なお，上記の要約等を行っても，著しく長文になってしまう場合には，「立証趣旨」欄には，全体の要旨か，あるいは一部の要旨を記載した見出しを記載し，詳細は続カードを引用して記載することが考えられよう。その場合においても，立証趣旨欄に要旨を記載することで一覧性を確保することができるものと思料する。

5　「請求」欄
(1)　記載の根拠，趣旨

> 根拠：規則44条Ⅰ⑭・規則217条の14Ⅰ⑨（証拠調べの請求）
> 趣旨：証拠調べの請求がなされた時期を明らかにするため

　証拠調べの請求は，公判期日においてだけでなく，公判期日外でもすることができる（規則188本文）。ただし，予断排除の原則から，公判前整理手続において行う場合を除き，第1回公判期日前は証拠調べの請求はできない（同条ただし書）。

　証拠調べの請求は，公判調書又は公判前整理手続調書の必要的記載事項であることから（規則44Ⅰ⑭，規則217条の14Ⅰ⑨），証拠調べの請求がいつなされたのかを記載する本欄の記載も同じ根拠に基づくといえる。そこで「請求」欄は，証拠調べの請求がなされた時期を明らかにする趣旨で記載する。

　証拠調べの準備行為と解される公務所等への照会請求（法279），書類の取寄せ請求がなされた場合も，証拠調べの請求と同様にその時期を「請求」欄に記載する（第3章第10の1，第11の1を参照）。

(2)　「請求」欄の記載方法
　「期日」欄には，証拠調べの請求が公判期日又は公判前整理手続期日にされた場合は，その期日の回数を記載し，期日外にされた場合は，請求のあった年月日を記載する[*82]（カード記載要領通達第2の1の(5)）。証拠調べの途中において，弁論の併合，分離又は訴因の変更等他の手続が行われた場合，その介在した手続の時期を表示するために，「期日」欄に，公判期日の回数とあわせて，例えば，「①」，「②」又は「併合前」，「併合後」などと記載する。

[*81]　裁判官ヒアリングでも同様の指摘があった。
[*82]　同通達では，証拠調べ請求が公判前整理手続期日（又は期日間整理手続）にされた場合に，期日の回数若しくはその年月日を記載するとあるが，期日で行われた旨を端的に明らかにできることからすると，期日の回数を記載するのが相当である。

第2章　証拠等関係カードの記載要領

【記載例21】証拠調べ請求が公判期日にされた場合の「請求」欄の記載（証拠調べの請求後に訴因変更等の手続がなされ，介在した手続の時期を表示すべき場合）

17　検取	5	5	同　意	5	決定・済	3
〔（被）　　　26.4.11 犯行状況等	①	②		②		
（　　　26.5.19付　　　）						

(3)　証拠調べ請求に関する問題

　　被告人質問の申出は，証拠調べ請求権と同様の意味での被告人質問請求権というものがあるわけではないことから「請求」欄には記載しない（ただし，控訴審については，第6章第2の1，254頁を参照）。職権による証拠調べの場合も，「請求」欄は空欄となる。第1回公判前の事前準備として，事実上，少年調査記録の取寄せを行った場合は，その段階ではカードに記載する必要はない[83]。また，前もって証拠調べ請求の予定を明らかにするために，先の公判期日の日付の証拠調べ請求書が提出されたような場合に，これを期日外の請求と混同しないように注意すべきである。

ア　請求された期日に供述書等が不同意となった場合等

　　証拠調べが請求された期日に，相手方が不同意の意見を述べたために請求が撤回された場合でも，請求が当初からなかったことになるわけではない。必要的記載事項である当該期日で請求があった事実や撤回の事実は記載しなければならない。また，相手方が不同意の意見を述べた事実は必要的記載事項ではないが，同じ証拠が再度請求された場合に備えて記載しておくことにより，同意が得られなかったために請求が撤回されたという審理の経過が明らかになり，再請求における証拠調べ手続の円滑な進行に有益な記載となることから，カードに記載するのが相当である。なお，後に同じ証拠が再度請求された場合には，新たに欄を起こして記載する。

　　他方，請求された期日において，相手方の意見聴取前に，裁判所の求釈明等により，同一期日ですぐに撤回された場合，「意見」欄を空欄のまま，「結果」欄に「撤回」と記載してもよいが，そもそも，訴訟法上の請求がなかったとの認識が裁判官と共有できれば，カードに記載する必要はないであろう[84][85]。

イ　弁論再開請求と証拠調べ請求

　　弁論再開請求書と共に証拠調べ請求書が提出された場合の処理としては，弁論再開請求に対する裁判があるまでは，弁論再開請求書と共に第1分類の公判調書（手続）群に編てつし，カードには何らの記載も要しない。弁論再開決定がされた時点で，証拠調べ請求書を第2分類の所定の箇所に編てつした上で，カードに所要事項を記

---

[83]　この場合は，取り寄せた書類の全部又は一部につき，当事者による証拠調べ請求又は職権による取調べ決定があった場合にカードに記載する。
[84]　事件の特殊性等により，その経過を明らかにする実益がある場合には，カードに記載する。
[85]　訴訟法上の請求がなかったとする場合は，カードに記載している証拠を請求しなかった場合の処理を行う（第5の1(4)，42頁を参照）。

載する＊86。この場合，「期日」欄の記載は，再開決定が公判廷で行われたときはその期日を，期日外で行われたときは，その日付を記載する。これらの処理は，弁論再開決定がなされることを停止条件とした証拠調べ請求と考えられるからである。

　弁論再開請求が却下されたときは，証拠調べ請求書は，第1分類に編てつしたままとし，カードには何ら記載することはない。

　なお，弁論再開請求のときにカードに記載することも差し支えないとする見解もあり，この見解に立ってカードに記載した後に弁論再開請求が却下された場合は，「備考」欄に「弁論終結後の請求」とメモ的記載をし，証拠の採否の決定を遺脱したのではないことを注意的に明らかにしておくべきであろう（訟執資51号15,16参照）。

ウ　同一証拠を主位的には実質証拠，予備的に弾劾証拠として請求した場合

　検察官が検面調書を，主位的には実質証拠（法321Ⅰ②後段の書面）として，予備的には，弾劾証拠（法328の書面）として取調べ請求をした場合，請求としては1個であるから，1欄に記載する（63中管研7）。

6　「意見」欄

(1)　記載の根拠・趣旨

> 根拠：規則44Ⅰ㉙・規則217条の14Ⅰ⑬（法326の同意），規則44Ⅰ⑰㊺・規則217条の14Ⅰ⑫⑯（法309の異議）
> 趣旨：法326条の同意があったことを明らかにするため
> 　　　裁判所が証拠の採否をするための参考とするため
> 　　　証拠決定に至る経緯や理由を明らかにするため

　証拠決定をするについては，請求に基づく場合は相手方又はその弁護人の意見を，職権による場合には検察官及び被告人又は弁護人の意見を聴かなければならない（規則190Ⅱ，法299Ⅱ）。意見の聴取を義務付けた趣旨は，取調べを請求された証拠又は職権によって取り調べようとする証拠を訴訟関係人の批判にさらし，請求についての意見を聴き，これを採否決定の参考にしようとするところにある（逐条説明60）。この意見聴取の機会にあわせて，書面（伝聞証拠）の取調べ請求については，実務では法326条の同意をするかどうかの確認が行われる＊87。

　「意見」欄の「期日」欄については，「請求」欄の例による（カード記載要領通達第2の1の(6)のイ）。意見の聴取は，期日でも，期日外に行ってもよい。

　「意見」欄の「内容」欄には，証拠とすることの同意・不同意等証拠調べの請求に対する意見に関する事項を記載する（カード記載要領通達第2の1の(6)のア）。「意見」欄に記載する意見のうち，法326条の同意が公判調書及び公判前整理手続調書の必要的記載事項である（規則44Ⅰ㉙，規則217条の14Ⅰ⑬）。法326条の同意があれば，裁判所が証拠とすることが相当であると認めると，伝聞証拠に証拠能力が付与される

＊86　弁論再開請求書に証拠調べ請求が記載されている場合は，弁論再開請求書として第1分類の公判調書（手続）群に編てつし，カードの「備考」欄に，「証拠請求は，弁論再開請求書に記載」などとメモ的記載をしておくと検索に便利である。

＊87　同意権者，訴訟行為者の主体の明記については，第4の7(2)，38頁を参照。

ことになるから，適法に証拠調べがなされたことを明らかにする重要な記載となる。

「意見」欄の記載は，裁判官の交替や上訴の場合に備え，意見聴取の有無を含めて，証拠決定に至る経緯や理由を明らかにするためのものであるといえる。

このほか「意見」欄には，証拠請求者の意見や，証拠請求に対する異議申立て（法309）などを記載する。

(2) 同意・不同意

ア 同意・不同意

「意見」欄に記載する同意とは，法326条の証拠とすることの同意の意味であり，上記のとおり調書の必要的記載事項である。これに対し不同意は，必要的記載事項ではないが，相手方に対して同意の有無を聴取した結果，不同意の意見を述べた事実は取調べ請求が維持された場合[*88]，伝聞例外である法321条ないし323条の要件に該当するか否か，証拠能力に関する裁判所の判断が適正になされたことを担保するため，証拠決定に至る経緯が明らかになるものとして，記載する必要性が認められることから，カードに記載する。また，実際上，同意のみを記載すると，空欄の場合は，不同意なのか，意見を聴取していないのか明らかにならないことから，手続の円滑な進行のためにも有益な記載である。

同意は，上記のとおり証拠能力を付与する訴訟行為であるから，その意思表示は明確であることを要する。書証の請求に対し，相手方が単に「異議がない」とか「意見はない」などと述べた場合には，証拠とすることに同意があったとすることはできないので（石井・証拠法96参照），裁判所による釈明により，その真意が確かめられて同意する趣旨であるか明確にされることになろう。

非供述証拠である証拠物に対しては，伝聞法則の適用はないことから，法326条の同意の有無を確認する必要はない。そこで，仮に相手方から「同意」する旨の意見が述べられたとしても，それは取調べに異議がない趣旨であると考えられるから，「異議なし」と記載する（一括記載の場合にはこの限りではない。「同意」の記載が許されることにつき質疑回答6参照）。

証明の対象となる事実が訴訟条件や単なる情状である場合にも，請求された証拠が書面（例えば，告訴状，前科調書，嘆願書）であれば，同意，不同意を一律に確かめているのが実務上の扱いである。そこで，相手方が不同意と述べた証拠が自由な証明により取り調べられた場合でも，手続の経過を明らかにするため「意見」欄に「不同意」と記載するのが相当である（第3の1(2)イ，18頁を参照）。

同意の性質については，①伝聞証拠に対する反対尋問権の放棄であるとする説，②伝聞証拠に対する反対尋問権の放棄にとどまらず，より積極的な，証拠に証拠能力を付与する当事者の訴訟行為とする説の概ね二つの説の対立がある（条解891参照）が，実務は②説によっている（大コンメ(7)723，724）。

①説によれば，同意の対象となるのは伝聞法則の適用が考えられる証拠に限られることとなるが，②説によれば当事者に処分権の行使が認められる一定範囲の内容

[*88] 相手方が不同意の意見を述べたために同一期日において請求が撤回された場合においても，不同意の意見を述べた事実はカードには記載するのが相当である（第5の5(3)ア，62頁を参照）。

的，手続的に不利益な証拠も同意の対象となる点が異なる。

「反対尋問権を留保して同意する。」とか「書面の供述者を証人として尋問できるのならば同意する。」あるいは、「反対尋問権の放棄に限定して同意する。」などと述べられた場合，上記①②説の対立を前提としてこれを同意と認め得るのか，同意に条件が付けられるのかなどの問題があり，裁判長の訴訟指揮にも密接に関連するので一律に論じられないが，証拠調べ手続経過を明らかにするという意味で，カードには述べられたとおりの内容を記載しておくのも一方法である[*89]。

イ　同意の効力が及ぶ範囲について

立証趣旨の範囲を限定して同意をすることが許されるかについては，同意の効力との関係で争いがある。

同意の効力と立証趣旨との関係については，次の三つの考え方がある。すなわち，同意の効力は，①立証趣旨の範囲内に限られるとする見解（限定説），②立証趣旨の範囲内に限られないとする見解（非限定説），③原則的には立証趣旨の範囲内に限られないが，相手方が立証趣旨の範囲を限定して同意することを明示し，その限定の趣旨が明確で不合理でない場合などは，限定が許されるとの見解（折衷説）である（石井・証拠法 98 参照）。

全く限定が許されないとする非限定説に立った場合，手続の公正ないし不意打ち防止の観点から問題が生じると指摘されている[*90]。同意は立証趣旨に対応してなされるとする限定説の立場からは，立証趣旨を限定して同意することが許されることになり，あるいは，折衷説の立場からは，限定の趣旨が明確で不合理でない場合など一定の場合に立証趣旨を限定しての同意は認められると解されるから，カードにも限定して同意がされた旨を明らかにしておく必要がある。

【記載例 22】立証趣旨を限定して同意された場合の記載

1　告訴						
〔○○○○　　26.6.3〕 ①告訴の事実 ②被害事実 （　　　　　　　　　　）	1	1	①に限定して 同意	1	①に限定して 決定・済	1

※　限定説又は折衷説による記載例である。
※　①の立証趣旨の範囲に限定して同意したことが明らかであることから，「結果」欄には，単に「決定・済」と記載して差し支えないとも考えられる。

[*89]　参考文献として，反対尋問権を留保した同意につき谷口・判タ 645-42 頁以下，同意と違法収集証拠，反対尋問権の放棄のみに限定して同意した場合の調書への記載につき樋口・判タ 825-22 頁以下参照。
[*90]　例えば，犯罪事実の存否は争っているが，告訴の存在自体は争う意思がないという理由で，「告訴の事実」という立証趣旨の範囲内で告訴状を同意した場合を考えると，その明示にもかかわらずこの告訴状から犯罪事実そのものを認定することを許すのは，いかにも不公平である（石井・証拠法 99 参照）。

第2章　証拠等関係カードの記載要領

【記載例 23】変更された立証趣旨に限定して同意された場合の記載

1	緊逮							
〔（員）〕○○○○外　26.6.11〕 逮捕時の状況等 第1回公判「逮捕の適法性」に変更 （　　　　　　　　　）		1	1	変更後の立証趣旨 に限定して 同　意	1	変更後の立証趣旨 に限定して 決定・済	1	

※　当初は「逮捕時の状況等」との立証趣旨で請求したところ，相手方が不同意の意見を述べたことから，立証趣旨を変更したものである。
※　変更後の立証趣旨の範囲で証拠能力を取得する経過を明らかにすれば足りると考えれば，同一期日における変更前の立証趣旨に対する「不同意」の意見を記載する必要はないと思料する。
※　立証趣旨の変更により，当然に相手方の意見の対象も変更されると考えれば，「意見」欄には，「変更後の立証趣旨に限定して」と記載する必要はないとも考えられるが，同一期日で行われていることから，同意の対象を明らかにするために注意的に記載している。その意味では，立証趣旨を限定して同意する例【記載例22】とは異なる。
※　変更後の立証趣旨に限定して同意したことが明らかであることから，「結果」欄には，単に「決定・済」と記載して差し支えないとも考えられる。
※　「立証趣旨」欄に余白がなく，立証趣旨の変更を「備考」欄に記載する場合は，「第1回公判　立証趣旨を『逮捕の適法性』に変更」などと記載する。

　　ウ　部分同意

　　　同意は，書面や供述の一部についてすることもできる。この場合，意味内容において独立して分割が可能であること，書面の記載上など外形面でも原則として客観的に可分でなければならない。部分同意の活用が望まれるのは，証人尋問を真に争いがある事項に集中させ，尋問時間を短縮して迅速な審理を実現するためなどである（刑裁資170号106頁以下参照）。

　　　同意部分を指定して同意したときは，その同意の効果は他の部分に及ばないから，どの部分が同意され，証拠能力を取得することになるのか，同意がなされた部分をカード上明確に特定する必要がある。特定の方法は，当該証拠が書面である場合には，通常は「項」，「段落」，「行」などで特定されるので，例えば，「1丁ないし6丁末行まで同意　その余不同意」，「4項不同意　その余同意」，「指示説明部分不同意　その余同意」などである[*91]。同意部分の記載は，採用部分にも繋がることから，その特定においては正確な記載が必要となる。

　　　同意部分の特定のために詳細に意見が述べられた場合，本カード上は当該書証の一部に限定して同意がなされた事実を端的に示すことで足りると思われる。実務においては，「一部同意[*92]」との見出しを付して，詳細な内容は続カードに記載したり，「一部同意　26.10.26付意見書」などと記載して，書面を引用したりする場面が多いと思われる。

---

*91　同意部分を特定する際には，不同意部分の内容が判明するような特定方法をしない配慮が求められる。例えば，「5丁上から3行目の『死ねや』の部分　不同意」などと，不同意部分を摘示するのは相当ではない。
*92　「一部同意」の見出しは，書面全体における同意された部分の多少を問わず，「一部同意」と記載する。調書の必要的記載事項とされているのは，「同意」であり（規則44Ⅰ㉙，規則217条の14Ⅰ⑬），当該書証の特定部分（一部）に証拠能力が付与されていることを本カードの記載で一覧できるからである。

エ　同意の擬制

　　被告人が出頭しないでも証拠調べを行うことができる場合（法283ないし285）において，被告人が正当な理由がなく出頭しないときは，同意があったものとみなされる（法326Ⅱ）。なお，勾留されている被告人が出頭を拒否した場合（法286条の2），被告人が許可を受けずに退廷し，又は法廷の秩序維持のため裁判長から被告人が退廷を命ぜられた場合（法341）にも，同意の擬制が認められるかについては議論がある（条解905参照。同意の擬制については，第3章第1の3(3)，101頁を参照）。

オ　同意・不同意の撤回

　　同意の撤回が許されるかどうかについては争いがある。撤回を認めることにつき実務が厳格なのは，証拠の取調べが終了すればすでに実体形成がなされていること[93]，手続の安定性の要請，相手方の訴訟法上の利害に重大な影響を及ぼす等の理由からである[94]。

　　不同意の意見を撤回して同意することは，弁論終結時までならいつでもできる。不同意の意見の全部又は一部を撤回し，同意した場合は，不同意は，同意しないという状態を明らかにするにすぎないから，「同意」とのみ記載し，不同意の意見を撤回した旨の記載をする必要はないとも考えられるが，不同意の意見を全部撤回した場合には，「不同意撤回　同意」などと，不同意の意見を一部撤回した場合には，「不同意一部撤回　〇項同意」などと記載したほうが，不同意の意見が変更されたことを理解しやすいであろう。

【記載例24】 全部不同意の一部を撤回し，その部分を同意した場合の記載（不同意→一部同意）

5　　員		1	不同意	3	同意部分 　決定・済	2	
〔〇〇〇〇　　　26.7.26〕 （省略） （　　　　　　　　）	1	3	不同意一部撤回 1項　同意	4	不同意部分 　　撤　　回		

※　第3回公判の「意見」欄は，「1項　不同意撤回　同意」と記載することも考えられるが，撤回した部分の他にも不同意部分が残ることになるため，この場合には「不同意一部撤回　1項同意」と記載することで，それが一見して明らかになると思料する。
※　第3回公判の「結果」欄は，「1項　決定・済」と記載してもよい。

---

[93]　大阪高判昭63・9・29判時1314号152頁参照。
[94]　同意の撤回の問題については，第3章第1の4(3)，116頁を参照。

第2章 証拠等関係カードの記載要領

【記載例25】一部につき不同意としていたのを撤回し，同意した場合の記載（一部同意→同意）

7	検		1	一部同意 26.12.2付意見書	1	同意部分 決定・済	6	
〔〇〇〇〇　　26.9.12〕 （省略） （　　　　　　　　　　）		1	3	不同意撤回 同　意	3	その余 決定・済	3	

※ 第3回公判の「意見」欄は，不同意部分が残らないことから，「不同意撤回　同意」と記載する。
※ 第3回公判の「結果」欄につき，単に「決定・済」でよいとも考えられるが，記載例の表現であれば，不同意部分が残っていないことが一見して明らかになると思料する。

【記載例26】一部につき不同意としていたのを一部撤回し，その部分を同意した場合の記載（一部同意→一部同意）

9	検		1	一部同意 26.12.21付意見書	1	同意部分 決定・済	7	
〔〇〇〇〇　　26.9.26〕 （省略） （　　　　　　　　　　）		1	3	不同意一部撤回 同意※4	3	同意部分 　決定・済 不同意部分 　撤　回	1	

※ 続カードには，本カードに対応する「同意※4」の見出しをつけて，同意部分の詳細を記載する（続カードの記載は省略）。

　　同一期日において不同意が撤回され同意された場合には，単に「同意」と記載すれば足りよう。ただし，例えば，不同意とされた実況見分調書の作成者を証人尋問し，作成の真正を立証後，弁護人が不同意の意見を撤回し同意した場合は，単に「同意」と記載すると，当初は不同意の意見が述べられたことで伝聞例外の要件立証がなされたことや，要件立証後に不同意を撤回し同意したことの証拠調べ手続の経過が明らかにならない。この場合には，証拠決定が適正になされたことを担保するため，同決定に至る経過が明らかになるものとして記載する必要が認められるため，「不同意　不同意撤回（証人〇〇尋問後）　同意」などと記載する。

【記載例27】不同意を撤回し同意した時期を明らかにした例

18	実		1	不同意 不同意撤回（証人 〇〇尋問後） 同意	1	決定・済	19	
〔（員）〇〇〇〇　26.3.16〕 犯行場所の状況等 （　　　　　　　　　　）		1						

※ 弁護人が実況見分調書を不同意としたために，同一期日に実況見分調書の作成者を証人尋問し，作成の真正を立証後，弁護人が不同意の意見を撤回して同意した一連の経過を記載した例である。

(3) 証拠意見
　ア　相手方の証拠意見
　　証拠意見は，通常口頭で，「異議あり」，「不必要」，「しかるべく」などと述べられる。この意見は，法326条の同意，不同意の意見や法309条1項の証拠請求に対する異議とは概念的には異なる（逐条説明60参照）。そこで，「異議あり」の意見は，裁判所が許否の判断を義務付けられる上記異議の申立て（法309Ⅰ）とは区別して意見異議と呼ばれる。

　　証拠の採否は，①証拠調べ請求の手続の適法性，②証拠能力の有無，③証拠調べの必要性の有無などを調査して決定されるので，証拠意見もこれに対応して述べられるほか，証拠の証明力に関する意見も述べられることがある。このうち①に関しては，証拠調べ請求の手続の不適法は証拠調べに関する異議申立て（法309Ⅰ）の理由となるものである（第4章第7の1(2)ア，244頁を参照）。

　　これらの証拠意見は必要的記載事項ではないが，前記(2)アの不同意の意見の記載と同様に，その後の証拠決定が適正に行われたことを担保するとともに，手続の円滑な進行にも役立つことから，記載する必要性が認められ，カードに記載する。特に，それが任意性の有無等の証拠能力の要件に関するもので，相手方にその存否について立証を促し又は裁判所がその点の調査をする必要性を抱かせるものである場合は，カードに記載する必要性がある。

　　記載する事項が多い場合には，「意見」欄の余白の有無を考慮の上，見出しを付して続カードを利用するなど，見やすさに配慮した記載をする。

【証拠意見記載例】

①証拠調べ請求の手続の適法性についての意見	
「該当証拠なし」，「特定不十分」	検察官の手元にない証拠を被告人側が請求した場合など問題となる。
「立証趣旨が不明確」	規則189条1項に反するという趣旨の意見
②証拠能力についての意見	
「任意性なし」，「任意性を争う」	自白法則の適用により証拠能力がないという意見。第三者の任意性を欠く供述については，証拠能力の問題か証明力の問題かについて争いがある。
「違法収集証拠（である）」	証拠収集の手続に違法があり，その手続によって得られた証拠の証拠能力が否定されるとする排除法則の主張
「関連性なし」	自然的関連性がない（証明しようとする事実と全く関連性がない，単なるうわさなど）あるいは，法律的関連性がない（証拠として必要最小限度の証明力はあるが，裁判官に不当な偏見を与え，事実認定を誤らせる危険性があるので，証拠能力が制限される。）という趣旨の意見

第2章 証拠等関係カードの記載要領

③証拠調べの必要性についての意見	
「不必要」,「必要性なし」	当該証拠の取調べの必要性がないという意見
「重複証拠である」	すでに他の証拠により証明十分であり,重ねて証拠調べの必要性がないという意見
④証拠の証明力に関する意見	
「証明力なし」,「証明力を争う」	証明力がない,あるいは,他の証拠により証明力を争うものであるという意見で,証拠能力についての意見とは別に,例えば「同意,ただし証明力を争う」などと述べられる。
「信用性なし」,「信用性を争う」	証拠の内容が信用できないものであるということ。
⑤意見異議	
「異議あり」	取調べに異議があるという意見。「関連性がなく取調べに異議がある。」「違法収集証拠であり取調べに異議がある。」など前記意見が異議の理由として併せて述べられこともある。
⑥その他の意見	
「しかるべく」	裁判所の裁量によりしかるべく決定されたいというもの
「異議なし」	取調べをすることにつき異議は述べないという趣旨であり,証拠調べに関する異議申立権(法309Ⅰ)の放棄ではない。
「不同意 ただし任意性は争わない」	例えば,被告人の供述調書等につき,積極的に同意はしないが,証拠能力取得の要件である任意性までは争わないとの趣旨の意見
「不同意 ただし作成の真正は争わない」	例えば,実況見分調書につき,不同意の意見を述べたうえで,不同意の内容としては,立会人の指示説明の内容を争うものなどであって,同調書の作成の真正を争うものではないとの趣旨の意見[*95]
「伝聞性は争わない」	伝聞法則の観点からは問題がないとの趣旨の意見。「違法収集証拠である 伝聞性は争わない」などと併せて述べられることが多い。

イ 証拠請求者の意見

　証拠調べの請求に当たり,証拠調べ請求者が証拠調べの必要性についての意見を述べたり,不同意書証の取調べに関し,請求を維持したまま伝聞証拠の例外となる要件立証後,法的根拠を示して証拠能力に関する意見を述べる場合がある。
　「意見」欄には,通常相手方の意見が記載されることが多いことから,同欄に証拠調べ請求者の意見を記載するに当たっては,訴訟行為の主体を記載したほうが分かりやすいことが多い(第4の7(2),38頁を参照)。

(ア) 証拠調べの必要性についての意見

　証拠調べ請求者の取調べの必要性についての意見は,原則として記載の必要は

[*95] 刑事訴訟の研究(下)250頁以下参照。

第5　被告人1名用カード各欄の記載要領

ないが，取調べの必要性が具体的に述べられ，証拠決定が適正に行われたことを担保するため，その経緯や理由が明らかになるものとして記載する必要性が認められるのであれば（例えば，被告人側から請求された唯一の証拠の取調べの必要性についての意見が具体的に述べられたが，請求が却下されたような場合），カードに記載する。

(イ)　**伝聞例外の法的根拠等について**

不同意書証の取調べに関し，要件立証後に述べられる法321条ないし323条の法的根拠は，必要的記載事項ではないが，当事者の述べた訴訟能力に関する法的根拠は，証拠決定が適正に行われたことを担保するため，その理由が明らかになるものとして，記載する必要性が認められることから，原則としてカードに記載する[*96]。これと同様に，証拠能力の取得要件（例えば，「供述不能」，「相反供述」，「特信性」など）に関する請求者の意見も，証拠決定に至る経緯や理由が明らかになる事項であり，記載する必要性が認められることから，カードに記載する[*97]。

伝聞例外の法的根拠については，実務上，次のような記載方法が定着している。

【記載例①】

| 16 検
〔〇〇〇〇　26.7.2
(省略)
(　　　　) | 1 | 1 | 不同意 | 2 | 決定（証人〇〇尋問後）・済 | 3 | 第2回公判検察官「法321Ⅰ②後段により取り調べられたい」弁護人「異議がない」 |

【記載例②】

| 16 検
〔〇〇〇〇　26.7.2
(省略)
(　　　　) | 1 | 1
2 | 不同意
異議なし | 2 | 決定（証人〇〇尋問後）・済 | 3 | 第2回公判検察官「法321Ⅰ②後段により取り調べられたい」 |

※　検察官請求の検面調書が不同意となったので，検察官が請求を維持したまま証人尋問を行い，伝聞例外の要件立証ができたとして取調べを請求したところ，弁護人が異議なしとの意見を述べた事例である。
※　伝聞例外の法的根拠を，公判期日，行為の主体とともに「備考」欄に記載する方法であり，伝聞例外についての弁護人の意見を，記載例①は「備考」欄に，記載例②は「意見」欄に記載している。

[*96]　書証の標目自体及び手続の経過から，一見してその法的根拠が明らかな場合は記載するまでもないとする運用もある（第3章第1の4(2)ア，113頁を参照）。

[*97]　上記の請求者が述べる法的根拠と具体的な証拠能力の取得要件に関する意見は，同時に述べられることが多いことから，この場合には，本カードには「法321Ⅰ②後段書面※〇」などと根拠条文の見出しを記載して，適宜続カードを利用して記載する（第3章第1の4(1)ア，102頁を参照）。

第2章　証拠等関係カードの記載要領

○　**検討**

　上記のような記載方法は,「意見」欄には,通常,相手方の意見が記載され,また,相手方の意見に限る方が分かりやすいとして,請求者の意見は「備考」欄を利用するという考え方によるものと思われるが,後述のとおり「備考」欄が各欄の補充記載を目的としていることからすれば,本来,記載すべき欄に余白があれば当該欄に記載すべきであり,伝聞例外の法的根拠については,請求者の意見として「意見」欄に記載する方が合理的ではないだろうか。具体的には次のような記載方法が考えられる。

【記載例③】

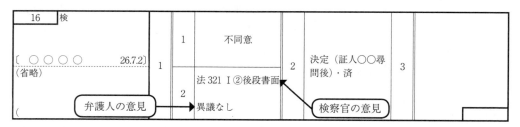

※　検察官の法的根拠の摘示と弁護人のそれに対する意見を「意見」欄に記載した例である。
※　「意見」欄に簡潔に記載するために,文章形式としないで,端的に根拠条文のみを記載している。
※　行為の主体として「検察官　法321～」と記載することも考えられるが,伝聞例外を主張するのは請求者に限られることから,記載する必要はないと考える。

　このような記載方法によれば,①不同意の意見が述べられ,②（伝聞例外の要件を立証の上）根拠条文を示して取調べ請求があり,③それに対する意見が述べられたという経過が,同じ「意見」欄に,上から順次記載されていくことから,「意見」欄と「備考」欄を併せて見ることなく読み取ることができて分かりやすい記載になると考えられる。
　なお,この記載方法によれば,結果的に「備考」欄の記載が少なくなり,同欄が見やすくなるという効果も期待できよう。

ウ　意見の留保

　意見が留保された場合,「留保」と記載する必要はないが,事案によっては,その旨を明らかにしておくのが相当である場合もあろう（カード解説64参照）。これは,「開示を受けたばかりで,本日意見は述べられない。」,「検討中のため意見は次回に述べる。」などと述べられた場合,通常は「意見」欄を空欄にしておけば何も意見が述べられなかったことが推定されることから,「留保」の記載をする必要はなかろう[98]。記載すべき場合としては,留保が特に訴訟進行上意味を持ち,カードにその経過を記載する実益があるときである[99]。

＊98　この場合には,当事者の準備状況として,手続調書への記載は別途検討されることになろう。
＊99　例えば,当該期日に証拠決定がなされることが前回期日で予定されていたにもかかわらず,当事者の責めにより,意見の表明がなされなかったことで訴訟が遅延する事態となった場合などが想定されよう。記載するかどうかは裁判官の意向も確認する必要があろう。

エ　証拠調べ請求に対する異議申立て（法309）

　　　証拠調べ請求に対する当事者の異議申立て及びその理由，異議申立てに対する決定は，公判調書及び公判前整理手続調書の必要的記載事項である（規則44Ⅰ⑰，㊺，規則217条の14Ⅰ⑫，⑯）。異議申立てに対する相手方の意見は，必要的記載事項ではないが，異議申立てに対する決定が適正に行われたことを担保するため，同決定に至る経緯や理由が明らかになるものとして記載する必要性が認められるのであれば，カードに記載する（第4章第7の1(3)，231頁を参照）。

(4)　期日外における事項

　　期日外において，証拠とすることの同意・不同意等証拠調べ請求に対する相手方の意見が表明された場合や証拠請求者の意見が述べられた場合には，期日における事項に準じて記載の要否を判断し，カードに記載する。

　　期日外に意見聴取を行う場合は，同意の意思表示の明確性を担保するため，書面によって行うのが相当な場合が多い（大コンメ(7)730参照）。ただし，公判期日外において，意見聴取後に直ちに証拠決定を行う場合など急を要する場合には，裁判官の命を受けて書記官が電話で意見を求め，同意・不同意等の証拠意見を電話聴取書に残しておく扱いもある。

　　期日外の意見を記載する方法は，「意見」の「期日」欄に，請求証拠に対する意見書の受理年月日あるいは，電話聴取年月日を記載し，「内容」欄に聴取した同意・不同意等の意見を記載する。証拠請求に対する異議申立書が期日外で提出されたときも同様に記載する。

7　「結果」欄
(1)　記載の根拠・趣旨

> 根拠：規則44Ⅰ㊺・規則217条の14Ⅰ⑯（証拠決定など），規則44Ⅰ⑭・規則217条の14Ⅰ⑨（請求の撤回），規則44Ⅰ㉚（取調べ済，取調順序），規則44Ⅰ㉛（領置決定），規則44Ⅰ⑰㊺・規則217条の14Ⅰ⑫⑯（法309の異議）
> 趣旨：証拠調べの結果（証拠の採否，取調べ等）を明らかにするため

　「結果」欄の「期日」欄については，「請求」欄の例による（カード記載要領通達第2の1の⑦のウ）。証拠決定は，期日にすることもできるし，期日外ですることもできる。

　「結果」欄の「内容」欄には，証拠の採否，取調べ等に関する事項を記載する。証拠の採否，取調べ等に関する事項には，証拠決定を始めとして種々のものがある。

　証拠調べをする旨の決定，証拠調べの請求を却下する旨の決定は，公判調書及び公判前整理手続調書の必要的記載事項（規則44Ⅰ㊺，217条の14Ⅰ⑯）である。取り調べた証拠の標目及び取調べの順序は，公判調書の必要的記載事項（規則44Ⅰ㉚）である。

　「結果」欄は，証拠調べの結果（証拠の採否，取調べ等）を明らかにする趣旨で記載する。

第2章　証拠等関係カードの記載要領

(2) 「内容」欄
　ア　証拠決定
　　　裁判所は，証拠調べの請求に対し，採用するか却下するかの決定をしなければならず，職権で証拠調べをするにも決定を必要とする（規則190Ⅰ）。ただし，裁判所が証拠の取調べを義務付けられている場合（公判準備でした証人の尋問調書等の取調べを定めた法303の場合や公判手続の更新の際の規則213の2③本文の場合がその例である。）には，証拠決定は不要である。
　　　証拠決定が，証拠書類等の一部についてなされたときには，その部分の特定が必要となり，例えば，「同意部分決定」，「指示説明部分を除き決定」などと記載する。
　　　実務上，裁判所が却下決定に当たり「必要性なし」など簡単に理由を告げたり，取り調べる旨の決定に当たり法的根拠が示されたりすることがある[*100]。その場合の決定の理由や法的根拠は，証拠決定が適正に行われたことを担保するため，記載する必要性が認められることから，原則としてカードに記載する。ただし，それが証拠の内容や手続の経過などから明らかであるとして，記載する必要性が認められないのであれば記載を要しない。なお，この場合の記載の相当性については，証拠能力を有する根拠等といった，上訴審の審査のための資料ともなるため，裁判官と認識を共有しておく必要がある。
　イ　取消決定，排除決定
　　　証拠調べの決定後，取調べの必要がなくなったときなどは，原則として当事者の意見を聴いて決定でこれを取り消すことができる。
　　　全部につき採用された証拠の一部について証拠決定を取り消す場合は，その部分の特定が必要であり，例えば，尋問が続行となった証人につきその後の尋問が行方不明により実施できなくなった場合，「続行分取消」などと記載する。
　　　証拠の取調べが終了した後は，取消決定はできないが，取調べ済みの証拠に証拠能力がないことが判明したときは，職権でその証拠の全部又は一部を排除する旨の決定をすることができる（規則207）。ただし，証拠能力のない証拠を取り調べたことを理由に異議の申立て（法309Ⅰ）があり，これを理由ありと認めたときは，排除決定は必要的である（規則205の6Ⅱ）。
　　　証拠決定を取り消す決定は，公判調書及び公判前整理手続調書の必要的記載事項（規則44Ⅰ㊺，217条の14Ⅰ⑯）であり，「取消」と記載し，排除決定は公判調書の必要的記載事項（規則44Ⅰ㊺）であるから，「排除決定」と記載する。
　ウ　証拠調べの範囲・順序・方法を定める決定
　　　裁判所は，検察官及び弁護人又は被告人の意見を聴き，証拠調べの範囲，順序，方法を定めることができ，適当と認めるときは，いつでも，当事者の意見を聴いた上，いったん定めた証拠調べの範囲，順序，方法を変更することができる（法297ⅠⅢ）。この証拠調べの範囲，順序，方法を定め，又は変更する決定は，必要的記載事項から除かれているが（規則44Ⅰ㊺ロ），その後の手続の円滑な進行のために記載する実益が認められるのであれば，カードに記載する。例えば，証人の負担を軽減する

＊100　証拠調べ又は証拠調べ請求却下の決定には，法律上は理由を付することを要しないとされている（法44Ⅱ）。

第5　被告人1名用カード各欄の記載要領

ための措置を採る旨の決定は、その後の進行予定の把握及び期日間準備の便宜のためにも記載する実益が認められることから、カードに記載する（第3章第2の7(2)ウ、138頁を参照）。また、期日外の証人の取調べに当たり尋問の日時場所を定めたり、これを変更する決定は、証人尋問の実施に至るまでの円滑な進行に役立ち、証人の召喚手続を確実にする等記載する実益が認められることから、カードに記載する。

エ　証拠調べの実施に関する事項

取り調べた証拠の標目及び取調べの順序は、公判調書の必要的記載事項（規則44Ⅰ㉚）である。「取り調べた証拠の標目」を記載するには、既に証拠調べの請求の際に記載されているカードの「標目」欄の証拠の「標目」を利用し、当該証拠の「結果」の「内容」欄に「済」と記載すれば足りる[101]。

取調べの方法については、法律で定める方式（法305ないし307）で取り調べられたことが推定されるため、一般的には記載する実益はない。ＣＤ－ＲやＤＶＤなどを、例えば、再生等により取調べをした場合には、通常の方式によらない方法により取り調べた旨を明らかにするため、その旨を記載する実益が認められることから、「（再生）済」等と記載するのが相当である。

公判手続の更新に当たり、更新前に原本で取り調べられた証拠書類等につき謄本で取り調べた場合は、判決の基礎となるのは謄本となることから、それを明確に記載する必要性が認められ、「謄本により済」と記載する（第4章第3の3(2)、200頁を参照）。

証人等の尋問が当該期日に終了せず、次回以降に続行された場合には、「続行」と記載する。

公判準備において証人その他の者の尋問、検証等がなされた場合、公判期日でなされた証拠調べとは区別し、実施された旨を「施行」と記載する。

オ　決定又は取調べの留保

証拠決定や取調べが留保された場合、「留保」と記載する必要はないが、事案によっては、その旨を明らかにしておくことが相当である場合もあろう（カード解説66参照）。なお、単に書証の採否を留保して証人尋問や被告人質問を先行させ、その後に採否を決するような場合にまで「留保」と記載する必要はないが、証拠採否を留保したことに対して、請求者から異議が申し立てられた場合には、結果欄に「留保」と記載して、異議申立て手続を記載する。

---

[101] 請求時に記載した証拠の標目と取り調べた証拠の標目が異なれば、取り調べた証拠の標目として記載することは、第5の3(5)イ、51頁のとおりである。

第2章　証拠等関係カードの記載要領

【記載例 28】証拠の採否を留保したところ異議の申立てがなされた場合

3	員						
〔（被）　　　26.3.16〕 犯行状況及び被害者との関係等 （　　　　　　　　　）		26. 11. 12	前 1	同　意	前 2	留　保 異議申立て※1	

※	期日	請　求・意　見・結　果　等
1	前2	異議申立て（乙3） 　　検察官 　　　　乙第3号証について採否を留保し，被告人質問後に採否を決定することは刑訴規則199条に違反するものであるので異議を申し立てる。 　　弁護人 　　　　（省略） 　　裁判長 　　　　異議申立て棄却決定

カ　証拠調べの請求の撤回

　　証拠調べの請求をした者は，証拠の取調べ前であれば，その請求を撤回することができる。撤回の申立ては，公判調書及び公判前整理手続調書の必要的記載事項（規則44Ⅰ⑭，217条の14Ⅰ⑨）となり，「撤回」と記載する。証拠決定の後に撤回した場合，撤回により請求がなかった状態になるので取消決定は不要であるとする判例があるが（最判昭29.5.20刑集8-5-706），手続維持の原則に照らし，決定が既になされているときは請求の効果を失わせることはできないと解するのが理論的であると考えられるし，実務でも取消決定をするのが一般的である。証拠請求が証拠調べ決定後に撤回され，取消決定がされた場合には，「撤回・取消」と記載する。

キ　領置決定

　　証拠物等の領置決定は，押収に関する処分としてなされる決定で，公判調書の必要的記載事項であり（規則44Ⅰ㉛），「領置」と記載する。

ク　証拠調べの決定に対する異議申立て（法309）に関する事項

　　証拠調べの請求に対する異議申立ては，「意見」欄に記載するが，証拠調べの決定に対する異議申立てに関する事項は，これとは区別して「結果」欄に記載する（第4章第7の1(3)，記載例12を参照。）。

　　異議申立て及びその理由，異議申立てに対する決定（異議申立て棄却決定又は排除決定）は，公判調書及び公判前整理手続調書の必要的記載事項であり（規則44Ⅰ⑰，㊺，217条の14Ⅰ⑫，⑯），また，異議申立ての際に述べられた相手方からの意見は，異議申立てに対する決定に至る経緯や理由を明らかにするために記載するのが相当である。記載方法については，第4章第7の1(3)，231頁を参照。

ケ　証拠調べの準備行為である各請求に対する決定

　　第3章第10，177頁を参照。

第5　被告人1名用カード各欄の記載要領

コ　**取り調べない旨の決定**
第4章第3の3(1)，199頁を参照。

サ　**被告人の供述がなされた事実**
第3章第13の4，193頁を参照。

シ　**証人の不出頭，召喚手続に関する事項等**
第3章第2の3，128頁を参照。

ス　**期日外の事項**
公判期日外の証拠調べ手続（証拠決定，証拠調べの請求の撤回等）も，期日に行われた場合の記載事項に準じてカードに記載する（カード様式等通達1）。

セ　**メモ的記載事項**
「結果」欄には，証拠調べ手続の経過や結果を明確にするために，記載する実益がある事項をメモ的に記載する。例えば，証人尋問において遮へいの措置を採った場合の「（遮へいの措置）」など，証拠決定や証拠の取調べ等の記載とともに，記載するものである。これらは，手続調書や尋問調書に記載する事項[102]ではあるが，証拠調べ手続の経過や結果を一覧できるカードにおいても，それらが明確となるように記載する実益があることから，記載する。

具体的な記載事項と記載する趣旨や必要性については各手続の場面ごとに記述をする。

(3)　**「取調順序」欄**

取調べの順序は，公判調書の必要的記載事項である（規則44Ⅰ㉚）。「取調順序」欄には，取り調べた証拠の取調べの順序を公判期日ごとに記載する。公判調書に取調べの順序を記載するのは，法301条が自白の取調べ時期について特に制限を設け，自白調書は，犯罪事実に関する他の証拠，すなわち，自白を補強し得る証拠が取り調べられた後でなければ取り調べることができないとしていることから，どのような順序で取り調べたかを明確にしておく必要があるからである。

取調順序の記載は，その期日における取調べの終期を基準とする[103]。取調べの始期を基準とするという見解もあるが，その期日の証拠調べが終了し，「済」となった時点あるいは，「続行」となった時点における取調順序と解する方が法301条の趣旨や規則44条1項30号の文理にも合うと思われる。証人尋問の途中で，訴因の変更などの手続が介在し，期日を「①」「②」などと分けた場合でも，原則として取調順序は終期を基準として記載すればよく，「①」「②」ごとに記載しなくてよい。最初から最後まで対質尋問がなされた場合，証人尋問中にその証言に関連して被告人質問が行われた場合など終了時期が判然としないとき，あるいは，公判準備における証人尋問調書に検証の結果が記載され，物理的に一通の調書が次回公判期日で取調べの対象となった場合は，例外的に同順位として記載する。

被告人質問がされた場合，任意になされた被告人の供述も証拠となるから，他の証

---

[102]　上記の「遮へいの措置」の例でいえば，公判調書の必要的記載事項（規則44Ⅰ㉕）として，遮へいの措置を採った旨の記載は，当該証人尋問調書に記載している。

[103]　例外として，一つの証拠が同一期日内で2回に分けて取り調べられ，その取調べの順序を記載することに特別の意味がある場合には，それぞれの取調順序を記載する（第4の6(2)，40頁を参照）。

第2章　証拠等関係カードの記載要領

拠の取調順序と一連した順序を記載する。
　　相当多数の証拠物の取調べの都度その物に関して被告人質問が行われた場合，その都度供述がなされたことに特別の意味がある場合以外は，被告人の供述を一括し，供述が1回だけ行われたものとして記載しても差し支えなく，その場合，被告人質問の取調順序は，最後に調べた証拠物の次になる。

8　「備考」欄
(1)　使用方法
　「備考」欄は，①本来は，他の欄に記載すべき事項であるが，該当欄のスペースに限りがあって記載できないために，他の欄の補充欄として使用する場合，②当該証拠に関連する事項ではあるが，他の欄に記載すべき事項ではないために記載する場合の二つに分けられる。①の場合は，さらに，直接「備考」欄に補充する内容を記載する場合と，「備考」欄には補充する内容の要約等（例えば，「第〇回公判　公訴事実の追加※1」）を記載した上，続カードに要約に対応する見出しを掲げて補充する内容を記載する場合に分けられる。
　　他の欄の記載を補充するために使用する場合，新たな欄を起こして記載すべき事項を「備考」欄を使用して記載することは許されない。例えば，請求が撤回された証拠が再請求された場合に「備考」欄に「第2回公判請求・同意・決定・済・取調順序3」と記載することは，補充の限度を越えるものである。もっとも，法303条による調書等の取調べを記載するに当たっては，その取調べ関係が複雑でない場合は，職権カードを起こさずに，「備考」欄に「第3回公判尋問調書・済・取調順序2」などと記載して済ませてもよい（カード解説71参照）。
　　「備考」欄は，原則としてカードを作成する書記官が使用するためのものであるが，検察庁における「備考」欄の使用の必要性が検討された結果，検察官の使用も例外的に認められている。例えば，既に取調べ済みの証拠書類等について，他の事実を立証するため再度取調べ請求をする場合に，前に何番の証拠番号で提出されたものである旨記載するために使用することが考えられる（カード解説70参照）。

(2)　記載事項
　「備考」欄には，当該証拠に関連する事項を適宜記載する（カード記載要領通達第2の1の(8)）。当該証拠に関連する事項は，調書の一部となる事項と調書の一部とならない期日外における事項，メモ的記載事項に分類される。

ア　調書の一部となる事項，期日外における事項
　　調書の一部となる事項には，規則44条1項又は規則217条の14第1項で定める必要的記載事項，規則44条2項又は規則217条の14第2項で定める記載命令事項及びその他の記載相当事項があることは，これまで他の欄において前述したとおりである。そして，それらの事項は，他の欄の補充欄として記載する事項と該当する欄がないために「備考」欄に記載する事項がある。これらの事項が期日外でなされた場合には，期日に行われた事項に準じて記載することは，他の欄において記述したとおりである。

イ　メモ的記載事項
　　メモ的記載事項については，カードの機能を高めるためにどのような事項を記載

するかの取捨選択が必要となる。「備考」欄において，どのような事項を記載するかにつき，一般的な取捨選択の観点は次のとおりであるが，個別の事件ごとに記載する趣旨や必要性を判断して記載するものである。また，その判断においては，裁判官の認識や意向を書記官が適切に把握した上で検討する必要があると思われる。

一つ目は，証拠全体の一覧性の機能を高めるために，各証拠との関連性を示し，証拠の整理・検索のために記載する場合である。例えば，期日外でなされた証人尋問調書の法303条による取調べを職権カードを起こして記載する場合にする「調書としての取調べは職権カード記載」「甲12関係の調書」の各記載などである。

また，当事者双方から請求された証拠につき「双方申請」と記載して証拠の関連性，同一性を明らかにし，請求者別の証拠整理の便をはかったり，証人甲，乙の対質尋問がなされ，尋問調書を1通作成した場合に，「証人甲供述中」と記載して，証人乙の尋問供述がどこに記載されているかを明らかにしたりして，検索の便をはかる場合である。

二つ目は，個別の証拠の事務処理を明確にするために記載する場合である。証拠調べが終わった証拠書類又は証拠物については，遅滞なくこれを裁判所に提出しなければならないところ（法310条），それを記録に編てつしない場合の事務処理を明確にするための記載である。例えば，証拠物について領置をせず請求者に返還した場合に「即日検察官に返還」としたり，少年調査記録を取り調べた場合[104]に「少年調査記録中」としたりする場合などである[105]。

なお，これまでの実務においては，手続の進行状況を明らかにし，審理の予定などの便宜のため，例えば，公務所等への照会や書類の取寄決定後の経過等（照会日，回答書到着日及び当事者に対する通知日[106]の記載など。質疑回答40参照）や証人の尋問開始予定時刻について，記載していたところであるが，それらは，主として進行管理の目的で記載してきたところ，訴訟記録中の他の記載から明らかである場合や進行管理できる他の代替手段があれば，カードに記載する実益は少ないとして記載しない考えもあろう。

(3) **一覧性の確保について**

「備考」欄の記載が増えれば，他の欄の補充記載とその他のメモ的記載が混在する上，記載ごとの区切りも判然としなくなることから，個別証拠の一覧性が損なわれるおそれが高くなる。そこで，「備考」欄には常に一覧性に配慮した記載が求められる。そのための方策として，次のようなことが考えられる。

これまでの実務において，他の欄の補充として「備考」欄に記載してきた事項については，本来記載すべき欄に記載することが，一覧性においては見やすい場合が多い[107]

---

[104] 一般的には，少年調査記録中の書類については，秘密保持の観点から，謄本や写しを作成するのは相当ではないとされている（第3章第11の2(4)ウ，183頁を参照）ため，少年調査記録中の書類を刑事裁判において取り調べたとしても，その謄本は刑事訴訟記録には綴られない。

[105] 証拠書類を原本で取り調べた後に，裁判所の許可により，原本に代え，その謄本（抄本，写し）を提出した場合の記載の有無については，第3章第1の6(1)，117頁を参照。

[106] 当事者に対する通知日の記載の要否については，第3章第10の3，178頁を参照。

[107] 「備考」欄の記載が込み入れば，まずどの欄の補充記載であるかを考え，そして記載内容を読み取っていかなければならないからである。

第2章　証拠等関係カードの記載要領

ことから，原則として，本来の欄に記載すべきである。ただし，当該欄に記載する余白がない場合や，本来の欄の記載が込み入ることでかえって見づらくなる場合には，「備考」欄に記載することになる。

「備考」欄に記載するに当たっては，「備考」欄に全てを記載するのか，それとも一見して内容が把握できる簡略な見出しを付して，詳細は続カードを利用したり，書面を引用したりするのか，いずれの方法を採った方がよいのか見極める必要があろう。「備考」欄のスペースにも限りがあるので，定型文言以外は続カードを利用することが多いと思われる。例えば，追起訴による立証趣旨（公訴事実の別）が追加された場合で，これを「備考」欄に記載する場合には，「立証趣旨の追加」などと適当な見出しを付した上で，詳細は続カードに記載する。

また，「備考」欄の記載が増えれば，より重要な事項が後に記載できなくなるなどの不都合が生じることも考えられる。記載に当たっては，これまでの実務において一般的には記載する必要性や実益があると考えられてきた事項についても，個別の事件ごとに改めてそれらを判断すべきであろう。

【備考欄のメモ的記載事項一覧表（一例）】

記載する観点	記載例	説　　明
一覧性（証拠の関連性，証拠の整理・検索）	尋問調書の取調べは職権カード記載	公判準備でなされた証人尋問等の調書につき法303条で取り調べた旨を職権カードに記載する場合の証人請求等との手続的関連性の表示
	甲○関係の調書	
	甲○関係の証拠	公務所等への照会，書類の取寄せ請求を採用し，送付された書面を証拠調べした場合の手続的関連性の表示
	弁○関係の証拠	
	双方申請	検察官，弁護人（被告人）の双方から証拠請求がなされたとき
	甲○と同じ	他に同一の証拠が請求されている旨の表示（双方に記載する）
	甲（No.○）に継続	継続記載をする場合の元の欄の記載と移記する欄の表示
	甲○の継続	
	証拠請求は弁論再開請求書に記載	弁論再開請求書に証拠請求が記載されている場合
	平26押第○号の△	カード上の証拠物と押収物総目録に記載した証拠物との関係の表示
事務処理の明確性	即日検察官に返還	証拠物を領置せず，検察官に返還したこと
	少年記録調査中	少年調査記録の取調べにつき，記録に謄本を編てつしない旨の表示

9 「編てつ箇所」欄

「編てつ箇所」欄は，訴訟進行中の証拠書類等の検索の便に供するために設けられ（カード解説72参照），「標目」欄の記載とあいまって，いわば証拠書類等の目次と該当ページを示し，同一審級内のみならず，上訴審，破棄差戻し審等での証拠資料の検索に役立っている。また，本欄が記載された場合には，上訴等で記録を他の裁判所に送付する場合においては，カードの記載をもって記録目録の作成に代えることができるので，事務の簡略化にもなっている（平成17年10月14日付け最高裁総務局長書簡及び総務局第三課長事務連絡）。

「編てつ箇所」欄は，当該証拠書類等の初葉に付されている丁数を必要に応じて記載する（カード記載要領通達第2の1の(9)）。縦書きの文書につき，逆とじになる場合には，検索の便を考慮すると，当該証拠書類の標題が記載されているページを書類の初葉として記載するのが相当であろう。

当該証拠書類等の初葉に付されている丁数とは，証拠書類等の下部右欄外に付された丁数のことである。事件進行中には証拠書類等は各公判期日が進むごとに増えていくので，確定丁数を付すことができない。そこで，証拠書類等の下部右欄外に証拠書類群及び公判調書（供述）群，又は証拠群別の通し丁数を付していく。事件が既済となり，記録の整理をする段階では，総審級の通し丁数（確定丁数）を書類の上部余白の右側に付すが，第2分類の証拠書類群及び公判調書（供述）群，又は証拠群の丁数は，各群の冒頭につづられた書類の初葉にのみ付す。そして，下部右欄外に群別に付された丁数は，上部余白右側に付された確定丁数の枝番として取り扱うことができる（記録編成通達第3の2ただし書参照）。

すなわち，カードの「編てつ箇所」欄に記載される丁数は，この群別に付された枝番となる丁数の内，各書類の初葉に付されたものである[108]。

事件の進行中は，「編てつ箇所」欄は，必要に応じて記載すればよく，全事件について必ず記載しなくてはならないものではないので，実務では上訴等の事由で他庁に記録を送付するに当たり，記録を整理する段階で記載することが多い。事件進行中に記載が必要とされる例としては，記録が膨大になり，検索の便宜をはかるべき場合である[109]。

なお，編てつ箇所の記載は，あくまで検索の便宜のための記載であるから，誤記等を修正した場合でも訂正印は不要である。

第6 被告人複数用カードの記載要領

被告人複数用カードの記載方法は，基本的には被告人1名用カードと同様であるが，「請求」欄以下の各欄に関係被告人の記載を要する点に違いがある。複数の被告人の関係で一つの訴訟記録が編成される場合において，関係被告人を明示し，どの被告人との関係で証拠調べ手続が行われたのかをカード上で明らかにするための記載である。

---

[108] 証拠書類や供述調書が膨大になり記録が多数に分冊されるような場合，分冊ごとに証拠書類等の枝番を1からの通し丁数を付した上で，「1－〇」，「2－△」などと，「各分冊の冊数番号－当該分冊の枝番丁数」と記載する実務例もある。分冊された記録のうち，第何冊目にあるかを表示できることで検索に便利となる。

[109] 審理中の証拠の検索の便のために裁判官からの要望がある場合はもちろんのこと，上訴が予測される事件においては，記録の整理期間の短縮のために必要な場合もあろう。

第2章　証拠等関係カードの記載要領

　本節は，被告人1名用カードと異なる点を中心に述べるが，被告人複数用カードを使用すべき場合の基準については，第2章第2の2（14頁），複数被告人の供述及び弁論の併合分離との関係での各記載方法については，第3章第13の5の(2)（194頁），第4章第6の6（219頁）を参照されたい。

1　冒頭部分「請求者等」の箇所

　被告人が複数でそれぞれに弁護人がついている場合であっても，カードは，被告人や弁護人ごとに作成するのではなく，全ての被告人及び弁護人請求分のカードとして作成するので，「請求者等」の箇所は次のとおりになる。

① 　被告人が複数で弁護人も複数の場合，弁護人からそれぞれ証拠調べの請求がなされたときは，「弁護人」と記載し，かつ，請求証拠を順次記載した上，各証拠の「請求」の「関係被告人」欄に当該請求がどの被告人の関係でなされたかを明示する。弁護人ごとにカードを作成しなくても，関係被告人が示されていれば，請求した弁護人が特定されるからである（カード解説78(1)参照）。

② 　弁護人請求分のカードが既に作成された後，弁護人のない被告人らから証拠調べの請求がなされたとき，又は被告人請求分のカードが既に作成された後に，弁護人から証拠調べの請求がなされたときは，新たにカードを起こすことなく，既存のカードに「被告人」又は「弁護人」と追記した上，①と同様の記載をする（カード解説78(2)参照）。

③ 　弁護人及び弁護人のない被告人から同時に証拠調べの請求がなされたときは，「弁護人・被告人」と記載した上，①と同様の記載をする（カード解説78(3)参照）。

2　「関係被告人」の記載

　「請求」，「意見」及び「結果」の各欄に所要の事項を記載するときは，それぞれの「関係被告人」欄に，当該事項に関係する被告人を「氏」又は適宜の符号を用いて記載する[110]。当該事項が全被告人に関係する場合には，「全」と記載することができる。被告人の符号又は「全」を用いた場合において，必要があるときは，「被告人の符号と全被告人の範囲」表等を使用して，関係する被告人の氏名及び「全」と表示した被告人の範囲を明らかにする（カード記載要領通達第2の2の(1)）[111]。

(1)　「関係被告人」欄

　「関係被告人」欄は，「標目」欄に記載された証拠につき，どの被告人との関係で証拠調べ手続が行われたかを明らかにするために設けられたものである（カード解説74参照）。

　併合審理を受けている共同被告人の法律関係は，もともとは被告人ごとに別個であり，各別に訴訟行為をすることができ，原則として共同被告人の1人に生じた事由は，他の共同被告人に影響を及ぼさない。この共同被告人の法律関係の個別性を「標目」を軸とするカード上で明らかにするのが，関係被告人の記載である。また，被告人ごとに弁論が分離され，記録を別に編成しない場合においては，訴訟法的には被告人1名の事件として各別に手続が進行することになるものの，被告人複数用カードを使用

---

[110] 欄が狭い上に，符号の方が簡略であることから，実務では「氏」を用いて記載する例はほとんどないと思われる。

[111] 通達文言上，「必要があるときは」とあるのは，手続調書などにおいて，あらかじめ被告人の符号を定めて記載を省略する措置を採っていることもあることから，このような文言となっていると思料する。

第6　被告人複数用カードの記載要領

して被告人ごとの証拠調べ手続をカードの記載で明らかにし，関係被告人の一覧性をはかることになる（カード記載要領通達第1の9後段参照）。

「関係被告人」欄には被告人の氏又はアルファベット等適宜の符号を用いて記載する。アルファベット等の符号を用いた場合には，「被告人の符号と全被告人の範囲」表を使用するなどして，符号と被告人の関係を訴訟記録上明らかにしておく必要がある（カード解説75参照）。ここで使用するアルファベット等の符号は，原則として，「関係被告人」欄での使用に限定すべきであろう（カード記載要領通達第2の2の(1)参照）。あくまでもスペースに限りのある「関係被告人」欄において，どの被告人の関係であるかを簡略に示すための符号であることから，標目欄に「（被）A」と符号のみ記載することや立証趣旨欄での使用は相当ではなく，その使用範囲を広めることでかえってカードが見づらいものとなるからである。ただし，「備考」欄については，他の欄の補充としての使用方法があるので，上記アルファベット等の符号を使用することができる。

全被告人の関係で証拠調べ手続が行われた場合には，「関係被告人」欄に「全」と記載するか，あるいは「A〜J」等と記載する（カード解説76参照）。カードに「全」と記載した場合には，「被告人の符号と全被告人の範囲」表にその時期を記載して，その範囲を明らかにしなければならない[*112]。

被告人の供述がなされた事実を記載するに当たり，被告人が複数の場合に「関係被告人」欄に記載する関係被告人の範囲は，原則として出頭した被告人全てを記載するが，裁判長又は訴訟関係人が特に指示した場合はその指示された被告人のみを記載する。

(2) 「備考」欄における関係被告人の記載

「備考」欄には「関係被告人」欄がないことから，「備考」欄を使用する場合には，原則として「関係被告人○」と記載し，関係被告人を明示する。ただし，記載内容から，どの被告人の関係の記載であるか明らかな場合には，記載するまでもない。

【記載例29】法人とその代表者が共同被告人になっている事件で，代表者の供述がなされた場合

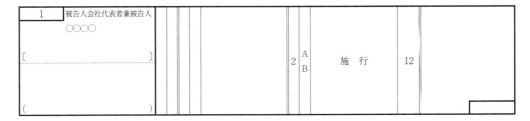

[*112] なお，「全」の使用について，数名の被告人の事件で，弁論の分離，併合が繰り返され，各公判期日における全被告人の範囲が異なるような場合には，「全」と表示すると，どの被告人に関係する証拠か，範囲表と照合しながら見ていかなければならない。このような場合には，「全」ではなく，符号のみを用いて「ＡＢＣ」あるいは「ＢＣＤ」などと記載した方が，一覧性の点で優れているといえよう。

【記載例30】同一証拠につき被告人ごとに同意した部分が異なり，共通の同意部分について取り調べられた場合

【記載例31】「備考」欄における関係被告人の記載例

9	検								第2回公判
〔〇〇〇〇　27.2.28〕被告人両名との関係，本件犯行に至る経緯，犯行状況，犯行後の状況等 ( )		1	A B	1	A B	同　意	1	A B	決定・済	7	関係被告人AB立証趣旨の追加※3

※　「立証趣旨」欄に余白がないことから，立証趣旨の追加を「備考」欄に記載した例である。
※　続カードの記載は省略した。

3　被告人複数用カードの一覧性の確保について

　複数被告人事件で，被告人ごとに同意部分が異なるなど，証拠意見が異なればそれだけカードの記載が増えて見づらくなる。そのため，事前準備の段階で，被告人ごとの意見が異なることが予測されれば，あらかじめ検察庁に対し，カード1ページの欄数を少なくして，記載するスペースを広くしたカードの提出を依頼することが考えられよう。また，上記のような場合にカードを見やすくする方策としては，期日ごとの横線とは別に，被告人ごとの記載の区別をするために横線を引いたり（第4の6(2)，37頁を参照），「意見」欄には「一部同意　※〇」等の見出しを付けた上で，続カードに詳細を記載するか，本カードで書面を引用することが考えられる。

　また，書記官アンケートでは，被告人ごとに争点が異なる場合，起訴後，早期に三者で打合せを実施し，争点ごとに被告人の審理グループを分けて，弁論を分離し，訴訟進行を容易にすることで，結果的にカードの記載が簡素化されたとの事例が紹介されている*113。

4　「被告人の符号と全被告人の範囲」表

　被告人複数用カードの記載に当たり，符号化された関係被告人を明らかにするために「被告人の符号と全被告人の範囲」表が用いられる。

(1)　**意義**

　「被告人の符号と全被告人の範囲」表の記載は，調書の記載そのものではないが，カードの記載の意味を確定し，理解するために必要な記載である。「被告人の符号と全被告

---

*113　ただし，分離するかどうかは，その他，追起訴の有無，当事者の立証方針等を考慮して裁判所が判断することになる。

第6　被告人複数用カードの記載要領

人の範囲」表は，一つには，アルファベット等で表された被告人の符号表，もう一つは，カードの「関係被告人」欄に「全」と記載された場合の被告人の範囲表という二つの意味を持つ。すなわち，この表の縦の二重線の左側は符号表であり，その右側は範囲表である[114]。

(2)　**作成者の明示及び訂正印**
　「被告人の符号と全被告人の範囲」表には，作成者の明示は不要である。記載を訂正した場合には，訂正印を押すのが相当である（第4の5(3)，34頁を参照）。

(3)　**記載方法**
　ア　「事件番号」欄
　　本表に当初の事件番号を記載した後に，新たに事件が併合された場合には，併合事件の番号又は「等」を付け加えて記載する[115]。
　イ　「被告人の氏名，符号」欄
　　被告人の氏名を記載し（起訴順が相当），符号をAから順番に付す[116]。
　ウ　「時期」欄
　　被告人の範囲は，カードに「全」と表示した被告人の範囲を明らかにするものであるから，本表の「時期」欄に記載する始期及び終期は，いずれもカードに記載される証拠調べ手続等が行われた公判期日（期日外の場合はその年月日）を基準とするのが相当である。例えば，期日外に弁論の併合があれば，全被告の範囲に変動が生じるわけであるが，証拠調べ手続が行われていない限り，その年月日は「時期」欄には記載せず，証拠調べ手続の行われた次の公判期日を新しい範囲の「全」の始期として記載し，その直前の終期としては併合前に証拠調べ手続が行われた最終の公判期日（又は年月日）を記載することになる（カード解説77）。
　　また，全被告人の範囲に変動があり，証拠調べ手続が行われた場合でも，カードに「全」と表示しないときは，「時期」欄の記載は必要がない。
　　証拠調べ手続が訴訟手続の介在によって，「第2回公判①」，「第2回公判②」などと区分される場合の「時期」欄は，「第2回公判①」と「第2回公判②」の証拠調べの手続でそれぞれ「全」と表示し，その「全」の範囲が①と②で異なるような場合にのみ，「第2回公判①〜」，「第2回公判②〜」と記載する。
　　区分された「第2回公判①」と「第2回公判②」の証拠調べ手続で，「全」の範囲が同じ場合，あるいは，そのいずれかで「全」という表示をしないでカードを記載したような場合には，「全」の範囲に変動がないので，「時期」欄には単に「第2回公判〜」とのみ記載すればよい。
　　また，終期の記載がなされていない限り，始期における全被告人の範囲が継続していることを意味する。

---

[114]　符号表のみを使用して，関係被告人欄に「全」を使用しなければ，範囲表の部分は使用しなくてもよい。実務では符号表のみを使用する例が多いと思われる。
[115]　上記(1)のとおり，「被告人の符号と全被告人の範囲」表の記載は，調書の記載そのものではなく，カードの意味を確定し，理解させるために必要な記載であることから，カードにおいて一旦記載した事件番号の追記をしない扱い（第5の1(3)，42頁を参照）とは異なることに注意を要する。
[116]　なお，この符号と手続調書における被告人の符号とは一致させたほうが分かりやすい。

第2章　証拠等関係カードの記載要領

【記載例32】「被告人の符号と全被告人の範囲」表の記載例

事件番号	平成26年(わ)第100号等	時期								
		第1回公判〜第2回公判	第3回公判〜第5回公判	26・12・17〜	〜	〜	〜	〜	〜	〜
被告人 氏名	符号									
甲野一郎	A	○	○							
乙山二郎	B	○	○	○						
丙原四郎	C	○	○	○						
丁原六郎	D		○	○						

※　被告人丁原六郎（D）については，第3回公判期日までの期日外に弁論併合決定されたものであり，第3回公判期日で，他の被告人（A，B，C）とともに，同被告人（D）に関する証拠調べが行われたものである。

※　第5回公判期日以降に被告人甲野一郎（A）を分離する旨の決定が行われ，平成26年12月17日に他の被告人（B，C，D）の関係で期日外の証拠決定が行われたものである。

第7　続カードの記載要領
1　使用方法

　　続カードは，被告人1名用又は被告人複数用の各本カードに共通して，各欄の記載を補充する必要がある場合に使用する（カード様式等通達1の(3)，同記載要領通達第1の5前段各参照）。各欄の補充として記載する事項の記載の根拠については，各欄の記載の根拠規定に求められる。

　　本カードには欄のスペースに限りがあるため，続カードは「備考」欄とは別に各欄の記載を補充する必要がある場合に使用する。カードの見やすさからは，本カードには内容がある程度把握できる適当な見出しを掲げることで記載が簡潔になり，個別証拠の一覧性を維持できることにもなる。

　　本カードは，請求者等の別に分けて使用するが，続カードは，補充すべき内容が検察官請求分，弁護人・被告人請求分あるいは職権分のいずれに関係しようとも，それらに共通の継続用紙として使用する。これは，本カードを検索した後に続カードを検索する

第7 続カードの記載要領

ことになるので，証拠の請求者等の別に使用するまでの必要性はなく，かえって「※」印のついた番号が一連していることによって必要箇所を迅速に見分けることができるなど検索に利点があるからである（カード記載要領通達第1の5後段，カード解説14参照）。

なお，「標目」及び「立証趣旨」欄の記載に当たっては，書面の引用が相当でないことからすると，これらの欄は，原則として補充記載の対象外と考える。「標目」及び「立証趣旨」欄は，個別証拠の一覧性の基本となるものであって，続カードに補充記載をすると一覧性が損なわれるからである。また，これらの欄は，その性質上，長文にはならないはずであるが，長文になった場合でも証拠請求の際に適宜欄を広げて記載をすれば，補充記載の必要性は通常は生じないといえよう。ただし，例外として，立証趣旨の追加等の申出において，「立証趣旨」欄又は「備考欄」欄に，「立証趣旨の追加※○」として，詳細を続カードに記載すること（第5の4(4)，58頁を参照），著しく立証趣旨の記載が長くなった場合の措置として，詳細を続カードに記載すること（同(6)，60頁を参照）がある。

続カードを利用する場合に，続カードでさらに書面を引用すると，当該書面を検索する際にいったん続カードを経由する必要があり煩雑なことから，原則として本カードにおいて書面を引用すべきであろう（第4の2(5)，26頁を参照）。

2　各項目について

続カードは，その様式からみて1証拠1欄の原則の適用はなく，本カード各欄の記載と対応することによって本カードの個別証拠の一覧性を補充する機能を持つと考えられる。そこで，続カードに補充記載をするに当たっては，本カードの記載との対応を明確にする必要が生じる。

(1)　冒頭の「(No.)」の箇所

冒頭の「(No.)」の箇所には，補充用の丁数を記載する（カード記載要領通達第2の3の(1)）。続カードが請求者等の別を問わず共通の継続用紙として使用されることから，全部の続カードを通じて1からの通し丁数が付されることとなる。記載の目的は，検索の便と連続性の確保（散逸防止）にある。

(2)　「事件番号」の箇所

事件の特定のためと手続調書との一体性担保の措置のために，本カードと同様に事件番号を記載する。新たに続カードを作成した時点での事件番号を記載した後，弁論の併合・分離があり，当該続カードに別期日の事項を追記する時点において事件番号の変動があった場合においても，事件番号の追記や削除は要しない。

(3)　「※」欄

記載を補充する必要が生じた本カードの当該欄内に「※」印を付し，これに続けて請求者等の別を問わず1からの通し番号を記載するとともに，続カードの「※」欄にこれに対応させて同じ番号を記載する（カード記載要領通達第1の5参照）。

また，この番号は，公判期日，公判前整理手続期日，期日外を問わず全部を通じての通し番号である。これは，本カードの補充記載が，続カードのどこになされているかを「※」印の横に記載された通し番号により明らかにするためである[117]。

---

[117] 続カードが大部になる記録であれば，本カードの当該欄内には，例えば，「立証趣旨の追加※○（続No.△）」など，「※」印の通し番号と続カードの「No.」を併記することでより検索しやすくなることもあろう。

- 87 -

第2章　証拠等関係カードの記載要領

(4) 「期日」欄

　「期日」欄の記載方法は，本カードの「請求」の「期日」欄の例による（カード記載要領通達第2の3の(2)による第2の1の(5)の準用）。

　なお，期日の記載は，後記(6)のとおり期日ごとに横線を引くことから，「※」印の横に記載された番号ごとに記載する必要はなく，続カードが数枚にまたがる場合であっても，同一期日に1回記載すれば足りる。ただし，続カードは証拠ごと，個別の記載ごとに見ていくこともあるので，同一期日の事項が数枚にまたがる場合には，分かりやすさから1枚ずつ，ページの冒頭の「※」ごとに期日の表示をすることも考えられる。

(5) 「請求・意見・結果等」欄

　ア　見出しの記載と本カードとの対応

　　続カードを用いて補充する場合には，記載すべき事項の一部について他の書面を引用する場合と同じく，本カードに「一部同意」，「異議申立て」等その証拠調べ手続の要約を記載し，その記載によりある程度の内容が把握できるようにして，本カードにより証拠調べ手続の経過が一覧できるようにするのが相当である（カード解説31参照）。そして，続カードの「請求・意見・結果等」欄には，本カードに記載された要約を，本カードに対応する「見出し」として記載する。例えば，「一部同意」，「異議申立て」のほか「法321Ⅰ②後段書面」，「任意性を争う」，「異議あり」，「立証趣旨の追加」，「違法収集証拠」等である。

　イ　「見出し」の記載方法

　　証拠番号の異なる複数の証拠の請求・意見・結果等について補充記載するときは，原則として証拠ごとに「※」印及び通し番号と「見出し」をつける。証拠ごとに番号を付して記載することで，本カードと続カードの対応が分かりやすくなり，検索に資するからである。ただし，要約の内容が同じ趣旨のときは，複数の証拠について同じ番号及び「見出し」の下で，その補充内容を続カードに記載してよい。続カードには，1証拠1欄の原則は働かない。

第7 続カードの記載要領

【記載例33】複数の証拠について同じ番号及び「見出し」の下で，その補充内容を続カードに記載した場合

3 員〔（被） 26.8.10〕本件犯行状況（　　　）	1	1	任意性を争う※2	2	決定（甲25取調べ後）・済	17
		2	法322Ⅰ書面異議がある			

4 検〔（被） 26.8.16〕同上（　　　）	1	1	任意性を争う※2	2	決定（甲25取調べ後）・済	2
		2	法322Ⅰ書面異議がある			

※	期日	請　求　・　意　見　・　結　果　等
2	1	任意性を争う（乙3，4） 　　弁護人 　　　　乙3号証の員面調書は，捜査官の強制に基づいてした供述を録取したものであるから任意性を争う。乙4号証の検面調書は，上記員面調書をもとに誘導して得た供述を録取したものであるから任意性を争う。

※　上記の例は，乙4の検面調書についての任意性に関する意見が，乙3の員面調書（ないしは，その任意性）を前提として意見を述べているなどして相互に関連性がある場合などである。

　「見出し」としては同じであっても，その内容が異なる場合，例えば，立証趣旨の追加において，証拠ごとに追加する公訴事実の範囲が異なる場合や証拠に対する不同意の意見において，証拠ごとに任意性を争うものや関連性を争うものなど不同意の理由が異なる場合は，原則どおり「※」印ごとに通し番号を記載し，続カードにもそれぞれ「見出し」をつけなければならない。このような場合に同じ番号及び「見出し」で続カードに記載することを許すと，各証拠と本カード各欄との対応関係が不明確となり，本カードの個別証拠の一覧性を損なうことになるからである[118]。

　ウ　「証拠番号」の記載

　カード記載要領通達は，本カードを検索した後に続カードを検索することを予定して定めていると解され，続カードに証拠番号を記載することは必要とされていない。確かに，本カードの記載から続カードを見る場合には，※印の番号だけで十分であり，続カードに証拠番号を記載するまでもないとも考えられる。しかし，その場合でも，証拠番号を記載すれば，本カードとの対応関係がより明確になるし，実務上，証拠調べ手続の経過を知るために，続カードの記載から本カードを検索することもある。そこで，証拠番号を続カードに記載することが望ましいと思われる。

* 118　なお，当事者が提出する証拠意見書は，複数の証拠に対する意見を記載している例が多いが，その場合に直ちに同じ番号や見出しの下で1通の意見書を引用するのではなく，個々の証拠に対する意見の内容が同一の趣旨か否か，個々の事件における具体的な意見の内容を判断した上でカードに記載していく必要がある。

第2章　証拠等関係カードの記載要領

実務上は,「見出し」の横に括弧書きで記載する例が多い。なお,続カードの本文中に証拠番号の記載がある場合でも,重ねて「見出し」の横に記載することは差し支えない。

(6) 期日ごとの横線

横線は,同一期日又は同一の期日外の記載ごとに引き（カード解説80参照),「※」印の番号ごとには引かない。期日ごとに横線で区切る目的は,期日又は期日外における手続の記載範囲を画すためであり,期日における事項については,調書となる部分の範囲を明確にすることができるからである。続カードに補充すべき事項を記載したところ,ちょうどその末行で記載が終了した場合は,続カードの末行の実線を横線に替えることができる。

(7) 契印等の措置

続カードも本カードと同様に1枚ごとがそれぞれ数個の調書の一部ともなり得べきものであるから,数枚が続いて編てつされていても,それぞれが区分して編てつされているものと解することができ,かつ,1枚ごとに調書の他の部分との一体性を担保する措置が講じられているので,その相互間の契印又はページ数を付すなどの措置は不要である[*119]。1事項の記載が2枚以上の続カードにまたがる場合や同一期日において1枚目と2枚目の続カードに異なる事項をそれぞれ記載した場合には,書類作成の一般原則（規則58Ⅱ）からその相互間に契印するか,又は契印に代えて,これに準ずる措置をとらなければならない[*120]が,続カードには「(No.)」の箇所に通し丁数を記載するので,その連続性は明らかであることから,これをもって契印に代わる措置をしたとすることができよう。

3　書面の引用

書面を引用して記載する基本的な方法については,第2章第4の2の(2)「他の書面の引用方法」（前述23頁）で述べたとおりである。

書面を独立の文書としたまま,その内容を引用する方法をとった場合は,複数の書面を同一の続カードで引用できるし,その後に生じた記載事項を同一の続カードに続けて記載することができる。

問題となるのは,非独立文書を引用する場合の記載方法である。手続調書では,非独立文書を契印又はページ数を付すなどの措置により調書の一部にする引用方法をとった後も,続けて他の書面を引用して記載したり,他の事項を記載することができるが,続カードは,1枚ごとがそれぞれ区分して編てつされているものと解されることから,契印等の方法によって書面を引用すると当該続カードは引用書面と一体化し,続カードに余白部分が残っていても観念的には記載済みとなったとされ,続けて同一の続カードに他の書面を引用して記載したり,その後に生じた記載事項を記載することは許されず,新たに続カードを起こして記載しなければならないことになる（質疑回答3,4参照）。もっとも,引用された非独立文書の内容を口頭で補足した場合には,これらの陳述は書面の内容に付加され,これと一体となるものと考えられるから,同じ続カードに記載するこ

[*119] 続カードで非独立文書を引用する場合には,続カードと非独立文書との間には契印又はページ数を付すなどの措置を採る必要がある（第4の2(3)イ,25頁を参照)。

[*120] この場合,これまでの実務においては,当該続カードにページ数を付している例が多いと思われる。

とができよう。

　同一事項について，非独立文書を引用して記載した後，同一期日に口頭で相手方から意見が述べられた場合や相手方から非独立文書が提出された場合に同一の続カードにこれらを記載することが許されるかについては，カード記載要領通達の解釈上は，これができないとされるが（質疑回答4参照），このような場合は例外を認めて同一の続カードに記載してよいと解する。なぜなら，同一事項，同一期日に関するものであれば，同一の続カードに記載した方が見やすいからである。

第8　一括記載の要領
1　意義

　一括記載とは，「請求」，「意見」，「結果」の各欄に記載すべき内容を数個の証拠につき一括して記載する方法をいう（カード記載要領通達第1の4）。例えば，第1回公判期日において請求された証拠番号1から10までの証拠全てが同意され取り調べる旨の決定があり，証拠番号順に取り調べられた場合，証拠番号1の「請求」，「意見」，「結果」欄にかけて次のような記載をすることにより，番号1ないし10の証拠の請求，意見，結果を一括して記載することができる。

> 第1回公判番号1ないし10請求・同意・決定・済・
> 取調順序番号順に1

　証拠調べ手続の経過は，個別証拠の一覧性という点から1証拠1欄を使用して請求，意見，結果を個々に記載するのが原則である。しかし，調書（カード）作成事務の省力化の見地から記載方法に弾力性を持たせるため，個別証拠の一覧性を損なわない限度において，カード記載要領通達上，上記のような一括記載の方法が例外的に設けられている（カード解説28参照）。また，一括記載の利点は，省力化をはかることができるだけでなく，活用方法によっては，複数の証拠について「請求」，「意見」，「結果」の内容を同時に把握できるという意味で，証拠全体の一覧性にかなうという点もあげられる。

2　一括記載が許される要件

　一括記載が許される要件は，カード記載要領通達では明確に定めていないが，同通達及びカード解説を総合して検討すると，
　　①連続した証拠番号の数個の証拠につき
　　②「請求」，「意見」，「結果」の各欄に記載すべき内容が同じである場合で
　　③カードの一覧性を損ねない限度において[121]
という3つの要件が必要であると考えられる。
　①の点については，例えば，証拠番号の連続しない数個の証拠について「第2回公判番号2・8・15請求・同意・決定・済」というような一括記載を許すと，一括記載の対

---

[121]　一括記載の方法が導入された旧通達時のカード解説序説2では，「一覧性を『著しく』損なわない限度で，一括記載の方法が認められる」と解説する。しかし，一括記載はあくまでカードの一覧性を損ねない限度で利用するのが相当であろう。

第2章　証拠等関係カードの記載要領

象となった証拠の間に個別記載をした証拠が混在することとなり，極めて見にくくなり，個別証拠の一覧性を損ない，過誤，脱漏の原因ともなりかねないからである。

②の「請求」，「意見」，「結果」の各欄という点は，カード記載要領通達の文理上は，その全ての欄について同じである場合を想定していると解する[*122]。ただし，例外として，公判前整理手続に付した事件においては，請求，意見，結果（証拠決定，取調べ）が時期を異にして段階的に行われることが予定されていることから，「請求」欄のみであるとか，「意見」欄又は「結果」欄のみであるような場合も，事務の省力化に鑑み，③のカードの一覧性を損ねない限度で，一括記載ができるものと考える[*123]。

「請求」，「意見」，「結果」欄以外の，「番号」，「標目」，「立証趣旨」，「備考」欄については，カード記載要領通達は，一括記載を認めてはいないと解されるし，一括記載をすることは相当ではない。「番号」，「標目」，「立証趣旨」欄については，証拠の個数を示すとともに証拠を特定し，個別証拠の基本となる記載がなされるからであり，「備考」欄については，他の欄の補充記載等がされない場合，空欄として残されることもあって，ここに一括記載を許すと他の「備考」欄で一括記載がなされて空欄となっているのか，単なる空欄かの区別がつかず過誤，脱漏の原因ともなりかねないうえ，追記する際にも問題が生じるからである。

③の要件の「カードの一覧性」とは，直接には個々の証拠調べ手続経過の一覧性を意味し，個別証拠の一覧性が損なわれる記載をすれば，証拠全体の一覧性も損なわれることになる。

上記の3つの要件のほか，カード解説では一括記載をする事件について，「争いのない事件」を例示している（カード解説28参照）。争いのない事件であれば，同一期日において，請求された証拠のほとんどが同意され，そのまま取り調べられることになり，後に一括記載をしたカードに追記する可能性も低いことから，相当数の証拠につき，「請求」，「意見」及び「結果」の各記載が同じとなり，一括記載をすることができる。そうすると，後に追記することのない，主に事実に争いのない1回結審の事件が一括記載の典型例といえるであろう。

なお，カードの見やすさの観点から，一括記載をする基準や配慮していることについて照会した書記官アンケートの結果では，①一括記載をするのは，争いのない事件であり，かつ証拠が全て同意の事件に限る，②同じページに一括記載と個別記載が混在しないようにする，③二つ，三つ程度の証拠では一括記載しない，④一覧性の観点（見やすさ）と事務の省力化のバランスを配慮しているなどの意見があった。

3　一括記載の方法

一括記載をする場合には，一括記載をする証拠の範囲を明確にする必要があり，証拠の番号を，「証拠番号1ないし10」などと明確に記載した上で行う[*124]。

[*122] 一括記載をした後に，証拠意見等の変更があるなど，追記の可能性があれば，一括記載は相当ではない。

[*123] 平成19年7月5日付け最高裁刑事局第二課長・総務局第三課長・家庭局第二課長事務連絡「公判前整理手続に付された事件における証拠等関係カードの一括記載について」参照。

[*124] このため，一括記載をする証拠番号に枝番又は欠番がある場合には，一括記載の文言の末尾に，「ただし，番号8につき枝番2，3あり」，「ただし，番号8は欠番」などと記載して明確にするのが相当である。

第8　一括記載の要領

(1)　一括記載すべき箇所

　　一括記載の対象となる数個の証拠の冒頭の「請求」,「意見」,「結果」の欄を利用して, 請求, 意見, 結果の内容を一つの枠内に記載する。冒頭の証拠とは, 同一の請求者, 職権のカード内での一括記載の対象となる数個の証拠の冒頭を意味する。カードを甲号証, 乙号証, あるいは甲号証を書証と人証等に分けた場合は,「甲」,「乙」, あるいは「甲書」,「甲人」ごとにする。

　　なお, 証拠調べ手続の間に他の手続が介在した場合においては, 期日の表示が異なることから（例えば,「第1回公判①」,「第1回公判②」など), 全体を一括記載することはできないので, 介在した手続の前後のグループに分けて, 一括記載を行う。

(2)　一括記載した冒頭の証拠以外の証拠の「請求」,「意見」,「結果」欄

　　一括記載をした冒頭の証拠以外の証拠の「請求」,「意見」,「結果」の各欄は, 全て空白のまま残されることになるが, それらの空欄については, 一括記載がなされたことにより, いずれも観念的には記載済みとなっているものと考えられる。当該欄を空欄にしておくことによって, 一括記載された証拠であることが明瞭になるからである。もし, 以後の公判で空欄に追記してしまうと, 一括記載の内容と後の個別記載の内容が重なり合うことになって個別証拠の一覧性が損なわれ, 過誤, 脱漏の原因ともなりかねないから, 一括記載と個別記載が併存する方法はできない。これらの欄に追記したい事項が生じた場合は「備考」欄を利用して記載するのが相当である[125]。

　　簡易公判手続又は即決裁判手続の取消し後の手続を記載する場合は, 上記に述べたように一括記載後は全て「備考」欄に記載すべきものとすると極めて見にくくなり, かえって個別証拠の一覧性を損なうことになるので, 例外的に「意見」,「結果」の各欄に追記することが許されよう（カード解説記載例第11例参照）。簡易公判手続又は即決裁判手続の取消し後の手続が全ての証拠につき同一であり, 一括記載をする場合も次欄に追記することが例外的に認められる（カード解説記載例第10例参照）。

　　記載すべき内容が数枚のカードにわたる証拠について同じである場合に, 第1枚目に全証拠に関して一括して記載し, 第2枚目以下の「請求」,「意見」及び「結果」の各欄を全く空白にすることは, 観念的には記載済みになっているとはいえ, 第2枚目以下の差換え防止の措置が講じられていないため, 調書の形式的厳格性から好ましくなく（カード解説29参照), さらに一括記載の範囲を把握するために, 前葉以前を順次探さなければならなくなる。そこで, ①1枚ごとに一括記載をするか, ②第1枚目に全証拠に関し一括記載をした上, 第2枚目以下に差換え防止の措置として, 例えば,「請求・意見・結果は,（No.1）に記載済」と記載するのが相当である（カード解説29参照）[126]。

　　なお, ②につき, 一括記載の表示をカードの冒頭以外の証拠にした場合, 2枚目以降のカードの差換え防止等の措置の具体的な記載方法として, これまでの実務では, 例えば「請求・意見・結果は,（No.1）番号3に記載済」として, 一括記載の表示をし

---

[125]　先に紹介した公判前整理手続に付した事件の一括方法においては,「結果」欄のうち, 証拠決定と取調べの各記載を分けて記載している。

[126]　前述のとおり, 一括記載は「甲」,「乙」, あるいは「甲書」,「甲人」ごとにするため,「(甲) No.1に記載済」というように,（甲）を記載する必要はないと思料する。

第2章 証拠等関係カードの記載要領

た証拠の番号（例示では「番号3」）を記載している。しかし，一括記載の対象となる証拠の番号は冒頭の証拠に記載していることから，この記載は一括記載の対象（開始番号）を表すためではなく，あくまで検索の便宜のためであると考えられることから，検索に支障がないのであれば，「(No.)」の記載のみで足りると思料する。

【記載例34】カードの1枚目に2枚目以降のカードに記載された証拠も含めて一括記載し，2枚目に差換え防止の措置をとった例

1枚目のカード（被告人1名用カード）

番号 標目 [供述者・作成年月日，住居・尋問時間等] 立証趣旨 （公訴事実の別）	請求 期日	意見 期日 / 内容	結果 期日 / 内容	取調順序	備考 編てつ箇所
1 現逮 〔○○○○〕 26.5.11 （省略）		第1回公判番号1ないし取調順序番号順に1	15 請求・同意・決定・済・		

2枚目のカード冒頭の証拠の差し換え防止の記載

番号 標目 立証趣旨	請求 期日	意見 期日 / 内容	結果 期日 / 内容	取調順序	備考
6 検 〔○○○○〕 26.5.19 （省略）		請求・意見・結果は（No.1）に記載済			

(3) 一括記載の枠

　一括記載をする場合に，枠を囲んでその中に所要事項を記載するが，一括記載の枠は，期日ごとに「請求」，「意見」，「結果」の各欄に横線を引くのと同様の趣旨である。したがって，一括記載の枠内に記載しきれないとして一括記載枠の外に付記書きするような方法は許されない。また，同様に一括記載をした上で，一括記載の枠内に書ききれなかった事項をそれぞれの証拠の「請求」，「意見」，「結果」欄に個別記載し，一括記載と個別記載を併用する方法も許されない。このように，一つの証拠について一括記載と個別記載を併用することは個別証拠の一覧性を損なうのみならず，一括記載の枠内の記載のみで複数の証拠調べ手続の内容を把握できなくなる点で証拠全体の一覧性も損なうことになるからである。

(4) 一括記載における取調順序

　一括記載の取調順序の記載方法としては，原則としては証拠ごとに付すべきであるが，取調順序が連続している証拠についてはグループごと（カードごと，請求者ごと，

他の手続の介在前後別等）に記載することも差し支えない。ただし，一つの事件記録の中では以下の個別記載にならった①②によるか，グループごとに記載する③の方法によるか記載方法を統一すべきである。

① **取調順序番号順（カード解説記載例第3例，第5例ほか）**

例えば，証拠番号1から10が，番号順に1から10まで取り調べられたとき，取調順序を個別記載するのにならって「取調べ順序番号順に1ないし10」とするところ，証拠番号と取調順序が一致するのでこれを省略し，「取調順序番号順」とのみ記載すれば足りるとしたものである。しかし，証拠番号1と2が不同意となって証拠番号3から10までが番号順に取り調べられた場合には，証拠番号と取調順序が一致せず「取調順序番号順」と記載することはできない。

② **取調順序番号順に7ないし11（カード解説記載例第5例）**

取調順序を個別記載するのにならって，連続して取り調べられた証拠の最初と最後の取調順序を記載する方法である。原則に従った記載方法であるが，証拠番号と取調順序が一致しないときや，証拠が多数になった場合には，記載を誤りやすいので注意を要する。

③ **取調順序番号順に1**

取調順序を一まとめにしてグループごとに記載する方法である。一つのグループの中で証拠番号の若い順序から取り調べられたことを意味する。例えば，証拠番号1ないし10が番号順に取り調べられ，次に証拠番号11の証人尋問がなされ，さらに証拠番号12から20までの証拠が番号順に取調べられた場合，証人尋問の前後になされた証拠書類等の取調べを二つのグループに分け，それぞれ「取調順序番号順に1」，証人尋問の取調順序を「2」，「取調順序番号順に3」と記載する。

○ **検討**

以上の記載方法を検討すると，①の方法は，同一期日において一括記載のグループが複数あるときは，グループ相互間の順序を明らかにする必要があるので，最初のグループにしかこの方法は取り得ないこと，②の方法は，証拠の取調順序を明確にする趣旨は，法301条による自白調書等の取調順序を明確にすることにあり（第5の7(3)，77頁を参照），それ以上に個別の証拠の取調順序を連続する番号で表示するまでもないことからすれば，③の方法が，一括記載はカード作成の省力化の見地から認められる記載方法であるとの趣旨にも合致し，合理的な記載方法であると思料する。

(5) **被告人複数用カードの一括記載**

被告人複数用カードの一括記載は，関係被告人の記載を除いては，差換え等の防止のためにする記載も含め被告人1名用カードの一括記載と同じである。関係被告人の記載方法には，2通りあり，①一括記載の枠内に「（関係被告人全）」あるいは，「（関係被告人A）」などとする方法，②一括記載の枠内には「（関係被告人は請求欄のとおり）」とした上，それぞれの証拠の「請求」欄の「関係被告人」の箇所に「A」あるいは「A，B」などという記載をする方法があるが，あらかじめ検察官が関係被告人欄を記載していること（第4の3(1)イ，27頁を参照），証拠ごとに関係被告人が異なることが多

第2章　証拠等関係カードの記載要領

いことから，実務では②の方法による場合が多い[*127]。

【記載例35】被告人複数用カードを使用した場合の一括記載の例

1枚目のカード

番号 標目 〔供述者・作成年月日，住居・尋問時間等〕 立 証 趣 旨 （ 公 訴 事 実 の 別 ）	請求 期日	関係被告人	意見 関係被告人	内容	結果 期日	関係被告人	内容	取調順序	備考 編てつ箇所
1　員 〔(省略)〕 （　　　　）			A B	第1回公判番号1ないし18　請求・同意・決定・済・取調順序番号順に1（関係被告人は請求欄のとおり）					

2枚目のカード冒頭の証拠の差し換え防止の記載

| 6　害 〔(省略)〕 (省略) （　　　　） | | | A B | 請求・意見・結果は（No.1）に記載済 | | | | | |

(6) 一括記載と書面の引用

　一括記載の文言に，例えば，「意見」欄で「第1回公判番号12ないし20　一部同意・平成26年12月15日付け意見書」というように記載して書面の引用が許されるかが問題となる。各書証につき同意の範囲が異なれば，「一部同意」という「見出し」は同じであっても一括記載の要件である記載すべき一部同意の内容が同一とはいえず，その後の手続が複雑になることが予想され（例えば，不同意が一部撤回された場合の記載が複雑になる。），個別証拠の一覧性が損なわれることになりかねないから許されないと考える。しかし，全部同意の上，一部の証拠に補足意見が述べられて当該公判期日に取り調べられた場合は，補足意見の部分に限って続カードを利用するなどして書面を引用し，「第1回公判番号1ないし20　請求・同意・決定・済・取調順序番号順ただし番号7につき信用性なし※1」とするのは，全て同意されている点で主たる意見の内容は同じといえるし，証拠が取調べ済みとなっていてその後の記載が複雑になるこ

[*127] 「請求」欄のみ一括記載をする場合，あらかじめ検察官が「関係被告人」欄を記載している場合，「番号1ないし10請求（関係被告人は請求欄のとおり）」などと記載する。

- 96 -

第8　一括記載の要領

ともないから許されよう。

(7) **一括記載において証拠物がある場合**

　証拠物が混在する一括記載に当たり，一括して「同意」と記載することは非供述証拠で証拠能力が通常問題とならない証拠物に対する意見として不適切ではないかという疑問が生じるが，この点については，合理化の要請から認められた一括記載について証拠物について「異議なし」とあらためて記載するまでの必要性はないこと，同意と記載することが誤りとまではいえないから，証拠物を含めて同意とする一括記載は許される（カード解説記載例第3例参照）。しかし，これは例外的取扱いであるから，証人を含めて「同意」とする一括記載までは許されないと考える。証人尋問につき反対尋問権を放棄し，証人の供述に無条件で証拠能力を付与したわけではないからである。

【記載例36】証拠物が混在する場合の一括記載の例

```
第1回公判番号1ないし13請求・同意・決定・済・
取調順序番号順に1・番号11領置
```

※　領置決定をした場合，「領置」については，「結果」欄に記載すべきものであるから一括記載の枠内に記載してよいが，押収番号や証拠物を検察官に返還した場合の「即日検察官に返還」の各メモ的事項は当該証拠物の「備考」欄に記載する。

第3章 証拠別による証拠調べ手続とカードの記載

第1 書証（証拠書類）

1 意義

書証とは，その記載内容が証拠となる証拠方法をいう。書証には，その書面の記載内容のみが証拠となる「証拠書類」と，記載内容のほかに書面の存在又は状態が証拠となる「証拠物たる書面」とがある。両者は証拠調べの方式が異なり，前者は朗読で足りるが（法305），後者は展示と朗読の両方が必要である（法307）。

本項では，主として証拠書類について採り上げ，証拠物たる書面に特有の問題については，「第4 証拠物たる書面」（148頁以下）で検討する。

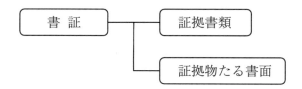

2 書証の取調べ請求

証拠書類その他の書面の取調べを請求するときは，その標目を記載した書面を差し出さなければならない（規則188の2Ⅱ）。この規定は，規則189条等と異なり，証拠調べの請求の方式そのものを定めたものではないから，この書面が差し出されなくても，請求の対象が特定されている限り，請求を却下することは許されない（逐条説明54参照）。

書証の証拠調べの請求は，書面の一部についてすることもできるし，原本ばかりではなく謄本や写しについてすることもできる。いずれの場合でも証拠調べの請求をするときは，その標目等で書面を特定し*1，証拠と証明すべき事実との関係（立証趣旨）を具体的に明示しなければならない（規則189Ⅰ）。立証趣旨の明示が要求されるのは，裁判所が証拠の採否を決定するに当たって参考にするためと，相手方の防御の準備に資するためである（逐条説明56参照）。

3 証拠とすることの同意（法326）

法は，供述証拠については公判期日における供述を証拠とすることを原則としており，これに代わる書面としての書証は，伝聞証拠であり，原則として証拠とすることはできない（法320Ⅰ）【伝聞法則】。伝聞証拠は，原供述者に対し，反対尋問によるテストがなされていないので，一般的にその供述の正確性の保障がないからである。しかし，このような証拠は常に証拠能力がないわけではなく，要証事実との関係で，記載内容の真実性以外の事実の証明に用いられる場合は，伝聞証拠とはならない【伝聞法則の不適

---

*1 証拠書類その他の書面の一部の取調べを請求するときは，特にその部分を明確にしなければならない（規則189Ⅱ）。

用*²】。また，記載内容の真実性の立証に用いる場合であっても，その書面の性質に応じ，反対尋問権が充分に確保されている場合（法321Ⅱ前段）や反対尋問権の行使が意味をなさない場合（法322Ⅰ）など，法321条ないし327条で例外的に証拠能力を認めている【伝聞例外】。その中でもしばしば用いられているものが，法326条の「証拠とすることの同意」である。

　検察官及び被告人が証拠とすることに同意した書面は，その書面の作成されたときの情況を考慮し，相当と認めるときに限りこれを証拠とすることができる（法326Ⅰ）。

　同意の本質について，学説上は，反対尋問権の放棄とみるのが通説である。すなわち，伝聞証拠が許容されないのは反対尋問権の保障のためであり，反対尋問権は放棄できる権利であるから，証拠とすることに同意することにより反対尋問権を放棄したときは，伝聞証拠である書面が証拠能力をもつに至るのだと説くのが一般である（注釈㈤356以下，注解（中）786，ポケット（下）919参照）。しかし，実務的には「同意」は，単に，反対尋問権の放棄に止まらず，証拠に証拠能力を付与する当事者の訴訟行為と捉えられているのが普通である（条解891参照）。

　法321条ないし324の規定により証拠とすることができる書面については，当事者の同意がなくても証拠能力があるから，これらの書面については，必ずしも同意の有無を確かめる必要はないが（最判昭29.8.20刑集8-8-1299），証拠とすることの同意があれば，法321条から324条のどの要件にあてはまるかを考慮する必要はないし，法325条による任意性の調査をする必要もないので（最決昭26.6.7刑集5-7-1243），実務では，書証については，一括して相手方に同意の有無を確かめることが多い。

　「法326条の同意」は，公判調書の必要的記載事項であり（規則44Ⅰ㉙），同意があった場合は，カードの「意見」欄にその旨を記載する。前述のとおり，同意は，証拠能力のない証拠に証拠能力を付与する重要な訴訟行為であるから，証拠調べの前に，その意思が明確に示されていることが必要である。証拠調べ請求の際に「意見はない」とか「異議はない」と述べたことをもって，直ちに同意があったものとすることはできない*³（石井・証拠法96参照）。

(1)　一部同意

　　一通の書面であっても，それが可分である限り，その一部を特定して同意することができ，その同意の効力は，他の部分には及ばない。したがって，同意があった部分についてのみ証拠とすることができる。一部同意があったときは，カードの「意見」欄にその部分を明記する。

---

*2　法328条の弾劾証拠は，自己矛盾供述の存在を立証することによって同一人の供述の信用性を減殺するものであって，記載内容の真実性の立証に用いる場合ではないから，伝聞法則の不適用の一場合と解されている。

*3　実際に，このような意見が述べられた場合には，裁判体が必要に応じてその真意を釈明することも考えられる。

第3章　証拠別による証拠調べ手続とカードの記載

【記載例1】書面の一部について同意した場合

3　員					
〔○○○○　26.6.8〕 被害状況 （　　　　　　　　）	1	1	2項ないし4項 　　同　意 　その余 　　不同意	1	同意部分 　決定・済 不同意部分 　撤　回	3

※　「結果」欄の記載は，分かりやすさの観点から，原則的には，同意部分，不同意部分等，「意見」欄の記載に対応した順序で記載するのが相当である。

　　実務上，証拠意見書に同意部分（又は不同意部分）のみが記載され，残りの部分についての記載（「その余，不同意」等）がされていないことがある。この場合，残りの部分については，その反対の意見なのか，意見を留保しているのか明らかでないことから，当事者の意思を確認[*4]の上，カードに記載する必要がある[*5]。

【記載例2】意見書に記載のない部分について，公判期日で確認した場合

3　員					
〔○○○○　26.6.8〕 被害状況 （　　　　　　　　）	1	1	不同意部分 　26.10.8付意見書 　その余 　　同　意	1	同意部分 　決定・済 不同意部分 　撤　回	3

※　提出された証拠意見書に，不同意部分の記載しかなかったので，残りの部分について，期日で確認してカードに記載した例である。

(2)　一部の被告人の不同意

　　共同被告人であっても法律関係は別個であるから，同意の効力は被告人ごとに生じ，共同被告人には及ばない。したがって，共同被告人の一部の者は同意したが，他の者は同意をしない場合には，同意した被告人の関係に限って，これを証拠とすることができる。

[*4]　実際には，期日においては裁判体が，期日外においては（裁判体の命を受けて）書記官が，確認することになると思われる。期日外で確認した場合には，相手方（請求者）にも確認した内容を伝えて，認識を共有できるように留意する必要がある。

[*5]　意見を留保した場合には「その余　留保」と記載する必要はなく，後に明らかになった段階で記載すれば足りる。「不同意」を記載する理由については，第2章第5の6(2)ア，64頁参照。

第1 書証（証拠書類）

【記載例3】共同被告人中，一部の被告人のみが同意した場合

20 検　　　　　　　　　　　　　〔〇〇〇〇　　26.2.26〕〇〇〇〇（　　　　　　　　　）	ABCD	1	AB	同　意	AB	決定・済	3	
			CD	不同意	CD	撤　回		

※　AないしDが共同被告人の事件において，A，Bのみが同意したため，両名の関係で採用して取り調べた例である。この場合，C，Dの関係では証拠として用いることはできない。

(3) 同意の擬制

　　被告人が出頭しないでも証拠調べを行うことができる場合（法283ないし285）において，被告人が出頭しないときは，被告人の意思を確認することができず，訴訟の進行が阻害されるので，これを防止するため，同意があったものとみなされる（法326Ⅱ）。

　　法律上の擬制であるから，反証を出して覆すことを許さない趣旨である。なお，同意が擬制されても，1項に規定する「相当性」の要件を満たさないときは，証拠能力を取得しない（大コンメ(7)745参照）。法326条2項を，裁判体の訴訟指揮により適用すると考える場合と，訴訟法上の当然の効果として考える場合で記載方法が異なる[*6]。

【記載例4】同意の擬制により取調べがなされた場合

① 訴訟指揮の裁判を前提とする場合

| 1 現逮　　　　　　　　　　　　　〔(巡)〇〇〇〇　　26.3.26〕違反事実等（　　　　　　　　　） | | 1 | | | 1 | 法326Ⅱにより決定・済 | 1 | |

② 訴訟法上の効果として記載する場合

| 1 現逮　　　　　　　　　　　　　〔(巡)〇〇〇〇　　26.3.26〕違反事実等（　　　　　　　　　） | | 1 | 1 | 同意（擬制） | 1 | 決定・済 | 1 | |

※　「意見」欄に「擬制同意」と記載する例もあるが，規則44条1項29号は，単に「法326条の同意」と規定し，1項・2項を区別していないので，法326条2項による場合も「同意」とし，メモ的に「（擬制）」と記載する。

[*6] 法326条1項の相当性を判断した上で2項を適用して当該証拠を採用すると考えるか，訴訟法上の効果として同意が擬制された上で相当性を判断して証拠を採用すると考えるかによって記載方法は異なる。

第3章　証拠別による証拠調べ手続とカードの記載

4　不同意書証と要件立証

伝聞証拠である書証について，その書面の全部又は一部について，法326条の同意が得られなかった場合，請求者としては，証拠調べの請求自体を撤回するか，法321条ないし323条の要件を立証して，証拠能力を取得させるかを選択しなければならない。

証拠能力を取得させるには，証拠調べ請求を維持したまま，その書面の供述者等を証人尋問し，要件立証をした上で取調べを求める方法と，請求をいったん撤回し，要件立証をした上で改めて証拠調べ請求をする方法がある[*7]。

(1)　要件の立証（法321ないし323）

ア　法321条1項各号書面（被告人以外の者の供述書・供述録取書）

被告人以外の者が作成した供述書又はその者の供述を録取した書面（供述録取書）で，供述者の署名若しくは押印のあるものは，各号により証拠とすることができる。

「供述書」とは，供述者自らがその供述内容を記載した書面をいい，「供述録取書」とは，第三者が供述者から聴き取った供述内容を記載した書面をいう[*8]。供述録取書に供述者の署名若しくは押印を要求するのは，供述録取書は，①供述者が直接法廷で供述し反対尋問にさらされることがないという意味で伝聞証拠であるとともに，②供述者でない第三者が供述者から聴き取った内容が書面の形で，法廷で調べられるという意味でも伝聞証拠であり，二重の伝聞証拠となっているので，供述者の署名・押印によって②について内容の正確性を担保させるためである（条解849参照）。

(ア)　1号書面（裁判官の面前における供述録取書[*9]）

供述者が，①公判準備若しくは公判期日において供述できないとき（供述不能）又は②公判準備若しくは公判期日において前と異なる陳述をしたとき（相反供述）。

　　　　　供述不能　　又は　　相反供述

例えば，他事件の証人尋問調書（被告人以外の者）が不同意とされた場合，供述者を証人として尋問することになるが，供述者の死亡，精神若しくは身体の故障，所在不明等の理由で証人として供述できないとき（本号前段）は，請求者はその事実を立証する必要がある。この立証は，自由な証明で足りるが，実務上は，厳格な証明によりなされることもある[*10]。通常は，供述者の死亡の場合は，戸籍謄本か医師の死亡診断書等により，所在不明の場合は，警察署長の所在調査回答等により立証することになろう。

供述者が証人として公判廷で証言した場合は，前の調書に記載されている内容と異なった供述をしたとき（本号後段）に限り，当該調書（前の調書）を証拠とすることができる。したがって，立証者は，供述者に対する尋問において相反性

[*7]　実務上は前者の例によることが多いと思われる。
[*8]　形式上，供述者本人が作成名義人であるものは「供述書」であり，供述者以外の第三者が作成名義人であるものが「供述録取書」である（条解848参照）。
[*9]　ビデオリンク方式による証人尋問調書（4の(1)オ，108頁参照）について，供述者が死亡その他の理由で供述不能となった場合には，本条の適用が問題となる。
[*10]　厳格な証明と自由な証明については，第2章第3の1の(2)，17頁参照。

を明らかにした上で，それを具体的に指摘して当該調書の取調べを請求することになる。

【記載例5】法321条1項1号前段により取調べがなされた場合

4　裁(謄)（手続調書添付）〔○○○○　26.4.1〕被害状況等（　　　　）	1	1	不同意 法321Ⅰ①前段書面 異議がない	1	決定（甲38取調べ後）・済	38
38　死〔○○○○　26.6.8〕○○○○の死亡の事実（　　　　）	1	1	同　意	1	決定・済	37

※　本記載例以下は，伝聞例外の記載につき，新たな記載方法に基づくものである（詳細は，第2章第5の6の(3)イ(イ)，71頁参照）。
※　供述者が死亡した事実を立証することにより，伝聞例外の要件を充たしたとして取調べを請求する事例である。
※　「決定（甲38取調べ後）」は，甲38の取調べ後に採用決定があったことを明らかにするために記載する。伝聞例外の要件立証が人証による場合に記載することが多いが，書証の場合も同様に考える（注24参照）。
※　「備考」欄に，根拠条文を記載せず「第○回公判　検察官　供述不能※○」としてその後のやり取りを続カードに記載する例もあるが，他の伝聞例外の場合と同様，根拠条文を記載する方法に統一するのが相当と考える（続カードを利用する場合は，【記載例7】【記載例8】参照）。
※　第1回公判の「異議がない」との意見は，伝聞例外の要件立証に関しての意見であり，法326条の同意をしないという意味の「不同意」とは意見の対象が異なる（両者は矛盾しない）。

【記載例6】法321条1項1号後段により取調べがなされた場合

15　裁(謄)（手続調書添付）〔○○○○　26.4.1〕共同犯行状況 *第2回公判「被告人の発した脅迫文言」に変更*（　　　　）	1	1 2	不同意 相反部分につき 法321Ⅰ①後段書面 　　　　　　※2 異議がない	2	相反部分につき 　決定（証人○○ 　　尋問後）・済 その余　撤　回	2

第3章　証拠別による証拠調べ手続とカードの記載

20　証人〇〇〇〇						
〇〇〇-〇-〇			1	決定（次回喚問）		
〔　　　　30分〕	1	1	しかるべく			
甲15と同じ				2	済	1
（　　　　　）						

※　検察官請求の甲15が不同意となったため，検察官は供述者を証人として請求し，証人尋問を実施した。その証人尋問の中で相反部分を明らかにして，立証趣旨を変更した上で，当該部分が伝聞例外に該当するとして取り調べを請求し，その他の部分については請求を撤回した事例である。
※　続カードの記載例は省略している（【記載例7】参照）。
※　請求をいったん撤回して，相反部分のみを再請求する方法も考えられる。その場合は，標目を「裁（抄）」とし，「立証趣旨」欄に「被告人の発した脅迫文言」に加え「法321条1項1号後段書面」と併記して，元の請求との関連を明らかにするため「備考」欄に「甲15の一部請求」などと記載する。

(イ)　2号書面（検察官の面前における供述録取書）

供述者が，①公判準備若しくは公判期日において供述できないとき（供述不能）又は②公判準備若しくは公判期日において前の陳述と相反するか実質的に異なった陳述をしたとき（相反供述）で，前の供述を信用すべき特別の情況が存するとき（特信性）。

①　供述不能　又は　②　相反供述　及び　特信性

供述不能の場合の立証については，(ア)の1号書面と同様であるが，相反供述の場合には，(ア)と同様に供述の相反性を明らかにするとともに，公判準備又は公判期日における供述と比較して，検察官の面前における供述に特信性が認められる事情を立証しなければならない（相対的特信情況）。特信性の存在とは，「供述のなされた際の外部的付随事情」から判断すると解されており（条解858参照），具体的には，日時の経過による著しい記憶の減退により公判期日等の供述の信用性が低下している情況や，被告人の面前で心理的圧迫を受けている情況，検察官の面前における供述が信用性のある情況の下になされたことなどの事情が述べられる。この特信性の立証は，自由な証明で足りるので，任意の方法によることができるが，調書の特信性が争われて，取調状況に関する各種の証拠調べが行われることもある。

【記載例7】法321条1項2号後段により取調べがなされた場合

16　検			1	不同意		相反部分につき		
〔〇〇〇〇　　26.10.1〕		1			2	決定（証人〇〇尋問後）・済	3	
犯行前後の状況			2	相反部分につき法321Ⅰ②後段書面　※3異議がない		その余　撤回		
（　　　　　）								

- 104 -

第1　書証（証拠書類）

| 25　証人〇〇〇〇 ○○○-○-○ 〔　　　　　30分〕 甲16と同じ （　　　　　） | 1 | 1 | しかるべく | 1 | 決定（次回喚問） | |
| | | | | 2 | 済 | 2 |

※	期日	請　求・意　見・結　果　等
3	2	法321Ⅰ②後段書面（甲16）
		検察官
		証人〇〇〇〇は，公判期日において，被告人の脅迫行為及び脅迫文言につき記憶がないなどと繰り返し述べたが，甲16の検察官調書ではこれらの点を具体的に供述しており（3頁2行目から4頁5行目まで），相反性がある。証人が公判期日においてこのような証言回避の態度を示した原因が，証人の生活圏内で活動している暴力団の構成員である被告人の面前では証言しにくい状況であった点にあることは証言上も明らかになっており，被告人のいないところで具体的に供述した内容が録取された甲16には，特信性が認められる。

※　検察官調書が不同意とされたので，証人尋問を実施し，検察官が，相反部分に限って伝聞例外による取調べを請求し，その他の部分については請求を撤回した事例である。
※　相反部分や特信情況を具体的に摘示した場合は，要件を念頭に置いて続カードに記載する。
※　続カードに相反部分や特信情況を記載する場合，見出しとして「相反部分等」と記載する例もあるが，本記載例のように根拠条文を見出しとして利用する方法も考えられる。

(ウ)　3号書面（その他の供述録取書及び供述書）

①供述者が公判準備若しくは公判期日において供述できず（供述不能），かつ②その供述が犯罪事実の存否の証明に欠くことができないものであって（不可欠性），③その供述が特に信用すべき情況の下になされたものであるとき（特信性）。

①　供述不能　及び　②　不可欠性　及び　③　特信性

要件からも明らかなとおり，1号書面や2号書面よりも厳格な要件の下，証拠能力が認められる。本号の対象となる書面の代表的なものは，警察官に対する供述調書である。

①の供述不能の立証については，(ア)の1号書面と同様である。②の不可欠性は，厳密にいえば，その書面に証拠能力を認めなければ犯罪事実の存否の証明に直接影響を及ぼす程度に重要性をもつ書面ということである。③の特信性は，前述の2号書面の特信性が公判期日等における供述と比較してどちらがより信用できる情況の下に作成されたかという相対的な問題である（相対的特信情況）のと異なり，比較対象となる供述がないために，書面それ自体の特信性が証明されなければならない絶対的なものとされている（絶対的特信情況）。これら不可欠性及び特信性の立証も，自由な証明によることが可能である。

第3章　証拠別による証拠調べ手続とカードの記載

【記載例8】法321条1項3号により取調べがなされた場合

18 員 〔〇〇〇〇　26.7.2〕 犯行目撃状況 （　　　　　　　　　）	2	2	不同意 法321Ⅰ③書面※1 異議あり（特信情況なし）	2	決定・済	3	

※	期日	請　求　・　意　見　・　結　果　等
1	2	法321Ⅰ③書面（甲18） 　検察官 　　本調書は，供述者が既に死亡しているため供述することができず，後記の検察官調書よりも事実関係について詳細で，犯罪事実の証明に欠くことができないことに加え，余命幾ばくもない供述者が，真相を正直に告白したいという気持ちからの供述を録取したもので特信情況が認められる。

※　「備考」欄に，「第〇回公判　検察官　供述不能等※〇」としてその後のやり取りを続カードに記載する例もあるが，他の伝聞例外の場合と同様に，根拠条文を記載した上で，具体的事情が述べられた場合には続カードを使用する方法に統一した方が分かりやすいと考える。
※　続カードには，検察官の主張を，①ないし③の要件に即して簡潔に記載する。
※　伝聞例外の要件に関する弁護人の意見が長くなる場合や，検察官の主張と対比するため，並べて記載した方が分かりやすい場合は，続カードに記載することになるが，本記載例のように簡潔に記載できる場合は，「意見」欄に記載する方が一覧性に資すると考える。

イ　法321条2項書面

㋐　前段の書面（被告人以外の者の公判準備又は公判期日における供述録取書）

被告人以外の者の公判準備又は公判期日における供述を録取した書面は，無条件に証拠能力が認められる。この書面の代表的な例は，公判期日外で証人や鑑定人を尋問した際の尋問調書であるが，この書面に無条件で証拠能力が認められている理由は，供述がなされるに当たっては，公平な裁判官の面前であることに加え，当事者に立会権や尋問権が与えられ（法157，158，304），反対尋問権が十分に保障されているからである。よって，本項前段の公判準備又は公判期日における供述調書は，当該事件のものに限られ，立会権や尋問権のない他事件のものは含まれない。

㋑　後段の書面（裁判所又は裁判官の検証調書）

裁判所又は裁判官の検証の結果を記載した書面（検証調書）は，伝聞証拠ではあるが無条件で証拠能力が認められている。他事件（民事事件を含む）における裁判所又は裁判官の検証調書については，当事者の立会権がないから本項後段の検証調書に含まれないとする説もあるが（条解863参照），通説は，当該事件のものに限らず，他事件（民事事件を含む）の検証調書も含まれるとしている。

検証の主体が裁判所又は裁判官であって検証の結果に信用性があること，調書の作成の真正も担保されていること，検証自体の性質が技術的であって口頭で報告するよりも書面による報告の方が正確であることからすれば，当該事件のものに限定する必要はないと解される（石井・証拠法180参照）。

ウ　法321条3項書面（捜査機関の検証調書）

　　検察官，検察事務官又は司法警察職員の検証の結果を記載した書面（検証調書）は，その供述者が公判期日において証人として尋問を受け，真正に作成したものであることを供述したときは，これを証拠とすることができる。

　　真正に作成したものとは，書面の作成名義が真正であるだけでなく，書面の記載内容が検証の結果と一致しているという意味である。例えば，実況見分調書[*11]が不同意とされた場合は，その作成者を証人として尋問し，検証したとおりを正確に記載したものであることを供述したときに，証拠として採用して取り調べることができる。

【記載例9】法321条3項により取調べがなされた場合

| 4 | 実 | | 1 | 不同意 | 2 | 決定・済 | 3 | |
| 〔（員）○○○○　26.4.9〕
覚せい剤等が発見された現場の状況
（　　　） | | 1 | 2 | 法321Ⅲ書面
異議がある | | | | |

| 31 | 証人○○○○ | | 1 | 1 | しかるべく | 1 | 決定・済 | 8 | |
| 〔　　　　（在廷）〕
甲4が真正に作成された事実
（　　　） | | | | | | | | | |

※　甲4について，要件立証がされた（第1回公判）後に採用決定がされた（第2回公判）ことは「期日」欄の記載で明らかであるから「決定（証人○○尋問後）」とする必要はない（詳細は，(2) イ，123頁参照）。

　　法321条3項書面である検証調書又は実況見分調書が不同意とされる場合には，①作成の真正自体を争う場合のほか，②作成の真正自体は争わないが立会人の指示説明[*12]の内容を争う場合がある。①の場合は，カードには単に「不同意」と記載すれば足りるが，②の場合（例えば「被告人の指示説明部分については任意性を争う。その他の部分は同意する。」旨の意見が述べられた場合）には，注意を要する。

　　この場合，作成の真正自体は争わないことから「同意」があったとして「同意，ただし，被告人の指示説明部分について任意性を争う」と記載するという考え方もあるが（56幹研49），検証調書を証拠とすることに同意（法326条）すれば，立会

[*11]　実況見分調書が本条項に該当する書面であることについては，最判昭35・9・8刑集14-11-1437参照。
[*12]　検証（実況見分）調書に記載してある検証の際の立会人の指示説明は，それが純粋に検証の対象を確定する必要からなされるいわゆる「現場指示」であれば，検証の結果そのものとして調書に記載することももとより許され，本項によって証拠能力を取得しうるが，他方，その指示を超える「現場供述」であれば，その部分は供述録取書の性格を持つことから本項によっては証拠能力を持ち得ず，調書に記載することも相当ではないといわれている（条解864参照）。

人の指示説明はもとより，その限度を超えて，本来，法321条1項2号又は3号（立会人が第三者の場合）若しくは法322条1項（立会人が被告人の場合）の要件を必要とする現場供述までも供述内容の真実性の立証に用いることができる（石井・証拠法185参照）ことからすると，このような記載方法では，全部について同意があるようにも読める。よって，この場合には「作成の真正は争わないが，被告人の指示説明部分については任意性を争う。」等と疑義の生じないような記載をすべきであると考える。

エ 法321条4項書面（鑑定人の鑑定書）

裁判所又は裁判官が命じた鑑定人の作成した鑑定書は，鑑定人が公判期日に証人として尋問を受け，真正に作成したものであることを供述したときは，これを証拠とすることができる。捜査機関から鑑定の嘱託を受けた者（法223Ⅰ）の作成した鑑定書にも本項が準用される（最判昭28.10.15刑集7-10-1934）。

ここにいう「作成の真正」も，作成名義の真正のみならず，鑑定の経過及び結果を正確に記載したということを意味する。

【記載例10】法321条4項により取調べがなされた場合

27 鑑							
〔○○○○　26.3.10〕 尿の鑑定結果 （　　　　　　　　）	1	1	不同意	2	決定（証人○○ 尋問後）・済	2	
		2	法321Ⅳ書面 異議がない				

39 証人○○○○							
○○警察署 〔　　　　10分〕 甲27が真正に作成された事実 （　　　　　　　　）	1	1	しかるべく	1	決定（次回同行）		
				2	済	1	

オ 法321条の2第1項書面（ビデオリンク方式による証人尋問調書）

本条は，ビデオリンク方式による証人尋問が実施され，その供述等について記録した記録媒体がその一部とされた調書が作成された場合（法157の4Ⅱ，Ⅲ）の調書の証拠能力についての規定である。この場合，調書は，紙面部分と記録媒体部分とから構成される[13]ことになる。この調書は伝聞証拠にあたるが，その供述者を証人として尋問する機会を訴訟関係人に与えることを条件として，調書全体に証拠能力を認めるものである。この機会を与えられなかった場合は，証拠能力が認められず，排除されることになる。

---

*13 調書の記録媒体部分については謄写が禁止されている（法40Ⅱ）ため，証拠請求する場合には当該調書を取り寄せる必要がある。第11の2(3)，182頁以下参照。

第1　書証（証拠書類）

具体的には，ビデオリンク方式により，当該事件の第1回公判期日前の証人尋問が実施された場合（法226, 227），証拠保全手続による尋問が実施された場合（法179），共犯者に対する他事件での尋問が実施された場合において，その尋問結果を証拠とする場合に適用される。

なお，相手方の同意がある場合（法326）や供述不能等（法321Ⅰ①），他の条文の規定によって証拠能力が認められる場合には本条の適用はない[*14]。

本条が適用される場合，法305条4項ただし書の適用がないため（法321の2Ⅱ），供述内容を告げることでは足りず，記録媒体を再生する必要がある。

【記載例11】ビデオリンク方式による証人尋問調書の取調べがなされた場合

24　裁（DVD2枚を含む）〔○○○○　26.4.1〕被害状況（　　　　　　　　　）	3	3	不同意　法321の2Ⅰ書面　異議がない	3	決定・済	2	第3回公判　尋問の機会付与

※　標目について，本条の調書は「裁判官の面前における供述を録取した書面」に当たるので略語の「裁」を使用し，記録媒体が調書の一部となっていることから記録媒体の種類と数量を記載する。

※　被害者保護制度の研究115頁では，標目を「裁（法157条の4第3項によりビデオテープ1及び2が調書の一部とされたもの）」としているが，標目を記載する趣旨が請求を特定するためであることからすれば，条文の記載までは必要なく，「調書の一部とされたもの」についても，本記載例のように簡潔に表現できる。

※　ビデオテープや録音テープを証拠として取り調べた場合，カードの結果欄に「（再生）済」と記載する例もあるが，これはビデオテープ等の取調べ方法についての規定がなく，どのような方法により取り調べたのかという推定が働かないためとされている。記録媒体がその一部とされた調書は，法305条4項に取調べ方法が規定されているので「（再生）」を記載する必要はない。

※　証人尋問の機会を与えたことは，証拠能力に影響を与える事項なので，カードに記載して明らかにする必要がある。

カ　法322条各項書面

(ｱ)　1項書面（被告人の供述書及び供述録取書）

被告人が作成した供述書又は被告人の供述を録取した書面（供述録取書）で，被告人の署名若しくは押印のあるものは，その供述が被告人に不利益な事実の承認を内容とするものであるとき（不利益供述，ただし，任意性のあるときに限る。），又は特に信用すべき情況の下にされたものであるとき（特信性）に限り，これを証拠とすることができる。

[*14] 当該事件について，ビデオリンク方式による証人尋問後に公判手続の更新があったり，公判準備として期日外の証人尋問をビデオリンク方式で実施し，その調書が公判期日で取り調べられた場合には，法321条2項で証拠能力を取得するので，本条の適用はない（条解874参照）。

第3章　証拠別による証拠調べ手続とカードの記載

　被告人の自白及び不利益な事実の承認で、任意性に疑いがあるものは、証拠能力が認められない（自白法則、憲法38Ⅱ、法319Ⅰ、322Ⅰ）。この自白法則は絶対的であり、任意性のない自白調書に同意しても証拠とはならない。

　被告人側が自白調書について同意した場合は、任意性を争わない意思が含まれており、この意思から任意性に疑いがない状況を推認することができるので、検察官は任意性の立証をする必要はないのであるが、被告人側が自白調書の任意性を争って同意しなかった場合は、まず自白調書の証拠調べの必要性[*15]を吟味し、これが立証上不可欠であると考えられる場合には、検察官が任意性の立証[*16]をしなければならないことになる。

　この場合には次の順序によることが多い。まず、被告人側に任意性を争う具体的事実の主張をさせて、任意性立証のポイントを把握する。その方法としては、例えば「暴行による自白」などと概括的、類型的な主張をさせ、更に被告人質問を実施して任意性に関する事情を明らかにさせて、任意性立証のポイントを明らかにする場合もあれば、ある程度具体的な主張をさせ、これをもとに任意性立証のポイントを把握するという場合もあろう。このようにして把握したポイントに即して、検察官としては、任意性を立証する証拠を提出することになる。かつては、被告人を取り調べた警察官や検察官等の証人尋問を行うケースが多かったが、最近では、取調べ状況を録音・録画した記録媒体が任意性立証に用いられることが通例となってきている。

【記載例12】法322条1項により取調べがなされた場合

① 被告人質問により、任意性を争う主張に理由がないことが明らかになった場合

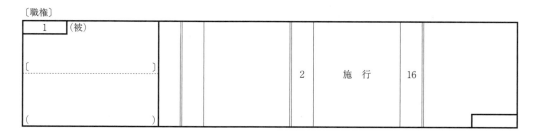

※　本記載例では、続カードを省略しているが、任意性を争う具体的事実が主張されるのが通常である。

[*15] 任意性の立証には時間と手間がかかるため、そのような立証を行ってまで自白調書による立証を維持するかどうかについては、慎重な判断が必要であるとされている（松尾・実例刑事訴訟法Ⅲ162参照）。

[*16] 規則198条の4には「検察官は、被告人又は被告人以外の者の供述に関し、その取調べの状況を立証しようとするときは、できる限り、取調べの状況を記録した書面その他の取調べ状況に関する資料を用いるなどして、迅速かつ的確な立証に努めなければならない。」とある。

② 要件立証が録音・録画記録媒体により行われた場合

| 3 員
〔(被)　　　　　26.5.22〕
犯行状況
(　　　　　　　　　　) | 1 | 1 | 任意性なし | 2 | 決定（甲22取調べ後）・済 | 7 | |
| | | 2 | 法322Ⅰ書面異議がない | | | | |

| 22　DVD1枚
〔　　　　　　　　　　〕
乙3に関する被告人の取調べ状況
(　　　　　　　　　　) | 1 | 1 | 異議なし | 2 | 決定・(再生)済 | 6 | |

※　録音・録画記録媒体であるDVDが証拠調べ請求された事例である。
※　DVDが報告書に添付されている場合については【記載例50】参照。

　　　法322条1項書面の「意見」欄の記載に関して，被告人の警察官及び検察官に対する自白調書の証拠調べ請求に対し，「不同意で任意性なし」との意見が述べられた場合，手続を明確にするために「不同意，任意性なし」と記載するという考え方と，不同意になった場合，同項によらなければ証拠能力を取得することができないので，その要件についての意見である「任意性なし」のみを記載するという考え方がある（56幹研48）。
　　　この場合，「不同意」という意見それ自体は，証拠能力の付与という法的効果をもつ同意はしないということを表すのみで，その実質は「任意性なし」という点にあるので，「不同意」と記載するまでもなく，実質的な意見である「任意性なし」とのみ記載すれば足りるとも考えられるが，一般的に「不同意」の意見は，適正手続の担保のため，その経過を明らかにするものとして記載するとされていること[17]，証拠能力に関する意見としてばかりではなく，証明力に関する意見として，あるいは証拠として採用されることを望まない趣旨の意見として「不同意」と述べられる場合もあることからすると，「不同意」と記載することが必ずしも余事記載とはいえず，「不同意，任意性なし」と記載することも差し支えないと考える。
　　　逆に，単に「不同意」とのみ述べられた場合に，当然に任意性を争う趣旨と解釈して「任意性なし」と記載することは問題があり，この場合は，「不同意」と記載すべきであろう（理由が釈明されれば，その内容を記載する。）。
　　　また，「不同意，ただし，任意性は争わない」と述べられた場合は，積極的に証拠能力を付与する同意はしないが，証拠能力取得の要件である任意性については争わないという趣旨の意見として，そのとおり記載するのが相当と考える。

---

[17]　不同意を記載する趣旨については，第2章第5の6(2)ア，64頁参照。

(イ) 2項書面（被告人の公判準備又は公判期日における供述録取書）

被告人の公判準備[*18]又は公判期日[*19]における供述を録取した書面は，その供述が任意にされたものであるときに限り，これを証拠とすることができる。公判準備又は公判期日は当該事件のものに限る。公判廷における被告人の供述の任意性に疑いがあるということは通常少ないので，公判調書中の被告人の供述部分は，証拠能力が認められる場合がほとんどといえるであろう。

キ 法323条各号書面

(ア) 1号書面

戸籍謄本，公正証書謄本その他公務員がその職務上証明することができる事実についてその公務員の作成した書面は，これを証拠とすることができる。

このような公務員の職務上の証明文書は，強い公信性を有するので，それに記載されていること自体によって記載された事実の存在を推定することができ，無条件に証拠能力を認めたものである。

(イ) 2号書面

商業帳簿，航海日誌その他業務の通常の過程において作成された書面は，これを証拠とすることができる。業務の日常の中で，業務上生ずる必要事項を担当者が日常的，継続的に記述する文書は，その作成者を証人として召喚して反対尋問にさらさなくても，経験則上その真実性が担保されているとみられ，その外部的，客観的な特信性の保障によって，無条件に証拠能力が認められている。

(ウ) 3号書面

(ア)，(イ)以外の書面であっても，特に信用すべき情況の下に作成されたものについては，証拠とすることができる。この特信性のある書面は，法321条1項3号書面とは異なり，無条件に証拠能力が認められるので，ここで要求される特信性は，本条1号書面，2号書面に準じるような高度の信用性の情況的保障が認められるものでなければならないとされており，本号で証拠能力の認めることのできない書面は，さらに証拠能力を取得する要件が厳しい法321条1項3号書面として処遇されることになる。

本号に該当すると考えられるのは，信用ある金融機関の職員が作成した預金者との取引状況に関する回答書，定型的・非個性的な取引の過程で作成される書面，郵便事業会社の職員が作成した郵便物の引受時刻証明書，配達証明書や信用のある定期刊行物に記載された取引所における株式等の相場，法令に根拠を有する統計の統計表などである（条解883参照）。

これに対し，個々の具体的事情に基づいて信用保障状況の判断を要するものは，原則として本号の書面ではない。いわゆる「メモの理論」の適用があるといわれる書面について，すなわち証人等が公判廷において，当時の記憶はないが，記憶

[*18] 証人の場合のようにその供述を得るために独立して公判準備が行われることは稀である（特段の事由なく被告人質問のための公判準備を行うことは相当ではない。）が，検証現場での指示説明のための供述，証人尋問の際の対質やその場でした反駁のための供述などがある（条解878参照）。

[*19] 公判調書が証拠となるのは，同一手続内で判決裁判所とその供述を聞いた裁判所が異なる場合のみであり，具体的には公判手続の更新（第4章第3，198頁以下参照）の場面である。

第1 書証（証拠書類）

の新鮮なときに当時のことを正確にメモしたものである旨供述し，それが信用できれば，本号に該当し，証拠能力を取得するとの考え方もあるが，そのような書面については，原則として法321条1項3号または法322条1項により証拠能力を判断すべきである（条解884参照）。

【記載例13】請求者の意見と異なる根拠条文で採用した場合

13	診療録			1	不同意		法323③により決定（証人○○尋問後）・済	2	
〔○○○○　　○.○.○〕○○○○（　　　　　　）			1	2	法321Ⅳ書面異議がある	2			

22	証人○○○○				1		決定（次回喚問）		
○○○-○-○〔　　　　　　30分　〕甲13が真正に作成された事実（　　　　　　）			1	1	しかるべく	2	済	1	

※　医師が作成した診療録につき，弁護人の同意が得られなかったため，検察官が法321条4項の書面として取調べ請求をしたところ，裁判所が，法323条3号により証拠能力を認めた事例である。請求者の意見と採用決定の根拠が異なる場合には，その点が明らかになるように記載する。

(2) カード作成上の問題点

ア　伝聞例外の法的根拠の記載について

不同意書証の取調べに関し，要件立証後に述べられる法321条ないし323条の法的根拠は，公判調書の必要的記載事項とはされていないが，当事者の述べた証拠能力に関する法的根拠をカードに記載することは，審理の経過を知る上で役立つだけではなく，書証の証拠能力に関する当事者の意見と裁判所の見解が異なる場合，当該書証の証拠能力をめぐる実質的な問題点を明らかにすることに役立つことから，当事者から証拠能力に関する法的根拠が述べられた場合は，原則としてすべてカードに記載するのが相当である。

ただし，書証の標目自体及び訴訟手続の経過から，一見してその法的根拠が明らかな場合には記載するまでもないとする見解もあり，実務においては，この見解に沿った運用もなされている[20]。記載を省略できる場合があるとの立場に立った場合における，省略が可能とされる要件について，以下のとおり整理する。

---

[20]　書記官アンケートにおいては，明らかであれば記載しなくても問題とはならないという意見がある一方，重要な事項であり，手続の公証の観点からも記載すべきという意見，記載した方が分かりやすいという意見，「一見して法的根拠が明らか」というのは基準として不明確であるといった意見のほか，省略できるとされている場合であっても裁判体から記載を求められることもあることから一律に記載した方がよいのではないかという意見も聞かれた。裁判官ヒアリングにおいては，一律に記載してほしいという意見が多かったものの，明らかな場合には記載を省略した方がよいとの意見もあり，裁判体により求めるものが異なることが確認できた。

第3章　証拠別による証拠調べ手続とカードの記載

【要件①】証拠の標目自体及び訴訟手続の経過から一見して法的根拠が明らかであること

　「証拠の標目」については，当該証拠の標目が，伝聞例外を定めた法321条ないし323条の条文に掲げられているものであれば，法的根拠が明らかといえなくもないが，実務上はさらに限定して，法321条3項の検証調書や，法321条4項の鑑定書が明らかな例とされている[*21]。なお，実況見分調書については，条文上の規定はないが「それが法321条3項の書面に該当することは実務上解決済み」(最判昭35.9.8刑集14-11-1437参照)として認められている。他方，法321条3項が準用される酒酔い・酒気帯び鑑識カードや法321条4項が準用される死体検案書などは標目自体から法的根拠が明らかではなく，また，法323条3号は抽象的な規定なので省略するのは相当でないとされている。
　「訴訟手続の経過」については，法321条3項を例にすると，相手方が不同意の意見を述べ作成の真正を争ったので，請求者がその作成者を証人として請求し，その尋問によって作成の真正を立証した上で，同項によって取り調べられたい旨の請求がなされ，裁判所も同項によって取り調べたという経過をたどる必要がある。法321条1項2号後段の被告人以外の者の検察官調書については，訴訟手続の経過から必ずしも一見して明らかとはいえないし，相反性・特信性の内容も事件ごとに異なり一様ではないとして記載を省略すべきではないとされている。
　よって，「証拠の標目自体及び訴訟手続の経過から一見して法的根拠が明らか」とは，条文上の根拠が明らかな証拠が，上記のような典型的な経過をたどることを想定しているものといえる。

【要件②】相手方の意見が「異議なし」であること

　この点につき，「法的根拠に争いがないこと」と説明されることもあるが，その場合，「当該証拠が伝聞例外のどの条文にあたるか争いがないこと」という意味にも捉えられ，要件①と重なることから，端的に「当該証拠が伝聞例外の要件を充足することに関して相手方に異議がないこと」と表現すべきである。
　すなわち，伝聞例外による取調べ請求に対して相手方が異議を述べた場合，その訴訟法上の性質は，法309条の異議ではなく証拠意見である(意見異議[*22])から，その後の証拠決定が適正に行われたことを担保し，手続の円滑な進行にも役立つことからカードに記載するのが相当であるところ，そのような意見異議の趣旨を明らかにするためには，前提として，請求者の主張する伝聞例外の根拠条文を記載する必要がある。よって，相手方の意見が「異議なし」であることが，記載を省略することが可能となるための，もう一つの要件である。

[*21] 被告人供述調書についても法322条1項書面として，法的根拠の記載を省略する運用があるが，立証趣旨も併せ考慮しなければ法322条1項なのか法328条なのかその他の伝聞不適用の場合なのか区別できないので，「標目自体から法的根拠が明らか」とはいえない。また，自白調書をめぐる審理形態の変化が進んでいることに鑑みると，法321条1項2号後段書面と同様に手続経過が事件ごとに異なることが多くなってきていると思われるので，記載を省略しない方がよいと考える。

[*22] 意見異議については，第2章第5の6の(3)ア，69頁参照。

最終的に記載するか否かは裁判体の方針によるが，書記官としては，前提をきちんと理解した上で，記載の要否について，裁判体と認識を共有する必要がある。なお，省略する場合でも，従前から認められているものに限るなど，限定的に運用する必要があると考える。

イ 「決定（○○後）」の記載について

不同意書証につき，同一期日において，証拠能力を取得するための要件立証がなされた後に当該書証の採用決定がなされた場合，「取調順序」の記載からでは，要件立証の時期と当該書証の採用決定の時期の先後関係が明らかにならない。なぜなら，「取調順序」の記載は，証拠を取り調べた順序であって，証拠を採用した順序とは必ずしも一致しないからである。

要件立証後に採用決定がなされたという事実を記載して審理の経過を明らかにすることは，手続の適正を担保し，上訴審における審査[23]のために実益があることから，「決定（証人○○尋問後）」，「決定（被告人質問後）」あるいは「決定（甲○取調べ後）」と記載するのが相当である。

他方，要件立証がなされた期日とは別の期日に当該書証の採用決定をした場合には，要件立証後に採用決定がなされたことは「期日」欄の記載で明らかであるから，「（○○後）」の記載は不要である。

この記載については，要件立証が人証（被告人質問を含む。）によってなされた場合には判断しやすいが，そのような場合に限定する必要はなく，書証や記録媒体による場合[24]についても，要件立証と採用決定の各時期の先後関係が重要と考えられる場合には，記載するのが相当であると考える。

ウ 「却下（○○後）」の記載について

証人尋問や被告人質問を行った結果，特定の証拠について証拠調べの必要性がないと判断し，証拠調べ請求が却下される場合がある。却下の場合，当然，「取調順序」欄の記載をしないことから，記録上，必要性がないと判断する根拠となった証人尋問や被告人質問の実施時期と，却下決定の先後関係は明らかにならない。

このような場合に，一律に記載することが相当であるとまではいえないが，上訴審において裁判所が当該書証の請求を却下したことの当否が争われる可能性があると考えられる場合には，イと同様の方法により，当該書証の「結果」欄に「却下（証人○○尋問後）」又は「却下（被告人質問後）」と記載し，手続の適正確保のために審理の経過を明らかにする実益がある[25]。

エ 提示命令について

裁判所が証拠調べの決定をするに当たり必要があると認めるときは，訴訟関係人

---

[23] 例えば，上訴審において証拠採否に関し，訴訟手続の法令違反の主張（法379条）がされる場合等が考えられる。
[24] 「法321条1項各号は，要件が非類型的であり，その認定のための証拠も証人尋問のように類型的でないので，記載することが相当であるとまではいえない。」という見解もあるが，特定の条文のみを除外する必要はないと考える。
[25] 「撤回」についても，同様に考える余地はあるが，「撤回」は証拠請求者の意思に基づくものであり，上訴審で争われる可能性は低いと思われることから，記載する実益は小さいと考える。

第3章　証拠別による証拠調べ手続とカードの記載

に証拠書類又は証拠物の提示[*26]を命ずることができる（規則192）。提示された場合，証拠能力の判断[*27]のための内容の調査や関連性の確認はできるが，心証をとることはできない。提示命令権は訴訟指揮権の一内容であって，命ぜられた者は提示の義務を負うが，提示しない場合，強制することはできない。ただし，証拠物については，法99条による提出命令[*28]が可能な場合もある（条解640参照）。

提示命令は，必要的記載事項からは明示的に除外されている（規則44Ⅰ㊺ホ）が，これは記載を禁じたものではなく，裁判長の記載命令事項（規則44Ⅱ）として記載することはもとより，手続の適正確保というカードの目的に鑑みて記載する必要性や実益がある場合には，記載するのが相当であると考えられることから，記載の要否について裁判体と認識を共有する必要がある。

裁判員裁判対象事件においては，遺体写真等の刺激の強い証拠について公判前整理手続の中でその必要性を慎重に吟味するため，提示命令を発した上で採否の判断をする例が増えており，特に当該証拠の請求を却下した場合には上訴審において当該証拠決定の適否が争われることも想定しうることから，その判断のために調書に記載する実益がある場合も考えられる。

【記載例14】証拠能力の調査のため，提示命令があった場合

16	「〇〇」と題する書面					
〔〇〇〇〇　　26.12.11〕 〇〇〇〇 （　　　　　　　　　）	1	1	不同意	2	提示命令・提示済 決定・済	3
		2	法323③書面 異議あり			

※　裁判所が，法323条3号書面の該当性を調査するために提示命令を出した場合である。
※　「備考」欄に「第〇回公判〇〇に対し提示命令　提示済」と記載する例もあるが，提示命令やそれに応じた提示が，証拠の採否のためのものであることに着目すれば，その決定の前提として「結果」欄に記載することも考えられる（この記載方法によれば，提示命令，提示，決定という一連の流れが同じ欄に記載されることで分かりやすいと考える。）。

(3)　**不同意の撤回・同意の撤回**

不同意の意見を撤回して同意することは，当該証拠の証拠調べ請求が維持されている限り，弁論終結時までならいつでも許される。不同意は，同意しないという状態を明らかにしていたにすぎないからである。これに対し，同意の撤回については，当該証拠の証拠調べに入った後の撤回が許されないのは当然であり，証拠調べ前についても，相手方の訴訟上の利害に重大な影響を与えることや，手続を著しく混乱させるおそれのあることなどを考えれば，実質的には撤回の必要性を裏付ける特別の合理的理由があることを要し，手続的には裁判所が裁量により許可した場合（許可に当たっては，相手方の意見を聞くことを要する。）に限られると解する（刑訴法講義案337参照）。

[*26]　証拠物の提示命令については，第3の2の(3)，146頁参照。
[*27]　例えば，自白調書の任意性が争われたときの「任意性」や，法321条1項2号後段で取調べ請求された検察官調書の証拠能力が争われたときの「相反性」，「特信性」などである（石井・証拠法103参照）。
[*28]　提出命令については，第12の5，187頁参照。

第1　書証（証拠書類）

ただし，公判前整理手続における同意の撤回については，様々な議論があり，必ずしも支配的な見解があるわけではない。

【記載例15】同意が撤回された場合

5 検					
〔○○○○　　26.7.7〕 犯行前後の状況 （　　　　　　　　　　）	1	1 2	同　意 同意の撤回※1 不同意	5	撤　回

※	期日	請　求・意　見・結　果　等
1	2	同意の撤回（甲5） 　弁護人 　　先にした同意は以下の事情により，撤回する。 　　（以下，省略） 　検察官 　　しかるべく 　裁判官 　　上記許可決定

5　書証の証拠調べの方式

書証の証拠調べの方式は，原則として朗読であるが（法305Ⅰ），裁判長は，訴訟関係人の意見を聴き，相当と認めるときは，朗読に代えて要旨の告知という方法を採ることもできる（規則203の2）。実務上は，要旨の告知による場合も多く，事件の内容，争点に応じて，書証の一部については朗読をし，その他の部分については要旨を告知するという方法も行われている[*29]。なお，被害者特定事項の秘匿決定（法290の2Ⅰ，Ⅲ）があった場合には，その事項を明らかにしない方法で朗読又は要旨の告知をする必要がある（法305Ⅱ，Ⅲ，規則203の2）。

6　証拠調べを終わった書証の提出

証拠調べを終わった書証は，遅滞なく裁判所に提出しなければならないが（法310本文），裁判所の許可を得たときは，原本に代え，その謄本を提出することができる（同ただし書）。ここにいう謄本は，必ずしも認証文のある謄本に限らず，抄本や写しも含まれる（最決昭28.5.21刑集7-5-1125）。

(1)　「謄本提出」等の記載について

謄本等の提出の許可に基づいて謄本等が提出された場合，カードの「備考」欄に「謄本提出」等とメモ的に記載した方がよいとされ（56幹研67），実務上もそのように運用されているが，必ずしも記載する必要はないと考える。

＊29　書証の一部として添付されている写真や図面を展示する際には，書画カメラを使用する等，裁判体が法廷で適切な心証形成ができるような工夫がなされている（供述証拠の一部である写真については第5の1(3)，152頁参照）。

謄本の提出の許可があったことは，公判調書の必要的記載事項でないが（規則44Ⅰ㊺チで除外）[*30]，処理の明確性や後日の紛争防止のため，「原本を返還し，謄本が提出された経過」を明らかにするため記載するとされてきた。すなわち「謄本提出」の記載は，謄本提出の「許可」があったことではなく，謄本が提出されたという「事実」を意味している。

しかしながら，記録上，原本ではなく謄本が編てつされていればその経過は明らかである。また，記録に謄本が編てつされる場合としては，①謄本で証拠請求があり，謄本自体が証拠として取り調べられた場合と，②原本で証拠請求があり，原本が取り調べられた上で謄本提出の許可があった場合とがあるが，両者は，そもそもカードの標目の記載方法が異なる[*31]ので，「備考」欄に「謄本提出」と記載しなければ両者を区別できないものではない。この違いは判決書に掲げる証拠の標目の記載にも影響することから，書記官としては，提出された書証について認証文言の有無を確認するだけでなく，両者の違いを意識してカードの標目等を点検する必要がある。「抄本提出」についても同様である[*32]。

(2) **一部同意の書証について**

一部同意で，不同意部分が撤回された場合など1通の書証の一部のみを取り調べた場合の書証の提出については，いくつかの方法がある。

取り調べなかった部分が量的に少なく，さほど重要な事項に関しないときは，書証の原本をそのまま提出する[*33]方法も考えられなくはないが，法302条の趣旨に従って，証拠とならない部分を裁判所の目に触れさせないようにするため（条解649参照），実務上は，抄本を作成して提出する方法や，取り調べなかった部分を紙やマスキングテープでおおった上で原本を提出する方法が一般的である。

書記官としては，正確な記録を作成するため，法廷で取り調べられた証拠の範囲と異なる抄本等が提出されて記録に編てつすることがないように，提出された書証をカードや証拠意見書と突き合わせて確認し，疑義があれば訴訟関係人に照会する必要がある。

7 特殊な書証の証拠調べ手続

(1) 書類の謄本，抄本，写し

証拠書類は，原則として，原本により証拠調べ請求がなされるが，実務上，謄本，抄本又は写しによって証拠調べ請求がなされることがある。

[*30] 「謄本提出許可」について，次の判例がある。公判調書に証拠書類が取り調べられた旨の記載があり，検察官がその謄本を提出するについて被告人側より異議を申し立てた形跡もなく，かつ同謄本が記録に編てつされている以上，右謄本の提出につき裁判所の許可があった旨が公判調書に記載されていないからといって，右許可がなかったものとすることはできない（最判昭28・11・17刑集7-11-2202）。

[*31] ①については「謄本」である旨の表示が必要であるが，②については不要である。判決書における証拠の表示方法も同様である。

[*32] 「備考」欄の「抄本提出」の記載は，公判手続の更新の際に抄本で取り調べるものの目印になるため有益である場合もあり，例えば，裁判体の交代が見込まれるような事件等については，メモ的に記載する実益がある。

[*33] 1通の書面の一部が証拠調べされず，他の部分のみが証拠調べされた場合，前者の部分を覆ったり，それを除外した抄本を作成したりする措置をとらず，そのまま裁判所に提出しても違法とはいえないとする判例もある（東京高判昭56・12・15判時1032-144）。

謄本とは，原本の内容の全部について同一の文字，符号により転写した文書で，原本と同一である旨の認証を付したもの，抄本とは，原本の一部について謄本と同じように作成された文書，写しとは，原本の内容を同一の文字，符号により転写した文書で，認証文が付されていないものをいう。これらの証拠能力についての規定はない[34]が，証拠書類については，専ら記載内容が証拠となるだけであるから，謄・抄本及び写しは，原本に準ずる証拠能力をもつと解される（東京高判昭27.4.15高刑集5-4-610）。
　したがって，謄本等によって証拠調べ請求がなされた場合，それらが原本と相違ないと認められる限り，当事者に異議がないときは，謄本等自体に独立して証拠能力を認めて，証拠調べをすることができる。

(2) 外国語で記載された書面

　裁判所法74条は「裁判所では日本語を用いる。」と規定している。これは，訴訟手続はすべて日本語でなければならないということであり，訴訟行為自体ではない証拠そのものについては，原文が外国語であっても差し支えない。しかし，外国語文書の取調べは訴訟手続であるから，通常の証拠調べの方式に従って，訳文を添付するか，翻訳して，それを日本語で朗読して証拠調べがなされる必要がある。実務上は，ほとんどの場合，訳文を添付して証拠調べ請求がなされている。
　原文と訳文の関係については，原文だけが証拠となるとの説（ポケット（上）372参照，大阪高判昭26.9.5高刑集4-8-1048）もあるが，原文と訳文の双方が一体となって証拠となるとするのが通説である[35]（注解（上）525，注釈㈡431，大コンメ(3)376参照）（以下，それぞれ「原文説」，「一体説」という。）[36]。
　書記官としては，各説の基本的な理解をした上で，裁判体の方針を踏まえてカードを作成する必要がある。

① 原文説

　この説では，証拠となるのは訳文ではなく外国語文書自体であるから，原文の同意があった場合は，訳文の取調べについて異議がない限り，添付された訳文を朗読すれば，原文の取調べがなされたものと解される。

② 一体説

　この説では，原文と訳文が一体となって証拠となるので，原文の同意があった場合にも訳文の正確性が要件となり，相手方に訳文の正確性に関する意見を聴取することになる。それで訳文の正確性が認められれば，訳文を朗読することによって原文が取り調べられたことになる。

---

[34] 法310ただし書は，原本の証拠調べをして謄本を提出する場合の規定であり，謄本の証拠能力を定めるものではない。

[35] そのほか，原文も訳文もそれぞれ独立して証拠となるので，訳文それ自体も証拠調べ請求をさせて証拠能力を論じ，証拠決定をして証拠調べをすべきであるとする説（双方独立説）もある。

[36] 平成2年度のものであるが，渉外事件の研究のアンケートでは，実務では，ほぼ原文説と一体説に分かれ，原文説の立場によっている例が若干多いとの結果であった。

第3章　証拠別による証拠調べ手続とカードの記載

【記載例16】外国語文書に訳文が添付されて証拠調べ請求があった場合

①原文説

ⅰ 訳文の正確性に異議がない場合

| 3 手紙（○○語）
（訳文添付）
〔○○○○　　26.2.8〕
被告人の家族の生活状況
（　　　　　　　） | 1 | 1 | 同　意 | 1 | 決定・済 | 3 | |

ⅱ 訳文の正確性に異議がある場合

| 3 手紙（○○語）
（訳文添付）
〔○○○○　　26.2.8〕
被告人の家族の生活状況
（　　　　　　　） | 1 | 1 | 同　意 | 1

2 | 決定
異議申立て※1

済 |

2 | |

| 5 証人○○○○
○○○○－○－○
〔　　　　　30分〕
弁3の訳文が真正に作成された事実
（　　　　　　　） | 1 | 1 | しかるべく | 1

2 | 決定（次回喚問）

済 |

1 | |

②一体説（従来の記載方法）

ⅰ 訳文の正確性に異議がない場合

| 3 手紙（○○語）
〔○○○○　　26.2.8〕
被告人の家族の生活状況
（　　　　　　　） | 1 | 1 | 同　意 | 1 | 決定・済 | 3 | |
| 訳文

〔○○○○　　26.4.19〕

（　　　　　　　） | | 1 | 異議なし | | | | |

- 120 -

第1 書証（証拠書類）

ⅱ 訳文の正確性に異議がある場合

3 手紙（○○語） 〔○○○○　　　26.2.8〕 被告人の家族の生活状況 （　　　　　　　　　）	1	1	同　意	2	決定（証人○○ 尋問後）・済	2	
訳文 〔○○○○　　　26.4.19〕 （　　　　　　　　　）		1	異議あり※1				

5　証人○○○○ ○○○○○－○－○ 〔　　　　　　30分　〕 弁3の訳文が真正に作成された 事実 （　　　　　　　　　）	1	1	しかるべく	1	決定（次回喚問）		
				2	済	1	

※　「結果」欄の「決定（証人○○尋問後）」の記載について，一体説によれば，原文と訳文が一体となって証拠となるものであり，そのためには訳文の正確性が要件となるので，伝聞例外の要件立証と同様に，適正手続の担保のため，正確性の立証を行った後に原文の証拠決定を行ったという経過を記載するのが相当と考えられる（4（2）イ，115頁参照）。

○　**検討**

　一体説は，訳文の証拠番号を空欄とした上で，くくり符号を使用して原文と結び[*37]，原文と訳文が一体であることを表していた。そして，訳文の正確性についても相手方の意見を聴取する必要があることから，訳文については「意見」欄のみを使用していた。

　しかしながら，一体説の場合，その名のとおり，原文と訳文が異なる経過をたどることはないことから，理論的にも別欄を使用する必然性は乏しく，実際上，訳文については「意見」欄しか使用しないのであれば，分けて記載する実益も低いように思われる。そこで，一体説に立つ場合においては，次のような記載方法も考えられる。

＊37　原文と時期を異にして訳文が請求される等，くくり符号で表すことができない場合は，「備考」欄で一体となるものであることを明らかにする。

第3章　証拠別による証拠調べ手続とカードの記載

③一体説（新たな記載方法）
ⅰ訳文の正確性に異議がない場合

| 3　手紙（○○語）
　　（訳文添付）

〔○○○○　　　26.2.8〕
被告人の家族の生活状況

（　　　　　　　　　　　） | 1 | 1 | 原文につき
　同　意
訳文につき
　異議なし | 1 | 決定・済 | 3 | |

※　本記載例は，一体説の立場から，新しい記載方法を提案するものである。
※　「標目」欄について，原文と訳文を一体として記載した上で，「意見」欄について，原文と訳文のそれぞれについての意見を記載する。
※　「標目」欄について，「（訳文添付）」とすると，訳文の作成者，作成年月日を記載しないことになるが，一体説は，原文と訳文を不可分一体のものとして捉え，訳文自体を独立の証拠とするものではないから，訳文について独立して「標目」欄に作成者等を記載しなくても，特段，問題はないと考える。
※　「意見」欄について，訳文の正確性について異議がないことも含めて，単に「同意」と記載することも考えられる（その場合，カードの記載からは原文説と区別できない。）。本記載例については，意見の対象を明確にするために分けて記載した。

ⅱ訳文の正確性に異議がある場合

| 3　手紙（○○語）
　　（訳文添付）

〔○○○○　　　26.2.8〕
被告人の家族の生活状況

（　　　　　　　　　　　） | 1 | 1 | 原文につき
　同　意
訳文につき
　異議あり※1 | 2 | 決定（証人○○
尋問後）・済 | 2 | |
| 5　証人○○○○

○○○○○－○－○
〔　　　　　　30分〕
弁3の訳文が真正に作成された
事実

（　　　　　　　　　　　） | 1 | 1 | しかるべく | 1

2 | 決定（次回喚問）

済 |

1 | |

(3) 合意書面（法327）

　　裁判所は，検察官及び被告人又は弁護人が合意の上，文書の内容又は公判期日に出頭すれば供述することが予想されるその供述の内容を書面にして提出したときは，その文書又は供述すべき者を取り調べないでも，その書面（合意書面）を証拠とすることができる（法327）。合意書面も伝聞証拠ではあるが，無条件に証拠能力が認められる。例えば，複雑な計算関係を必要とする租税事件で，膨大な帳簿類の中から関係部分を抜き出した一覧表を作成して合意書面としたり，適式な証人尋問の実施はできないが，再度証人を喚問することも困難な事情があるとき，事実上の証人尋問を実施し，証人の供述内容を合意書面として提出することもできる。
　　合意書面について，従前はほとんど活用されていなかったが，争いのない事実を理解しやすくする証拠調べとして，平成17年の改正により新設された規則198条の2と

して，訴訟関係人は，合意書面の活用を含め，当該事実及び証拠の内容，性質に応じた適切な証拠調べが行われるように努めなければならない旨の規定が設けられた。

合意書面の提出は，当事者双方による証拠調べ請求としての性質を有するので，カードの記載についても，「検察官」，「弁護人」双方のカードに記載した上で，関連性を明確にするため，「備考」欄に「双方申請」とメモ的に記載する。

【記載例17】合意書面の取調べがなされた場合

〔検察官〕

15	合意書面						双方申請
(検)〇〇〇〇 外1名〔　　26.2.19〕告発事実，犯則税額，売上除外金額，架空材料仕入高等（　　　　　）		2		2	決定・済	1	

〔弁護人〕

1	合意書面						双方申請
(検)〇〇〇〇 外1名〔　　26.2.19〕告発事実，犯則税額，売上除外金額，架空材料仕入高等（　　　　　）		2		2	決定・済	1	

※　文書の標題から合意書面であることが明らかでない場合は，「立証趣旨」欄に「(法327条の合意書面)」等と記載する方法も考えられる。
※　合意書面であることを明確にするために，当事者双方の氏名を作成者として記載する例もあるが，一般的な作成者が複数の書面と同様，「外〇名」で足りると考える。
※　証拠の性質上，法326条の同意は問題にならないので，「意見」欄の記載は不要である。
※　「取調順序」は同一になる。

(4) 証明力を争うための証拠（法328）

法321条ないし324条の規定により証拠とすることができない書面又は供述であっても，公判準備又は公判期日における被告人，証人その他の者の供述の証明力を争うためには，これを証拠とすることができる（法328，いわゆる「弾劾証拠」）。

実務上よくみられるのは，証人が公判期日において請求者側に有利な供述をしたが，捜査段階で作成された同人の供述調書ではこれと相反する内容の供述をしている場合に，当該相手方が，この調書を弾劾証拠として取調べ請求するという場合である。

このように，内容の相反する書証を用いて証明力を争うことができる対象は，同一人の自己矛盾の供述に限られる（最判平18.11.7刑集60-09-561）。すなわち，本条の書面は，その記載内容の真実性を証明するためではなく，同一人が前に自己矛盾供述をしたという事実の存在自体をもって，公判供述の信用性を減殺しようとするものであるから，そもそも伝聞証拠とはならないのである【伝聞法則の不適用】。

本条の証拠の取調べ方法については，厳格な証明の場合と同様の手続及び方式によることになる（大コンメ(7)777参照）。

第3章　証拠別による証拠調べ手続とカードの記載

　　本条の証拠によって直接犯罪事実の存否を認定することは違法であり（最決昭28.2.17刑集7-2-237），弾劾証拠であることを明確にするため，本条の証拠の取調べ請求をする際は，カードの「立証趣旨」欄に「法328条の証拠」であることを記載し（規則44Ⅰ⑯），実質証拠でないことを明らかにしなければならない。なお，書記官としては，判決草稿点検時に当該証拠を犯罪事実の認定に使用していないか（証拠の標目に掲げていないか）注意すべきである。

【記載例18】証明力を争うための証拠（法328）の証拠調べ請求がなされた場合

22	員							
〔○○○○　26.3.31〕 法328条の証拠 （　　　　　　）		3	3	異議なし	3	決定・済	5	

※　「立証趣旨」欄に「証人○○の供述の証明力を争うため」と記載する例もあるが，証明力を争う対象は当該証人の供述に限られるので「証人○○」の記載は不要であるし，「法328条の証拠」と記載すれば供述の証明力を争うことは明らかであることから，「供述の証明力を争うため」と記載する必要はないと考える。

【記載例19】不同意となった証拠が法328条の証拠として取調べ請求がなされた場合

22	員							
〔○○○○　26.3.31〕 ○○○○ 第3回公判 法328条の証拠 （　　　　　　）		1	1 3	不同意 異議なし	3	法328の証拠として 決定・済	5	

※　不同意となった証拠について，請求を維持したまま法328条の証拠として取調べ請求された場合である。
※　法328条の証拠である旨の記載は，「立証趣旨」欄に記載する必要があることから，従前，不同意とされた書証を同条で取調べ請求する場合には新たな「標目」欄に記載するのが相当とされてきた（56幹研41）。しかしながら「立証趣旨」欄に追記する方法によれば同じ目的が達せられることから，元の欄を利用することも可能と考える。
※　法328条の証拠であることをより明確にするため，本記載例のように重ねて「結果」欄に記載することも考えられる。

第1　書証（証拠書類）

○ 伝聞証拠と証拠能力取得要件一覧表

根拠条文			該当書面の例	証拠能力取得要件	根拠条文の省略
321条	1項	1号 前段	【被告人以外の者の裁判官の面前における供述録取書】 ・第1回公判期日前の証人尋問調書 ・証拠保全の証人尋問調書 ・準起訴手続の証人尋問調書 ・他の事件における証人尋問調書	供述不能	不可
		1号 後段		相反供述	
		2号 前段	【被告人以外の者の検察官の面前における供述録取書】 ・検察官調書	供述不能	不可
		2号 後段		相反供述＋特信性	
		3号	【被告人以外の者のその他の供述録取書及び供述書】 （供述録取書） ・検察事務官の作成した供述調書，司法警察職員が作成した供述調書，弁護人が作成した供述調書 （供述書） 逮捕手続書，捜索差押書，領置調書，捜査報告書，告訴状，告発状，被害届，答申書，上申書，捜査関係事項照会回答書，契約書，受領証	供述不能＋不可欠性＋特信性	不可
	2項	前段	【被告人以外の者の公判準備又は公判期日における供述録取書】 ・公判期日外の証人尋問調書 ・公判調書中の証人の供述部分（公判手続の更新，破棄差戻し等） ・公判準備としての鑑定人尋問調書 ※当該被告事件のものに限る	（無条件に証拠能力あり）	―
		後段	【裁判所又は裁判官の検証調書】 ・受命裁判官，受託裁判官の検証 ・証拠保全の検証 ※当該被告事件のものに限るか争いあり	（無条件に証拠能力あり）	―
	3項		【捜査機関の検証調書】 ・検証調書 ・実況見分調書 ・検視調書 ・酒酔い・酒気帯び鑑識カード	作成の真正	実況見分調書，検証調書は可 その他は不可
	4項		【鑑定書】 ・裁判所又は裁判官の命じた鑑定人の作成した鑑定書 ・捜査機関から嘱託された鑑定受託者の作成した鑑定書 ・医師作成の診断書，死体検案書，病状照会回答書 ・ポリグラフ検査結果回答書	作成の真正	鑑定書は可 その他は不可
321条の2	1項		【ビデオリンク方式による証人尋問調書】 ・第1回公判期日前の証人尋問調書 ・証拠保全の証人尋問調書 ・他の事件における証人尋問調書	供述者を尋問する機会の付与	不可
322条	1項		【被告人の供述書及び供述録取書】 ・被告人の警察官調書，検察官調書，勾留質問調書，弁解録取書 ・被告人が犯罪事実に関して申し述べた上申書，始末書，嘆願書，手紙，手帳，日記，メモ	（不利益供述の場合） 任意性 （それ以外の場合） 特信性	警察官調書，検察官調書は可 その他は不可
	2項		【被告人の公判準備又は公判期日における供述録取書】 ・公判準備としての検証における被告人の指示説明部分 ・公判調書中の被告人の供述部分（公判手続の更新，破棄差戻し）	任意性	不可
323条		1号	【公務員が職務上証明することができる事実について作成した書面】 ・戸籍謄本，公正証書謄本 ・前科調書，指紋照会回答書，身上照会回答書，裁判書謄本 ※捜査官の作成した書面は含まれない（→321Ⅰ③）。	（無条件に証拠能力あり）	―
		2号	【業務の通常の過程において作成された書面】 ・商業帳簿，航海日誌 ・医師のカルテ，タクシーの運転日報，工事現場の作業日報	（無条件に証拠能力あり）	―
		3号	【特に信用すべき情況の下に作成された書面】 ・信用ある定期刊行物掲載の市場価格表，株式等の相場，市場報告，競馬出走表，実験結果の発表，法令に根拠を有する統計表，公の記録・報告書，スポーツ記録，暦，家系図，墓石の記録，学術書，学術論文，化学分析表，広く使用されている人物簿，年表，数表 ※日記，手紙，手帳については見解が分かれる。	（高度な）特信性	不可

※　「被告人以外の者」とは，当該書面の証拠請求を受け又は請求をした被告人本人以外の者という意味で，共犯者はもとより共同被告人も含まれる。
※　「根拠条文の省略」欄について，「可」とあるのは実務上，省略する運用があることを示しており，必ずしも省略する必要はない（113頁参照）。

第3章　証拠別による証拠調べ手続とカードの記載

第2　証人
1　意義

　証人とは，裁判所又は裁判官に対し，自己の直接経験した事実及びその事実から推測した事実を供述する第三者をいう。そして，裁判所又は裁判官が主宰して行う，証人に対して証言を求める手続が証人尋問である。

　証人が供述し得るのは，自ら経験した事実及びその事実から推測した事項に限られ（法156），単なる意見の陳述に対しては証拠能力が認められない（最判昭26.3.30刑集5-4-731）。

2　カードの記載

　証人尋問を請求するときは，その氏名及び住居[*38,39]を記載した書面を差し出さなければならない（規則188の2 I）。この規定は，審理の能率化と調書の正確性を確保するために設けられたものである（大コンメ(6)212参照）。ただし，不同意の書証に代えて直ちに証人の尋問を請求するような場合や在廷者を証人として取調べ請求し直ちに取調べが行われるような場合には，必ずしもこの書面を差し出す必要はなく，口頭で請求することも差し支えない。

　証人尋問の請求があったときは，カードの「標目」欄に証人の氏名，住居，尋問時間等を記載するほか，「立証趣旨」欄を記載する[*40]。

(1)　「氏名」の記載

　証拠方法の特定のためであるから，具体的に特定ができていれば証拠請求は適法である。証拠請求のとおりに記載すればよく，本名が不明の場合は通称名等を記載することになる。

(2)　「住居」の記載

　住居を明らかにさせる趣旨は，氏名と相まって証人を特定するためと召喚手続のためである。そこで，証人が現に公判廷に在廷する期日に尋問が行われる場合（いわゆる「在廷証人」）は，公判廷で特定がなされ，召喚手続の必要もないので，住居を記載する代わりに「(在廷)」と記載すれば足りる。当事者が尋問期日に同行することを約束した証人（いわゆる「同行証人」）についても召喚手続が不要なことから，証人の特定に支障がないのであれば，住居の記載は不要と考える余地もある[*41]。

　また，証人が刑事施設に収容されている場合の「住居」の表示としては，「○○刑務所受刑中」，「○○拘置所収容中」，「○○警察署留置施設収容中」などと収容場所を表

[*38]　実務上，被害者特定事項の秘匿決定がされた事件の被害者等，証人のプライバシーに配慮する必要性の高い事案については，証人尋問請求書（又はカード）に証人の住所が記載されないことがある。書記官アンケートによれば，当該欄を空欄としたり，検察庁の所在地を記載したりする例が多数であり，証人の転居前の住所や代理人弁護士の事務所の所在地を記載する例もあった。手続の主催者である裁判体と相談の上，カードのみならず，証人尋問調書や出頭カード，旅費日当請求書等，記録上，証人の住所が表れないようにするなど，被害者等の情報への配慮の在り方を検討する必要がある。

[*39]　被害者特定事項の秘匿決定がされた事件における被害者等の住所等の取扱いについては，平成25年6月28日付け刑事局第二課長及び総務局第三課長名の事務連絡を参照。

[*40]　証人尋問における「立証趣旨」は，書証における前述の目的（第1の2，98頁参照）に加え，尋問の範囲を画し，逸脱した尋問を制限する基準とする意味もある（逐条説明56参照）。

[*41]　プライバシーへの配慮が必要な証人等，特別な事情がある場合に限られる。

示すれば足りる。

　実務上，警察官や医師等を，その職務に関する事項で証人尋問請求をする際に，請求書に自宅の住所ではなく，勤務先の警察署や病院の所在地，名称が記載されることがある。この場合，勤務先の表示により証拠方法としての特定はなされているし，召喚手続を取る場合でも，請求者を通じて勤務先に召喚状を送達することに異議がない旨明らかになっていれば（規則63の2），プライバシーに配慮する必要がなく（むしろ，職務に関する事項であれば勤務先に送達する方がプライバシーに配慮しているとも考えられる。），召喚手続上の問題もないと考えられることから，「住居」の箇所に勤務先を記載して差し支えない[*42]。

　請求時に「同行予定」という申出がなされた場合，それは，採用決定があったときには同行するという一種の条件付意思表示であって，請求段階ではカードにその旨を記載する必要はなく，採用決定があった段階で「決定（次回同行）」と記載する。

(3) 「尋問時間等」の記載

　証人の尋問を請求するときは，証人の尋問に要する見込みの時間を申し出なければならない（規則188の3Ⅰ）。これは，裁判所が審理計画を立てる便宜のためであり，カードの「標目」欄に尋問所要見込時間を記載することになっている（カード記載要領通達第2の1(3)）。なお，平成17年の改正において，規則188条の3に2項及び3項が追加された。

　改正前の規則188条の3においても「証人の尋問に要する見込の時間とは，主尋問に要する見込みの時間のみならず，反対尋問に要する見込みの時間を含めて，自己の請求した証人の尋問を終えるまでに要する見込みの時間をいう。」（逐条説明54参照）と解されていたが，実務上は，その趣旨を明らかにして主尋問に要する見込み時間のみを申し出，裁判所が証人の尋問を請求した者の相手方に釈明して，反対尋問に要する見込み時間を確認する場合が多かった（条解637参照）。改正後の第2項は，そのような実務の運用を踏まえた上で，「証人の尋問を請求した者の相手方は，証人を尋問する旨の決定があったときは，その尋問に要する見込みの時間を申し出なければならない。」と，裁判所の求釈明を待つまでもなく，反対尋問に要する見込みの時間を申し出るべき義務を課している。しかしながら，第2項は，第1項の趣旨・内容に影響を与えるものではないので，証人尋問を請求した者は，従前のとおり，反対尋問等に要する見込みの時間を含めて証人の尋問に要する見込みの時間を申し出る必要がある（大コンメ(6)215参照）。

　カードには，反対尋問に要する見込み時間を含めた申出の場合や，明示がない場合には，単に「○分」と記載する。主尋問に要する見込み時間のみの申出の場合は，「主尋問○分」と記載した上で，証人の採用決定後，相手方の尋問に要する見込み時間が

[*42] 「住居」の箇所に勤務先を記載した場合においても，勤務先が送達における住居等になるものではないことから，原則的には就業場所送達の方法（規則63の2）によるべきであるが，これらの証人については，証人の都合を踏まえて尋問期日が指定されるのが一般的であり，召喚状を送達する目的が，証人に対して尋問期日を知らせることよりも，専ら，職務を離れて裁判所に出頭するという服務の関係で，正式な手続を取ることにある場合には，受送達者の異議がない旨の確認や補充送達の通知などの手続を省略する運用もある。

第3章　証拠別による証拠調べ手続とカードの記載

述べられた段階で、「備考」欄に「反対尋問○分」と記載する[*43]。

【記載例20】反対尋問の時間を記載する場合

12　証人○○○○　　　　　　　　　　　　　　　　　　　　　　　　　　　　　　　　反対尋問10分
○○○○-○-○　　　　　　　　　1　1　しかるべく　　1　決定（次回喚問）
〔　　　主尋問20分　　〕
被害状況
（　　　　　　　　　）

※　「反対尋問の時間」は審理予定のメモ的記載であり，公判調書の一部となるものではないから，公判期日の回数や行為の主体を記載する必要はないと考える。

3　出頭の確保

　証人の採用決定があれば，裁判所は，証人に対し，召喚状を発する（法153，62）。ただし，証人が在廷しているとき，あるいは同行証人については，その必要はない。

　証人の採用決定があった場合，「決定」は公判調書の必要的記載事項であるが（規則44Ⅰ㊺），「次回喚問」する旨，あるいは「次回同行」する旨も，当該証人を次回公判期日で尋問することについて，その召喚手続を確実にするため，また，喚問手続を省略できることを明らかにするためにカードに記載する。

　出頭した証人に対し，口頭で次回の出頭を命じたときは，召喚状の送達があったのと同一の効力を有するから，改めて召喚状を発する必要はないが，出頭を命じた旨を調書に記載しなければならない（法153，65Ⅱ）。この出頭命令の告知については，①手続的事項であり，通常，被告人に対し，次回期日を告知し出頭を命じるのと同一の機会に行われることから，それと併せて手続調書に記載する[*44]方法や，②証人の喚問手続に関する情報を一覧できるようにカードに記載する方法が考えられる。なお，手続調書に記載した場合であってもカードにメモ的に記載することは差し支えない。

　証人が公判期日に出頭しなかったときは，公判調書の手続部分には不出頭の旨は記載されない[*45]が，取調べ経過を明らかにして手続が適正に行われたことを担保するため，カードの「結果」欄に「不出頭」と記載するのが相当である。この場合も，召喚手続について「(次回喚問)」等を記載する。

[*43]　証人を採用した期日において，反対尋問に要する時間を含めた尋問予定時間を見込んで次回期日を指定した場合等，反対尋問の時間を記載する実益が低い場合もあると思われる。この記載が，裁判所が審理計画を立てる便宜のためであることからすれば，裁判体の方針により記載しないことも考えられる。
[*44]　手続調書には「指定告知し，証人○○○○に出頭を命じた次回期日」と記載する。調書講義案267頁参照。
[*45]　必要的記載事項は「出頭した」証人の氏名である（規則44Ⅰ⑳）。

【記載例21】証人を採用し，次回期日に喚問する場合

12 証人〇〇〇〇　〇〇〇〇-〇-〇　〔　　　　　　30分　〕　被害状況　（　　　　　　　　　　　）	1	1	しかるべく	1	決定（次回喚問）	
				2	済	1

※　次回期日以外の指定済みの公判期日に喚問する場合は「決定（〇.〇.〇公判喚問）」又は「決定（第〇回公判喚問）」のように記載する（公判期日であることを明らかにするために「公判」の記載を落とさないようにする。）。
※　同行証人の場合は，「決定（次回同行）」と記載する。

【記載例22】在廷証人の場合

1 証人〇〇〇〇　　　　　　（在廷）　〔　　　　　　　　　　〕　今後の被告人の指導監督について　（　　　　　　　　　　　）	1	1	しかるべく	1	決定・済	29

※　住居の代わりに「（在廷）」と記載する理由については，126頁参照。

【記載例23】証人が不出頭の場合

1 証人〇〇〇〇　〇〇〇〇-〇-〇　〔　　　　　　30分　〕　被告人の犯行当日の行動　（　　　　　　　　　　　）	3	3	しかるべく	3	決定（次回喚問）	
				4	不出頭（次回喚問）	
				5	済	1

※　召喚状が証人尋問期日までに送達されなかったために証人が出頭しなかった場合と，召喚状が送達されたにもかかわらず出頭しなかった場合を区別すべきとの考え方もあるが，召喚状の効力の問題とは別に考えられるので，カード上は両者を区別して記載する必要はない。

第3章　証拠別による証拠調べ手続とカードの記載

【記載例24】証人が出頭したが，尋問が延期された場合

3　証人○○○○					
○○○○-○-○　　　　　　〔　　　　　　　　60分〕被告人との関係，犯行に至る経緯，犯行状況，犯行後の状況等（　　　　　　　　　　　）	1	1	しかるべく	1　決定（次回喚問）2　延期（次回尋問）3　　　　済	1

※　手続の経過を明らかにするため「延期」と記載し，「取調順序」は空欄とする。
※　「（次回尋問）」は，尋問を次回期日に行う旨をメモ的に記載したものである。

4　証人尋問の実施方法を定める決定

　法297条は，裁判所は検察官及び被告人又は弁護人の意見を聴き，証拠調べの範囲，順序及び方法を定め又は変更できる旨規定し，個々の証拠の取調べに先立って，裁判所が証拠調べの計画を立てることができることを定めている。

　「証拠調べの方法を定める」とは，証人尋問においては，公判廷で行うか公判準備[*46]として行うかなどの実施方法を定めるもののほか，後述の証人への付添いや遮へい等，証人の負担軽減のための措置を採る旨の決定もこれに当たる。

　このような，証人尋問の実施方法を定め又は変更する決定は，証拠決定（規則190Ⅰ）とは別のものであり，必要的記載事項とはされていないが（規則44Ⅰ㊺ロで除外），証拠調べ手続の経過を明らかにして手続が適正に行われたことを担保するために重要な事項と考えられる場合や，手続の円滑な進行のために記載する実益がある場合には記載するのが相当である。

【記載例25】公判廷での尋問を所在尋問に変更した場合

13　証人○○○○					尋問調書の取調べは職3に記載
○○○○-○-○　　　　　　〔　　　　　　　　50分〕被害状況（　　　　　　　　　　　）	1	1	しかるべく	1　決定（次回喚問）2　不出頭（26.9.22 臨床尋問する旨変更決定・喚問）26.9.22　　施　行	

※　公判廷での尋問を予定していたところ，証人が病気により出頭できないため，第2回公判で，入院先の病院で所在尋問を実施する旨決定した事例である。
※　実務上，入院先の病院等で所在尋問を実施することを「臨床尋問」と呼称している。
※　尋問調書の取調べについて，職権カードに記載した例である（【記載例32】①参照）。

[*46] 公判準備としての証人尋問には，法158条の裁判所外での証人尋問や，法281条の公判期日外の証人尋問がある。

第2 証人

【記載例26】期日外で行う予定の証人尋問期日のみを変更した場合

49　証人○○○○					5	決定（26.7.20 所在尋問・喚問）	第6回公判 尋問調書・済・取調順序2
○○○○-○-○		5	5	しかるべく	26.7.20	26.7.23 に変更	
[　　　　　　2時間　]							
被告人の本件犯行当時における精神状態					26.7.23	施　行	
(　　　　　　　　　)							

※　期日外で証人尋問期日を変更する場合，決定書を作成する必要がある。
※　尋問調書の取調べについて，「備考」欄に記載した例である（【記載例32】②参照）。

5　証人尋問の実施
(1)　証人尋問の手続

証人を尋問するには，まず，その人違いでないかどうかを取り調べ（規則115），次に証人に対し，宣誓をさせなければならない（法154）。証人が宣誓の趣旨を理解することができない者である場合を除き，宣誓をさせないで尋問した証人の供述には証拠能力がない。宣誓をさせた証人に対しては，尋問前に，偽証の罰を警告し（規則120），証言拒絶権を告知しなければならない（規則121）。

証人が宣誓又は証言を拒んだため取調べをしなかったときは，「宣誓，証言等を拒んだこと及びその事由」は公判調書の必要的記載事項であり（規則44 Ⅰ㉓），当該証人尋問調書の人定事項の次にその旨を記載する[*47]ことになるが，結果を明確にするため，カードの「結果」欄に「(宣誓拒否)」，「(証言拒絶)」等，メモ的に記載する。

【記載例27】証人が宣誓を拒んだため取調べをしなかった場合

32　証人○○○○					1	決定（次回喚問）	
○○拘置所収容中		1	1	しかるべく			
[　　　　　　50分　]							
被告人と本件を共謀した事実					2	済（宣誓拒否）	1
(　　　　　　　　　)							

※　人定尋問がなされれば，それは広義の尋問に含まれることや，法321条1項各号書面の証拠能力取得要件（供述不能）の立証時期を明らかにするために，証人尋問が終わったとして「結果」欄を「済」とし，「取調順序」を記載した。
※　証人が証言を拒んだため取調べをしなかった場合は，「済（証言拒絶）」及び「取調順序」を記載する。
※　「結果」欄に「宣誓拒否のため取り調べない」又は「証言拒絶のため取り調べない」と記載する方法もある（調書講義案97頁，99頁参照）。

[*47] 証人尋問調書の記載例は，調書講義案97頁参照。

第3章　証拠別による証拠調べ手続とカードの記載

(2) 証人尋問の方式
ア　交互尋問[*48]

　証人尋問の順序は，①証人尋問を請求した者の尋問（主尋問），②相手方の尋問（反対尋問），③証人尋問を請求した者の再度の尋問（再主尋問）の順序により行い（規則199の2Ⅰ），最後に裁判官が補充的に尋問する（補充尋問）。

　証人尋問を請求した者の相手方は，裁判長の許可を受けたときは，反対尋問の機会に，自己の主張を支持する新たな事項についても尋問することができ，この場合の尋問は新たな事項についての主尋問とみなされる（規則199の5Ⅰ・Ⅱ）。この点につき，新たな事項についての尋問の申立ては，事柄の性質や主尋問者の反対尋問の必要性から，不許可とした上で改めて証人尋問請求をさせなければならない場合もあること，許可がされれば，尋問の範囲を画するものとして立証趣旨類似の機能[*49]を果たすことから，カードに記載するのが相当であると考える[*50]。

【記載例28】反対尋問の機会に新たな事項についての尋問の申立てがあった場合

35	証人○○○○						第4回公判 新たな事項の尋問の申立て※1
○○○○-○-○ [　　　　90分　　　] 被告人から○○に対し金員を要求することの相談を受けた事実 (　　　　　　　)		3	3	しかるべく	3	決定（次回喚問）	
					4	済	1

※	期日	請　求・意　見・結　果　等
1	4	新たな事項の尋問の申立て（甲35）
		弁護人
		恐喝の公訴事実について，被告人が病的酩酊により心神喪失又は心神耗弱の状態にあった
		旨の主張に関する事項の尋問を許可されたい。
		検察官
		しかるべく
		裁判長
		上記許可決定

※　第4回公判で検察官の主尋問終了後，弁護人から新たな事項についての尋問の申立てがあり，裁判長が許可して，新たな事項についても尋問が行われた事例である。
※　申立てを「意見」欄に，許可を「結果」欄に記載する例もあるが，本来対応すべき欄がないことから，「備考」欄（続カード引用）に記載する方が分かりやすいと思われる。
※　裁判長の許可は，命令の性質を有すると考えられるので，必要的記載事項（規則44Ⅰ㊺）である。

[*48] 証人尋問を請求した場合，尋問事項書を提出しなければならないが（規則106Ⅰ），公判期日における交互尋問による場合は，提出が免除されるのが通常である（同ただし書）。
[*49] 証人尋問における立証趣旨については，注40（126頁）参照。
[*50] この申立ては反対尋問の機会に行われることから，主尋問終了後直ちに反対尋問が行われる場合（規則199の4Ⅱ），カードへの記載は尋問終了後となるため，第一審を担当する裁判官の円滑な訴訟指揮に不可欠なものではないが，上訴審が原審の証拠調べの適法性を審査する際にも有用であると考える。

イ　個別尋問及び対質尋問

証人は，各別にこれを尋問しなければならず，後に尋問すべき証人が在廷するときは，退廷を命じなければならない[*51]（規則123Ⅰ，Ⅱ）。

複数の証人を同時に尋問することは，原則的には許されないが，証人相互間又は証人と被告人の供述に食い違いがあって，そのどちらが真実なのか疑いがあるような場合など，裁判所が真実を発見するために必要があるときは，証人と他の証人又は被告人と対質させることができる（規則124）。なお，対質とは，証人同士又は証人と被告人とで互いに尋問又は質問し合うことではなく，裁判長が，同時に数人の証人又は被告人を在廷させて同一の事項について尋問又は質問することをいう（調書講義案93参照）。

証人Aの供述中，証人Bとの対質があったときは，Bの供述についてもカードに記載する。この場合，「標目」欄の記載は「証人B（証人A供述中）」とし，証人Aの「備考」欄にも「証人Bの供述を含む」旨をメモ的に記載する（調書講義案130参照）。

【記載例29】証人尋問中，他の証人と対質が行われた場合

5	証人 乙山二郎 （在廷） 犯行目撃状況	3	3	しかるべく	3	決定・済	3	証人甲野の供述を含む
7	証人 甲野三郎 （証人乙山供述中） （在廷） 犯行目撃状況	3	3	しかるべく	3	決定・済	2	弁5の調書に記載

※　本記載例は，第3回公判において乙山の証人尋問を実施したところ，先に証人尋問を実施した甲野の供述と食い違いがあるため，乙山の尋問中に，甲野を対質し，その後乙山のみを取り調べて終了した例である（証拠番号7の記載は対質に関するものであり，先に実施した証人尋問に関するものではない。）。
※　乙山の証人尋問調書には，人定尋問の次に「（対質した証人甲野三郎の供述を含む。）」と記載し，供述部分中に，甲野の供述を記載する（証人尋問調書の記載例は，調書講義案94頁参照）。
※　甲野の証人尋問調書には，人定尋問を記載し，供述については乙山の尋問調書に記載した旨，記載する。なお，証人には，当該被告事件で1回宣誓をさせれば，その後新たな証拠決定に基づいて取り調べる場合にも宣誓をさせる必要がないというのが判例（大判大11.10.24刑集1-9-582）であるが，尋問が続行された場合は別として，新たな証拠決定に基づいて尋問するときは，改めて宣誓させるのが妥当との考え方もある（調書講義案95頁参照）。この考え方によれば，宣誓をさせた上で，宣誓書を調書に添付することになる。
※　「取調順序」は，取調べが終了した順序に従って追番号とした。

[*51]　同一期日で複数の証人尋問を実施する場合には，証人の召喚時刻や待機場所等を訴訟関係人と調整し，立会書記官以外の職員も協力して証人の誘導等を行う必要がある。

第3章　証拠別による証拠調べ手続とカードの記載

【記載例30】証人尋問中，証言に関連して被告人質問が行われた場合

〔検察官〕

20　証人 丙川四郎 〇〇〇〇-〇-〇 〔　　　　　30分〕 犯行目撃状況 （　　　　　　　　）	1	1	しかるべく	1	決定(次回同行)		被告人の供述を含む
				2	済	2	

〔職権〕

7　(被) （証人丙川供述中） 〔　　　　　　　〕 （　　　　　　　）				2	施　行	1	甲20の調書に記載

ウ　尋問の続行

　　証人尋問は，一期日で終了しないときは新たな期日を指定して続行されるが，尋問が数期日にまたがったとしても，当該証人に関する証拠調べ手続としては一つであるので，宣誓や証言拒絶権の告知等の手続も一度で足り，続行された期日に改めて行う必要はない。続行された期日の冒頭で，裁判官が先にした宣誓の効力を維持する旨を告知したときは，当該証人尋問調書にその旨を明示しておくのが相当である[*52]（調書講義案95参照）。

　　尋問が次回期日に続行された場合は，カードの「結果」欄に「続行」と記載し，「取調順序」を記載する（規則44Ⅰ㉚）。人定尋問と宣誓のみが行われ，尋問自体は次回に繰り越された場合，人定尋問も広義の尋問であるから，「続行」と記載する。

【記載例31】証人尋問が続行になった場合

44　証人 〇〇〇〇 〇〇〇〇-〇-〇 〔　　　　　3時間〕 被告人の取調経緯 （　　　　　　　　）	7	7	しかるべく	7	決定（次回同行）		
				8	続行（出頭命令告知）	1	
				9	続行（出頭命令告知）	1	
				10	済	1	

※　第8回ないし第10回公判にわたって証人尋問が実施された例である。
※　証人に対する出頭命令の告知をカードに記載した（128頁参照）。

[*52]　この場合，尋問調書に宣誓書が添付されないことから，告知した旨を記録上明らかにしておく必要がある。

第2　証人

6　公判期日外の証人尋問
(1)　手続

　　証人尋問は公判期日に公判廷で行われるのが原則であるが，法は，その例外として，①証人を公判期日外に裁判所外の特定の場所に召喚し，又はその現在場所で尋問する場合（法158Ⅰ）と，②証人を公判期日外に裁判所内において尋問する場合（法281）の規定を設けた。両者とも公判期日外に尋問を行う点では共通するが[*53]，場所について，①が裁判所外であるのに対し，②は裁判所内である点が異なる。公判期日外の証人尋問においても，後述の証人への付添い（法157の2），証人の遮へい（法157の3），ビデオリンク方式（法157の4）を用いることができる。

　　公判期日外で証人尋問ができるのは，証人の重要性，年齢，職業，健康状態その他の事情と事案の軽重等，法158条1項に掲げる事項を考慮して必要と認めたときでなければならず，特別の必要がないのに公判期日外で証人尋問を行うことは，被告人の反対尋問権を侵害することになり，違法である。

　　裁判所は，裁判所外で証人を尋問するには，検察官及び被告人又は弁護人の意見を聴いた上，裁判所外で尋問する旨の決定をする（法297Ⅰ，158Ⅰ）。

　　公判期日外で証人尋問を行う場合，証人尋問を請求した者は，速やかに尋問事項書とその謄本を差し出さなければならず（規則106Ⅰ，Ⅴ），裁判所は，差し出された尋問事項書を参考として尋問すべき事項を定め，これを相手方及びその弁護人に知らせなければならない（規則108Ⅰ）。これは，公判期日外の証人尋問の場合，当事者は立会権を有するが（法157Ⅰ），立会いを要件としていないので，尋問事項を知らせることにより，当該尋問に立ち会うか否かを決定する資料を提供するとともに，立ち会わない場合においても，できるだけ自らが立ち会って尋問したのと同じ効果を上げるため，尋問事項を検討した上，必要な事項の尋問を付加して請求することを可能にするためである。

　　公判期日外の証人尋問の実施方法は，公判期日における証人尋問とほとんど同様であるが，公開の必要がないこと，当事者が立ち会わなくても実施できること（ただし，立会いの機会を与えなければならない。），裁判所外で実施する場合（法158）には，受命裁判官（合議体の構成員）あるいは受託裁判官（他庁の裁判官）によって行うこともできる[*54]こと（法163）等の点に相違がある。

　　公判期日外の証人尋問においては，裁判所書記官が立ち会って証人尋問調書を作成する（規則37，38Ⅰ）。この尋問調書は，無条件に証拠能力が認められ（法321Ⅱ前段）[*55]，法303条により後の公判期日に必ず取り調べなければならない。

　　検察官，被告人又は弁護人が期日外の証人尋問に立ち会わなかったときは，立ち会わなかった者に，証人の供述の内容を知る機会を与えなければならない（法159Ⅰ）。具体的には，証人尋問調書が整理されたとき又は送付されたとき（受託裁判官の場合），その旨を立ち会わなかった者[*56]に通知する必要がある（規則126Ⅰ）。

[*53]　法281条が裁判所外の場合まで含む一般規定と解すべきかどうかについては議論がある（条解568参照）。
[*54]　法281条の証人尋問は，受訴裁判所が行うものであり，裁判所内での証人尋問を受命裁判官に行わせるのは違法である（最決昭29・9・24刑集8-9-1519）。
[*55]　公判準備における証人尋問調書の証拠能力については，第1の4(1)イ(ア)，106頁参照。

第3章　証拠別による証拠調べ手続とカードの記載

(2) カードの記載[*57]

　　公判期日外の証人尋問の結果を記載した書面を職権で証拠調べする場合（法303），元の証拠調べ手続とは別個の手続によりなされる点に注目すれば，職権分のカードに記載することになる。他方，元の証拠の「備考」欄に余白がある場合は，同欄を利用して記載した方が，当該「標目」欄に記載された証拠方法が最終的に証拠資料となるまでの一連の手続経過として同一の欄に記載されることから，一覧性の要請にかなうとの考え方もある[*58]。

【記載例32】期日外の証人尋問の結果を記載した書面を職権で取り調べた場合

①職権カードに記載する方法

〔弁護人〕

3	証人〇〇〇〇　〇〇〇〇-〇-〇　[　　　2時間　] 被告人の精神状態 （　　　　　）	26.10.24	26.10.24	しかるべく	26.10.30	決定（26.11.16 〇〇大学で尋問・喚問）	尋問調書の取調べは職5に記載
					26.11.16	施　行	

〔職権〕

5	証人〇〇〇〇尋問調書 [　　　　　] （　　　　　）				5	済	1	弁3関係

※　公判準備における証人尋問の結果を記載した書面（尋問調書）を，法303条により職権で取り調べたという手続の流れに沿った原則的な記載方法である。
※　一覧性のため，各「備考」欄の記載により，対応関係を明らかにしている。従前，証人の「備考」欄について「職権カードに記載」としていたものを，具体的な証拠番号を明示することとし，職権カードの「備考」欄について「（弁）証拠番号3関係の調書」等としていたものを，可能な限り簡潔な表現とした。
※　「標目」欄を「証人尋問調書　〇〇〇〇」とする記載例もあるが，実務上，期日外の証人尋問の場合，調書の標題を「証人〇〇〇〇尋問調書」とする例が多く，その場合には標題どおり記載すれば足りる。

[*56] 法157条1項は，証人尋問に立ち会うことができる者として「被告人又は弁護人」と規定しているが，被告人の証人尋問権を保障するものであることから，両者に立会いの機会を与えなければならないという趣旨に解し，弁護人のみが立ち会った場合には，被告人に通知しなければならないとされている。

[*57] 期日外の証人尋問についても，宣誓拒否・証言拒絶があった場合や，尋問が続行になった場合は，期日における証人尋問と同様の記載方法による（前者につき【記載例27】，後者につき【記載例31】参照）。

[*58] 第4章第2，197頁以下参照。

② 「備考」欄に記載する方法

3　証人〇〇〇〇　　　　〇〇〇〇－〇－〇　〔　　　　　　　　2時間　　〕　被告人の精神状態　（　　　　　　　　　　　　）	26.10.24	26.10.24	しかるべく	26.10.30	決定（26.11.16 〇〇大学で尋問・喚問）	第5回公判 尋問調書・済・取調順序1
				26.11.16	施　行	

※　「備考」欄には，証人そのものではなく，「尋問調書」という書面に転換して取り調べたことが明らかになるように記載する。

【記載例33】証人尋問を受命裁判官・受託裁判官により実施した場合

①受命裁判官による場合

3　証人〇〇〇〇　　　　〇〇〇〇－〇－〇　〔　　　　　　　　20分　　〕　被害者が受傷した経緯　（　　　　　　　　　　　　）	2	2	しかるべく	2	決定（26.11.26 受命裁判官により所在尋問・喚問）	第3回公判 尋問調書・済・取調順序1
				26.11.26	施　行	

②受託裁判官による場合

3　証人〇〇〇〇　　　　〇〇〇〇－〇－〇　〔　　　　　　　　1時間　　〕　被告人が覚せい剤を受け取った時の状況　（　　　　　　　　　　　　）	2	2	しかるべく	5	決定（〇〇地裁裁判官に嘱託して尋問）	第6回公判 尋問調書・済・取調順序1
				26.12.12	〇〇地裁裁判官により施行	

※　他庁の裁判官に証人尋問を委託した場合，「結果」欄には委託した旨のみを記載して，「施行」の記載は不要との見解もある（56幹研69参照）が，嘱託にかかる証人尋問が，いつ実施されたのか確認できれば，本記載例のように記載することも考えられる。

7　証人の負担を軽減する措置
(1) 制度趣旨

　　犯罪の被害者や年少者等が，被害者や目撃者として証人尋問を受けるときは，強い精神的負担や緊張を覚え，時にはこれらの者が受けた精神的被害を更に悪化させることが考えられる。そこで，平成12年5月19日に公布された刑事訴訟法及び検察審査会法の一部を改正する法律により，証人の精神的負担を軽減するため，①証人への付添い（法157の2），②証人の遮へい（法157の3），③ビデオリンク方式による証人尋問（法157の4）の制度が導入され，実務においても積極的に活用されている。なお，これらの措置は単独で利用することも，複数を併用[59]することも可能である。

---

[59] 実務上，付添いの措置と遮へいの措置を併用する事例や，ビデオリンク方式と遮へいの措置を併用する事例（(4)エ，143頁参照）は多い。

第3章　証拠別による証拠調べ手続とカードの記載

(2) 証人への付添い
ア　内容
　裁判所は，証人を尋問する場合において，証人の年齢，心身の状態その他の事情を考慮し，証人が著しく不安又は緊張を覚えるおそれがあると認めるときは，検察官及び被告人又は弁護人の意見を聴き，その不安または緊張を緩和するのに適当であり，かつ，裁判官若しくは訴訟関係人の尋問若しくは証人の供述を妨げ，又はその供述の内容に不当な影響を与えるおそれがないと認める者を，その証人の供述中，証人に付き添わせることができる（法157の2Ⅰ）。

イ　決定の手続
　証人尋問の際の証人への付添いは，裁判所の職権による措置であるが，証人尋問を請求した当事者から付添いを求める申出がされることが多い。裁判所は，検察官及び被告人又は弁護人の意見を聴いて，付添いの要否及び付き添わせるべき者の適格性について調査（規則208Ⅰ，法43Ⅲ）し，付添いの措置を採るか否かを判断することになる。

　付添いの措置を採る旨の決定は，公判期日前にする場合においても，送達することを要しない（規則107の2Ⅰ）が，決定の内容を訴訟関係人に通知しなければならない（同Ⅱ）[*60]。訴訟関係人その他の者に対し通知をした場合には，これを記録上明らかにしておかなければならない（規則298Ⅲ）[*61]。

ウ　公判調書の記載
　公判調書の必要的記載事項は，法157条の2第1項に規定する措置（付添いの措置）を採ったこと，証人に付き添った者の氏名，付添人と証人との関係である（規則44Ⅰ㉔）。

　付添いの措置を採る旨の決定は，証拠調べの方法を定める決定（法297Ⅰ）に当たり（大コンメ(6)199参照），公判調書の必要的記載事項からは除外されている（規則44Ⅰ㊺ロ）が，証拠調べ手続の経過を明らかにして手続が適正に行われたことを担保するほか，その後の進行予定を把握して必要な期日間準備をする等，手続の円滑な進行のために有益な事項として記載する実益もあることから，カードに記載する。

　付添いの措置を採る旨の決定後，すぐに付添いの措置を採って証人尋問を実施した場合には，結果である「付添いの措置を採ったこと」が調書に記載されることから，その前段階の「決定」については，基本的には記載するまでもない。ただし，決定に当たり訴訟関係人から反対意見が述べられたり，決定に対して法309条の異議が申し立てられるなどした場合には，決定に至る経緯を明らかにするため，訴訟関係人の意見や異議申立て[*62]の記載に加えて，付添いの措置を採る旨の決定を記載して

[*60] 証人や付添人に対しては通知の義務はないことから，必要に応じて行えばよい。付添いの措置を求める申出をした訴訟関係人から連絡してもらう方法も考えられる。

[*61] 記録上明らかにする方法として，カードの「備考」欄や決定書に付記する方法が考えられるが，公判廷において決定した場合は，出頭している訴訟関係人には法廷で通知していることから，記載する必要はなく，期日外で決定した場合には決定書に付記できることから，実際上，カードの「備考」欄を利用しなければならない場面は多くはないと思われる。

[*62] 詳細については，第4章第7の1，230頁以下参照。

おくのが相当であろう。

「付添人と証人との関係」については，付添人が親族である場合は，証人から見た続柄を記載する。身分関係がない場合は，その者を付き添わせることとした根拠を推測させるような付添人の立場を簡潔に記載する。具体例としては「被告人に対する民事訴訟事件の代理人弁護士」，「○○地方検察庁被害者支援員」，「○○小学校教諭」等が考えられる。

必要的記載事項については，付添いの措置を採った証人の尋問調書に記載し，カードの「結果」欄には，証拠調べの結果を明確にするため「（付添いの措置）」とメモ的に記載する。

【記載例34】付添いの措置を採る場合

①公判期日で付添いの措置を採る旨の決定を行い，次回期日に尋問する場合

5	証人○○○○					2	決定（次回喚問）証人の父○○○○を付き添わせる旨決定		
〔　　　　60分　〕被害状況（　　　　　）		2	2	しかるべく		3	済（付添いの措置）	1	

※　この場合，付添いの措置を採る旨の決定の記載がないと，次回期日で付添いの措置を採ることが記録上明らかにならないので，記載するのが相当である。
※　付添人と証人の間に身分関係がない場合は，付添人の立場（肩書）を記載することになるが，本カードに記載しきれない場合は「付添いの決定※1」として続カードに記載することも考えられる。
※　【記載例34】ないし【記載例38】は，裁判体の訴訟指揮により証人の住居の記載を省略した場合を想定している（注38，126頁参照）。

②期日外で付添いの措置を採る旨の決定を行った場合

5	証人○○○○					2	決定（次回喚問）		
〔　　　　60分　〕被害状況（　　　　　）		2	2	しかるべく		26.12.26	付添いの決定		
						3	済（付添いの措置）	1	

※　この場合，付添いの措置を採る旨の決定は，期日外の事項としての記載であり，詳細については決定書を見ればわかるので，この程度の記載で足りると考える。なお，訴訟関係人等に対し通知したことを決定書に付記するなどした場合には，重ねてカードの「備考」欄に記載する必要はない。

③公判期日で付添いの措置を採る旨の決定を行い，同じ期日で尋問する場合

5	証人○○○○								
〔　　　　60分　〕被害状況（　　　　　）		2	2	しかるべく		3	決定・済（付添いの措置）	1	

※　この場合，同一期日で「付添いの措置を採ったこと」が記録上明らかになるので，「付添いの措置を採る旨の決定」については，基本的には記載するまでもない。

第3章　証拠別による証拠調べ手続とカードの記載

(3) 証人の遮へい
　ア　内容
　　　裁判所は，証人を尋問する場合において，犯罪の性質，証人の年齢，心身の状態，被告人との関係その他の事情により，証人が被告人の面前において供述するときは圧迫を受け精神の平穏を著しく害されるおそれがあると認められる場合であって，相当と認めるときは，検察官及び被告人又は弁護人の意見を聴き，被告人とその証人との間で，一方から又は相互に相手の状態を認識することができないようにするための措置を採ることができる[*63]。ただし，被告人から証人の状態を認識することができないようにするための措置については，弁護人が出頭している場合に限り，採ることができる（法157の3Ⅰ）。
　　　また，裁判所は，証人を尋問する場合において犯罪の性質，証人の年齢，心身の状態，名誉に対する影響その他の事情を考慮し，相当と認めるときは，検察官及び被告人又は弁護人の意見を聴き，傍聴人とその証人との間に，相互に相手の状態を認識することができないようにするための措置を採ることができる（同Ⅱ）。
　イ　決定の手続
　　　上記(2)イと同じ。
　ウ　公判調書の記載
　　　公判調書の必要的記載事項は，法157条の3に規定する措置（遮へいの措置）を採ったことである（規則44Ⅰ㉕）。遮へいの措置を採る旨の決定の記載については，上記(2)ウで述べたところと同様である。
　　　遮へいの措置には，①証人と被告人が相互に相手の状態を認識することができないようにする場合，②被告人から証人の状態を認識することができないようにする場合，③証人から被告人の状態を認識することができないようにする場合，④証人と傍聴人とが相互に相手の状態を認識することができないようにする場合，⑤被告人との間及び傍聴人との間の遮へいを併用する場合等があるので，公判調書の記載に際しては，いずれの措置を採ったのかを明らかにして記載する必要がある。
　　　必要的記載事項については，遮へいの措置を採った証人の尋問調書に記載し，カードの「結果」欄には，証拠調べの結果を明確にするため「（遮へいの措置）」とメモ的に記載する。

---

*63　遮へい装置の配置や証人の動線については，裁判体の訴訟指揮とも関係することから，打合せ等を行い，裁判体と認識を共通にする必要がある。なお，遮へい装置の搬入・設置，証人の宣誓書の準備，旅費日当の支給手続については，書記官室全体でバックアップ態勢を取る必要がある。

【記載例35】遮へいの措置を採る場合

①公判期日で遮へいの措置を採る旨の決定を行い，次回期日に尋問する場合

5	証人〇〇〇〇						
〔　　　　60分〕 被害状況 （　　　　　　）		2	2	しかるべく	2	決定（次回喚問） 遮へいの決定 証人・被告人相互間 証人・傍聴人相互間	
					3	済（遮へいの措置）	1

※　この場合，遮へいの措置を採る旨の決定の記載がないと，次回期日で遮へいの措置を採ることや，どのように遮へいをするのか記録上明らかにならない[*64]ため，記載するのが相当である。

※　遮へいの措置を採る旨の決定について「証人と被告人及び証人と傍聴人が相互に相手の状態を認識することができないようにするための措置を採る旨決定」などと記載する方法もある（調書講義案108参照）が，本記載例のように，記載の実質的内容を維持しつつ簡潔に記載することも許されると考える。

※　決定の内容を詳細に記載する場合，記載事項が多くなるため，ゴム印を利用する方法や，本カードには「遮へいの決定※〇」として，続カードに詳細な内容を記載する方法も考えられる。

②期日外で遮へいの措置を採る旨の決定を行った場合

5	証人〇〇〇〇						
〔　　　　60分〕 被害状況 （　　　　　　）		2	2	しかるべく	2	決定（次回喚問）	
					26. 12. 26	遮へいの決定	
					3	済（遮へいの措置）	1

※　この場合，遮へいの措置を採る旨の決定は，期日外の事項であり，詳細については決定書を見ればわかるので，この程度の記載で足りると考える。なお，訴訟関係人等に対し通知したことを決定書に付記するなどした場合には，重ねてカードの「備考」欄に記載する必要はない。

③公判期日で遮へいの措置を採る旨の決定を行い，同じ期日で尋問する場合

5	証人〇〇〇〇						
〔　　　　60分〕 被害状況 （　　　　　　）		2	2	しかるべく	3	決定・済（遮へいの措置）	1

※　この場合，同一期日で「遮へいの措置を採ったこと」が記録上明らかになるので，「遮へいの措置を採る旨の決定」については，基本的には記載するまでもない。

---

*64　この決定についても，後述のビデオリンク方式による証人尋問【記載例36】や記録媒体への記録【記載例38】と同様に「遮へいの決定」等，簡略な記載とすることも考えられるが，事前準備（遮へい装置の準備や法廷の設営）のためには，どのように遮へいをするかについての情報が必要であると考え，詳細に記載したものである。

(4) ビデオリンク方式による証人尋問
　ア　内容
　　　裁判所は，法157条の4第1項各号以下の者を証人として尋問する場合において，相当と認めるときは，検察官及び被告人又は弁護人の意見を聴き，裁判官及び訴訟関係人が証人を尋問するために在席する場所以外の場所（これらの者が在席する場所と同一の構内に限る。）にその証人を在席させ，映像と音声の送受信により相手の状態を相互に確認しながら通話をすることができる方法によって，尋問することができる（法157の4 I）[*65]。
　　　ビデオリンク方式による証人尋問を行うことができる者は，強姦罪，児童買春の罪等の被害者（同項①，②）のほか，暴力団等による組織的犯罪の被害者や年少被害者といった，犯罪の性質，証人の年齢，心身の状態，被告人との関係その他の事情により，裁判官及び訴訟関係人が証人を尋問するために在席する場所において供述するときは圧迫を受け精神の平穏を著しく害されるおそれがあると認められる者（同項③）である。
　イ　決定の手続
　　　上記(2)イと同じ。
　ウ　調書の記載
　　　公判調書の必要的記載事項は，法157条の4に規定する方法（ビデオリンク方式）による証人尋問を行ったことである（規則44 I ㉖）。ビデオリンク方式により証人尋問を行う旨の決定の記載については，上記(2)ウで述べたところと同様である。
　　　必要的記載事項については，ビデオリンク方式による証人尋問を行った証人の尋問調書に記載し，カードの「結果」欄には，証拠調べの結果を明確にするため「（ビデオリンク方式）」とメモ的に記載する。

[*65] 実際にビデオリンク方式による証人尋問を実施する場合は，機器を使用できる法廷が限られていることから，当該法廷が利用可能な日で尋問期日を調整する必要がある。また，機器の準備等に一定の時間を要することから，尋問開始時刻や，他の事件の指定状況にも留意する必要がある。

【記載例36】ビデオリンク方式による場合

①公判期日でビデオリンク方式の決定を行い，次回期日に尋問する場合

5	証人 ○○○○					2	決定（次回喚問）ビデオリンク方式の決定		
[　　　　60分　　] 被害状況 （　　　　　　　）		2	2	しかるべく		3	済（ビデオリンク方式）	1	

※　この場合，「ビデオリンク方式の決定」の記載がないと，次回，ビデオリンク方式による証人尋問を行うことが記録上明らかにならないため記載するのが相当である。

※　「ビデオリンク方式の決定」について，被害者保護制度の研究83頁，調書講義案110頁の記載例では「法157条の4第1項に規定する方法により尋問する旨決定」となっているが，これは，条文上「ビデオリンク方式」という文言がないため，決定の内容を正確に記載するためのものと思われる。実務上，ビデオリンク方式という用語が定着していることに鑑みれば，本記載例のように端的に「ビデオリンク方式の決定」と記載してよいと考える。

②期日外でビデオリンク方式の決定を行った場合

5	証人 ○○○○					2	決定（次回喚問）		
[　　　　60分　　] 被害状況 （　　　　　　　）		2	2	しかるべく		26.12.26	ビデオリンク方式の決定		
						3	済（ビデオリンク方式）	1	

※　この場合，ビデオリンク方式の決定をしたことは，期日外の事項の記載であり，詳細については決定書を見ればわかるので，この程度の記載で足りると考える。なお，訴訟関係人等に対し通知したことを決定書に付記するなどした場合には，重ねてカードの「備考」欄に記載する必要はない。

③公判期日でビデオリンク方式の決定を行い，同じ期日で尋問する場合

5	証人 ○○○○								
[　　　　60分　　] 被害状況 （　　　　　　　）		2	2	しかるべく		3	決定・済（ビデオリンク方式）	1	

※　この場合，同一期日で「ビデオリンク方式による証人尋問を行ったこと」が記録上明らかになるので，その「決定」については，基本的には記載するまでもない。

エ　ビデオリンク方式による証人尋問と遮へいの措置の併用

　　証人の負担を軽減するための各措置を併用できることは前述のとおりであるが，実務上，ビデオリンク方式による証人尋問を行う場合，併せて遮へいの措置が採られることが多い。

　　これは，ビデオリンク方式による証人尋問を行う場合，証人は別室にいるため，証人が，被告人及び傍聴人を認識することはできない[66]が，証人がモニター映像を

---

[66] 証人に被告人の同一性を確認させるため，法廷のカメラで被告人の姿を映す場合もある。

通じて被告人や傍聴人から自分の姿を見られていると感じることの精神的負担を軽減するために，被告人及び傍聴人から証人を認識することができないようにするための措置である。実際上は，モニターに証人の映像が映らないように映像入力端子を接続しない措置を採ったり，モニター自体を設置しない等の措置を採ることが考えられる＊67。

【記載例37】ビデオリンク方式による証人尋問において遮へいの措置を採る場合

5	証人〇〇〇〇						1	決定（次回喚問）遮へい・ビデオリンク方式の決定※1	
[　　　　　60分　] 被害状況 (		1	1	しかるべく			2	済（遮へいの措置・ビデオリンク方式）	1

※	期日	請　求・意　見・結　果　等
1	1	遮へい・ビデオリンク方式の決定（人5）
		裁判長
		証人と被告人及び証人と傍聴人が相互に相手の状態を認識することができないようにするための措置を採った上，法157条の4第1項に規定する方法により尋問する旨決定

※　第1回公判において遮へいの措置を採った上でビデオリンク方式による尋問を行う旨の決定を行い，第2回公判に実施した事例である。
※　遮へいの措置を採る旨の決定等を記載する理由は前述のとおりである。どのように遮へいを行うかを明らかにするため，続カードに記載している。

オ　ビデオリンク方式による証人尋問を記録媒体に記録する場合

ビデオリンク方式により証人尋問を行う場合において，裁判所は，その証人が後の刑事手続において同一の事実につき再び証人として供述を求められることがあると思料する場合であって，証人の同意があるときは，検察官及び被告人又は弁護人の意見を聴き，その証人の尋問及び供述並びにその状況を記録媒体（映像及び音声を同時に記録することができる物に限る。）に記録することができる（法157の4Ⅱ）。

ビデオリンク方式による尋問を記録媒体に記録することも，裁判所の職権による措置であり，決定の手続については上記(2)イと同じである。

ビデオリンク方式による証人尋問を記録媒体に記録する旨の決定は，公判調書の必要的記載事項から除外されている（規則44Ⅰ㊺ト）＊68が，記載する実益がある場合があることは，上記(2)ウのとおりである。

公判調書の必要的記載事項は，「法157条の4第2項の規定により証人の同意を得てその尋問及び供述並びにその状況を記録媒体に記録したこと」と「その記録媒体の種類及び数量」である（規則44Ⅰ㉗）。また，尋問調書の紙面部分には，記録媒体が調書の一部とされていることを明らかにし（規則38Ⅶ），それに対応して，記録媒体には，それが当該調書の一部であることを明らかにしておく必要がある。

＊67　詳細は，犯罪被害者保護の研究124頁以下参照。
＊68　付添い等の措置を採る旨の決定が，証拠調べの方法を定める決定として公判調書の必要的記載事項からは除外されている（規則44Ⅰ㊺ロ）のとは根拠条文が異なることに注意する。

第3 証拠物

必要的記載事項は，ビデオリンク方式による証人尋問を行った証人の尋問調書に記載し，カードの「結果」欄には，結果を明確にするために「（ビデオリンク方式・記録媒体への記録）」と，「備考」欄には，尋問調書と記録媒体の関連性を明らかにして一覧性を確保するために「記録媒体の種類及び数量」を，それぞれメモ的に記載する。

【記載例38】ビデオリンク方式により証人尋問を行い，記録媒体に記録した場合

5 証人〇〇〇〇 〔 60分 〕 被害状況 ( )	2	2	しかるべく	2	決定（次回喚問）ビデオリンク方式及び記録媒体への記録の決定		DVD1枚添付
				3	済（ビデオリンク方式・記録媒体への記録）	1	

※ 記録媒体への記録の決定を記載する理由は【記載例36】と同じである。
※ 被害者保護制度の研究105頁，調書講義案112頁の記載例では，決定の内容を正確に記載するため，本カードに「ビデオリンク方式及び記録媒体への記録の決定※〇」と記載した上で，続カードを引用し「法157条の4第1項に規定する方法により尋問し，証人の同意を得て尋問及び供述並びにその状況を記録媒体に記録する旨決定」としているが，採られた措置の正確な内容は，証人尋問調書に記載されることから，カードについては，上記のような記載で足りると考える。
※ 上記研究，講義案の記載例では，「結果」欄を単に「済（ビデオリンク方式）」としているが，他の措置の記載方法と平仄を合わせて，本記載例のように，記録媒体に記録したこともメモ的に記載することも考えられる。

第3 証拠物

1 意義・性質

証拠物とは，物の存在又は状態が証拠となるものをいう。書類であっても，その文章の意味内容ではなく，記載に用いられたものの材質や文字など書類の形式体裁自体が証拠となるときは証拠物である。

証拠物は，客観性を備えており，供述証拠とは違って，記憶違いもなければ虚偽の供述もなく，その物の物理的存在又は状態そのものが人の五官の作用によって知覚，認識されるものであるから，その信ぴょう性について特別の判断を必要とする余地はない。したがって，公訴事実との関連性が認められる限り，証拠物は，原則として証拠能力を有し，証拠とすることができる。違法な手続により収集された証拠物の証拠能力については，学説・判例ともに積極，消極の両説がある。書証と証拠物の性質を併せ有するもの（証拠物たる書面）の証拠能力については，「第4 証拠物たる書面」（148頁以下）で別途検討する。

2 カードの記載

(1) 「標目」欄

証拠物の証拠調べ請求があったときは，名称，量目，検察庁の領置番号等で特定する。
具体的には，「標目」欄に名称，量目を記載し，「供述者，作成年月日，住居，尋問時間等」の箇所に，検察庁の領置番号（例：平26〇地領1786号符4），他の裁判所で押収されている証拠の証拠調べ請求がされた場合の押収番号（例：〇〇地裁平26押第132号符4），押収後の公判期日に証拠調べ請求がされた場合の押収番号（例：平26押第132の4）

第3章 証拠別による証拠調べ手続とカードの記載

等を記載する（カード記載要領通達第2の(3)，カード解説59参照）。検察庁の領置番号等が付されていない場合[69]は，特定のために形状，特徴，規格ナンバー，メーカー名，寸法，素材（金属製，木製，プラスチック製等）等をあわせて記載する。

証拠物を受け入れた場合，押収物総目録を作成するが（押収物等取扱規程第5条），「品目」欄については，その物を特定できるように，名称，種類等を正確かつ具体的に記載する（押収物等取扱規程運用通達第2の2の(2)のイ）。この「品目」とカードの「標目」との関係について，押収物総目録の場合は，押収物の事務処理の適正及び事故防止のため，その記載を見ただけで，その物の形態が推測できる程度に特定する必要がある（訟執資68-28参照）のに対し，カードの場合は，記録上，他の証拠と紛れない程度の特定が求められているのみであり，両者の記載は同一性を持ちながらも，一般的には押収物総目録の品目の方がより詳細な記載になる。

(2) 「立証趣旨」欄

証拠物については，それ自体からは要証事実との関連性が不明な場合が多いから，立証趣旨としては，主に関連性について記載する必要がある。例えば，石につき「被告人が警察官に投げたもの」，棒につき「凶器として使用されたもの」，毛布につき「被害者を包んでいたもの」などである（刑訴の実務（下）427参照）。

(3) 「意見」欄

非供述証拠である証拠物には伝聞法則の適用はないから，法326条の同意の有無を確かめる必要はなく，証拠物の証拠調べ請求に対する相手方の意見としては「異議なし」あるいは「関連性なし」などと述べられるのが一般である[70]。

証拠物と要証事実との関連性等，証拠調べの決定をするについて必要があると認める場合は，提示命令（規則192）が出されることがある。提示命令は必要的記載事項ではないが，証拠調べ手続の適正確保の目的に鑑み，必要性や実益があれば記載する[71]。

【記載例39】関連性の調査のため，提示命令があった場合

※ 提示命令とそれに基づく提示を「備考」欄ではなく「結果」欄に記載した例である。

(4) 「結果」欄

証拠物の取調べ方式は展示であり（法306），通常，証拠調べ請求をした者が，証拠物を被告人に示し，併せて事件との関連性や所有関係などを被告人に質問する方法が

---

[69] 証拠物の場合，領置番号も特定の手段として使用できるので，領置番号が記載されていれば必要最小限の特定がされていると考えられる。
[70] 証拠物又は非供述証拠に対して「同意」の意見が述べられた場合については，第4の2，149頁参照。
[71] 提示命令の記載については，第1の4(2)エ，115頁参照。

採られている。証拠調べを終えた証拠物は，裁判所に提出される（法310）。提出された証拠物について裁判所が自ら保管するためには，改めて裁判所でこれを領置し（法101），押収物等取扱規程に基づきこれを保管する。提出された証拠物について，裁判所が領置の必要がないと認める場合には，提出者に返還する。なお，没収を言い渡すためには，その物件が裁判所に押収されていることを必要としない（最決昭29.3.23刑集8-3-318）。

提出された証拠物についてする裁判所の領置は，令状を発しないでする「押収」であり，「公判廷においてした押収」として公判調書の必要的記載事項であり（規則44Ⅰ㉛），カードの「結果」欄に「領置」と記載する。

(5) 「備考」欄

領置した場合，事後の押収物の取扱いの便宜のため，「備考」欄に裁判所の押収番号[*72]をメモ的に記載しておくとされている。

すなわち，裁判所が押収した物について，没収や被害者還付の裁判をする場合には，判決書に押収番号を記載する必要があるほか，押収物の処分をする際には事件記録上の証拠との対応関係を確認する必要があるが，押収物総目録には証拠番号を記載する欄がないことから，カードに押収番号の記載がなければ，押収物総目録の品目とカードの標目から対応関係を判断するほかない。前述のとおり，両者は，完全に一致するとは限らないこと，一つの事件で，同種の証拠物が複数提出されることもあること，押収物に関する事務には係書記官以外の職員も関与することなどから，事務の効率化や過誤防止のため，押収物を受け入れた事情を把握している係書記官がカード上，対応関係を明らかにするのが合理的であると考える。

(6) その他

公判期日外で差押状又は記録命令付差押状を発しないで押収をするとき[*73]は，裁判所書記官を立ち会わせ（規則100Ⅰ），裁判所書記官は調書を作成し（規則41Ⅰ），品目を記載した目録（押収目録）を添付し（同Ⅲ），所有者等に目録を交付しなければならない（法120）が，公判廷における押収の場合，押収目録に記載する内容が，「取り調べた証拠の標目」（規則44Ⅰ㉚）としてカードに記載されることから，押収目録を作成して公判調書に添付する必要はない（訟執資41-12参照）。この場合，目録に代えて受領書を交付している。受領書を交付したことは，記録にその写しを綴ったり，事件関係送付簿に登載したりする等，何らかの方法により明らかになっていれば足り，必ずしもカード上明らかにする必要はない。

証拠物を領置せずに請求者に返還した場合は，「結果」欄に「領置せず」との記載は不要であるが，「備考」欄に「即日○○に返還」と記載する。これについては，領置しない場合に返還するのは当然であり，記載するまでもないとも考えられるが，本来，取り調べられた証拠は，記録に編てつする（書証）か，押収物として保管する（証拠物）という原則からすれば，取り調べたにも関わらず，いずれの措置も採らない場合には，例外として，その所在を明らかにしておく必要があると考える。実際上も，証拠物に

[*72] 押収番号は，所定の手続終了後，押収物主任官から返還される押収物総目録（KEITAS導入庁では，押収物の受入処理をした際に表示される番号）で確認する。

[*73] 具体的には，提出命令や領置による場合である（第12，184頁以下参照）。

第3章 証拠別による証拠調べ手続とカードの記載

ついては、授受[*74]を含めて慎重な取扱いが要求されることから、領置しなかったことを明確にして手続が適正に行われたことを担保する[*75]ため、記載する実益がある。

【記載例40】証拠物の取調べがなされた場合

①領置された場合

10　覚せい剤1袋 〔平26〇地領第〇号符〇〕 覚せい剤の存在 （　　　　　）	1	1	異議なし	1	決定・済・領置	10	平26押〇号の〇

※ 押収番号について、前述のとおり、押収物総目録とカードの標目は、同一性を持ちながらも必ずしも完全に一致するとは限らないこと、同種の押収物が複数提出される場合もあることから、両者の同一性を明確にするためにも記載する必要がある。

②領置されなかった（返還された）場合

10　覚せい剤1袋 〔平26〇地領第〇号符〇〕 覚せい剤の存在 （　　　　　）	1	1	異議なし	1	決定・済	10	即日検察官に返還

第4 証拠物たる書面

　証拠物たる書面とは、書証のうち[*76]、書面に記載された内容が証拠となると同時に存在又は状態が証拠となるものをいい（最判昭27.5.6刑集6-5-736）、その取調べ方式は、書面の展示と内容の朗読の両方による（法307）。取調べ後の取扱いとしては、差出人等に返還の必要のないものは[*77]、押収手続によらないで、訴訟記録に編てつすることが審理上便宜である場合には、書証に準ずることも許される（札幌高判昭26.4.9高刑集4-4-393）。

1 伝聞法則の適用を受けない証拠物たる書面

　証拠物たる書面のうち、わいせつ文書販売罪におけるわいせつ文書、名誉毀損の犯行の用に供された文書、文書偽造罪における偽造文書などは、当該文書それ自体が当該犯罪の組成物件ないし供用物件であり、書面の記載内容が証拠となると同時に、書面の存在又は状態が証拠となるため、証拠物たる書面に当たるが、要証事実との関係において、当該書面の記載内容の真実性を問題とするものではなく、供述者に対する反対尋問権の

[*74] 領置されなかった証拠物については、紛失等の防止のため、遅くとも当該期日の終了直後には請求者に返還すべきである。書記官としては、証拠物の領置について裁判体の一般的な方針を確認しておくとともに、法廷においては、領置決定の有無に注意を払う必要がある（裁判体においても明確な訴訟指揮が望まれる。）。

[*75] 証拠物に関しては、後述の提出命令（第12の5、187頁参照）による場合を除けば、「領置」又は「即日〇〇に返還」のいずれかを記載することになる。

[*76] 書証には「証拠書類」と「証拠物たる書面」がある（第1の1、98頁参照）。

[*77] 差出人等への返還の要否については、請求者を通じて確認する必要がある。

第4　証拠物たる書面

保障を問題とする余地がないから，伝聞法則の適用外にある。したがって，これらの証拠物たる書面は，物の形態が書面となっているのみで実態は証拠物と同様であり，要証事実との関連性が認められれば，原則として証拠とすることができる。

2　伝聞法則の適用を受ける証拠物たる書面

　商業帳簿，日記帳，メモ，手紙などは，書面の状態が記載内容の信用性を大きく左右することから，証拠物たる書面に含まれると解される（石井・証拠法310参照）が，これらの書面は，人の一定の事実の体験その他の知識を記載した一種の供述証拠として，伝聞法則との関係が問題になる。これらの証拠物たる書面が伝聞法則の適用を受けるかどうかは，要証事実との関係において，当該書面の記載内容の真実性が問題となるか否かによって決まり，記載内容が真実であることを主張して立証の用に供する場合は，書証に準じて証拠能力の有無を判断することになる。

　この場合は，相手方から証拠物の存在（関連性）についての意見を聴取するほか，証拠の内容について法326条の同意の有無を確認しなければならない。そこで，相手方から「同意」とのみ述べられた場合に，カードの「意見」欄に「異議なし」の記載もすべきかが問題となる。

　証拠物又は非供述証拠に法326条の適用がないことは，文理解釈上は明らかであるが，「同意」は単に反対尋問権の放棄という意味だけではなく，広く証拠能力を付与する積極的な訴訟行為であるとの見解に立てば，その対象は，必ずしも伝聞法則が適用される供述証拠に限定されるわけではなく，非供述証拠についても「同意」した場合は，証拠能力を肯定できると考えられる。実務上も，非供述証拠について「同意」がある場合は，関連性などについて調査するまでもなく，証拠能力ありとして証拠調べをするのが通例である（条解896，刑訴の実務（下）88参照）。

　そこで，一般に「同意」と述べられた場合，それが証拠物たる書面の内容に対するものであったとしても，証拠物の存在，状態，関連性について争うことは想定されないから，述べられたとおり「同意」とのみ記載しても，特段，問題はないと思われる。

　しかしながら，裁判体の訴訟指揮にも関わる問題でもあり，証拠物たる書面についての意見聴取の在り方やカードの記載方法について，裁判体と認識を共有しておく必要があると考える[78]。

---

[78] 例えば，伝聞法則の適用を受ける証拠物たる書面について，相手方の意見として，単に「同意」では不十分と考える裁判体においては，証拠物の存在（関連性）についての意見の釈明を求めた上で，その結果をカードに記載することになる。

第3章　証拠別による証拠調べ手続とカードの記載

【記載例41】書面の記載内容につき伝聞法則の適用を受ける場合

| 12　日記帳1冊

〔（被）　　　26.2.10 外　〕
被告人がつけていた日記帳の存在及び平成○年○月○日の被告人の行動
（　　　　　　　　　　　） | 1 | 1 | 存在につき
　異議なし
内容につき
　同　意 | 1 | 決定・済・領置 | 12 | 平26押○号の○ |

※　単に「同意」とのみ述べられた場合は，「同意」と記載してもよい。

【記載例42】書面の記載内容につき要件立証後，取り調べられた場合

| 5　メモ紙1通

〔（被）　　　26.1.27　〕
犯行状況を記載したメモの存在及び本件犯行状況
（　　　　　　　　　　　） | 1

2 | 存在につき
　関連性なし
内容につき
　不同意

法322Ⅰ書面
異議なし | 2 | 決定（証人○○
尋問後）・済 | 2 | |

※　内容について不同意の意見が述べられた場合は，書証に準じて，請求を撤回するか，伝聞例外の要件を立証して取調べを請求することになる。

3　書証としての証拠能力が得られないため証拠物として証拠調べがなされる場合

　　実務上，本来ならばその書面の記載内容の真実性の立証に用いるべき書面につき，相手方の同意が得られない（又は得られる見込みがない）ため，あえて証拠物として取調べ請求がなされ，証拠物として採用し，取り調べることがある。この場合「証拠物として」というのは，正確には，「伝聞法則の適用がない証拠（非供述証拠）として[79]」という意味であって，請求者が立証趣旨をこれに限定する以上，その採用に当たっては，相手方に同意，不同意を確かめる必要はない（石井・証拠法93参照）が，このような形で採用した証拠については，証拠物として取り調べたことをカード上明らかにしておく必要がある。

---

[79]　実務上も「証拠物として」という記載方法が定着しているが，より正確に「非供述証拠として」と記載することも考えられる。

第4 証拠物たる書面

【記載例43】書証として証拠調べ請求があったが，同意が得られなかった場合

①請求を撤回後，証拠物として再請求された場合

3	パンフレット 〔 26.6.15　〕 労使紛争の経緯 （　　　　　）	3	3	不同意	4	撤　回		
10	パンフレット1冊 〔　　　　　　　〕 パンフレットの存在 （　　　　　）	4	4	異議なし	4	決定・済	3	弁3を証拠物として請求

※　いったん撤回して，立証趣旨が変わる場合は，原則的には新たに欄を起こして記載する。この場合，「標目」欄や「立証趣旨」欄の記載方法が変わることに注意する。
※　証拠番号10について，先に書証として請求されていたものが証拠物として請求があったという証拠調べの経過を明らかにするために，「備考」欄に元の証拠との対応関係を記載する。
※　撤回された場合についても，次の②と同様，便宜的に元の欄を利用する記載方法も考えられるが，同一期日で行われた場合，「結果」欄に「撤回」と「決定・済」が記載されることになり，見にくさは否めない。

②請求を維持したまま，証拠物として取調べ請求がされた場合

| 3 | パンフレット 〔   26.6.15　〕 労使紛争の経緯 *第4回公判 証拠物（上記書面の存在）として取調べ請求* （　　　　　） | 3 | 3 | 不同意 | 4 | 証拠物として 決定・済 | 3 | |
| | | | 4 | 異議なし | | | | |

※　請求を撤回しない場合は，新たな欄を起こして記載することができないので，元の欄を利用する。
※　立証趣旨を変更しての取調べ請求であることから，原則的には「立証趣旨」欄に記載し，それに対する相手方の意見も「意見」欄に記載するのが相当である。

第3章 証拠別による証拠調べ手続とカードの記載

第5 写真
1 証拠として用いられる写真の性質
　写真の証拠能力や取調べ方式ついては，使用方法（要証事項との関係）に応じて考える必要がある。写真が証拠として用いられるのは，以下の場合である。
(1) **存在自体が証拠となる写真**
　わいせつ写真等，その存在自体が証拠になる写真は，凶器等の証拠物と同じであり，写真特有の問題はない。したがって，証拠物と同様の証拠調べ手続による。
　取調べ方式は，展示（法306）による。
(2) **証拠物や書証の写しとして使用する写真**
　凶器等の証拠物，供述調書のような証拠書類，偽造手形のような証拠物たる書面について，それを撮影した写真を原物の代わりとして使用する場合である。
　証拠物や書証の写しとしての写真は，原物の写しであるから，原物の証拠能力に準じて考えてよい。すなわち，証拠物の写真は，その証拠物そのものと同様の証拠能力を有し，文書の写真は，実質的には文書の謄本と同じものであるから，文書の謄本の証拠能力と同様に考えてよいとされる（栗本・証拠法105参照）。
　取調べ方式も原物の取調べ方式に準じる。すなわち，原物が証拠物の場合は，展示（法306）により取り調べ，証拠書類の場合は，その内容を朗読（法305）又は要旨を告知（規則203の2）し，証拠物たる書面の場合は，朗読又は要旨の告知と展示の方法（法307）が採られる。

【記載例44】証拠物の写しとして使用する場合

25	写真1枚							
〔〇〇〇〇　　26.11.23〕 本件犯行に使用した車の形状 （　　　　　）		1	1	異議なし	1	決定・済	5	

※　氏名の前に「撮影者」と肩書を記載する例もあるが，撮影者も広く「作成者」に含まれると考えればこの記載は不要であろう。

(3) **供述証拠の一部である写真**
　検証調書，実況見分調書，鑑定書等に添付された写真については，当該検証調書等と一体となるものとして，それらの証拠能力の判断に従うことになる。もちろん，この場合も，写真部分のみを分離して証拠調べをすることができることは言うまでもなく，非供述証拠として証拠採用するなどの方法が考えられよう（刑訴の実務（下）92参照）。
　取調べ方式は，写真が検証調書等に添付され，その供述記載の説明の補足として提出されるときには，調書等の朗読又は要旨の告知で足りるが，写真の性質に従ってこれを併せて示すことが妥当な措置であるとされる。

第5 写真

(4) 独立証拠として使用する写真（現場写真）

犯行現場において犯行の状況等を撮影した，いわゆる現場写真が独立証拠として用いられる場合の証拠能力については，写真にも伝聞法則の適用があり，法326条の同意がない場合には法321条3項類推により証拠能力が認められるとする供述証拠説もあるが，写真は，その伝達過程に虚偽性の介入する余地はなく，反対尋問ということも考えられないから，その性質は非供述証拠であり，伝聞法則の適用はないとする非供述証拠説が有力であり，判例の立場でもある（最決昭59.12.21刑集38-12-3071）。

非供述証拠説によれば，撮影者を尋問しなくても，何らかの方法により，それがいつどこで撮影されたものであるか，事件との関連性が明らかにされれば，証拠能力が認められることになる。写真を独立証拠として提出する場合には，犯罪事実の認定にどのような関連性をもつかを明らかにしなければならないが，これは一般には立証趣旨の明示で事足りる場合が多いであろう（実務講座8-1939参照）。

カードの記載について，伝聞法則の適用がないとする非供述証拠説の立場でも，相手方が「同意」と述べたときは，「意見」欄に「同意」と記載すればよい[*80]。当事者の処分権の行使という同意の本質に照らせば，当事者が証拠とすることに同意した場合，それが当事者の放棄できる権利にかかるときは，証拠能力を肯定できると考えられるからで，実務上も，非供述証拠とする見解の多い現場写真についても，同意のあるときは，関連性などについて調査するまでもなく，証拠能力ありとして証拠調べするのが通例である（条解896参照）。

取調べ方式は，写真だけの場合は，展示で足りるが，奥書がある場合は，写真（奥書も含め）を展示し，かつ奥書を朗読することになる。

【記載例45】独立証拠（現場写真）として使用する場合

15	写真1枚 （犯行現場　〇〇公園） 〔〇〇〇〇　　26.10.10　〕 犯行状況 （　　　　　　　　　）	1	1	同　意	1	決定・済	3

※　非供述証拠説の立場からも，「同意」と述べられた場合には，「同意」と記載する。
※　「（犯行現場　〇〇）」の記載については，証拠の特定の観点から，奥書や証拠調べ請求書で明らかになれば，記載した方が分かりやすいと思われる（証拠の関連性に関する事項として「標目」欄ではなく，立証趣旨として盛り込む方法も考えられる。）。

2　現場写真の奥書の証拠調べ手続

奥書とは，認証文ともいわれ，写真に付されている「〇月〇日某所で何某撮影」のような記載文言をいう。奥書により関連性が認められるときは，成立関係について争いがない限り，その写真は証拠能力を有する。

[*80] 非供述証拠説に立つ場合，理論的には「異議なし」とすべきとも考えられる。証拠物たる書面について「同意」とのみ述べられた場合（第4の2，149頁参照）と同様の問題である。

第3章 証拠別による証拠調べ手続とカードの記載

　　奥書は，本来，反対尋問にさらされない人間の供述であるから伝聞の性質を持つものである。したがって，それによって「犯罪が○月○日に起こった。」という事実を立証しようとするならば，伝聞法則の適用を受け，その部分について相手方の同意がなければ，法321条1項3号に該当しない限り証拠能力がない。しかし，単に写真の関連性や，成立関係に関する証明であれば，厳格な証明の対象でなく自由な証明で足り，それが偽造と認められない限り証拠能力があると解せられ（栗本・証拠法105参照），奥書について相手方の同意がなくても当然に写真とともに証拠調べをすることができる。

3 カード記載上の留意点

　　以上のとおり，写真が証拠として用いられるケースは多様であり，請求者が，どのような証拠方法として証拠調べ請求をしたのか，現場写真の奥書について，どのような意図で証拠調べ請求をしたのかを，カードの「標目」欄や「立証趣旨」欄で明らかにするとともに，裁判所としても，書証として採用したのか証拠物として採用したのかなどを「決定」欄で明らかにする必要がある[*81]。書記官としては，写真の証拠としての使用方法を十分に理解し，上記の記載方法を基本として，個別・具体的な事案に即した記載をすべきであると考える。

第6 映像・音声記録媒体

　　科学捜査の充実や取調べ過程の可視化に伴い，CD-RやDVDなど，機械装置を用いて映像や音声を記録した記録媒体（以下，「記録媒体」[*82]という。）が証拠として法廷に提出されることも多くなってきている。これらは，証拠方法としては証拠物に分類できるが，通常の証拠物と異なり，記録されている内容がそのまま認識できる状態にはなく，これを認識するためには，再生機器を利用する必要がある点に特徴がある。特に，取調べや犯行の状況を記録したものは，それぞれ供述状況や犯行状況を客観的に立証する最良の証拠であることから，一般の刑事裁判のみならず，裁判員裁判においても，裁判員が適正に心証形成ができるように活用されている。

　　これらについては，従前，録音テープやビデオテープ，映画フィルムといった記録媒体で論じられてきたが，近時の技術的進歩により，記録される音声や映像の質が向上するとともに，録音テープ等に代わってCD-RやDVD，ブルーレイディスク，USBメモリ等の新しい記録媒体が使用されるようになってきている。記録媒体が証拠として利用される主な場合は以下のとおりであり，今後，新たな記録媒体が登場しても基本的な考え方は通用すると思われる。

1 記録媒体の存在が証拠となる場合

　　①記録媒体の物理的存在それ自体が専ら証明の対象である場合（例えば，盗品である録音テープやビデオテープ）や，②その存在及び内容が証拠となる場合でも，ある一定

[*81] 例えば，請求者が書証として請求したところ，裁判所が証拠物として採用した場合は「証拠物として決定」と記載する方法（【記載例43】②参照）や，奥書について，相手方の同意が得られないが，犯罪事実の認定に供する証拠として採用する場合は，裁判所が，伝聞例外の要件を充足していると判断したことを明らかにするために「奥書につき 法321Ⅰ③により決定」と記載する方法などが考えられる。

[*82] 法157条の6第3項や裁判員法65条1項は「記録媒体」を，映像及び音声を同時に記録することができるものに限定しているが，本項においては，便宜上，音声のみを記録したものも記録媒体と呼称する。

第6　映像・音声記録媒体

の音声や映像が記録されていることが直接的に犯罪事実を構成するものであるような場合（例えば，名誉毀損に用いられた録音テープ，わいせつビデオテープ等）には，伝聞性が問題とならないから，通常の証拠物と同様に要証事実との関連性が認められれば証拠とすることができる。取調べは，①の場合，展示で足りるが，②の場合，展示した上，録音再生器により再生する方法によらなければならない[*83]。

　記録媒体の取調べを展示のみの方法で行った場合は，カードの「結果」欄に「済」と記載し，再生して取り調べた場合は「（再生）済」と記載する。

　書証や証拠物の取調べに関し「（朗読）」，「（展示）」等の記載を要しないのに，この場合「（再生）」と記載する理由は，法305条ないし307条により取り調べられる証拠については，朗読，展示等の取調べ方法が推定されるが，記録媒体を再生して取り調べることは，条文上規定されておらず[*84]，特殊な場合だからである。

【記載例46】記録媒体の存在が証拠となる場合

①存在のみが証拠となる場合

5　録音テープ1巻　〔平26○地領第○号の○〕盗品である録音テープの存在（　　　）	1	1	異議なし	1	決定・済・領置	5	平26押○号の○

※　「標目」欄には，記録媒体の種類，数量，領置番号等を記載する。
※　この場合，録音テープの内容は問題とならないから，取調べ方式は，展示（法306）で足り，再生する必要はない。

②存在及び内容（伝聞性なし）が証拠となる場合

5　録音テープ1巻　〔平26○地領第○号の○〕名誉毀損を内容とする録音テープの存在（　　　）	1	1	異議なし	1	決定・（再生）済・領置	5	平26押○号の○

※　この場合，録音テープの内容として，名誉毀損となる発言があったことが問題となるので，再生して取り調べる必要がある。

2　供述を記録媒体に記録する場合

　供述者の供述を書面に録取する代わりに，記録媒体に記録することが考えられる。記録された供述内容の真実性が証明の対象となっているときには，供述証拠となり，伝聞

[*83] 証拠物についても，展示以外のより適当な証拠調べの方式がある場合，これによって差し支えない。録音テープの証拠調べはテープを録音機にかけて音声を再生し，映画フィルム，ビデオテープの証拠調べは映写機等により映写，再生する方法が最も適当である（石井・証拠法310参照）。

[*84] 条文上規定がある場合として，ビデオリンク方式による証人尋問の状況等を記録した媒体がその一部とされた調書の取調べは，当該記録媒体を再生するとされている（法305Ⅳ）。

第3章 証拠別による証拠調べ手続とカードの記載

法則の適用を受ける。したがって，証拠とすることの同意（法326）がない限り，証拠能力が認められるには，法321条以下の伝聞例外の要件を満たす必要がある。もっとも，録音されている供述が当該供述者の供述であることは，声そのものや録音状況等に関する証言等により立証されればよいから，供述者の署名押印は不要であり，また，ありのままに録音されるのであるから，読み聞けも不要であると解されている（刑訴の実務（下）100参照）。

取調べは，録音再生器により再生する方法により行い，再生した場合には，カードの「結果」欄に「（再生）済」と記載する。

【記載例47】音声記録媒体を供述書の代わりとして使用する場合

〔弁護人〕

6 CD-R 1枚 〔○○○○ 26.10.1〕 ○○○○ （ ）	3	3	同 意	3	決定・（再生）済	7

※ 音声記録媒体を証拠調べ請求した事例である。
※ 「標目」欄に，記録媒体の種類，数量，供述者の氏名，録音年月日等を記載する。
※ 音声記録媒体という証拠の形式に着目して，「供述者」の箇所に，録音者の氏名を記載することも考えられるが，実質的には供述書と同じであることから，供述書と同様に供述者の氏名を記載するのが相当と考える。
※ 提出された音声記録媒体を訴訟記録に編てつした場合であり[85]，「領置」や押収番号の記載はない。

3 犯行現場の状況を記録媒体に記録する場合

犯行時における犯行現場の客観的な状況を録音・録画した記録媒体の証拠能力についても，現場写真と同様，供述証拠説（法321条3項類推説）と非供述証拠説の対立があるが，判例は後者である[86]。

非供述証拠説によれば，録音者等を尋問しなくても，何らかの方法によって関連性が明らかになれば証拠とすることができるから，録音者・撮影者が不明の場合でも証拠となしうる（石井・証拠法196参照）。

取調べは，記録媒体を展示した上，再生する方法によるべき[87]であり，カードの「結果」欄には「（再生）済」と記載する。

---

*85 供述を録音したものは，証拠の性質からいえば供述調書と同じであるから，これに準じ，証拠調べ後は提出を受けて訴訟記録と共に保管するのが適当だが，証拠物扱いにして領置し，押収物として保管する扱いも許されるとされている（訟執資41-17参照）。これは，テープについては，その形状から訴訟記録に編てつするのに支障があることが考えられるための取扱いと思われ，CD等，厚さの薄い記録媒体であれば編てつ上の支障は少ないので記録に編てつできる場合が多いと思われる。
*86 ビデオテープに関して，東京高判昭58・7・13高刑集36-2-86参照。
*87 録音テープの取調べ方法については「公判廷でこれを展示し，かつ，録音再生器により再生する方法で行う。」との判例がある（最決昭35・3・24刑集14-4-462）。

第6　映像・音声記録媒体

【記載例48】犯行現場を記録した記録媒体を独立証拠として使用する場合

| 7　ビデオテープ1巻
（犯行現場　○○○○）
〔○○○○　26.6.18〕
犯行状況
（　　　　　　　　　　） | 1 | 1 | 同　意 | 1 | 決定・(再生) 済・
領置 | 8 | 平26押○号の○ |

※　「標目」欄には，記録媒体の種類，数量，撮影者，撮影年月日を記載するほか，特定のため，犯行現場等を記載するのが相当である。
※　非供述証拠説の立場からも「同意」と記載して差し支えない。
※　映画フィルムの場合，「結果」欄に「(映写) 済」と記載するのが相当であるとされている（調書講義案90参照）。これは，無声映画のフィルムを，映写機を用いてスクリーンに映写することを想定しているが（録音部分のあるトーキー付きのフィルムでは「(映写・再生) 済」と記載する。），法廷において，DVD等の記録媒体に複製されたものを取り調べるのであれば，単に「(再生) 済」と記載すればよい。

　近時，防犯カメラ映像がDVDで証拠調べ請求される例が増えているが，記録媒体がビデオテープからDVDに変わった点を除いて大きな違いはなく，基本的には現場ビデオテープと同様に考えることができる。証拠調べ請求の方法としては，DVDのみを証拠物として請求する例や，捜査報告書の添付資料として，一括して請求する例がある。いずれの場合もDVDの取調べ方法としては，DVDプレーヤー等の機器で再生することになるが，カードの「結果」欄には，前者の場合は「(再生) 済」と記載し，後者の場合は，DVDについては再生して取り調べたことを明らかにする趣旨で「(DVDにつき再生) 済」と記載する。

　なお，DVDに限らず，USBメモリ等の大容量の記録媒体には，事件に関係する証拠以外のデータが格納されていることがあるが，その一部のみを証拠調べ請求して取り調べた場合には，書証の一部請求（規則189Ⅱ）に準じて，対象となる部分を明確にするため，「標目」欄で特定する必要がある（特定の方法としては，データのファイル名，再生時間のカウンタ等が考えられる。）。

　実務上，採用されたDVDが長時間にわたって記録されたものである等の事情から，当事者に異議がなければ，法廷では重要な場面のみ（一部）を再生することがある[88]。カード上，再生された部分の特定を要するかという点に関して，記録上残す必要があれば，「結果」欄において再生時間のカウンタ等で特定する方法も考えられるが，証拠として全部採用されているのであれば，基本的には特定する必要はないと考える（一部請求や一部採用の場合とは異なる。）。

---

[88] この取扱いは，証拠書類について要旨の告知（規則203の2）が認められていることと同じ発想に基づくものと思われる。

第3章 証拠別による証拠調べ手続とカードの記載

【記載例49】防犯カメラ映像のＤＶＤが取り調べられた場合

①ＤＶＤが証拠物として請求された場合

8　DVD 1枚 　（犯行現場　○○○○） 〔○○○○　　　26.9.9　〕 犯行状況 （　　　　　　　　　　　　）	1	1	同　意	1	決定・(再生)済・ 領置	8	平26押○号の○

②ＤＶＤが報告書に添付して請求された場合

5　報（DVD 1枚添付） 〔(員)○○○○　26.10.10〕 犯行状況 （　　　　　　　　　　　　）	1	1	同　意	1	決定・(DVDにつき再生)済	8	

※ 「標目」欄には，書面の標題と，一体となる記録媒体の種類，数量，書面の作成者，作成年月日を記載する。

4　取調状況を記録媒体に記録した場合

　取調状況を録音・録画したＤＶＤは，主に，違法・不当な取調べがなされたという趣旨の被告人側による自白の任意性に関する主張に対して，検察官の任意性立証のための証拠として用いられるほか，責任能力の立証や供述調書の信用性立証のためにも用いられることがある。証拠調べ請求に当たっては，録音・録画状況等報告書及びこれに添付されたＤＶＤを一体のものとして請求されることが多い。

　その取調べは，報告書の朗読又は要旨の告知に加え，ＤＶＤを公判廷で再生して行われる。カードの「結果」欄には，ＤＶＤについて，再生して取り調べたことを記載する。

【記載例50】取調状況を録音・録画したＤＶＤが取り調べられた場合

5　録音・録画状況等報告書 　　（DVD 1枚添付） 〔(員)○○○○　26.11.11〕 被告人の捜査段階における自白が任意 になされたこと （　　　　　　　　　　　　）	1	1	同　意	1	決定・(DVDにつき再生)済	8	

5　複製・編集された記録媒体の証拠調べ

　記録媒体には，最初の録音者・撮影者が録音・撮影した原物の記録媒体のほか，原物の記録媒体を複製した記録媒体と，原物の記録媒体の一部を削除してつなぎ合わせたり，前後の順序を入れ換えたりして編集した記録媒体がある。近時のデジタル方式で記録さ

れた記録媒体については複製・編集*89が容易であることから，実務上もこのような証拠が請求される可能性は高い。

　この問題については，従前，録音テープについて，再録音テープ，編集テープの問題として論じられてきた。すなわち，再録音テープ及び編集テープは，再録音者等の特定の意図が強調され正確さが失われる危険性が大きいことから，これらによる証拠調べは原則として許されないとする見解がある（松尾・法律時報資料版 8-24 参照）。他方，書類の謄・抄本又は写しによる証拠調べも許される場合があるのと同様に，再録音テープについては，原テープが「通常の業務過程において，又は事故若しくは過誤により滅却」ないし消去された場合には，再録音の過程の正確性が立証されることを条件に証拠能力を認めてよいとする見解もある（永井・証拠法体系 I 116 参照）。

　証拠調べの対象となる記録媒体が，このような複製・編集したものである場合には，カードには「標目」欄に「（写し）」等の記載に準じて「（複製したもの）」，「（編集したもの）」と記載することが考えられる。

第7　鑑定

1　意義

　裁判所は，学識経験のある者に鑑定を命ずることができる（法165）。

　鑑定とは，狭義では，「裁判所が裁判上必要な実験則等に関する知識経験の不足を補給する目的で，その指示する事項につき，第三者をして新たに調査をなさしめて，法則そのものまたはこれを適用して得た具体的事実判断等を報告せしめるもの」をいう（最判昭28.2.19 刑集 7-2-305）。この意味での鑑定は，証拠資料であり，これを得る証拠方法は鑑定人及び鑑定書である。このほか，鑑定にかかる証拠調べ手続全体，すなわち証拠資料である鑑定が裁判所に伝達されるまでの全過程を指す場合や，鑑定人が報告すべき判断を得るために行う鑑定のための処分（法168）や資料の調査などの事実的行為を意味する場合（規則130）もある（条解298参照）。

2　手続及びカードの記載

　鑑定に関する手続は，一般的には次のように進行する。

(1) 鑑定請求

　鑑定を請求するには，鑑定人の氏名及び住居を記載した書面を差し出さなければならないが（規則188の2 I），裁判所はこれに拘束されず，鑑定人の人選を裁判所に委ねることもできるから，実務では，カードの「標目」欄に「○○の鑑定」と記載する方法により鑑定人の氏名等を示さずになされることが多い*90。

(2) 鑑定決定

　当事者の請求又は職権で決定を行う。当事者の請求による場合には相手方の，職権

---

*89　近時，防犯カメラ映像等，長時間の映像や音声を記録する場合，従前のように一定時間ごとにビデオテープを交換しながら記録する方式ではなく，ハードディスク等の大容量の記録媒体に記録する方式が採用されることが多くなっている。この場合，証拠請求の際に必要な場面を切り出してDVD等に複製することが考えられ，編集と複製が同時に行われることになる。

*90　カードの標目として，単に「鑑定」とするよりも，「精神鑑定」，「筆跡鑑定」，「情状鑑定」など，鑑定の対象や内容が分かるように記載する。

第3章　証拠別による証拠調べ手続とカードの記載

による場合には当事者双方の意見を聴いた上で決定する（規則190Ⅱ）。鑑定決定においては，証人尋問の決定と異なり，鑑定人は特定されている必要はない。

(3) 鑑定人の選任

鑑定人を選定し，鑑定人を何某とする旨決定する。鑑定人を決定したときは，鑑定人尋問を行うために召喚する必要がある（ただし，召喚に応じない場合でも勾引することはできない[*91]）。鑑定人尋問は，公判期日外に裁判所外で行うこともできる。

(4) 鑑定人尋問

人定尋問に続いて，宣誓をさせなければならない（法166，規則128）。鑑定人尋問においては，鑑定人の経歴や鑑定経験等を尋問し，鑑定能力を確認した上で鑑定事項を告げて鑑定を命じる。鑑定人が，直ちに口頭で鑑定結果を報告できる場合は，そのまま鑑定人尋問が続けられ，その報告を求めることになる。他方，鑑定人の鑑定資料の収集，調査，鑑定処分等の事実行為が必要な場合は，この段階で尋問を打ち切ることになる。

鑑定人尋問が実施された場合は，カードの「結果」欄に記載する。「鑑定」という標目との対応関係から，単に「施行」としないで「鑑定人尋問施行」と記載する。

(5) 鑑定の経過及び結果の報告

鑑定の経過及び結果は，鑑定人に鑑定書により又は口頭でこれを報告させなければならない（規則129Ⅰ）。口頭での報告を命じた場合には鑑定人尋問が続行となり，続行期日で尋問が行われるが，鑑定書による報告を命じた場合には，鑑定人は鑑定書を作成して裁判所に提出しなければならない。提出された鑑定書の証拠調べ手続については，後記4のとおり見解が分かれる。

【記載例51】公判期日に鑑定人尋問を実施した場合

| 1　精神鑑定　〔　　　　　　　　　　〕被告人の犯行当時及び現在の精神状態（　　　　　　　　　　） | 1 | 1 | しかるべく | 1 | 決　定鑑定人○○選任（次回喚問） | |
| | | | | 2 | 鑑定人尋問施行 | |

※　第1回公判に鑑定決定と同時に鑑定人を選任し，第2回公判で鑑定人尋問を実施した例である。
※　「鑑定人尋問施行」については「取調順序」を記載しない。「取調順序」欄は，取り調べた証拠の取調べの順序を記載する欄であるところ，この期日の鑑定人尋問の手続が，鑑定人に対し，宣誓させた上，鑑定を命じ，鑑定書による報告を命じるという形式的なものにすぎず，証拠の取調べとは異なるものであるからである（後記5の【参考】記載文言の整理，167頁参照）。
※　受訴裁判所が鑑定人を選任する行為の性質は「決定」と解されるので，公判期日において選任された場合には，選任についても必要的記載事項（規則44Ⅰ㊺）としてカードに記載する必要がある（調書講義案125参照）。

[*91]　法171条により，証人尋問（第11章）の規定のうち，勾引に関する規定は準用が除外されている。

第7 鑑定

3 鑑定人尋問調書の証拠調べ手続

　公判期日において，鑑定人尋問を実施した場合には，その鑑定人尋問調書を取り調べる必要があるかどうかの問題は生じない。公判準備として鑑定人尋問を実施し，鑑定の経過及び結果が『口頭』で報告された場合の鑑定人尋問調書については，法303条によって，裁判所が職権で証拠調べをする[*92]ことになる。

　公判準備として鑑定人尋問を実施し，後日，鑑定の経過及び結果が『鑑定書』により報告された場合において，鑑定人尋問の手続が，鑑定人に対して，単に人定尋問をした上，鑑定事項を告知して後日その結果及び経過を報告するよう命ずるという形式的なものであった場合，法303条によって，裁判所が職権でこの鑑定人尋問調書の取調べをする必要があるかについては争いがある。

　このような鑑定人尋問調書は，単に鑑定の手続が適正になされたことを証明するにとどまり，公訴事実の証明の用に供されることはないから，法303条の取調べを要しないとする説【不要説】と，公判準備として行われた事柄を公判期日において明らかにするために，鑑定人尋問調書の取調べが必要であるとする説【必要説】がある。実務の取扱いも分かれていると考えられることから，裁判体の方針を確認し，実際の訴訟指揮に応じた記載をする必要がある。

[*92] 鑑定人は法303条の「その他の者」に含まれる。

第3章　証拠別による証拠調べ手続とカードの記載

【記載例52】公判準備として鑑定人尋問を実施し，尋問調書を取り調べた場合
①職権カードに記載する方法
〔弁護人〕

| 3　情状鑑定

〔　　　　〕
被告人の資質，性格及び被告人の生活歴が人格形成にどのように影響しているか
（　　　　　） | 1 | 1 | 必要なし | 1
26.
6.
1
26.
6.
20 | 決　定

鑑定人○○選任
26.6.20 所在尋問する旨決定・喚問

鑑定人尋問施行 | | 尋問調書の取調べは職1に記載 |

〔職権〕

| 1　鑑定人○○○○尋問調書

〔　　　　〕

（　　　　　） | | | | 2 | 済 | 1 | 弁3関係 |

※　公判準備で行った鑑定人尋問の結果を記載した書面（尋問調書）を，法303条により職権で取り調べたという手続の流れに沿った原則的な記載方法である。
※　カード解説第9例では，鑑定人の氏名のみを「備考」欄に記載しているが，期日外の事項として，鑑定人の選任についても「結果」欄に記載するのが相当と考える（【記載例51】参照）。
※　各「備考」欄の記載により，両者の対応関係を明らかにしている。
※　標題を「鑑定人尋問調書　○○○○」と記載する例もあるが，公判期日外の証人尋問と同様，調書の標題は「鑑定人○○○○尋問調書」とするのが一般的であり，標題のとおり記載すればよい。

②「備考」欄に記載する方法

| 3　情状鑑定

〔　　　　〕
被告人の資質，性格及び被告人の生活歴が人格形成にどのように影響しているか
（　　　　　） | 1 | 1 | 必要なし | 1
26.
6.
1
26.
6.
20 | 決　定

鑑定人○○選任
26.6.20 所在尋問する旨決定・喚問

鑑定人尋問施行 | | 第2回公判
尋問調書・済・取調順序1 |

※　「備考」欄には，鑑定人尋問の結果が，「尋問調書」という書面に転換して取り調べられたことが明らかになるように記載する。

4　鑑定書の証拠調べ手続

　鑑定人から提出された鑑定書の証拠調べ手続については，実務上，大別して次の三つの見解に分かれている（条解302，大コンメ(3)286参照）。見解によってカードの記載方法が異なるため，書記官としては，それぞれの記載方法を理解した上で，裁判体の方針を把握し，適切に記載する必要がある。

(1)　職権証拠調べ説

　　鑑定書の証拠調べは，鑑定決定の施行にすぎず，公判準備における鑑定人尋問調書の取調べと実質的に同一であるから，法303条の類推適用があり，改めて鑑定書の取調べ請求も決定も要せず，職権で当然に取り調べなければならないとする。

この説においては，鑑定書の証拠能力について，かつては法303条によって当然に有するとの考えもあったが，現在では，伝聞法則の適用があり，法326条の同意又は法321条4項により証拠能力を取得することを要すると考えられており，実務上，当事者双方の意見を聴取する扱いが多い。

(2) **請求包含説**

鑑定の請求には，鑑定書の取調べ請求も当然含んでいると解する説である。したがって，法303条の適用はないが，改めて鑑定書の取調べ請求を要せず，相手方の意見を聴き，同意又は鑑定人の証人尋問により，証拠能力があると認められれば証拠決定をして証拠調べが行われる。

(3) **新請求説**

鑑定の請求には，鑑定書の取調べ請求を含まず，また，鑑定決定の施行は鑑定人尋問であるから，鑑定書には法303条の適用はなく，鑑定書を取り調べるためには，改めて当事者から取調べ請求をするか又は職権による証拠決定を要するとする。

この説は，鑑定の経過及び結果の報告は，伝聞法則の理念に照らし，法廷において口頭で述べるのが本則であるとの理念から，当初開始した鑑定人尋問は，鑑定人の鑑定資料の収集等の事実行為のために一時中断したにすぎず，鑑定人が判断を述べられるような状態に達したときは，鑑定人尋問を再開して口頭で報告させるのが本来法の予定した手続であるとする。したがって，当事者から鑑定書の取調べ請求があり，相手方が同意したときは，鑑定書を取り調べることで目的は達せられるため，鑑定人尋問を続行する必要がなくなるが，不同意の場合は，本則に戻って鑑定人尋問を行うことになる。なお，この説においても，鑑定人尋問において鑑定書の作成の真正について供述を得た場合には，法321条4項を適用することができると解し，鑑定書も併せて取り調べられることになる。

○ **整理**

いずれの説においても，鑑定書が当然に証拠能力を持つものではなく，法326条又は法321条4項により証拠能力を取得することが必要であるとする点では一致しているが，鑑定書が不同意とされた場合，(1)，(2)説が，法321条4項の適用に必要な限度で，鑑定人を「証人」として尋問すれば足りるとするのに対し，(3)説は，鑑定人尋問を行う必要があるとする点で異なる。上記の各説を前提とすると，カードの記載は概ね次のように整理できる[*93]。

	カードの種別	立証趣旨	請求	決定
職権証拠調べ説	職権	不要	不要	不要
請求包含説	請求者	不要	不要	必要
新請求説	請求者	必要	必要（職権）	必要

*93 以下の記載例では，鑑定書を，職権又は請求者のカードに新たに記載しているが，鑑定人尋問調書と同様，「鑑定」の「備考」欄に取調べ関係を記載する例もある。例えば，職権証拠調べ説によった場合は「第○回公判 鑑定書・同意・済・取調順序○」となる（カード解説第8例参照）。

第3章 証拠別による証拠調べ手続とカードの記載

　以下，鑑定書が同意された場合と，不同意とされた場合について，各説による具体的な記載方法を説明する。

【記載例53】検察官が鑑定請求を行い，鑑定書が同意された場合

① 職権証拠調べ説

〔職権〕

2 鑑　　　　　　　　　　　〔〇〇〇〇　　26.5.13〕　　（　　　　　　　　　　　）		3	双方 同　意	3	済	1	甲12関係

※　職権分のカードに記載する。
※　鑑定請求時に立証趣旨を記載しているので，鑑定書については立証趣旨を記載する必要はない。
※　「決定」の記載は不要。

②請求包含説

〔検察官〕

20 鑑　　　　　　　　　　　〔〇〇〇〇　　26.5.13〕　　（　　　　　　　　　　　）		3	同　意	3	決定・済	1	甲12関係

※　鑑定を請求した者のカードに記載する。
※　この説によれば，鑑定の請求は鑑定書の取調べ請求を含んでいると考えるため，鑑定書について改めて「立証趣旨」欄，「請求」欄を記載する必要がなく，空欄とする。

③新請求説

〔検察官〕

20 鑑　　　　　　　　　　　〔〇〇〇〇　　26.5.13〕 被告人の犯行当時及び現在の 精神状態　　（　　　　　　）	3	3	同　意	3	決定・済	1	甲12関係

※　鑑定を請求した者のカードに記載する。
※　この説によれば，鑑定書を取り調べるには改めて証拠調べの請求，決定が必要となることから，「立証趣旨」欄以下を通常どおり記載する。

第7 鑑定

【記載例 54】検察官が鑑定請求を行い，鑑定書が不同意となった場合

①職権証拠調べ説

〔職権〕

							甲12関係
2 鑑 〔○○○○　26.9.13〕 （　　　　　　　　）		4	検察官　同　意 弁護人　不同意	5	（証人○○尋問後） 法321IVにより済	2	
3 証人○○○○ 〔○○○-○-○　30分〕 職2の鑑定書が真正に作成された事実 （　　　　　　　　）		4	双方 しかるべく	4	決定（次回喚問）		
				5	済	1	

※ 職権で鑑定書を取り調べるに当たり，弁護人が不同意としたため，鑑定人を証人として尋問し，鑑定書の作成の真正が立証された後に鑑定書を取り調べた事例である。

※ この説による場合，真正立証を職権で行う場合と当事者が行う場合が考えられるが，本記載例は職権で行った例である。証人の「請求」欄を空欄とし，鑑定書の「結果」欄に根拠条文を記載した。

②請求包含説

〔検察官〕

							甲12関係
20 鑑 〔○○○○　26.9.13〕 （　　　　　　　　）		4 5	不同意 法321IV書面 異議がある	5	決定（証人○○ 尋問後）・済	2	
21 証人○○○○ 〔○○○-○-○　30分〕 甲20の鑑定書が真正に作成された事実 （　　　　　　　　）	4	4	しかるべく	4	決定（次回喚問）		
				5	済	1	

※ 鑑定書の取調べに当たり，弁護人が不同意としたため，検察官の請求により鑑定人を証人として尋問し，鑑定書の作成の真正が立証された後に鑑定書を採用して取り調べた事例である。

第3章　証拠別による証拠調べ手続とカードの記載

③新請求説
〔検察官〕

12　精神鑑定　　　　　　　　　　　　　　　　〔　　　　　　〕被告人の犯行当時及び現在の精神状態（　　　　　　　）	1	1	しかるべく	1	決定	
				26.11.23	鑑定人○○選任（第2回公判喚問）	
				2	鑑定人尋問施行	
				5	鑑定人尋問済	1

20　鑑　　　　　　　　　　　　　　　　　　〔○○○○　　26.9.13〕被告人の犯行当時及び現在の精神状態（　　　　　　　）	4	4	不同意	5	決定（鑑定人○○尋問後）・済	2	甲12関係
		5	法321Ⅳ書面異議がある				

※　この説によれば、鑑定書が不同意となった場合、鑑定人尋問が続行されることになるから、鑑定の記載のある甲12に第5回公判の鑑定人尋問を記載した（厳密にいえば、第2回公判は鑑定人尋問の「続行」であるが、この時点では鑑定書に対する意見が分からなかったため、「施行」とすることはやむを得ないと思われる。）。
※　「鑑定人尋問済」の意味については、後記5の【参考】記載文言の整理、167頁参照。
※　甲20の「決定」欄について、「証人○○尋問後」ではなく「鑑定人○○尋問後」とした。
※　法321条4項を適用するに当たり、鑑定人を証人として尋問するとの考え方によれば（6、167頁参照）、②の記載例に準じて記載することになる*[94]。

5　口頭による鑑定結果報告

　　口頭で鑑定結果を報告する場合は、鑑定人尋問による。裁判所外における鑑定活動を必要としない鑑定の場合は、人定尋問や宣誓等の手続に引き続いて同一期日に尋問が行われることになるが、裁判所外での鑑定活動を必要とする鑑定についても、別の期日に鑑定結果を口頭で報告することを命じた場合は、鑑定人尋問が続行となり、定められた尋問期日において、引き続き鑑定結果を口頭で報告することになる（いわゆる「口頭鑑定」）。

　　この場合の鑑定人尋問も、公判期日外で行うことは可能であり（法171、158）、この鑑定人尋問調書は、法303条により、公判期日において証拠書類として取り調べなければならない。鑑定人尋問調書は、無条件に証拠能力がある（法321Ⅱ前段）。

　　従前、書面による鑑定報告が一般的で、口頭鑑定は特殊な場合であるから、口頭鑑定が行われたときは、その旨を「済」と併せて「（口頭鑑定）」のようにメモ的に記載した方がよい（61中管研5）とされていたが、裁判員裁判においては、裁判員が理解しやすいように、口頭鑑定が多く行われている。このような現状からすると、口頭鑑定が必ずしも特殊な場合とはいえないので、その観点からは記載の必要はないと考える*[95]。

---

*[94]　記載例として、全国裁判所書記官協議会「公判調書の諸問題（補正版）」82頁参照。
*[95]　"特殊な場合"としては記載する必要はないが、【記載例55】のように、尋問が続行になった理由や次回の審理予定を明らかにするために記載する実益がある場合も考えられる。

実務上は，鑑定人に鑑定意見の概略を説明させた上で，当事者から尋問を行う方法が多い。鑑定人に公判で分かりやすい説明をしてもらうため，公判期日前に裁判所が主宰し，検察官，弁護人と鑑定人が出席するカンファレンス（打合せ）を行う例もある。

【記載例55】鑑定結果を口頭で報告することを命じた場合

1　○○の鑑定				1	決　定	
[　　　　　　　]	1	1	しかるべく	2	鑑定人○○選任 （次回喚問）	
○○○○				3	鑑定人尋問続行 （次回口頭鑑定）	
（　　　　　　　）				4	鑑定人尋問済	1

※　第3回公判では，人定尋問や宣誓等の手続のみを行った上で，次回期日に口頭により鑑定結果の報告を命じて，鑑定人尋問を続行した例である。
※　審理予定の把握のため，メモ的に「（次回口頭鑑定）」と記載した。
※　単に「済」と記載する例もあるが，鑑定人尋問は鑑定決定の施行ではあるが鑑定そのものではないこと，「鑑定人尋問続行」との対応から「鑑定人尋問済」とした。

【参考】記載文言の整理
鑑定人尋問施行…人定尋問，宣誓，鑑定事項を告げて鑑定を命じる等，形式的な手続のみが行われた場合。尋問の結果は実質的な証拠にはならないので「取調順序」欄の記載は不要である。
鑑定人尋問続行…鑑定人尋問が続行された場合。基本的には上記手続が行われた上で，口頭鑑定のために期日が続行される場合が想定されるが，鑑定結果の報告が長時間にわたる等の理由により続行される場合も含まれる。前者の場合は，尋問の結果が実質的な証拠とならないことから「取調順序」欄の記載は不要であるが，後者の場合は記載を要する。
鑑定人尋問済…鑑定人尋問において，鑑定の経過と結果の報告が行われた場合（口頭鑑定）。尋問結果が実質的な証拠となるので「取調順序」欄の記載を要する。

6　鑑定証人としての尋問

鑑定書が提出された後（鑑定手続終結後），その内容について鑑定人を尋問する必要があるときは，裁判所は，請求又は職権で鑑定人を鑑定証人として尋問する（法174）。この場合の証拠調べ手続は，通常の証人の場合と同様である。

鑑定手続としては終結前，鑑定人から鑑定書の提出があったが，これを取り調べるには法321条4項に基づきその作成の真正について鑑定人の供述を要する場合，証人として尋問すべきか，鑑定人尋問で足りるのかについては，見解も分かれており，実務においてはいずれのやり方も行われている（条解323参照）。

7　第1回公判期日前の鑑定

裁判員裁判において，審理の途中で鑑定のために長期間審理が中断するのは望ましくないことから，公判前整理手続で鑑定を行うことが決定された場合に，結果の報告までに相当の期間を要するときは，鑑定の手続のうち，鑑定の経過及び結果の報告以外のものを行う旨の決定（鑑定手続実施決定）をすることができる（裁判員法50Ⅰ）。

鑑定決定までの手続は，通常の事件と異なる点はない。鑑定決定後，鑑定手続実施決定までの基本的な流れは次のとおりである。

①　訴訟関係人からの請求（又は職権）
②　相手方（職権の場合は当事者双方）の意見聴取（裁判員法50Ⅱ，裁判員規則41）
③　鑑定手続実施決定又は請求却下決定

鑑定手続実施決定があった場合，公判前整理手続において，鑑定の経過及び結果の報告以外のものを行うことができる（裁判員法50Ⅲ）。具体的には，裁判所においては，鑑定人の選任，召喚，宣誓，学識経験についての尋問，鑑定事項の告知等を，鑑定人においては，鑑定資料の収集，調査，処分等を，当事者においては，鑑定活動への立会い等を行なうことができる（条解306参照）。

【記載例56】鑑定手続実施決定をした場合

①鑑定手続実施決定が当事者の請求による場合

〔弁護人〕

2　精神鑑定　〔　　　　　　　　　　〕犯行時の被告人の精神状態（　　　　　　）	前2	前3	鑑定請求につきしかるべく裁判員法50Ⅰにつき異議なし	前3　　前4	決　定鑑定手続実施決定鑑定人○○選任（次回喚問）鑑定人尋問施行	前2　弁護人裁判員法50Ⅰの請求

※　第2回公判前整理手続期日に弁護人から鑑定の請求及び裁判員法50条1項の請求があり，第3回で鑑定決定及び鑑定手続実施決定をした事例である。
※　公判前整理手続の研究315頁のように，「備考」欄に裁判員法50条1項の請求と，相手方の意見を記載する方法もある。

②鑑定手続実施決定が職権による場合

〔弁護人〕

2　精神鑑定　〔　　　　　　　　　　〕犯行時の被告人の精神状態（　　　　　　）	前2	前3	鑑定請求につきしかるべく裁判員法50Ⅰにつき双方異議なし	前3　　前4	決　定鑑定手続実施決定鑑定人○○選任（次回喚問）鑑定人尋問施行	

※　職権により鑑定手続実施決定をした事例である（それ以外は①と同じ）。
※　鑑定請求は弁護人の請求によるものであるから，検察官の意見を記載し，鑑定実施決定は職権によるものなので，当事者双方の意見を記載している。

第8　通訳・翻訳

1　意義

　裁判所では日本語を用いる（裁判所法74）から，国語に通じない者に陳述をさせる場合には，通訳人に通訳をさせなければならない（法175）。通訳とは，国語による陳述ができない者の陳述を国語による陳述に直して表現し，国語による陳述を理解できない者に対して，その陳述を理解できるように直して表現することをいう（条解325参照）。

　耳の聞こえない者又は口のきけない者に陳述をさせる場合には，通訳人に通訳をさせることができる（いわゆる「手話通訳」）（法176）。この場合は，書面で問い又は書面で答えさせることもできるので（規則125），通訳人を付すか否かは任意的である。

　国語でない文字又は符号は，これを翻訳させることができる（法177）。翻訳とは，国語以外の文字又は符号による表現内容を原文に即して国語による表現に転換することを

第8　通訳・翻訳

いう（条解329参照）。

　通訳の対象が口頭による供述，陳述であるのに対し，翻訳の対象が文書である点において，通訳は翻訳と異なるが，両者ともに言語に関する特別の知識経験に基づいて，ある言語の内容を他の言語に転換する点において共通である（大コンメ(3)364参照）。

2　性質

　法及び規則の，通訳人・翻訳人に関する規定（法175ないし178, 299, 規則136, 191等）は，その位置・内容からして，通訳人・翻訳人を証拠方法として定めている。しかし，通訳人・翻訳人は，単に証拠方法としての機能を有するにとどまらず，むしろ言語の伝達補助者としての役割・機能を強く有している。証拠資料となるべき外国語等の供述や記載を通訳・翻訳する限度において，通訳人・翻訳人は証拠方法たる側面を有していることは否定できないが，訴訟関係人の訴訟手続に関する発言や被告人の申立ての通訳においては，証拠方法としての側面を全く有していないことは明らかであり，専ら訴訟関係人間における言語の伝達補助者としての役割・機能を有しているにすぎない。

　通訳・翻訳は，専門的知識・経験に基づく具体的事実の判断の報告であるという点において，言語に関する一種の鑑定の性質・機能を有することから，鑑定に関する規定が準用されている（法178, 規則136）。しかし，一般の鑑定に比べて機械的な側面が強いことから，判断に至る経過についての説明を必要としないと考えられ，この点においても言語的な事実に対する判断結果の報告というよりも，むしろ言語の単なる媒介・伝達の作業に近い性質を有する。通訳・翻訳の問題を考えるに当たっては，このような通訳・翻訳と鑑定との類似性と差異の双方に留意する必要がある（大コンメ(3)364, 365参照）。

3　手続

　通訳・翻訳を実施する手続については，これを証拠調べとして規定していることから（法304参照）[96]，証人の証拠調べ手続と同様に，当事者が通訳人・翻訳人を具体的に指定して尋問を請求する方法（法298Ⅰ，規則188の2Ⅰ）や，通訳・翻訳が鑑定の一種であることに着目して，鑑定の証拠調べ手続と同様に，当事者の請求又は職権で，通訳・翻訳の証拠調べ決定をし（法298, 規則190Ⅰ），裁判所が通訳人・翻訳人を選任して通訳・翻訳を命じ，証拠調べの実施としてそれを行わせるという方法[97]も考えられる。しかし，実務上，事前準備として，名簿等[98]に基づき書記官が電話で照会し，公判期日に事実上出頭させ，選任している例が多い。

4　尋問調書の作成

　通訳人・翻訳人（以下「通訳人等」という。）に対する尋問は，誠実に通訳等をすることを命じ，通訳人等がこれを承諾するという内容にとどまるのがほとんどで，国語に通じない被告人に付する通訳人に対する尋問を冒頭手続に先立って行う場合を除いては，公判手続又は公判期日外における尋問手続等の一環として行われ，独立して通訳人等に対する尋問が行われることは少ないと思われる。

　公判手続において通訳人等に対する尋問が行われた場合，「通訳人又は翻訳人の尋問及

---

[96]　通訳人・翻訳人は，条文上，証人や鑑定人と並列的に規定されている（法299, 304, 規則188の2, 191等）。
[97]　翻訳における一体説の従来の記載方法（【記載例58】②参照）は，この考え方に近いと思われる。
[98]　権限のある職員は，J・NETポータルで「通訳人候補者名簿」を利用することができる。

第3章　証拠別による証拠調べ手続とカードの記載

び供述」は，公判調書の必要的記載事項（規則44 I㉒）であることから，公判調書に記載すれば足り，別個に尋問調書を作成する必要はない。実務上は，公判調書としての一体文言を付した通訳人尋問調書を作成する例が多い*99。

これに対し，期日外に通訳人等に対する尋問が行われた場合，別個に尋問調書を作成する必要がある（規則38 I）*100が，独立して通訳人等に対する尋問が行われた場合は格別，その尋問が期日外における証人尋問手続の一環として行われ，単に通訳を命じ，これを承諾したのみの場合は，当該証人尋問調書中に記載し，別個に尋問調書を作成する必要がないとも考えられる（特殊調書の研究152参照）。

5　原供述と通訳（原文と翻訳文）の関係

通訳がなされた場合，①原供述のみが証拠となるとする説，②原供述及び通訳の結果が一体となって証拠となるとする説，③原供述と通訳の結果がそれぞれ独立して証拠となるとする説，④通訳の結果のみが証拠となるとする説があるが，通訳人が証拠方法であること，原供述をそのまま調書に記録することは事実上不可能であり，調書には通訳の結果を記録すれば足りると解されること（規則44 I⑲）から，原供述と国語による通訳の結果の双方が不可分一体となって証拠となるとするのが通説である（条解325参照）。

なお，翻訳についても，原文と翻訳文の関係について，通訳と同様の問題があるが，原文と翻訳文の双方が一体となって証拠となるとするのが通説である（条解330参照）。

6　具体的場面における検討

(1)　被告人に通訳人を付した場合

被告人が日本語に通じない場合は，裁判所が職権で通訳人を付す*101のが通例である。この場合，その通訳人に原則として，当該審級の終了に至るまでのあらゆる通訳を担当することを命じるもので，最初にした宣誓の効力は，任務終了に至るまでのすべての通訳について及ぶと解することができ，証拠調べ手続において証人尋問や被告人質問が行われた場合の通訳をも命ずる趣旨が当然に含まれているから，改めて別個に証人尋問や被告人質問のための通訳人尋問の決定や宣誓の必要はない。公判調書の手続部分に，通訳人尋問の結果*102及び通訳人を介して審理（判決宣告）を行った旨を記載すればよく，カードに記載する事項はない。

(2)　証人のみに通訳人を付した場合

通訳を単なる言語の媒介・伝達作業としてとらえ，通訳の結果は，原供述から独立した証拠資料とみるべきではないと解すると，通訳を実施する手続を証拠調べ手続として独立してカードに記載する必要はなく，当該証人の証拠調べ手続の一環として記載すれば足りる。通訳人尋問の結果は，公判調書との一体文言を付した通訳人尋問調

---

*99　通訳人尋問調書の記載例は，調書講義案129参照。

*100　公判前整理手続において通訳人尋問を行った場合，規則38条1項に基づいて通訳人尋問調書を作成する必要があり，読み聞かせ（同3項）や，署名押印（同6項）等の手続が必要である。ただし，通訳人及び訴訟関係人が同意すれば，同手続を省略することができる（規則52の2 I②）。

*101　時期としては，公判前整理手続に付した事件については被告人が出頭する最初の期日，その他の事件については第1回公判期日に選任する事例が多いと思われる。

*102　通訳人尋問の結果を記載する方法として，公判調書としての一体文言を付した「通訳人尋問調書」を作成する例が多いが，これは，規則38条に定める通訳人尋問調書には当たらない。

第 8 通訳・翻訳

書に記載する[*103]。証人尋問調書の末尾に「この尋問及び供述は通訳人を介して行った。」と記載する。

【記載例 57】証人のみが日本語に通じないので，通訳人を付した場合

1　証人○○○○ 〔○○○-○-○　　30分〕 ○○○○ （　　　　　　　　　）	2	2	しかるべく	2	決定（次回喚問）　　　　　 通訳人○○選任 通訳人尋問施行	
				3	済	1

※　「備考」欄に「第○回公判　通訳人○○尋問施行」と記載する例もあるが，本記載例のように，通訳人の選任や通訳人尋問も，証人尋問の一環として「結果」欄に記載する方法も考えられる。
※　通訳人尋問においては，人定事項の確認や宣誓等，形式的な手続が行われるに過ぎないことから，「済」ではなく「施行」とし，尋問結果が実質的な証拠とはならないことから「取調順序」欄の記載を要しない。
※　第3回公判について，通訳人尋問と証人尋問の結果を区別するために，例外的[*104]に同一期日内の記載を横線で区切っている。

(3) 外国語の文書を翻訳させた場合

　　外国語の文書の翻訳が問題となるのは，訴訟手続に関する書類の場合と証拠書類・証拠物たる書面の場合の二つがあるが，カードの作成上問題となるのは後者である。実務上，訳文を添付しないで証拠調べ請求がされる例は少ない。訳文の添付がない場合，裁判所は訳文の提出を命じることができ，証拠請求者がこれに応じない場合には裁判所法74条に違反し不適法として却下することも可能であるが，翻訳人に翻訳させることもできる（大コンメ(3)397，条解329参照）。

　　翻訳人に翻訳結果を書面で提出するよう命じた場合，提出された書面の証拠能力をどのように考えるか問題となる。この点につき，翻訳は，鑑定の規定が準用され（法178条），しかも翻訳は鑑定に非常に近い性質を有することに着目すれば，訳文につき法326条の同意の有無を確かめ，不同意のときは法321条4項又は323条3号の書面として証拠能力を取得すると考える立場もあるが，訳文の生命は原文との同一性があるかどうかにかかるものであり，その性質は謄本ないし写しに近似したものと考えられることから，訳文自体の証拠能力は，訳文が原文と内容的に同一であることが何らかの方法で立証されたときに付与されると解するのが相当である。この考え方に立てば，訳文自体について反対尋問権の放棄ということはあり得ないから，相手方が訳文を証拠とすることに同意する旨述べたとしても，それは訳文の正確性については異議がない旨の陳述と解すべきである（大コンメ(3)377参照）。

[*103]　当該尋問調書は，第2分類に編てつする（調書講義案337頁「5分方式による記録編成一覧表」参照）。
[*104]　原則として，期日ごとに横線で区切ることについては，第2章第4の6，36頁参照。

第3章　証拠別による証拠調べ手続とカードの記載

【記載例58】外国語の文書につき，翻訳人を選任し，翻訳結果が取り調べられた場合

①原文説[105]

1	「●●」と題する書面 （○○語） 〔○○○○　　　26.7.7〕 ○○○○ （　　　　　　　　　　　）	1	1	同　意	1	決　定 翻訳人○○選任 （次回同行）	
					2	翻訳人尋問施行	
					3	済	1

※　外国語の文書のみが証拠調べ請求され，第1回公判で証拠採用し，翻訳人を選任の上，翻訳結果を書面で提出させ，第3回公判で翻訳文を取り調べた事例である（②，③も共通）。
※　「決定」は「書証を証拠採用する旨の決定」の意味である。
※　「備考」欄に「第○回公判翻訳文同意・済・取調順序1」と記載する例もあるが，原文説の立場からは，翻訳文を朗読すれば，原文を取り調べたことになるので，「結果」欄に「公判回数」，「済」及び「取調順序」を記載すればよいと思われる（原文について同意があれば，翻訳文について同意・不同意の問題は生じないことから「翻訳文同意」の記載は不要と考える。）。

②一体説（従来の記載方法）

1	「●●」と題する書面 （○○語） 〔○○○○　　　26.7.7〕 ○○○○ （　　　　　　　　　　　）	1	1	同　意	1	決　定	
					3	済	1

4	弁1の翻訳 〔　　　　　　　　　〕	1	1	異議なし	1	決　定 翻訳人○○選任 （次回同行）	第3回公判 翻訳文・ 同意・済・取調順序1
					3	翻訳人尋問施行	

※　一体説の立場で，原文と翻訳の証拠調べ手続を別欄に記載する従来の記載方法である。
※　証拠番号4の「決定」は，「翻訳の手続を採る旨の決定」の意味である。
※　翻訳人から提出された翻訳文の取調べ経過は「備考」欄に記載している。原文と翻訳文の取調順序は一致する。

---

[105]　原文説，一体説については，第1の7⑵　外国語で記載された書面，119頁参照。

③一体説（新たな記載方法）

1	「●●」と題する書面 （○○語） 〔○○○○　26.7.7〕 ○○○○ （　　　　　　　）	1	1	原文につき 　同　意 翻訳につき 異議なし	1	決　定 翻訳人○○選任 （次回同行）	1
					2	翻訳人尋問施行	
			3	翻訳文につき 異議なし	3	済	

※　一体説の立場で，原文と翻訳の証拠調べ手続を一つの欄に記載する方法を提案するものである。
※　「決定」は，「書証を証拠採用する旨の決定」と，「翻訳の手続を採る旨の決定」を兼ねている。
※　「意見」欄について，第1回公判では「翻訳につき」として，翻訳の手続を採ることについての意見を，第3回公判では「翻訳文につき」として，提出された翻訳文についての意見をそれぞれ記載した。なお，翻訳文に対する意見については，前述(3)の翻訳文の証拠能力についての議論を踏まえ，「同意」ではなく「異議なし」とした。
※　「済」は原文及び翻訳文の双方の取調べが終了したことを表している。

第9　検証

1　意義

裁判所は，事実発見のため必要があるときは，検証することができる（法128）。

検証とは，物（場所及び人の身体を含む）の存在及び状態を五官の作用により認識する処分である。裁判所の行う検証は，強制処分としての性格と同時に証拠調べとしての性格を保有する（条解242参照）。

検証の請求についても，他の証拠調べ請求と同様，検証対象（物，場所，身体等）を特定し，検証によって証明すべき事実との関係（立証趣旨）を具体的に明示してしなければならない（規則189 Ⅰ）。

2　公判廷における検証

公判廷における検証には，二つの場合がある[106]。

一つは，証拠物の取調べ方式としての展示である（法306，307）。証拠物は，物自体の存在又は状態が証拠となるものであるから，それを知覚し認識する方法として物自体を示す必要がある。したがって，展示は検証の一種であるが，取調べを終わった証拠物が，裁判所に提出され，領置された場合（法310条，101条），裁判所は，必要なときにはいつでもその物を検証することができるから，取調べ（検証）の結果を明らかにしておく必要はなく，カードには，必要的記載事項である，証拠物を取り調べたこと（規則44 Ⅰ ㉚）及びそれを領置したこと（同44 Ⅰ ㉛）[107]を記載すれば足りる。

なお，証拠物の取調べ後直ちに返還する場合などで，取調べの結果を明らかにしておく必要がある場合は，カードの「結果」欄に「決定・済・検証の結果※1」と記載して，検証の内容を続カードに記載すればよいとの考え方もあるが（調書講義案140参照），カードに記載するのは，あくまでも証拠調べ手続の経過であり，取調べの結果のように，証

---

[106] 一般に検証という場合には，押収できない物，押収できても原状のまま法廷に顕出できない物を証拠とする場合（「狭義の検証」ともいう。）をいい，証拠物の取調べとは区別されるが，法128条以下の諸規定は，証拠物の取調べを含む検証一般に関する規定である（条解242参照）。

[107] 「領置」は「公判廷においてした押収」として必要的記載事項である（第3の2(4)，146頁参照）。

第3章　証拠別による証拠調べ手続とカードの記載

拠調べ手続によって明らかになった証拠の「内容」を記載することは本来予定されておらず，カードの性質にそぐわない取扱いであると考えられることから，取調べの結果を明らかにしておく必要がある場合は，別途，公判調書と一体となる検証調書[*108]を作成して，その結果を記載する方法によるべきである。

【記載例59】証拠物の取調べ結果を明らかにしておく必要がある場合

10	頭蓋骨の一部							即日検察官に返還 検証の結果は検証調書記載のとおり
	〔平26○地領第○号符○〕 被告人宅から発見された頭蓋骨の一部の存在及び状態 （　　　　　　　　　　）	1	1	異議なし	1	決定・済	10	

※　証拠物を取調べ後，直ちに返還する必要があることから，証拠物の取調べとしての検証の結果を，検証調書に記載した事例である。

他の一つは，「狭義の検証」として，人の身体の状態が証拠となる場合（例えば，創傷の部位，傷跡等）や，一定の状況を作り出してその状況下で実験する場合等である。この場合には，検証の手続の経過をカード上，明らかにする必要がある。具体的には，「標目」欄に「○○の検証」と表示し，「立証趣旨」，「請求」，「意見」及び「結果」の各欄に所要事項を記載する。

「公判廷においてした検証」は，公判調書の必要的記載事項であるが（規則44Ⅰ㉛），ここにいう「検証」とは，検証の結果のことである。カードの「標目」欄以下に所要事項を記載するのは，他の証拠調べ手続と同様の規定[*109]に基づくものであり，本条に基づくものではない。検証の結果については，前述の公判調書と一体となる検証調書に記載する。

なお，被告人質問又は証人尋問中に，検証の必要が生じ，検証の決定をして実施した場合は，当該調書中の該当箇所に検証結果を記載し[*110]，カードの「備考」欄に「○○の調書に記載」と所在を明示する。

[*108]　カード様式等通達別紙様式第4の調書に準じた調書をいう。記載例は，調書講義案142頁参照。
[*109]　具体的には，標目及び請求（規則44Ⅰ⑭），立証趣旨（同⑮），証拠決定（同㊺），取り調べた旨及び順序（同㉚）等である。
[*110]　検証の結果を記載した被告人供述調書の記載例は，調書講義案141頁参照。

第9 検証

【記載例60】被告人質問中に検証の決定をして実施した場合
〔弁護人〕

3	被告人の左大腿部の検証〔　　　　　〕被告人が被害者から暴行を受けて受傷した状況（　　　　　）	3	3	異議なし	3	決定・済	1	職1の調書に記載

※　「標目」欄については，鑑定（第7の2，159頁参照）と同様，「○○の検証」として，検証の対象や内容が分かるように記載するのが相当である。
※　「備考」欄に「被告人供述調書中」又は「証人○○尋問調書中」と記載する例もあるが（調書講義案141参照），この記載は，証拠の整理・検索の便宜のためであると考えられるので，端的に証拠番号を記載する方が合理的であると考える。

〔職権〕

1	（被）〔　　　　　〕（　　　　　）				3	施　行	2	被告人の左大腿部の検証を含む

※　「取調順序」は，証拠調べが終了した順序に従って追番号とした。
※　「備考」欄には，証拠の整理・検索の便宜のため，当該調書中に検証結果が記載されていることをメモ的に記載する。

3　公判廷外における検証

　犯行現場そのもののように，公判廷で証拠調べをすることができない場合には，公判廷外（公判期日外）において検証を実施し，これを「検証調書」という書面に転換して公判期日において取り調べることが認められている。

　検証は，公判廷におけるものよりも，公判廷外におけるものの方が実務上多い。裁判所が直接現地に赴くなどして検証を実施するのが原則であるが，受訴裁判所の構成員（受命裁判官）にこれをさせ，又は他の裁判所の裁判官（受託裁判官）に嘱託することもできる（法142，125Ⅰ）。

　検証をするときは，裁判所書記官を立ち会わせなければならず（規則105条），検証をした場合には，検証調書を作成しなければならない[111]（規則41Ⅰ）。

　公判廷外における検証の場合も，基本的には，カードの「標目」欄以下に所要事項を記載すれば足りるが，他の公判期日外の証拠調べ手続と同様，証拠調べの結果を記載した書面の取調べについては注意を要する。公判廷外において検証をした場合の検証調書[112]は，公判期日に必ず取り調べなければならない（法303）。この場合，改めて証拠

---

[111]　検証調書の作成については，「刑事検証とその調書（研修資料第16号）」参照。
[112]　検証調書は，伝聞証拠であるが，無条件に証拠能力が認められている（法321Ⅱ後段）。裁判所又は裁判官による検証調書の証拠能力については，第1の4(1)イ(イ)，106頁参照。

- 175 -

第3章　証拠別による証拠調べ手続とカードの記載

調べの請求及び決定をする必要はない*113。カードの記載方法としては，職権カードに記載する方法と「備考」欄に記載する方法が考えられる。

【記載例61】公判廷外における検証の結果が公判期日で取り調べられた場合

①職権カードに記載する方法

〔弁護人〕

5　現場検証　　　　　　〔　　　　　　　　　〕本件現場及びその付近の状況（　　　　　　　　　）	3	3	しかるべく	3　　　決　定　26.6.20　　施　行	検証調書の取調べは職1に記載

〔職権〕

1　検調〔○○○○　　26.7.1〕（　　　　　　　　　）				4　　済　　1	弁5関係

※　弁護人からの請求により，期日外に検証を実施し，その結果を記載した書面を法303条により職権で取り調べたという手続の流れに沿った原則的な記載方法である。
※　職権分のカードについて，証拠の標目が「検証の結果を記載した書面」＝「検証調書」となること,「立証趣旨」欄，「請求」欄，「意見」欄，「結果」欄の「決定」が記載不要となることに注意する。
※　証拠の整理・検索のため，各「備考」欄に対応関係を記載する。

②「備考」欄に記載する方法

5　現場検証　　　　　　本件現場及びその付近の状況（　　　　　　　　　）	3	3	しかるべく	3　　　決　定　26.6.20　　施　行	第4回公判 検証調書・済・取調順序1

※　検証に関する手続が一欄で完結し，検証と検証調書の対応関係も明らかになる利点がある。
※　「備考」欄には，「公判回数」，取調べの対象が「検証調書」であること及び取調べ結果（「済」及び「取調順序」）を記載する。

---

*113　法303条による取調べについては，第4章第2，197頁参照。

第10　公務所等への照会
1　意義・性質

　裁判所は，検察官，被告人若しくは弁護人の請求により又は職権で，公務所又は公私の団体に照会して必要な事項の報告を求めることができる（法279）。例えば，被告人の本籍照会，前科照会，事件当日の気象の照会等である。

　「必要な事項」の中には，その事項を報告するのに必要な調査も含むし，報告に必要な限度において物の送付を含むものと解せられる。報告を求められた団体は，報告の義務を負うが，義務違反に対する制裁はない（条解565参照）。

　本条による照会に関する事項は，証拠調べ手続そのものではなく，証拠調べの準備行為ともいうべきものであるが，後述のとおり，当事者から請求があれば（又は職権で），意見を聴いた上で，裁判所が決定することになるから，手続が適正に行われたことを明らかにするために，証拠調べ手続に準じて，検察官，弁護人，職権の別にそれぞれのカードに記載する扱いが相当であろう[*114]。よって，およそ証拠調べ手続とは関係のない手続的な事項に関する照会等（例えば，被告人の病状照会等）は，カードに記載すべきではない（カード解説7参照）。

2　手続

　公判廷で公務所等への照会の請求に対する決定をするとき及び公判廷における請求に対する決定をするときは，相手方又はその弁護人の意見を聴かなければならない（規則33Ⅰ）。期日外で請求があり，かつ，期日外で決定をするときにも，証拠調べの請求に準ずるものとして相手方又はその弁護人の意見を聴いた上で決定をするのが通常であろう。

　報告を求める時期については，事件の実体に関係のない事項，例えば被告人の身分関係事項を本籍地の市町村に対し問い合わせることが第1回公判前でも許されることは異論がない。これに対し，事件の実体に関係のある事項に関して報告を求めることについて，従前は，第1回公判期日前は許されないと解するのが一般的であった。しかし，公判前整理手続において証拠請求や証拠決定ができることとなった以上，公判前整理手続において必要な照会を行い，その回答書等の提出を受けることも許されるものと解される。もとより，公判前整理手続において，事件の実体に関する証拠を取り調べることはできないが，裁判所に提出された回答書等を両当事者に開示し，必要に応じて当事者が証拠請求を行い，これを受けて裁判所が証拠決定を行うことは許される（条解565参照）。

　裁判所は，照会に対する回答書を受け取ったときは，当事者双方にその旨の通知をする[*115]。この回答書を証拠とするためには，当事者（照会を請求した者に限られない）は，その全部又は必要とする部分について改めて証拠調べを請求しなければならず，それについての証拠決定をした後，取り調べることとなる。当事者双方が請求しない場合でも，必要と認めるときは，裁判所は，職権で証拠調べをすることができる。

[*114]　カードに記載する目的について，公務所等への照会は，事務の性質上，一定の期間を要するものであり，備忘等の便宜のために経過を記録することも考えられるが，それが主たる目的ではない（後記本文3参照）。

[*115]　調書講義案137頁には，照会が請求によるときは請求者に受理の通知をすべきとの記載があるが，相手方が証拠調べを請求することもできることから，原則として当事者双方に通知すべきであると考える。

第3章　証拠別による証拠調べ手続とカードの記載

3　カードの記載

　「標目」欄に「○○に対する照会」等，照会先を明示した標題を掲げ，照会事項を記載する。照会事項は，証拠そのものとは異なり，「標目」欄（あるいは「立証趣旨」欄）に必ず記載しなければならないものではないから，余白の有無に応じて「備考」欄に記載するほか，「照会事項※1」などと記載した上で続カードを使用することができる。この場合，続カードには「照会事項」と見出しを付した上で，照会事項を直接記載するか，引用文言を記載して照会事項が記載された請求書を引用する[116]ことになる（質疑回答41参照）。

　公務所等への照会は，証拠調べの請求ではないので，「立証趣旨」欄の記載は必要的ではないが，請求に対する決定は，証拠決定に準ずる決定とも考えられるから，請求者が照会の理由を示したときは，「立証趣旨」欄に記載することが望ましい。

　公務所等への照会の請求に対する決定は，本来の意味での証拠調べ決定ではないので，証拠調べをする旨の決定の略語である「決定」や，証拠調べを却下する旨の決定の略語である「却下」と記載するのは相当でない。よって，これらと区別するため，「結果」欄には，「採用決定」又は「却下決定」と記載する。

　「備考」欄については，「採用後の経過等を記載しておくと便利」（質疑回答40参照）とされており，実務上，照会日，回答日，通知日等を逐一記載している例もあるが，記載する目的を踏まえて検討する必要があると考える。例えば，照会日や回答日の記載は，書記官の進行管理上の備忘的意味合いが強く，各段階が終了した時点でその目的が達せられるものが多いと思われる。そのため，上訴審を含め，後々その記載が必要となる場面は考えにくく，KEITAS等のシステムや，その他の方法で管理[117]できるのであれば，必ずしもカードに記載する必要はない。他方，当事者に回答書が到着した旨を通知した日については，当事者に回答書を証拠調べ請求するかを検討する機会を与えるものであり，手続が適正に行われたことを明らかにするために記載するのが相当であると考える。

【参考】

	①証拠調べ手続	②準備行為
カードへの記載	必要的（規則44I⑭）	記載相当（カード解説7）
立証趣旨の記載	必要的（規則44I⑮）	必要的ではない
結果欄の文言	決定，却下	採用決定，却下決定

---

[116] 質疑回答41には「『備考』欄に引用文言を記載して続カードを使用しない取扱いももとより差し支えないが，採用後の経過等の記載を考えると続カードを使用する取扱いが相当である」とあるが，書面の引用のためだけに続カードを使用するのは，検索の上でも効率的ではないので，「備考」欄に余白があれば，引用文言を記載して続カードを使用しない方法も積極的に検討すべきと考える（なお，採用後の経過を逐一記載する必要はないと考えれば，「備考」欄の記載スペースは確保できると思われる。）。

[117] 期限を設けて照会した場合には，期限内に回答がない場合には，照会先に進捗状況について確認する等の管理が必要となる。なお，訴訟記録は，裁判官の使用や訴訟関係人の閲覧・謄写等により，常に書記官の手元にあるとは限らないことから，記録以外にも情報を管理する手段を講じておく必要があると考える。

第11　書類等の取寄せ

【記載例62】公務所等への照会の請求があり，回答書につき証拠調べがなされた場合

3	○○脳神経外科病院に対する照会 〔　　　　　　　　　　〕 照会事項 1 被告人の入退院のいきさつ及びその後の通院等の有無 2 被告人の傷病名と治療内容 （　　　　　　　　　　）	2	2	必要なし	2	採用決定		26.6.21 通知済
4	回答書 〔医師○○○○　　26.6.19〕 被告人の傷病名及び治療状況 （　　　　　　　　　　）	3	3	同　意	3	決定・済	1	弁3関係

※　従前，照会事項が「標目」欄に記載しきれない場合は，必要に応じ「立証趣旨」欄にまたがっても差し支えないとされていたが，必ずしも1頁5欄にする必要はなく，パソコンの利用を前提とすると，必要に応じて枠が広げられるので，いずれかの欄にまとめて記載した方が見やすいと考える。

※　当事者の請求と裁判所からの照会事項が異なる場合には，カードに記載するか照会書の写しを編てつして照会事項が記録上明らかになるようにしなければならない。

第11　書類等の取寄せ

1　意義・性質

　他の裁判所に存在する訴訟記録や他の官公署の保管する公文書綴りなどのように，当事者が自由に閲覧することのできない書類や，謄本・抄本の交付を求め得ない書類を証拠として取調べしようとする場合，当事者は，できる限り文書を特定して裁判所に対し書類の取寄せを請求し，裁判所はその請求により，又は職権で書類の所持者に対し書類の送付を嘱託して送付を受ける。こうして送付された書類を改めて公判廷に顕出すること等により，当事者に証拠調べの機会を与えようとするのが「書類の取寄せ」である（石井・証拠法43参照）。

　刑訴法には，明文の規定はないが，実務上の慣行として行われており，書類の送付も公務所等への照会に対する報告に必要な限度において含まれると解せられることから，法279条にその法的根拠を求めることができよう（石井・証拠法43参照）。書類の送付嘱託を受けた者は，送付義務を負うが，義務違反に対し制裁がないことも公務所等への照会と同様である。

　書類の取寄せに関する事項も，公務所等への照会と同様，証拠調べ手続そのものではなく，証拠調べの準備行為というべきものであるが，証拠調べ手続に準じて，カードに記載する扱いが相当である。なお，類似の手続である「記録の取寄せ」，「ビデオリンク方式による証人尋問調書の取寄せ」，「少年調査記録の取寄せ」についても併せて説明する。

2　手続及びカードの記載

(1)　書類の取寄せ

　書類の取寄せは，証拠調べの準備行為的な性格を有するものであるから，取寄せの請求は証拠調べの請求ではなく，また，取寄決定も証拠決定ではないと解される。取

り寄せられた書類については，裁判所は到着した旨を当事者に通知するか又はこれを公判廷に顕出し，当事者はその内容を検討した上で，必要とするものについて証拠調べの請求をし，裁判所はこれに基づいて証拠決定をするのである。この場合，取寄せを請求した者は，取り寄せられた書類について必ずしも証拠調べを請求すべき義務を負担するものではない。かえって，相手方がその書類について証拠調べを請求することもできる（大コンメ(5)420参照）。

書類の取寄せの請求があったときは，「標目」欄で書類を特定した上で取寄先を記載し，「結果」欄には「取寄決定」又は「却下決定」と記載する[118]。書類の取寄せについては，訴訟関係人に請求権がないから，不採用の場合「却下決定」と記載するのは不適当ではないかとの疑問もあるが，「却下決定」に職権を発動しない趣旨をも含ませて使用しても格別支障はないと思われる。「職権を発動しない」と記載しても差し支えないことはもちろんである（質疑回答40参照）。

取り寄せられた書類について，証拠調べの請求があったときは，カードに記載されることから（規則44Ⅰ⑭），顕出されたことが明らかになるが，証拠調べの請求がなかったときは，カードの「備考」欄に「第〇回公判顕出」と記載して，取寄決定の施行を終了したことを明らかにしておくとの見解がある（山内外・書協論集刑事編250参照）。

これについて検討するに，取寄決定の施行は書類の到着をもって終了し，公判廷で顕出することが手続上予定されているものではない[119]。また，公判廷での顕出は，民事訴訟手続における「顕出[120]」とは異なり，訴訟関係人に対し，書類が裁判所に到着したことを知らせて証拠調べ請求を検討する機会を与えるための手段にすぎず，顕出の有無が当該書類の証拠能力に影響することはない。よって，一律に記載する必要はないが，裁判所が取り寄せた書類について，当事者に証拠調べ請求を検討する機会を与えたことを明らかにし，手続が適正に行われたことを担保する意味で記載する実益があると考える。その場合でも，安定的な事務処理の観点から，記載の要否をその後の証拠調べ請求の有無にかからせるのではなく，書類が到着した旨を当事者に通知した時点又は公判廷で「顕出」した時点で，その旨を記載する[121]のが相当と考える（いずれか早い方で足り，重ねて記載する必要はない。）。

---

[118] 「決定」又は「却下」と記載しない理由については，第10の3，178頁参照。
[119] 公判前（期日間）整理手続の結果の顕出（法316条の31，規則217の29）のような規定はない。
[120] 民事訴訟手続において「顕出」とは，書面尋問の回答書や調査嘱託の回答，鑑定書，鑑定嘱託報告書について，口頭弁論において示し，当事者に意見陳述の機会を与えることをいい，「顕出」により，当事者の援用を待たなくても証拠調べの結果を証拠資料とすることができるとされている。
[121] この場合「顕出」という用語を用いることに訴訟法上特別の意味がないと考えれば，両者とも「到着した旨の通知」と呼ぶことも考えられる（「〇．〇．〇到着した旨通知済」，「第〇回公判到着した旨通知済」と記載する。）。

第11 書類等の取寄せ

【記載例63】書類の取寄請求があり，取り寄せられた書類につき証拠調べがなされた場合

〔弁護人〕

7	被告人が○○○○に発信した電報発信控の取寄せ〔取寄先　○○拘置所〕（　　　　　　　）	2	2	必要なし	2	取寄決定		26.11.30 通知済
8	電報発信控〔　　　26.2.9〕○○○○なる者が存在している事実（　　　　　　　）	3	3	同　意	3	決定・済	1	弁7関係

※　本記載例は，取り寄せられた書類について証拠調べ請求があった場合であるが，仮に証拠調べ請求がなかった場合でも，弁7の「備考」欄で書類が到着した旨を当事者に通知したことを明らかにしていれば「第○回公判顕出」と記載する必要はないと考える。

(2) 記録の取寄せ

　記録の取寄せの法律上の根拠については，①裁判所法79条の規定による裁判所間の共助とする説，②公務所等に対する照会とする説（法279），③提出命令（法99Ⅲ）とする説，④他の裁判所からの取寄せについては裁判所間の共助とするのが相当であり，他の公務所又は公私の団体からの取寄せについては法279条によるべきものとする説等がある。

　記録の取寄せは，証人尋問の嘱託（法163）等のように，一定の裁判事務を処理するものを求めているものではなく，裁判所法79条とは場面が異なる。また，取寄せの対象は「差し押さえるべき物」ではないので提出命令と解するのも相当ではなく，単に記録の送付を求める嘱託行為にすぎないことから公務所等に対する照会とする説が妥当である（調書講義案136参照）。実務上も，公務所等に対する照会とする説による例が多いと思われる。

　証拠書類が，現にその裁判所（他の部を含む）に存するときには，特に取寄決定をするまでもなく，これを公判廷に顕出すればよい（大コンメ(5) 420参照）（最判昭24.8.9 刑集3-9-1440）。ただし，その場合でも，請求を採用する旨の決定は必要であろう。

第3章　証拠別による証拠調べ手続とカードの記載

【記載例64】現にその裁判所にある記録について，取寄せ請求を採用した場合

22	○○地裁平成26年（わ）第○号事件記録の取寄せ〔取寄先　○○地裁〕（　　　　）	1	1	しかるべく	1	採用決定	第2回公判顕出

※　事件番号等で記録を特定する（特定に必要な限度で，被告人名，事件名等を記載する。）。
※　「取寄決定」が必要ないとされる場合であるため，「採用決定」としている。
※　その後の証拠調べ請求に関係なく，当事者に証拠調べ請求をするか否かを検討する機会を与えたことを明らかにするため「第○回公判顕出」と記載している。

(3) ビデオリンク方式による証人尋問調書の取寄せ

　　ビデオリンク方式による証人尋問が行われた場合（法157の6Ⅰ，Ⅱ），その尋問及び供述部分が記録媒体に記録され（同Ⅲ），その記録媒体が調書の一部として添付されることがある（同Ⅳ）。当該調書を証拠として請求する場合，記録媒体部分については検察官及び弁護人は謄写を禁止されているため（法40Ⅱ，270Ⅱ），記録媒体を含む当該調書の取り寄せを行う必要がある[122,123]。なお，取り寄せるべき調書が現にその裁判所（他の部を含む）にあるときは，取寄決定をするまでもない。

　　取り寄せられた，記録媒体がその一部とされた調書については，その記録媒体を公判廷で再生して取り調べるのが原則である（法305Ⅳ本文）が，常に再生を必要とするものではなく，訴訟関係人の意見を聴き，相当と認めるときは，当該調書に記録された供述の内容を告げることで足りる場合もある（同ただし書）。

　　原本を取り寄せた場合には，原本を取り調べた上で調書の紙面部分及び記録媒体部分の写しを作成（記録媒体については複製）して記録に編てつする。

【記載例65】ビデオリンク方式による証人尋問調書を取り寄せた場合

1	○○地裁平成○年（わ）第○号事件の証人○○尋問調書（記録媒体を含む）の取寄せ〔取寄先　○○地裁〕（　　　　）	1	1	しかるべく	1	取寄決定	26.11.13通知済

※　「標目」欄には，取り寄せるべき調書を事件番号，証人の氏名等で特定し，取寄先を記載する。
※　当該尋問調書を含む記録が確定記録として検察庁に引き継がれている場合は，取寄先が検察庁になることもある。

---

[122]　当該調書が確定記録として検察庁に保管されている場合等，検察官が記録媒体を含めて手持ち証拠として請求できる場合には取寄せの必要はない。
[123]　当該調書は紙面部分と記録媒体部分とが一体となるものであるが，請求者が，記録媒体部分の取調べを必要ないと考える場合には，紙面部分のみを抄本として請求することも考えられる。詳細については，被害者保護制度の研究110頁以下参照。

(4) 少年調査記録の取寄せ
　ア　意義
　　少年調査記録とは，少年の処遇に関する意見書及び少年調査票その他少年の処遇上参考となる書類を編てつしたものであり，その内容の秘密性から法律記録とは別個に編成される。少年審判の事件記録は，審判の非公開と同様，原則として公開されない（少年審判規則7Ⅰ）が，とりわけ少年調査記録は，少年及び関係者のプライバシーにも踏み込んだ社会調査の結果であるので本質的に秘密性の要請が強く，付添人に対しても謄写を許可しない運用が多い。

　　少年事件が検察官送致された場合にも，法律記録は当然送付されるが少年調査記録は送付されないことになっている。しかし，少年保護事件の調査及び審判は，行為者そのものについて個性，環境を調査し，要保護性を認定して保護の適正を期することを目的としているのであり，少年の刑事事件についても，なるべくその趣旨に従うことが審理の方針（少年法50，9，刑訴規則277）であることから，実務上も，少年の刑事事件においては，被告人の処遇の適正を図るため，少年調査記録を活用する運用がなされている。

　イ　手続
　　少年調査記録の取寄せは，当事者からの請求又は職権によってなされる。公判前整理手続に付した事件については，同手続の中で行うことができる。

　　訴訟進行促進の観点から，少年の刑事事件が係属した時点で，事前準備として書記官名で取り寄せておくという取扱いもあるが，すべての事件で必要となるわけではないので，当事者や裁判体の意向を確認する必要がある。なお，取寄せに当たっては，取寄先の家庭裁判所との間で，記録の送付可能な時期や返還時期の見込み等について打ち合わせをしておく必要がある。いずれの場合でも，これを証拠とするためには，その全部又は必要な部分について当事者の請求又は職権により証拠調べがされなければならない。

　　当事者からの請求又は職権で記録の取寄せを行う場合には，請求者のカード又は職権分のカードに「少年調査記録の取寄せ」という標題と取寄先を記載し，聴取した意見を「意見」欄に，取寄せについての判断を「結果」欄に記載する。取寄せにかかる記録が到着した際には当事者に通知し，証拠調べ請求があれば，カードに記載する。

　　事前準備として，事実上，少年調査記録の送付を依頼した場合には，カードに記載する必要はなく（58中管研19参照），具体的な証拠の証拠調べ請求又は職権による証拠調べ決定があった段階でカードに記載すれば足りる。

　ウ　取調べ後の証拠の取扱い
　　少年調査記録中の書類を証拠として採用し，取り調べる場合は，取り寄せた証拠の原本により行うが，その謄本を刑事記録に編てつするかは慎重な考慮を要する。裁判体の方針によるが，少年調査記録中の書類については，一般的には秘密保持の観点から，謄本や写しを作成するのは相当ではないと考えられる。記録に謄本等を編てつしない場合，カード上，取り調べられたとされる証拠が訴訟記録に編てつされないことになるので，証拠の所在を明らかにするために「少年調査記録中」等と

第3章　証拠別による証拠調べ手続とカードの記載

「備考」欄にメモ的に記載する。上訴審の審理において必要があれば，再度，上訴審において取り寄せを行うことになる。

【記載例66】請求により少年調査記録を取り寄せ，一部につき証拠調べがなされた場合

1　少年調査記録の取寄せ〔取寄先　〇〇家裁〕（　　　）	1	1	しかるべく	1	取寄決定		26.9.16 通知済
2　少年調査票〔〇〇〇〇　26.6.15〕被告人の生育歴，性格，家庭環境等（　　　）	3	3	同　意	3	決定・済	1	少年調査記録中

※　少年調査記録は，要保護性に関する資料を，事件にかかわらず少年ごとに累加的に編てつしておくものであり，事柄の性質上，取り寄せるのは当該事件の被告人のものに限られることから，被告人（少年）の氏名や事件番号による特定は必要ないと考える。
※　少年調査票の作成者は，家庭裁判所調査官である（少年審判規則13Ⅰ）が，カード上は，判決書における裁判官と同様に氏名のみを記載し，職名を記載する必要はない。

第12　押収・捜索
1　意義

裁判所が行う押収及び捜索については，法99条以下に定められている。公判裁判所が行う押収及び捜索は，第1回公判期日後に限られると解するのが一般である。第1回公判期日前においては，捜査機関が押収及び捜索をする（法218参照）。
(1) 押収とは，物の占有を取得する強制処分をいい，差押え（法99Ⅰ），記録命令付差押え（法99の2）[*124]，提出命令（法99Ⅲ），領置（法101）の方法がある。
　① 差押えは，強制力により物の占有を取得する方法で，その目的物は，原則として裁判所が証拠物又は没収すべき物と思料するものである。リモートアクセスによる複写の処分（法99Ⅱ）は電子計算機に対する差押えを行う場合に付加的に認められる処分であり，当該処分を伴う差押えは，その電子計算機に電気通信回線で接続している記録媒体に保管されている電磁的記録を，当該電子計算機又は他の記録媒体に複写して差し押さえるものである。
　② 記録命令付差押えは，電磁的記録の保管者等に，必要な電磁的記録を記録媒体に

---

*124　情報処理の高度化等に対処するための刑法等の一部を改正する法律（平成23年法律第74号）により刑事訴訟法が改正され，新たな電磁的記録の証拠収集方法として，①記録命令付差押え，②リモートアクセスによる複写の処分，③記録媒体の差押えにおける電磁的記録の複写，印刷，移転の処分（法110条の2による処分）が整備された。詳細については，平成24年4月最高裁判所事務総局刑事局編「新たな令状事務の取扱いに関する執務資料（電磁的記録の証拠収集方法の整備に伴うもの）」参照。

記録又は印刷させた上で，その記録媒体を差し押さえるものである。
　③　提出命令は，裁判所が差し押さえるべき物を指定して提出を命ずる裁判である。これによって物が提出された場合は，当然に押収の効力を生じる。この命令は提出義務を負わせるが，直接の強制力はなく，義務違反についての制裁規定もないので，命令に応じない場合は差押えをするほかない。
　④　領置は，遺留品又は任意提出物の占有を取得する行為であるが，占有を取得する際に強制力は加えられないものの，占有の継続が強制的である点は差押えと同じで，任意に提出した物も自由に返還を求めることはできない。
(2)　捜索とは，物又は人を発見するために行われる強制処分である。裁判所は必要があるときは，被告人の身体，物又は住居その他の場所につき，捜索することができる（法102Ⅰ）。

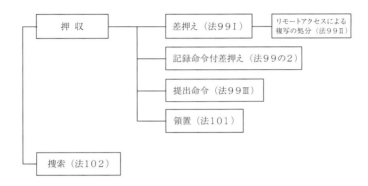

2　公判廷における押収・捜索

公判廷で押収及び捜索を行う場合，令状の発付権限を有する裁判長が自ら指揮して行うものであり，双方当事者の立会いの下に執行するものであるから，別に令状を要せず，公判廷における押収[*125]は，その旨を公判調書に記載する（規則44Ⅰ㉛）。押収をした場合には，押収目録を交付し[*126]（法120），捜索をしたが証拠物又は没収すべきものがない場合には，捜索を受けた者の請求により捜索証明書を交付する（法119）。

3　公判廷外における押収・捜索

公判廷外における差押え，記録命令付差押え又は捜索は，差押状，記録命令付差押状又は捜索状を発して行わなければならない（法106）。令状主義を捜査機関の行う強制的処分に対する司法的抑制という意味に解するのであれば，裁判所の行う差押え・捜索には令状は不要とすることも考えられるが，公判廷外でなされる差押え・捜索の場合，検察官の指揮によって，実際の執行に当たるのは検察事務官や司法警察職員であること（法108Ⅰ[*127]），処分を受ける者に対し，いかなる処分がなされるか知らしめる必要があることから令状の発付を要することにしたものである（条解217参照）。差押状，記録命令

[*125]　実務上，多いのは，証拠物を領置する場合である（第3の2(4)，146頁参照）。
[*126]　実務では，押収目録に代えて受領書を交付している（第3の2(6)，147頁参照）。
[*127]　被告人の保護のために必要があると認めるときは，裁判長は，裁判所書記官又は司法警察職員にその執行を命ずることができる（法108Ⅰただし書）。被告人の請求によって差押え・捜索が行われる場合など，検察官の指揮によることが適当でないと認められる場合が考えられる（条解223参照）。

第3章　証拠別による証拠調べ手続とカードの記載

付差押状又は捜索状を執行するときは，それぞれ他の検察事務官，司法警察職員又は裁判所書記官を立ち会わせ（規則100Ⅱ），執行又は捜索をする者が自ら調書*128を作成し（規則43Ⅰ），目録を添付しなければならない（規則43Ⅲ・41Ⅲ）。

差押状又は記録命令付差押状を発しないで押収するとき，すなわち提出命令及び領置により物の提出を受ける場合には，裁判所書記官を立ち会わせ（規則100Ⅰ），調書*129を作成し（規則41Ⅰ），目録を添付しなければならない（規則41Ⅲ）。

公判廷外における押収・捜索の結果を記載した書面及び証拠物については，裁判所は，公判期日に証拠書類又は証拠物として，取り調べなければならない（法303）。

		公判廷	公判廷外
押収	差押え（法99Ⅰ）	・公判調書に記載（規則44Ⅰ㉛） ・押収目録の交付（法120） →目録に代えて受領書を交付	令状が必要（法106） ・執行調書を作成（規則43Ⅰ） ・押収目録の作成，添付，交付（法120，規則43Ⅲ・41Ⅲ）
	記録命令付差押え（法99の2）		
	提出命令（法99Ⅲ）		令状は不要 ・押収調書を作成（規則41Ⅰ） ・押収目録の作成，添付，交付（法120，規則41Ⅲ）
	領置（法101）		
捜索（法102）		・捜索証明書の交付（法119）	令状が必要（法106） ・執行調書を作成（規則43Ⅰ） ・捜索証明書の交付（法119）

4　差押えの請求とカードの記載

差押え及び捜索については，当事者に請求権があると解されているが（石井・証拠法50，69参照），その請求を証拠調べの請求と解するか，証拠調べの準備としての資料収集の問題と解するかについては，双方の見解がある。前者の見解に立てば，当然にカードに記載することとなるが，後者の見解に立った場合でも，単に備忘等の便宜のみならず，手続が適正に行われたことを明らかにするため，証拠調べ手続に準じてカードに記載するのが相当であると考える*130。

---

*128　執行調書については，特殊調書の研究221頁以下参照。
*129　押収調書については，特殊調書の研究216頁以下参照。
*130　証拠調べの準備行為として，公務所等への照会をカードに記載することと同様の状況である（第10の1，177頁参照）。

【記載例67】差押えの請求により差し押さえた証拠物につき証拠調べがなされた場合

〔検察官〕

19 差押え 差し押さえるべき物 ○○○○の手紙 差押えの場所 〔○○○○〕 （ ）	3	3	異議なし	26. 2. 25	差押状発付		
20 押 〔（事）○○○○ 26.2.26〕 差押えの執行状況及びその結果 （ ）	4	4	同 意	4	決定・済	3	甲19関係
21 手紙 〔○○○○ 25.5.29〕 ○○○○ （ ）	4	4	同 意	4	決定・済・領置	4	甲19関係 平26押○号の○

※ 差押えの請求を証拠調べの請求と解さない立場からの記載である。
※ 甲19の「標目」欄について，「証拠物の差押え」と記載する例もあるが，対象が証拠物であることは「差し押さえるべき物」の記載により明らかなこと，同じく「押収」の手続である提出命令【記載例68】【記載例69】と平仄を合わせるため，単に「差押え」としてもよいと考える。差押えの令状には，法219条で定められた事項を記載しなければならないが（請求書の記載事項として，規則155），カードには，他の証拠と区別して請求を特定するのに必要な限度で記載すれば足りる（特定の要素としては令状の記載事項が参考になる。）。
※ 甲19の「備考」欄に「○.○.○検察官に交付」と検察官に令状を交付した日を記載する例もあるが，令状請求が事件簿で立件され，請求者から受領印を徴する等の方法で授受が明らかになるのであれば，カードに記載する必要はないと考える。
※ 捜査機関による差押えの場合の差押調書は，法303条による職権証拠調べの対象とはならない。

5 提出命令

前述のとおり，裁判所が行う押収の一つに，提出命令（法99Ⅲ）があるが，提出命令の申立ての性質をめぐっては争いがあり，カードの記載方法についても注意を要する。

(1) 提出命令の申立て

提出命令の申立てを証拠調べの請求と解するか否かについては，説が分かれており，多数説は，当事者が提出命令を申し立てるのは，提出命令の結果提出された物を公判廷で取り調べて証拠とすることを目的とすることから，これを積極に解している（団藤・新刑事訴訟法綱要七訂版219参照）。これに対し，提出命令の申立ては，証拠収集の方法の問題であって，証拠調べの請求ではないとする見解（注解（中）488参照）も有力で，実務の取扱いも，この両者に分かれていると考えられる。

4で述べた差押えの請求と同様，証拠調べの請求と解する説によれば，当然にカードに記載することとなるが，証拠調べの請求と解さない説によっても，カードに記載

第3章　証拠別による証拠調べ手続とカードの記載

するのが相当であると考える。

(2) 提出命令の申立てに対する裁判

提出命令の申立てがあった場合，裁判所は，相手方又はその弁護人の意見を聴いた上，申立てを認容するか否かを決定しなければならない。

提出すべき物の指定は，個別・具体的にされなければならない。提出命令の申立てを認容する場合，提出命令の申立てを証拠調べの請求と解する説に立てば，「証拠調べをする旨の決定」と「提出命令」の双方の決定を，提出命令の申立てを証拠調べの請求と解さない説に立てば，「提出命令の申立てを採用する旨の決定」と「提出命令」の双方の決定をそれぞれ必要とする。なぜならば，「証拠調べをする旨の決定」又は「提出命令の申立てを採用する旨の決定」は当事者に向けられた決定であるのに対して，「提出命令」は受命者に向けられた決定であり，決定を受ける者を異にするからである（飯泉ほか・会報80－31参照）。

提出命令は「決定」であり，告知（規則34）によって効力を生じるので（条解205参照），公判廷においては宣告によるが，提出命令を受ける者が第三者である場合や，当事者であっても期日に出頭していない場合には，期日外に裁判書を作成して，その謄本を送達しなければならない。

(3) 提出された物の証拠調べ手続

提出命令の申立てを証拠調べの請求と解する説に立った場合は，提出された物は，法303条により職権で取り調べることとなる。また，提出を命ぜられた物が公判期日外で提出され，押収調書[131]が作成された場合には，同調書は，公判期日において法303条により職権で取り調べる。

提出命令の申立てを証拠調べの請求と解さない説に立った場合は，当事者がその物の証拠調べを希望する場合は，改めて証拠調べの請求をしなければならず，職権で取り調べるためには，改めて証拠調べをする旨の決定をしなければならない。

提出命令によって目的物が提出されたときには，差押えをする必要はなく押収の効力が生じるとするのが通説であり（大コンメ(2)272参照），押収物等取扱規程による押収物として受入れ保管される（押収物等取扱規程2条）。

---

[131] 公判期日外で提出命令により物の提出を受ける場合には，裁判所書記官を立ち会わせ（規則100 I），調書を作成し（規則41 I），目録を添付しなければならない（同Ⅲ）。

第12　押収・捜索

【記載例68】公判期日において提出命令及び提出があった場合

①提出命令の申立てを証拠調べの請求と解する立場

〔弁護人〕

3　提出命令					
保管者　〇〇〇〇 目的物　ポリグラフ検査記録 〔　　　　　　　　　　　　　〕 取調べ時の被告人の心理状態 （　　　　　　　　　　　　　　）	3	3	必要なし	3　決　定 　　提出命令 ――――――― 4　提　出	押収物の取調べは職1 に記載

※　「標目」欄には，証拠調べの請求を特定するため「提出命令」のほか，保管者（提出命令を受ける者）と目的物を記載する。
※　この立場からは「立証趣旨」欄の記載が必要的である。
※　目的物が公判廷で提出された場合，「提出」は「公判廷においてした押収」（規則44 I ㉛）として必要的記載事項である。「備考」欄に「第4回公判提出」と記載する例もあるが，提出命令による一連の手続として「結果」欄に記載する方法も考えられる。

〔職権〕

1　ポリグラフ検査書					
〔　〇〇〇〇　　26.6.6　〕 （　　　　　　　　　　　　　）				4　済　　　1	弁3関係 平26押〇号の〇

※　提出された物の取調べは，法303条により職権で行われることから，職権分のカードを作成し，「立証趣旨」欄，「請求」欄，「意見」欄，「結果」欄の「決定」の記載はいずれも要しない。「意見」欄に，提出命令申立ての反対当事者の意見として「同意」と記載している例もあるが，法303条により取り調べるのであれば，意見の聴取は必要的ではないことから基本的には記載する必要はなく，仮に記載するとしても「検察官　同意」等，主体を明らかにすべきと考える。
※　提出命令によって提出された目的物には，当然に押収の効果が生じると考える場合，「領置」の記載は不要である。
※　各「備考」欄で対応関係を明らかにする。

②提出命令の申立てを証拠調べの請求と解さない立場

〔弁護人〕

3　提出命令					
保管者　〇〇〇〇 目的物　ポリグラフ検査記録 〔　　　　　　　　　　　　　〕 （　　　　　　　　　　　　　　）	3	3	必要なし	3　採用決定 　　提出命令 ――――――― 4　提　出	

※　この立場からは「立証趣旨」欄の記載は必要的ではない。
※　却下した場合，「結果」欄には「却下決定」と記載する。

第3章　証拠別による証拠調べ手続とカードの記載

4 ポリグラフ検査書　〔○○○○　26.6.6〕取調べ時の被告人の心理状態 ( )	4	4	同　意	4	決定・済	1	弁3関係　平26押○号の○

※　提出された物を証拠とするためには，改めて，「標目」欄以下の，証拠調べ請求，意見聴取，採用決定等の記載が必要になる。

【記載例69】公判期日外で提出命令及び提出があった場合

①提出命令の申立てを証拠調べの請求と解する立場

〔弁護人〕

5 提出命令　保管者　○○○○病院　目的物　○○○○のカルテ〔　　　　　　　　　　〕被害者の負傷状況 ( )	1	1	しかるべく	1／26.8.11／26.8.20	決　定／提出命令／提　出		押収調書，押収物の取調べは職1，2に記載

〔職権〕

1 押収調書　〔○○○○　26.8.20〕( )				2	済	1	弁5関係
2 カルテ1通　〔○○○○　26.4.18〕( )				2	済	2	弁5関係　平26押○号の○

※　公判期日外で提出命令により物の提出を受ける場合に，押収調書を作成する必要があることは注131のとおり。押収調書も法303条により取り調べる必要がある。
※　期日外の「提出」についても，期日で行われれば必要的記載事項としてカードに記載する事項であることから，記載する（「結果」欄に記載することについては【記載例68】①参照）。
※　押収調書により押収番号が明らかになるので，「備考」欄に押収番号を記載するまでもないとの考え方もあるが，裁判所が証拠物を保管する場合として事務処理方法を統一するため，領置した場合と同様に記載した方がよいと考える。

②提出命令の申立てを証拠調べの請求と解さない立場
〔弁護人〕

5 提出命令 保管者 ○○○○病院 目的物 ○○○○のカルテ 〔　　　　　　　　　　〕 （　　　　　　　　　　）	1	1	しかるべく	1　採用決定 26.8.11　提出命令 26.8.20　提　出		
6 押収調書 〔○○○○　26.8.20〕 押収の執行状況及び結果 （　　　　　　　　　　）	2	2	同　意	2	決定・済	1 弁5関係
7 カルテ1通 〔○○○○　26.4.18〕 被害者の負傷状況 （　　　　　　　　　　）	2	2	同　意	2	決定・済	2 弁5関係 平26押○号の○

(4) 職権による提出命令

　　職権により提出命令を発する場合には，当事者双方の意見を聴取する必要がある。職権カードを使用し，「意見」欄に当事者双方の意見[132]を記載した上で，「結果」欄には，提出命令の申立てを証拠調べの請求と解する立場からは「証拠調べをする旨の決定」及び「提出命令」を記載し，提出命令の申立てを証拠調べの請求と解さない立場からは「提出命令をなす旨の決定」及び「提出命令」を記載する。

　　提出された物の証拠調べ手続は，(3)のとおりである[133]。

第13　被告人質問

1　意義・性質

　　被告人は，黙秘権及び供述拒否権を有しており（法311Ⅰ），訴訟における一方の当事者であるので，いわゆる証拠調べの対象にはならない。しかし，被告人が任意に供述をする場合には，裁判長はいつでも必要とする事項につき被告人の供述を求めることができる（同Ⅱ）し，陪席の裁判官，検察官，弁護人，共同被告人又はその弁護人も，裁判長に告げて，被告人の供述を求めることができる（同Ⅲ）。この規定によって証拠調べの段階で被告人に供述を求める手続が，被告人質問である。裁判員裁判においても，裁判員は裁判長に告げて，被告人の供述を求めることができる（裁判員法59）。

---

[132] 当事者双方の意見が一致する場合には「双方　しかるべく」や「双方　同意」と記載し，一致しない場合には「検察官　同意　弁護人　不同意」等，当事者双方の意見が分かるように記載する（第4章第1の2，196頁参照）。

[133] 具体的には，提出された物を証拠調べ請求する場合の「立証趣旨」欄，「意見」欄，「結果」欄の記載方法や，提出された物を押収した押収調書の取調べの要否が異なる。

第3章　証拠別による証拠調べ手続とカードの記載

　　被告人質問は，本来の意味での証拠調べとはいえないが，被告人が任意に供述すれば，被告人に有利・不利を問わず証拠となるから，被告人質問は広い意味での証拠調べであるといえる。なお，公判調書の手続部分に記載する「証拠調べ等」や「証拠等関係カード」の「等」は，この被告人質問を含む趣旨である。

2　手続

　　被告人質問は，本来の意味での証拠調べではないから，被告人質問を行うためには，証拠調べの請求をする必要はなく，当事者の意見聴取や証拠決定も要しない。

　　被告人に供述を求める時期については，法文上は「何時でも」と規定されている（法311Ⅱ）ので，質問する必要が生じた都度行うことができる。通常は，証拠調べが一通り終わった段階で，弁護側の証人尋問に準じて，弁護人，検察官，裁判所の順で質問が行われるが，例外的に，被告人の反証に先立って実施されたり，自白の任意性，信用性が争われる場合には，自白調書の取調べ請求や，その取調べに先立って実施されることもある。

　　被告人質問の方法については，具体的な規定はなく，質問事項，質問の程度，検察官，弁護人の質問及び被告人の規制などは，裁判長の裁量ないし訴訟指揮（法294，295）に委ねられているが，証人尋問の方式（規則199の2以下）にならって行われることが多い。実務では，罪体に関する被告人質問と情状に関する被告人質問を同一の機会に行うことも少なくないが，裁判員裁判の場合は，法律の専門家でない裁判員も適切に心証を形成することができるように，これらを区別して行う運用が一般的である。

　　従前の実務では，ほぼ例外なく，被告人の自白調書を取り調べた後に被告人質問を行ってきた。しかし，実際には，被告人自身の口で語ってもらった方が心証を形成しやすい場合があり，かつ，それで足りるということも考えられる。そこで，最近では，自白調書の採否を留保したまま被告人質問を実施し，被告人質問の結果次第では，自白調書の取調べの必要がなくなったとして検察官が請求を撤回し，あるいは，裁判所が取調べ請求を却下する[*134]との運用も行われている（新基本法コンメ386参照）[*135]。

3　公判期日外の被告人質問

　　証拠調べとしての被告人質問を公判期日外でも実施できるかどうかについては，証人尋問のように明文の規定がなく，積極，消極の両説がある[*136]が，法322条2項を根拠に，合理的な必要性がある場合は，公判期日外における被告人質問も可能であると解することができる（石井・証拠法409参照）。被告人が高齢，長期入院中等で公判期日での質問が困難である場合等で，必要性の認められるときは，公判期日外で被告人質問を実施し，その供述を記載した調書を法303条に準じて公判期日に取り調べることになる。

　　被告人質問を公判期日外で実施する手続は，当事者からの申出による場合は，具体的理由とその実施を希望する場所を証拠調べ請求に準じて書面により明らかにさせた上で，

---

*134　当該調書が却下された経過を明らかにする「却下（○○後）」の記載については，第1の4(2)ウ，115頁参照。
*135　いわゆる「被告人質問先行型」の審理である。
*136　現場検証の際に，検証に必要な指示説明の範囲をこえて被告人に説明（現場供述）を求める場合や，公判期日外の証人尋問の際に被告人と対質させる場合など，公判期日外の証拠調べに付随して被告人質問が実施された場合，被告人の供述を録取した部分が法322条2項で証拠能力を有することはあまり争いがない。問題は，純然たる被告人質問を公判期日外で実施することができるかである（石井・証拠法409参照）。

相手方の意見を聴取する。職権による場合には，当事者双方の意見を聴取する。証拠決定は要しないが，実施する場合には，公判期日外の証人尋問に準じて，質問の日時，場所の通知，質問事項の告知などの措置[*137]が必要と解すべきであろう（石井・証拠法410参照）。

4 公判調書（カード）の記載

被告人質問が行われた場合，公判調書の手続部分に「証拠調べ等」の見出しを付し，「証拠等関係カード記載のとおり」と記載して関連性を明らかにした上で，職権分のカードに被告人の供述がされた事実を記載し，必要的記載事項である「被告人に対する質問及びその供述」（規則44Ⅰ⑲）を，被告人供述調書に記載する。厳密にいえば，手続部分に記載する見出しは「被告人の供述」であり，被告人の供述のほか，通常の証拠調べ手続が行われたときは「被告人の供述及び証拠調べ」と表示すべきとも考えられるが，便宜いずれの場合でも「証拠調べ等」と記載して差し支えないとされ（調書講義案129参照），実務上もそのように記載している。

被告人の供述がされた事実をカードに記載するのは，その供述が証拠となることから，それがいつされたかということを他の証拠の証拠調べ手続の経過とともに一覧できるようにするのが便利であるためである（カード解説6参照）。また，職権分のカードに記載するのは，訴訟関係人に証拠調べ請求権と同様の意味での「被告人質問請求権」というものがあるわけではない[*138]ことや，職権分のカードにまとめて記載することにより，被告人の供述に関する事項が一覧できるとの利点が考慮されたためである（カード解説32参照）。

カードには，「標目」欄に「(被)」と記載し，「立証趣旨」欄，「請求」欄，「意見」欄はいずれも空欄となり，「結果」欄の「期日」欄には供述があった期日を，同「内容」欄には「施行」と，「取調順序」欄には証拠の取調べの順序と一連した順序を，それぞれ記載する。前述のとおり，被告人質問が本来の意味での証拠調べではなく，訴訟関係人に被告人質問請求権があるわけではないことから，「立証趣旨」欄等は空欄とし，「結果」欄も，本来の意味での証拠調べにおいて証拠を取り調べた旨の「済」と区別するため「施行」と記載する。

5 具体的場面における記載

(1) 被告人質問が次回期日に続行された場合

被告人質問は，証人尋問とは異なり，被告人が任意に供述をするときはいつでもその供述を求めることができるので，被告人質問が，次回期日に引き続き行われる場合であっても，「結果」欄は「続行」ではなく「施行」と記載し，次回期日に行われた分については，新たに欄を起こして，同様に「施行」と記載する。

[*137] 実施が決まった場合，職権分のカードの「結果」欄の「期日」欄にその日を記載し，「内容」欄に「○.○.○臨床質問・喚問」と記載する。

[*138] 実務上，弁護人の証拠調べ請求書に，「被告人質問」と記載されている場合があるが，これは裁判所の職権発動を促す趣旨である。

第3章　証拠別による証拠調べ手続とカードの記載

【記載例 70】被告人質問が次回期日に続行された場合

1 （被）[　　　]（　　　）			1	施行	28	
2 （被）[　　　]（　　　）			2	施行	1	

※　被告人質問が第1回公判に引き続き，第2回公判でも行われた例である。
※　実務上，パソコンでカードを作成する場合，複数回の被告人質問について，期日ごとに新たにカードを作成している例も見られるが，被告人質問の場合，記載事項も少ないことから，同じカードに追記する（この例でいえば，証拠番号1の次欄にゴム印又は手書きで記載する）方が効率的であり，一覧性にも資すると思われる。

(2) 被告人が複数の場合

　　被告人が複数の場合は，「標目」欄に「（被）○○」[139] と記載し，「結果」欄の「関係被告人」欄には関係する被告人を記載し，その供述がどの被告人との関係で証拠となるのかを明らかにする。「関係被告人」欄に記載する関係被告人の範囲は，裁判長又は訴訟関係人が特に指示しない限り，原則として出頭した被告人すべてを記載する[140]。

---

[139] カード解説33には，被告人が複数の場合は，「標目」欄には「（被）○○○○」とその氏名も記載するとあるが，標目を記載する趣旨からすれば，他の共同被告人と区別できる程度の記載で足りると思われ，実務上も「姓」のみを記載する例が多い。

[140] ある被告人の供述を，他の被告人の犯罪事実を認定する証拠として使用することもあるためである。共同被告人に対する証拠調べは，共通した事実に関する限り，共通の効果を持つのが原則である（石井・証拠法84参照）ことからすれば，明示的な意思表示がなければ，すべての被告人に関係すると考えるのが合理的な意思解釈である。

第13 被告人質問

【記載例71】被告人複数の事件で被告人質問が行われた場合

| 1 | (被)甲野 | | | | | 1 | A B | 施 行 | 38 | |
| 2 | (被)乙山 | | | | | 1 | A B | 施 行 | 39 | |

※ 第2分類の証拠等関係カード群の略語表の次に編てつする「被告人の符号と全被告人の範囲」表[141]において,各被告人の符号が,それぞれA,Bである旨表示しておく。
※ 「関係被告人」欄は「全」と記載してもよい。その場合には,「被告人の符号と全被告人の範囲」表の「時期」欄にも記載が必要となる。

(3) 同一公判期日に複数回にわたって被告人質問が行われた場合

同一公判期日において,2回以上にわたり同一被告人の供述がされたときは,被告人供述調書の標題の右横に「(1)」,「(2)」と記載して供述調書を特定[142]した上,カードの「標目」欄に「(被)(1)」,「(被)(2)」等と記載する。

【記載例72】同一公判期日に2回にわたり被告人質問が行われた場合

| 1 | (被)(1) | | | | | 1 | | 施 行 | 22 | |
| 2 | (被)(2) | | | | | 1 | | 施 行 | 32 | |

※ 実務上多いのは,甲号証(書証)の取調べ後に証拠物に関する被告人質問のみが行われ,乙号証の取調べ後に残りの被告人質問が行われる例である。
※ 弁論の併合や訴因変更等の手続の前後に証拠調べ手続が行われた場合には,各手続相互間の順序を明らかにするため「期日」欄に「5－①」,「5－②」などと記載する必要がある。

---

[141] 「被告人の符号と全被告人の範囲」表については,第2章第6の4,84頁参照。
[142] これは被告人供述調書をそれぞれ作成する場合であるが,1通で済ませる場合もある。各記載例は,調書講義案135頁以下参照。

第4章　各種手続とカードの記載

第1　職権による証拠調べ

1　意義

　　裁判所は，必要と認めるときは，職権で証拠調べをすることができる（法298Ⅱ）。裁判所が職権で証拠調べの決定をする場合には，検察官及び被告人又は弁護人の意見を聴かなければならない（法299Ⅱ，規則190Ⅱ）。

　　当事者主義を基本とする現行法の下では，当事者の請求による証拠調べ（法298Ⅰ）を原則とし，職権による証拠調べは補充的なものとされている。職権で証拠調べを行うかどうかは，裁判所の裁量に属するものであるが，証拠の存在が明らかで，かつ，その取調べが容易であって，しかもこれを取り調べなければ著しく正義に反する結果を招来するおそれが顕著なときは，例外的に当事者に対し証拠調請求を促す（規則208）義務があるとされている（最判昭33.2.13刑集12-2-218）。

　　その他，①公判準備における証拠調べの結果を記載した書面（法303），②公判手続の更新前に取調べをした書面及び証拠物等（取り調べない旨の決定があったものを除く。規則213の2③），③破棄差戻し又は移送後の公判手続の更新に伴う証拠調べ（前同を準用）については，証拠調べをする義務がある。

2　カードの記載

　　職権による証拠調べが行われた場合は，職権分のカードに，請求による場合と同様に「標目」欄でその証拠を特定した上，「請求」欄を除く当該各欄にその後の証拠調べ手続経過を記載する。「立証趣旨」欄についても，証拠の標目自体から立証趣旨が明らかな場合を除き（規則44Ⅰ⑮参照），当事者の訴訟活動に資するため原則的には記載するべきである。「意見」欄については，聴取した当事者双方の意見が分かるように記載する。具体的には，両者の意見が一致する場合は「双方　同意」と記載し，一致しない場合は「検察官　同意　弁護人　不同意」等と主体を特定して記載する。

【記載例1】職権による証拠調べが行われた場合

〔職権〕

| 3　上　　　　　　　　　　　　
〔（被）　　　　　　26.12.2〕
現在の被告人の心境
（　　　　　　　　　　） | 1 | 双方
　同　意 | 1 | 決定・済 | 32 | |

　　職権による証拠調べが義務的となる場合については，次の点に注意を要する。

(1)　法303条による取調べの場合[*1]

　　「立証趣旨」欄，「請求」欄，「意見」欄，「結果」欄の「決定」の記載はいずれも要しない。

---

*1　詳細は，第2，197頁参照。

(2) **公判手続の更新の場合**[*2]

　　公判手続の更新の際に，改めて証拠調べをした旨は，手続調書の「公判手続の更新をした旨」の記載に含まれるので職権カードにその取調べの経過を記載する必要はない。破棄差戻し又は移送後の公判手続の更新に伴う証拠調べについても同様に考えられる。

第2　公判期日外の証拠調べ
1　意義

　　証拠調べは，「公判期日」に「公判廷」においてするのが原則である。しかし，特に必要のある場合には，裁判所は，第1回公判期日後は，公判期日外に公判準備として，証人尋問，検証，押収及び捜索を行うことができ，鑑定，通訳，翻訳を命ずることができる。

　　公判準備とは，公判裁判所が証拠決定をし，公判期日における審理の準備のために，公判裁判所等が公判期日外で事件の実体に関して証拠を収集する手続であり，証拠収集の手続であっても，証拠保全手続（法179），第1回公判期日前の証人尋問（法226～228）は含まない。取調べの対象は，公判準備にした証人，鑑定人等の尋問調書，検証調書，押収・捜索に関する手続調書及び押収物である。裁判所は，各書面及び押収物を公判期日で取り調べる義務がある。もっとも，証拠能力のない書面・物や必要性のない書面・物については取調べの義務はない。法303条に基づく取調べは当初に証拠決定のあった証人尋問等の施行に代え，期日外で行われた証人尋問等の結果を取り調べるものであるから，新たな証拠決定は要しない（条解650参照）。

2　カードの記載

　　期日外の証拠調べ手続の記載は，調書の一部となるものではなく，当該記載が絶対的証明力を持つことはないが[*3]，期日外で行われた証拠調べ手続のうち，審判に関する重要な事項については，証拠調べ手続の適正確保のため，期日におけるカードの記載に準じて記載する必要がある。したがって，期日外における，①証拠調べ請求，②証拠とすることの同意・不同意，③証拠調べをする旨の決定又は証拠調べ請求の却下決定等はすべて記載することとなる。公判準備における証人尋問，鑑定人尋問，検証等も同様である（カード解説5参照）。

　　公判準備における証拠調べの結果を記載した書面を職権で証拠調べする場合（法303），元の証拠調べ手続とは別個の手続によりなされる点に注目すれば，職権分のカードに記載することになる。この場合，「標目」欄には，公判準備の結果を記載した書面の

[*2]　詳細は，第3，198頁参照。
[*3]　例えば，期日外の証拠調べ請求についてのカードの記載は，いつ，どのような内容の証拠調べ請求があったかという事実に関して絶対的証明力を持つものではなく，当該事実は，記録に編てつされた証拠調請求書の受付日や記載内容によって明らかになるものである。裁判官の命により期日外に当事者の意見を聴取した場合，聴取結果をカードに記載しただけでは十分でなく，書記官が別途，電話聴取書等の書類（規則58Ⅰ，60の2Ⅰ参照）を作成して記録に残す必要がある。

第4章　各種手続とカードの記載

標題*4を,「備考」欄には,元の証拠調べとの対応関係を記載する。「立証趣旨」欄,「請求」欄,「意見」欄及び「結果」欄の「決定」は,いずれも記載を要しない。

他方,元の証拠の「備考」欄に余白がある場合は,同じ欄を利用して記載した方が,当該「標目」欄に記載された証拠方法が,最終的に証拠資料となるまでの一連の手続経過として同じ欄に記載されることになり,一覧性の要請にかなうとの考え方もある。

どちらの記載方法によるかは,記載事項の多少や「備考」欄の余白の有無のほか,見やすさ,分かりやすさを踏まえて選択する必要がある*5。

第3　公判手続の更新
1　意義

公判手続の更新とは,公判の審理を新たにやり直すことである。公判手続の更新を必要とする場合は,

① 開廷後裁判官がかわったとき（ただし,判決を宣告する場合を除く。法315）
② 開廷後被告人の心神喪失により公判手続を停止した場合（規則213Ⅰ）
③ 開廷後長期間にわたり開廷しなかった場合において必要があると認めるとき（規則213Ⅱ）
④ 簡易公判手続によって審判する旨の決定が取り消されたとき（ただし,当事者に異議がないときを除く。法315の2)
⑤ 即決裁判手続によって審判する旨の決定が取り消されたとき（ただし,当事者に異議がないときを除く。法350の11Ⅱ)

であるが,これらの場合に更新を必要とする理由は,必ずしも同一ではない。

①の場合は,判決をする裁判官が,自ら証拠を取り調べなければならないという直接主義の要請によるものであるが,②の場合は,被告人が,停止前の手続について十分な記憶を保持していないであろうとの配慮に基づくものであって,直接主義とは関係がない。③の場合は,新鮮で確実な心証に基づいて迅速な裁判を実現しなければならないという要請に違背したために,裁判官の心証が希薄になっているのではないかという危惧に由来するものであって直接主義との関連は間接的である。④又は⑤の場合は,取消しによって,不適法ないし不相当となった手続を通常の手続に従ってやり直す趣旨であって,①ないし③とその性格を異にする。

2　公判手続の更新の方法

更新の手続については,①ないし③の場合は,規則213条の2の規定による。④の場合については,第4の2（206頁）で,⑤の場合については,第5の2（213頁）で述べる。

裁判官がかわっても,手続形成行為は効力を失わないから,人定質問,起訴状の朗読及び黙秘権の告知等は影響を受けない。検察官は,起訴状の朗読を改めてする必要はなく,これに基づいて公訴事実の要旨を陳述すれば足りる（規則213の2①本文)。

次に,被告人及び弁護人に対し,被告事件について陳述する機会を与えなければなら

---

*4　例えば,公判準備における証人尋問の結果を,法303条で取り調べる場合,証拠となるのは証人の供述そのものではなく,証人尋問調書という書面であることに注意を要する。

*5　具体的な記載方法については第3章の該当頁（証人尋問は【記載例32】136頁,鑑定人尋問は【記載例52】162頁,検証は【記載例61】176頁,押収は【記載例69】190頁）参照。

ない（規則213の2②）。

実体形成行為は，直接主義，口頭主義に反する限度でその効力を失うから，更新前の証拠は，更新に際して証拠調べをしない限り，これを証拠とすることができない。したがって，証拠書類については改めて朗読し（法305），証拠物たる書面は朗読のほか展示し（法307），証拠物は再び示す（法306）ことが必要であるが，訴訟関係人が同意したときは相当と認める方法で取り調べることができる（規則213の2④）。

更新前の公判期日における被告人若しくは証人等の供述は，そのまま証拠とすることはできないが，これを記載した公判調書の供述部分は，公判期日における供述を録取した書面として証拠能力を有する（被告人につき法322Ⅱ[*6]，証人等につき法321Ⅱ前段[*7]）から，証拠書類として取り調べることによって証拠とすることができる（規則213の2③本文）。

裁判所は，証拠とすることができないと認める書面又は物及び証拠とするのを相当でないと認め，かつ，訴訟関係人が取り調べないことに異議のない証拠については，取り調べない旨の決定をしなければならない（同ただし書）。

最後に，裁判長は取り調べた各個の証拠について訴訟関係人の意見及び弁解を聴かなければならない（規則213の2⑤）。

3 カードの記載
(1) 「取り調べない旨決定」について

公判手続の更新に関する公判調書の必要的記載事項は，「公判手続の更新をした旨」，「被告事件について被告人及び弁護人が前と異なる陳述をしたときは，その陳述」，「取り調べない旨の決定をした書面及び物」（規則44Ⅰ㊻）である。このうち，カードに記載する事項は，「取り調べない旨の決定をした書面及び物」だけであり，カードの「結果」欄に，その期日と「取り調べない旨決定」と記載する。

改めて証拠調べをした旨は，手続調書の「公判手続の更新をした旨」の記載に含まれると解されるので，カードに記載する必要はない。カードに「取り調べない旨決定」と記載した場合には，期日における事項として調書の一部となるので，手続調書に「証拠調べ等　証拠等関係カード記載のとおり」と記載する。

【記載例2】公判手続の更新に際し，取り調べない旨の決定があった場合

21	員						
〔○○○○　　　26.1.16〕 ○○○○ （　　　　　　　　　　　）		1	1	同　意	1	決定・済	15
					3	取り調べない旨決定	

※　取り調べない旨の決定は，証拠調べの結果に関する事項なので，原則として「結果」欄に記載すべきである（「結果」欄に余白がない場合には「備考」欄に記載する。）。

[*6] 被告人供述調書の証拠能力については，第3章第1の4⑴カ，109頁参照。
[*7] 証人尋問調書の証拠能力については，第3章第1の4⑴イ，106頁参照。

第4章　各種手続とカードの記載

(2) 「謄（抄）本により済」について

　　原本の提出に代え謄本の提出を許可した（法310ただし書）証拠書類又は証拠物の取調べは，原則として原本によってなすべきであるが，更新前にすでに原本によって取調べが行われているので，更新の際は，謄本による取調べも許されるものと解する（船田・公判法体系Ⅲ 109参照）。

　　謄本により取調べをしたことは必要的記載事項ではないが，この場合，判決の基礎となるのは謄本であること[*8]，記録上，謄本が編てつされていても謄本により取調べが行われたとは限らないことから，「標目」欄の記載と併せて「取り調べた証拠の標目」（規則44Ⅰ㉚）を明らかにするものとして，カードに記載するのが相当である。具体的には「結果」欄に，その期日と「謄本により済」と記載する[*9]。

　　実務上，書証の一部同意で同意部分を取り調べて抄本を提出させた場合には，更新に際しても抄本で取り調べる例が多いが，その場合には「結果」欄に，その期日と「抄本により済」と記載する。

　　「謄本により済」又は「抄本により済」の記載は，期日における事項として調書の一部となるので，手続調書に「証拠調べ等　証拠等関係カード記載のとおり」と記載する。

【記載例3】公判手続の更新に際し，抄本により取り調べた場合

4	検						
[〇〇〇〇　〇.〇.〇] 〇〇〇〇 ( )		1	1	1項ないし3項 同　意 その余 不同意	1	同意部分 　決定・済 不同意部分 　撤回	3
					3	抄本により済	

※　第1回公判で一部同意があり，同意部分を取り調べて抄本を提出させていた事例である（「備考」欄に「抄本提出」と記載しないことは，第3章第1の6，117頁参照）。
※　謄（抄）本により取り調べたことは，証拠調べの結果に関する事項なので，原則として「結果」欄に記載すべきである（「結果」欄に余白がない場合は「備考」欄に記載する。）。
※　公判手続の更新における「取調順序」は，必要的記載事項とされていないこと，規則213条の2第3号により，原証拠と同一順序で取り調べが行われたと認められるため，記載は不要である。

(3) 証拠調べ手続相互間の順序

　　公判手続の更新の際に，公判調書の一部となる証拠調べ手続が行われ，更新手続終了直後に通常の証拠調べ手続が行われた場合，公判手続の更新手続における証拠調べ手続とその後の通常の証拠調べ手続とを区別して記載する必要はない。

　　公判手続更新後に新たに実施した証拠調べにおける証拠の取調順序については，（更新手続における取調順序を考慮することなく）更新後の取調順序に従って「1」から記載すればよい。

[*8]　判決書の証拠の標目についても「謄本」である旨の表示が必要となるので，判決書の草稿点検時に注意を要する。

[*9]　そもそも謄本で証拠請求があり，それを採用して取り調べた場合には，当然，更新の際も謄本を取り調べることになるが，この場合は「謄本により済」とは記載しないことに注意する。

4 裁判員裁判における公判手続の更新

(1) 意義

裁判員法61条1項は，裁判員裁判対象事件の公判手続が開始された後，裁判体を構成する裁判員に変動が生じた場合には，公判手続を更新する必要がある旨規定する。

裁判員裁判においては，補充裁判員（裁判員法10）[*10]を置いていても，裁判員が不出頭等の義務違反で解任されるなどして，補充裁判員を裁判員に選任してもなお裁判員の員数が不足する可能性がある。このような場合に，公判審理を打ち切り，審理を初めからやり直さなければならないとすることは訴訟経済に反し，とりわけ証人，被告人，被害者等に相当の負担を強いることになる。

また，裁判員に欠員が生じた場合以外でも，開廷後に裁判員が新たに裁判体に加わることがあり得るので，裁判官の場合と同様に，口頭主義，直接主義の要請に基づく公判手続の更新の制度を設け，審理途中で裁判員が加わることを可能としたものである。

なお，口頭主義，直接主義の趣旨から，裁判員の員数に不足が生じ，補充裁判員が裁判員として選任される場合には（裁判員法46Ⅰ），当該補充裁判員が立ち会っていた審理については更新手続を要しない。

(2) 更新を必要とする場合

① 裁判員が解任され，又は死亡するなどして補充裁判員を裁判員に選任しても欠員が生じる場合

② 裁判官1人及び裁判員4人の合議体で審理裁判する旨の決定（裁判員法2Ⅲ）が取り消された場合

③ 裁判官のみで非対象事件を審理中，訴因・罰条の変更により当該事件が対象に該当することになった場合

④ 非対象事件について審理を行っていたところ，当該被告人に対象事件が起訴され，併合審理することとなった場合

⑤ 控訴審により対象事件の第一審判決が破棄され，事件が差し戻された場合

(3) 更新の手続

裁判員法61条2項は，更新の手続が，新たに加わる裁判員が争点及び取り調べた証拠を理解することができ，かつ，その負担が過重とならないようなものにしなければならないことを定める。具体的な更新の手続については裁判体の訴訟運営に任されていると考えられるが，従前行われた人証調べの結果を更新手続において取り調べる場合には，「更新用記録媒体」を用いることにより，新たに加わる裁判員が公判手続の更新前に行われた訴訟関係人の尋問及び供述等から的確に心証を得ることをより容易にすることが可能になると思われる。

「更新用記録媒体」は，裁判員裁判対象事件について，公判手続の更新が予想される場合に作成される，事件記録に添付するための証人尋問等記録が保存された記録媒体である。具体的には，裁判員法65条1項の規定により，法廷に設置された庁用の記録

[*10] 補充裁判員の員数は，審理の期間や事件の内容，選任されている裁判員の状況等の事情を考慮して決定する。合議体を構成する裁判員の員数（6人又は4人）を超えることはできない。

第4章　各種手続とカードの記載

装置を用いて訴訟関係人の尋問及び供述等を記録した記録媒体（以下「裁判員法65条1項の記録媒体」という。）を，以下の事由が生じた場合に，DVD等の記録媒体に複製する方法により作成されている（平成21年5月19日付け総三第508号総務局長通達「裁判員の参加する刑事裁判における訴訟関係人の尋問及び供述等の記録媒体への記録等に関する事務の取扱いについて」参照）。
① 控訴の申立て等により事件記録を他の裁判所に送付するとき。
② 当該事件が裁判員法71条1項に規定する区分事件であるとき。
③ 裁判員法46条2項の規定により裁判員を追加して選任することとなったとき。
④ 裁判員法47条1項の規定により補充裁判員を新たに置き，又は追加して選任することになったとき。

裁判員法65条1項の記録媒体は，原則として公判調書の一部となるものではなく[*11]，別途改めて証拠調べがなされなければ，証拠となるものではない。よって，公判手続更新の際に更新用記録媒体を用いる場合には，新たな証拠として取り調べることになる。

更新用記録媒体の元となる裁判員法65条1項の記録媒体については次項で説明する。

(4) **裁判員法65条1項の記録媒体**

裁判員法65条1項は，裁判員裁判対象事件については，訴訟関係人の尋問及び供述等を記録媒体に記録することを規定する。裁判員裁判対象事件については，一般の国民である裁判員が，審理又は評議における職務の的確な遂行を可能とするために，公判廷等で行われた訴訟関係人の尋問及び供述等を，その状況等を含め，より鮮明な形で記憶喚起することなどが必要となってくる場面も少なくない。また，裁判員制度下においては，連日的開廷により審理が行われる上，結審した公判期日の後短期間で評議が行われることとなるため，中間評議を含めた評議等の段階では公判調書が完成していないことも生じることから，評議等において，公判廷等で行われた訴訟関係人の尋問及び供述等の内容を確認できるようにする必要がある。この記録媒体は，元々，充実した審理及び評議を可能とするための記憶喚起等のために用いられるものであり，別途改めて証拠として取り調べがなされるのでなければ，証拠となるものではない。したがって，この記録媒体は「訴訟に関する書類及び証拠物」（法40Ⅰ，法180Ⅰ，法270Ⅰ）には該当しない[*12]。

(5) **公判調書の記載**

裁判員裁判対象事件の公判調書には，刑訴規則44条に規定する事項のほか，裁判員規則46条に規定する事項を記載する必要があるが，後述の，裁判員法87条の規定による公判手続の更新に該当しない場合は，刑訴規則44条に規定する公判手続の更新が行われた場合の必要的記載事項と同様であり，カードの必要的記載事項としては，「取り調べない旨の決定をした書面及び物（規則44Ⅰ㊻ロ）」である。具体的な記載方法は3で述べたとおりである。

[*11] 例外として，ビデオリンク方式（法157の4Ⅰ）による証人尋問を記録媒体に記録した場合については，調書の一部となる（裁判員法65Ⅲ）。

[*12] 閲覧・謄写の対象ではないが，充実した審理を行うための当事者の準備に資するように，一定の条件の下，訴訟関係人に音声データを便宜供与する運用を行っている。平成21年6月29日付け総務局第二課長事務連絡「裁判員裁判において検察官及び弁護人に対する便宜供与を行う場合の業務の流れについて」参照。

更新手続の際に，更新用記録媒体が証拠として取り調べられた場合には，カードに記載する必要がある。具体的には職権分のカードに証拠番号を起こして，標目等を記載し，「意見」欄以下を記載することになる。

　なお，更新用記録媒体が証拠として取り調べられたときは，担当書記官は，更新用記録媒体の管理票にその旨並びに取り調べた公判期日の回数及びその年月日を記載して認印する。

【記載例4】更新用記録媒体を証拠として取り調べた場合

※　「標目」欄について，更新用記録媒体は，期日ごとに作成し（供述又は陳述をした者ごとに作成する必要はない），記録媒体に1枚ずつ管理番号を表示することから，特定のために必要最小限の記載は上記のとおりと考える（同一期日で複数の証人の取調べを行い，記録媒体中，一部の証人についてのみ証拠とする場合等，事案によっては，より詳細に記載することも考えられる。）。
※　「意見」欄について，職権により取り調べる場合は，当事者双方から意見を聴取する。記録された供述内容の真実性が証明の対象となっているときには，供述証拠となり，伝聞法則の適用を受けることから，「同意」とした。
※　「結果」欄について，更新用記録媒体の取調べ方法については規定がないので「（再生）」と記載するのが相当と考える。

(6) 区分審理を行った場合の公判手続の更新

　裁判所は，同一の被告人に対して裁判員裁判対象事件を含む複数の事件が起訴され，その事件を併合した場合には，併合した事件（併合事件）を一括して審判することにより要すると見込まれる審判の期間その他の裁判員の負担に関する事情を考慮し，一定の場合に，併合事件の一部の事件を区分して順次審理する旨を決定（区分審理決定）することができる（裁判員法71Ⅰ）。

　区分審理を行った場合，併合事件の審判をするのに必要な範囲で区分事件の公判手続を更新しなければならない（裁判員法87）とされ，裁判員規則60条は，具体的な更新の手続を規定している。

　併合事件審判のための公判手続の更新においては，区分事件の審理で取り調べられた書面又は物については，「併合事件審判をするのに必要な範囲で」取り調べられることになる。併合事件審判のための公判手続の更新において取り調べられる証拠は，専ら区分事件の有罪・無罪の判断のみに関係する証拠を除き，併合事件の全体の刑を量定する際に必要と認められるものであり，具体的には，部分判決で示された事項かどうかに関わりなく，罪となるべき事実に関連する情状に関する事実に関する個々の証拠を取り調べることになる。「併合事件審判をするのに必要な範囲」についても，こうした観点から決せられていくことになると考えられる。取り調べる証拠の範囲については，裁判所において，当事者の意見を聴いた上で決することになる（刑裁資289-489参照）。

第4章 各種手続とカードの記載

【記載例5】裁判員法87条の規定により，公判手続が更新された場合

5 害 〔〇〇〇〇　　　〇.〇.〇〕 被害状況 （　　　　　　　　　　）	26. 12. 21	前 1	同　意	前 1	決　定	
				2	済	3
				4	裁判員規則60② により済	

※　手続調書には「公判手続の更新　裁判員法87条の規定により公判手続を更新した。」と記載する。
※　裁判員裁判対象事件の公判調書においては「法87条の規定により公判手続を更新したときは，その旨並びに取り調べた書面及び物」が必要的記載事項であり（裁判員規則46Ⅰ⑦），カードには「取り調べた書面及び物」を記載する必要がある。
※　「取調順序」について，既に取り調べられた証拠であり，必要的記載事項とされていないことからも記載する必要はないと考える。
※　「結果」欄に余白がなければ，「備考」欄に「第4回公判　裁判員規則60②により済」と記載する。

第4　簡易公判手続
1　簡易公判手続による審理
(1)　意義
簡易公判手続は，公訴事実について争いがなく，単に量刑の程度だけが問題となる一定の比較的軽微な事件について，伝聞法則の不適用と証拠調べの簡略化などを定め，この種の事件にふさわしい適正迅速な処理を可能にするために制定された制度である。
この手続は，有罪の陳述をあくまで自白と同様に扱うことによって，証拠による有罪認定の原則を維持し，ただ証拠能力の制限の緩和（法320Ⅱ），証拠調べ手続の簡略化（法307の2，規則203の3）及び判決書作成の簡易化（規則218の2）が図られているにすぎず，有罪の陳述がなされれば事実認定のための審理を省略して，量刑の段階に進むことができる英米のアレインメントの制度とは異なる。

(2)　開始の要件
簡易公判手続によって審判する旨の決定をするには，次の要件が必要である。
①　事件が死刑又は無期若しくは短期1年以上の懲役若しくは禁錮に当たる事件ではないこと（法291の2ただし書）
②　被告人が冒頭手続において起訴状に記載された訴因について有罪の陳述をしたこと（法291の2本文）
③　簡易公判手続によって審判するのを相当とする場合であること

(3)　通常手続との相違
ア　証拠能力の制限の緩和
簡易公判手続では，伝聞法則は原則として適用されない（法320Ⅱ本文）。ただし，検察官，被告人又は弁護人が証拠とすることに異議を述べたものについては，適用される（同ただし書）。有罪の陳述があった以上，伝聞証拠の採用についても異議がないと推定されることから，裁判所は当事者に対し，法326条の同意をするかどうかの意見を聴く必要はない。

イ 証拠調べ手続の簡略化

簡易公判手続においては，法307条の2の規定により，通常手続に関する法296条（証拠調べにおける検察官の冒頭陳述），297条（証拠調べの範囲・順序等の決定），300条から302条まで（検察官の証拠調べ請求の義務，自白調書取調べ請求の時期，捜査記録の一部の取調べ請求）及び304条から307条まで（証人等の取調べ方法，証拠書類及び証拠物の取調べ方法）が，また規則203条の3の規定により規則198条（弁護人の冒頭陳述），199条（証拠調べの順序）及び203条の2（証拠書類の取調べ方法）に関する規定が，いずれも適用されず，証拠調べは，法307条の2の規定により，公判期日において適当と認める方法で行うことができる。

ウ 判決書作成の簡略化

簡易公判手続によって審理をした事件の判決書には，公判調書に記載された証拠の標目を特定して引用することができる（規則218の2）。これは証拠の標目の挙示（法335Ⅰ）の特則を定めたものであり（逐条説明163参照），具体的には，証拠の標目の記載を省略し，カードに記載された証拠番号を記載している。なお，本条によって作成された判決書の謄本又は抄本には，訴訟関係人の請求があるときは，その公判調書に記載された証拠の標目をも記載しなければならないとされており（規則57Ⅵ），実務上は，カードを添付している。

(4) カードの記載

簡易公判手続によって審判する旨の決定があった場合，公判調書の手続部分では，有罪である旨の陳述（規則44Ⅰ⑬）及び簡易公判手続によって審判する旨の決定（同㊺）が必要的記載事項である。カードに関しては，前述のとおり，法326条の同意の有無を確かめる必要がないため，原則として「意見」欄の記載は必要なく，証拠とすることに異議が述べられた場合（法320Ⅱただし書）のみ「異議がある」旨，記載する[*13]。また，「取調順序」を記載することの根拠規定ともいうべき法301条の適用が排除されている（法307条の2）ので，「結果」欄の「取調順序」も記載する必要はない。

【記載例6】簡易公判手続によって審理した場合

①個別記載

1	緊逮					
〔(員)○○○○　26.3.22〕 被告人の逮捕時の言動 (　　　　　　　　)		1		1	決定・済	

[*13] 「不同意」と述べられた場合でも，趣旨を確認して「異議がある」と記載すべきである。

第4章　各種手続とカードの記載

②一括記載
〔1枚目のカード〕

1	緊逮					
〔(員)○○○○　　　26.3.22〕 被告人の逮捕時の言動 (　　　　　　　)	第1回公判　番号1ないし16　請求・決定・済					

〔2枚目のカード〕

6	員					
〔○○○○　　　26.4.14〕 被害者の生活状況 (　　　　　　　)	請求・結果は（No.1）に記載済					

※　「意見」欄及び「結果」欄の「取調順序」については，本来記載がないことから，一括記載の枠がかかってはいけないのではないかとの疑問が生じるが，実際上，これら（特に「意見」欄）を除外して，請求欄と結果欄のみを別々に一括記載することは煩雑であり省力化にならないこと，枠内の文言により，これらが一括記載の対象ではないことは明らかであることから，このような記載で問題ないと考える。
※　通常事件用の一括記載のゴム印を利用する場合は文言の差異に注意し，「同意」等，不要な文言を削った上で訂正印を押す必要がある。

2　簡易公判手続の取消し

(1)　取消しの事由

　　簡易公判手続による旨の決定をした事件であっても，裁判所は，その事件が簡易公判手続によることができないものである場合（不適法）又は簡易公判手続によることが相当でない場合（不相当）には，その決定を取り消さなければならない（法291の3）。
　　「不適法」の例としては，簡易公判手続開始の要件が当初からなかった場合はもとより，訴因の変更，有罪の陳述の撤回等により途中から要件が欠けるにいたった場合等であり，「不相当」の場合の例としては，審理の途中で有罪の陳述の真実性が疑わしくなった場合等が考えられる。

(2)　簡易公判手続の取消しによる公判手続の更新

　　簡易公判手続による旨の決定が取り消されたときは，公判手続を更新しなければならない（法315の2本文）。これは，簡易公判手続という簡略化されていた審理手続が，簡易公判手続の取消しによって後発的に不適法ないし不相当となるため，通常の手続によって審理をし直す必要があるためである。しかし，検察官及び被告人又は弁護人に異議がないときは，公判手続の更新をしなくてもよい（同ただし書）。この場合は，それまでになされた証拠調べ手続は，すべて有効とされ，伝聞証拠の証拠能力も同意があったものとして取り扱われる。

(3)　公判手続の更新の方法

　　公判手続の更新の方法としては，規則213条の2の規定があるが，これは直接主義の要請から審理をやり直す場合の手続更新の方法を定めたものであり，簡易公判手続

の取消しによって従前の手続が不適法又は不相当になった場合の手続の瑕疵の補正としての更新手続には適用がないようにも思える。しかし，規則は，簡易公判手続が取り消された場合の公判手続の更新の方法について，別に規定を設けなかった。これは，簡易公判手続の取消しによる公判手続の更新は，要するに「通常の手続に従って審理をし直す」という意味であるから，同じく「審理をやり直す」場合の規定である規則213条の2の規定の運用によって，賄えると考えられたからである（調書講義案180参照）。

公判手続の更新の対象は，簡易公判手続開始決定後の手続であり，証拠調べに関しては，職権ですべて通常の手続に従ってやり直すのが建前であるから，更新前の公判期日において取り調べられた個々の証拠（採用決定後，取り調べ未了のものを含む。）について，改めて法320条以下の規定に従い，証拠とすることができるものであるかどうかを検討することになる。したがって，法326条の同意を得なければ証拠とすることができないものについては，同意の有無を確認し，証拠とすることができないものについては，「取り調べない旨の決定」をする（規則213の2③）。また，証拠とすることができるものの取り調べについても，従前の取調べ方式が通常手続の場合の方法に比べ不十分な場合が多いであろうから，改めて朗読又は要旨の告知が必要であろう（実務講座6-1499参照）。

この簡易公判手続の取消しに伴う公判手続の更新の方法は，他の場合の公判手続の更新の方法に比べ，従前の手続を正規な方法でやり直すという最も丁重な方法で行われるので，簡易公判手続の取消しと他の公判手続更新事由が競合した場合には，この方法が採られるであろう。

(4) カードの記載
ア 記載事項

簡易公判手続の取消しにより公判手続を更新した場合，公判調書の手続部分では，簡易公判手続によって審判する旨の決定の取消決定（規則44 I ㊺），公判手続を更新した旨（規則44 I ㊻），被告事件について被告人及び弁護人が前と異なる陳述をしたときは，その陳述（規則44 I ㊻イ）が必要的記載事項である。

カードに関しては，「取り調べない旨の決定をした書面及び物」（規則44 I ㊻ロ）以外は条文上定められていないが，前述のとおり，簡易公判手続の取消しによる公判手続の更新をする趣旨が，通常の手続に従って審理をやり直すことにある以上，通常の手続において，証拠調べに関する事項として記載を要する事項（必要的記載事項，記載相当事項等）については，これらに準じて記載する必要がある。

したがって，同意の証拠については，法326条の同意（規則44 I ㉙），取り調べた証拠の標目及び取調べの順序[14]（規則44 I ㉚）を記載しなければならない。「決定」の記載を要しないのは，簡易公判手続における証拠決定の効力がそのまま存続するものと考えられるためである（高田・刑訴法468参照）。不同意の証拠について

---

[14] 一般の公判手続の更新の場合は，「手続を更新した旨」を記載することにより，規則213条の2の手続が適正に行われたことが担保され，原証拠と同一順序で取調べが行われたと認められるため，「取調順序」の記載は不要であるが，簡易公判手続の取消しによる公判手続の更新の場合は，更新手続における証拠調べに当たって初めて法301条の制限が働いてくるため，「取調順序」を記載する必要がある。

は，不同意の旨，及び取り調べない旨の決定を記載する（規則44Ⅰ㊻ロ参照）。
　具体的には，「意見」欄に意見の内容を記載し，「結果」欄には「済」及び「取調順序」，又は「取り調べない旨決定」を記載する。
　公判手続を更新しない場合（法315の2ただし書）は，カードに記載する事項はない*15が，手続調書に，検察官，弁護人及び*16被告人が公判手続を更新しないことに異議がない旨の陳述を記載しなければならない（福岡高判昭33.9.25高刑集11-7-429）。すなわち，この陳述は，通常行われる手続でないから，公判調書にこの記載を欠くときは，この陳述があったものと推定することはできないからである（調書講義案183参照）。

イ　証拠調べ手続相互間の順序
　簡易公判手続の取消しによる公判手続の更新としての証拠調べ手続に引き続いて，新たな証拠調べ手続がなされた場合，相互の手続を区別して調書に記載する必要はない。簡易公判手続の取消しによる公判手続の更新としての証拠調べは，従前のカードを利用してされているので，その記載自体から公判手続の更新としての証拠調べ等であることが明らかであり，また，取調べの順序もカードに記載するので，これに引き続き新たな証拠調べ等がなされた場合でも，その記載自体で証拠調べ等の時期が明らかになるので，前の証拠調べ等と後の証拠調べ等を「①」，「②」として，その時期を明らかにする必要はない。

＊15　更新手続をしない場合には，伝聞証拠に関しては法326条の同意があったものとして扱われることになる（注解（中）662，大コンメ(6)511，条解718参照）が，カードに記載する必要はないと思われる。
＊16　条文上は「被告人又は弁護人」であるが，弁護人の選任されている事件では被告人及び弁護人の双方に異議がないことを必要とする（東京高判昭42・12・5下集9-12-1478）。

第4 簡易公判手続

【記載例７】簡易公判手続の取消しにより公判手続を更新した場合

〔検察官〕

1　緊逮　〔○○○○　26.10.8〕被告人の逮捕時の言動（　　）	第1回公判　番号1ないし16　請求・決定・済 2　同　意　2　済　1				
2　実　〔(員)○○○○　26.3.22〕犯行現場の状況（　　）	2	同　意	2	済	2
3　実　〔(巡)○○○○　26.3.24〕犯行前後の目撃状況（　　）	2	一部同意※1	2	同意部分 　済 不同意部分 　取り調べない旨 　決定	3
4　員　〔○○○○　26.4.9〕被害状況（　　）	2	不同意	2	取り調べない旨 決定	

※　簡易公判手続の際の一括記載によって，証拠番号2以下の「請求」「意見」「結果」の各欄も観念的には記載済みとなっていることから，原則的には「備考」欄を使用すべきであるが，見やすさの観点から，簡易公判手続の取消し後の手続を記載する場合には，例外的に「意見」「結果」の各欄に追記することが許される（カード解説第11例参照）。

※　一括記載の表示をした証拠番号1の欄について，カード解説第11例では，「備考」欄に「第2回公判同意・済・取調順序1」と記載しているが，次欄以降と記載方法を合わせた方が見やすいとも考えられるので，記載事項の量によっては，本記載例のような記載方法も許されると考える。

第4章　各種手続とカードの記載

〔弁護人〕

1	示						
○○○○外1名〔　　26.6.8〕被害者との示談の成立（　　　　　　）		第1回公判　番号1及び2　請求・決定・済					
		2	同 意	2	済	15	
2	証人 ○○○○（在廷）〔　　　　　　〕被告人の勤務状況及び今後の指導・監督（　　　　　　）						第2回公判　尋問調書として取調べ　職2に記載

〔職権〕

1	（被）〔　　　　　　〕（　　　　　　）						第2回公判　供述調書として取調べ　職3に記載
				1	施　行		
2	証人尋問調書〔○○○○　第1回公判〕（　　　　　　）						弁2関係
				2	済	16	
3	被告人供述調書〔　　第1回公判〕（　　　　　　）						職1関係
				2	済	17	

※　証拠番号2及び3について，更新前にした証人や被告人の供述は，証人尋問調書又は被告人供述調書という書面に転換して，職権で証拠調べを行う（法303）。

※　証人尋問調書の取調べについて，本記載例のように職権カードを作成しないで，弁護人カードの証拠番号2の「備考」欄に「第2回公判　尋問調書・済・取調順序16」と記載する方法もある。被告人質問についても同様に，職権カード証拠番号1の備考欄に「第2回公判　供述調書・済・取調順序17」と記載することも考えられる。

第5 即決裁判手続
1 即決裁判手続による審理
(1) 意義
即決裁判手続は，公判審理の合理化・効率化と迅速化を図るため，争いのない明白軽微な事件について，より簡易な手続による迅速な裁判を可能とする制度として，平成16年の法改正によって創設された。

(2) 簡易公判手続との相違
前述のとおり，簡易公判手続が主として証拠調べの部分で公判手続の簡易化を図るのに対し，即決裁判手続においては，これらに加え，①検察官は，捜査段階で被疑者の同意を得るなどした上で，公訴提起と同時に即決裁判手続の申立てをし（法350の2），②公訴提起後，検察官はできる限り速やかに証拠開示を行わなければならず（法350の5），③裁判所はできる限り早期（公訴提起後14日以内）に公判期日を開き（法350の7，規則222の17），できる限り即日判決を言い渡さなければならず（法350の13），④科刑制限（法350の14）及び⑤上訴制限（法403の2）が設けられており，公訴提起から判決までの一連の過程において，手続の簡易化，迅速化を図っている点に特徴がある。

(3) 開始の要件
即決裁判手続によって審判する旨の決定をするには，以下の要件が必要である。
① 事件が死刑又は無期若しくは短期1年以上の懲役若しくは禁錮にあたる事件ではないこと（法350の2Ⅰただし書）。
② 審判決定時において，被告人及び弁護人が即決裁判手続によることに同意していること（法350の8①②）。
③ 被告人が冒頭手続において起訴状に記載された訴因について有罪の陳述をしたこと（法350の8柱書）。
④ 即決裁判手続によって審判するのを相当とする場合であること（法350の8④）。
裁判所は上記要件があるときは，即決裁判手続によって審判する旨の決定をしなければならない（法350の8）。要件が充たされている限り決定は必要的である。

(4) 審理の特例
ア 証拠能力の制限の緩和
簡易公判手続と同様，伝聞法則は原則として適用されないが（法350の12），検察官，被告人又は弁護人が証拠とすることに異議を述べたものについては，この限りではない（同ただし書）。

イ 証拠調べ手続の簡略化
法350条の10第1項により，簡易公判手続におけるのと同様，通常手続に関する法296条（証拠調べにおける検察官の冒頭陳述），297条（証拠調べの範囲・順序等の決定），300条から302条まで（検察官の証拠調べ請求の義務，自白調書取調べ請求の時期，捜査記録の一部の取調べ請求）及び304条から307条まで（証人等の取調べ方法，証拠書類及び証拠物の取調べ方法）が，いずれも適用されない。また，証拠調べは，公判期日において適当と認める方法で行うことができるとされている（法350の10Ⅱ）点も，簡易公判手続におけるのと同様である。

第4章　各種手続とカードの記載

ウ　判決書作成の簡易化

簡易公判手続と同様，即決裁判手続によって審理した事件の判決書には，公判調書に記載された証拠の標目を特定して引用することができるとされている（規則218の2）。

(5)　カードの記載

基本的には，簡易公判手続の項で述べたのと同様である。即決裁判に特徴的な点としては，①即決裁判手続によって審理し，②即日判決の言渡しをした事件について，③控訴の申立がなく，④裁判長の許可がある場合には，被告人供述調書（規則44Ⅰ⑲）及び証人尋問調書（同㉒）の全部又は一部を省略することができる（規則222の20Ⅰ）ことが挙げられる。これは，即決裁判手続によって審理し，即日判決の言渡しをする事件は，明白かつ軽微な事件であり，後日，被告人に対する質問及びその供述や，証人等の尋問及び供述の内容を確認しなければならない必要性は小さいと考えられることから，裁判所の事務の効率化を図り，これによって生じた余力を他の事務処理に投入することを可能にするためとされている（刑執資22-182参照）。

調書の省略許可があった場合，証人尋問調書又は被告人供述調書が記録に編てつされないことから，この点について明らかにするため，カードの「備考」欄にメモ的に記載しておく。なお，証人尋問調書について，全部省略の許可があった場合は，証人の宣誓書は第2分類の証拠等関係カード群（証拠調手続に関する書類）に綴る。

即決裁判手続で審理された事件については，カードの「意見」欄や「取調順序」の記載が不要とされ，記載事項が通常の事件に比べて少ないことから，一括記載を積極的に利用するなどして，カード作成事務も効率的に行うことが上記趣旨に合致すると思われる。

【記載例8】供述調書の全部省略の場合

1　（被）						26.○.○裁判官 調書全部省略許可
〔　　　　　〕				1	施　行	
（　　　　　）						

※　一部省略の場合は「備考」欄に「○.○.○裁判官調書一部省略許可」と記載する。
※　控訴の申立てがないことが確定するのは，控訴期間が満了した時点であり，確定後でなければ裁判長（官）は調書の省略許可をすることができないから，許可の日や調書の作成日[*17]は確定日以降の日付となることに注意する。ただし，調書の作成自体も確定後でなければできないということではなく，書記官としては，裁判体と供述調書省略の方針についての認識を共有した上で，判決宣告後，その方針に従って速やかに公判調書の草稿を作成し，確定後，直ちに裁判長（官）の認印を受け，調書を完成させるのが相当である（刑執資22-181参照）。

[*17] 即決裁判手続によって審理し，即日判決の言渡しをした事件の公判調書は，判決の言渡しをした公判期日から21日以内に整理すれば足りる（規則222の19Ⅰ）。

2 即決裁判手続の取消し
(1) 取消しの事由
即決裁判によって審判する旨の決定は,次の事由のいずれかに該当することとなった場合には,取り消さなければならない(法350の11 I)。
① 判決の言渡し前に,被告人又は弁護人が即決裁判手続によることについての同意を撤回した場合(同①)
② 判決の言渡し前に,被告人が起訴状に記載された訴因について有罪である旨の陳述を撤回した場合(同②)
③ 事件が即決裁判手続によることができないものであると認める場合(同③)
④ 即決裁判手続によることが相当でないものと認める場合(同④)

上記のうち,①及び②は,証拠調手続の簡略化や上訴制限等,即決裁判手続の特質に照らし,被告人又は弁護人の同意が,審判決定時以降,判決言渡時まで維持されていることを要求する趣旨である。③は,審判開始決定後,訴因変更が行われ,不適法になった場合等に,④は証拠調べの結果,執行猶予を相当としない事案*18であることが判明した場合等において,即決裁判手続による審判の続行を許さないこととしたものである。

(2) 即決裁判手続の取消しによる公判手続の更新
即決裁判手続によって審判する旨の決定が取り消されたときは,公判手続を更新しなければならないが(法350の11 II),検察官及び被告人又は弁護人に異議がないときは,公判手続の更新をしなくてもよい(同ただし書)。この場合の公判手続の更新の方法,カードの記載については,簡易公判手続の取消しの場合の公判手続の更新について述べたところと同様である。

第6 弁論の併合・分離
1 意義
同一の受訴裁判所に係属する数個の事件について,裁判所は,適当と認めるときは,検察官,被告人若しくは弁護人の請求により又は職権で,決定をもって弁論を分離し若しくは併合することができる(法313 I)。

弁論の併合とは,同一被告人の数個の事件又は数人の被告人にかかわる事件を一括して同時に同一の公判手続で併行的に審理することをいう。数個の事件が国法上同一の裁判所に係属している場合に可能であって,同一被告人に対する数個の犯罪事実の併合(客観的併合)と被告人数名の併合(主観的併合)とがある。

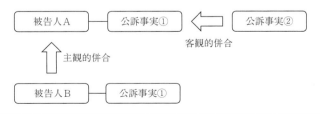

---

*18 即決裁判手続においては,懲役又は禁錮を言い渡す場合には,その刑の執行を猶予しなければならない(法350の14)ことから,執行猶予が相当でない事案については,取り消す必要がある。

第4章　各種手続とカードの記載

弁論の分離とは，同一被告人の数個の事件又は数人の被告人にかかわる事件を分割して各別の公判手続で審理することをいい，裁判所が適当と認める場合に行う裁量による分離（法313Ⅰ）と必要的分離（同Ⅱ）とがある。

弁論の併合・分離は，審理の促進，事実の合一確定等を考慮し，原則として裁判所の裁量によってなされるが，被告人の防御が相反するような場合は，被告人の権利を保護するために必ず分離しなければならない。

2　証拠調べ手続

(1)　弁論の併合・分離の効果

併合前になされた手続形成行為は，併合されてもその効力を失わないので，併合前の証拠決定に基づく証拠調べが未了のときは，その決定を取り消さない限り，併合後においてもこれを実施しなければならない。他方，既になされた実体形成の効果は，併合前の各事件について生ずるにとどまるから，併合された他の事件に対する関係においては，必要に応じて改めて立証を必要とする。

弁論を分離した場合，当事者の請求や申立て，裁判所の決定等のいわゆる手続形成行為は，分離後も依然その効力を持続するので，裁判所は，分離後もこれらの請求や申立てに対しては何らかの決定をする義務を負い，証拠決定等のように実施を要する裁判については，その取消しをしない限り，これを実施しなければならない。

(2)　本起訴事件で取調べ済みの証拠を追起訴事件でも証拠とする手続

弁論の客観的併合に関する証拠調べ手続で実務上問題となるのは，本起訴事件で既に取り調べられた証拠を併合された追起訴事件の証拠とする場合の手続である。

すなわち，弁論の併合の効果は，併合後の訴訟手続を共通にするというにとどまり，併合前の訴訟手続が当然そのまま併合後の事件にまで効果を及ぼすというものではないから，本起訴事件の証拠に関する証拠調べ請求・意見聴取・採用決定・取調べという一連の手続の効力が，併合により当然に追起訴事件に及ぶということはない。本起訴事件と追起訴事件とは法律関係が別個であり，本起訴事件の証拠を追起訴事件においても証拠とするには，改めてそのための手続をとる必要がある。

その方法として，改めて証拠調べ請求・意見聴取・採用決定・取調べという手続をとることも考えられる[*19]が，請求者が追加する公訴事実を特定してその追加を請求し，これに対する相手方の意見を聴取した上で，裁判所が公訴事実の別の追加を許可するという手続を踏むことで足りるという考え方もあり，実務上は，後者の方法による例が多いと思われる[*20]。後者の方法は，実務上「立証趣旨の追加」と呼ばれている[*21]が，同一の公訴事実について当初の立証趣旨に新たな事項を追加する場合（第2章第5の4(4)，58頁参照）とは訴訟法上の性質を異にする点に注意する必要がある。

[*19] 改めて請求する場合は，新たに証拠番号を起こして，「公訴事実の別」を含めた所要事項を記載した上，「備考」欄に「甲〇と同じ」と記載して同一の証拠であることを明らかにする。

[*20] 併合前に請求された証拠の採否決定がなされる前に追起訴事件の弁論が併合されたため，当該証拠を追起訴事件の関係でも請求するという場合には，同じ証拠を追起訴事件との関係で新たに請求することもできるが，既に請求されている証拠に公訴事実の別を追加するのが通例であり，この手続も，実務上は「立証趣旨の追加」と呼ばれている。この場合，裁判所は，両公訴事実について相手方の意見を聴いた上で証拠決定をすることになり，公訴事実の別の追加自体については，許否の判断はしない。

第6　弁論の併合・分離

【記載例9】公訴事実の別を追加する方法で追起訴事件の証拠とする場合

27	員						
〔○○○○　　26.8.4〕 被告人から覚せい剤を入手していた 事実等 第2回公判 　公訴事実の別の追加※1 （　　26.8.10　　　）	1	1	同　意	1	決定・済	10	

※	期日	請　求・意　見・結　果　等
1	2	公訴事実の別の追加（甲27） 　　検察官 　　　　甲27号証につき，平成26年9月9日付け公訴事実の立証のため，公訴事実の別の追加を 　　　　請求する。 　　弁護人 　　　　異議がない。 　　裁判官 　　　　上記許可決定

※　実務上，見出しを「立証趣旨の追加」とする例が多いが，「公訴事実の別の追加」と記載することを提案するものである。
※　公訴事実の別の追加を「備考」欄ではなく「立証趣旨」欄に記載した例である。
※　追加が複数回行われる場合，追加された公訴事実の別を一覧できるよう，見出しを「公訴事実の別（○．○．○分）の追加」とする方法も考えられる。

3　訴訟記録の編成

(1)　弁論の併合

　　5分方式による併合事件記録の取扱いについて，記録編成通達第4の1の(1)は，第1回公判期日開始前の事件（公判前整理手続に付する旨の決定がされた事件を除く。）が併合された場合には，併合された事件の起訴状及び同謄本の送達報告書は，併合した事件記録の第1分類起訴状群の末尾に，その他の書類は，該当箇所につづり込むこととし，同(2)で公判前整理手続に付する旨の決定がされた事件又は第1回公判期日開始後の事件が併合された場合には，併合された事件記録は，一括して併合した事件記録に添付（ひき舟）することとしている。

　　ひき舟の取扱いが，併合された事件について独立した第1回公判調書の作成を考慮したものであることに鑑みれば，公判前整理手続に付された事件については，第1回公判期日開始前に公判前整理手続調書が作成されることになるから，記録の編成上は，公判前整理手続に付する旨の決定があれば，第1回公判期日開始後の事件と同様の扱いをすることにしたものである。

(2)　弁論の分離

　　弁論を分離した場合であっても，当然に記録を分離しなければならないものではないが，先に判決のあった被告人について上訴があった場合や，法5条又は法8条により別の裁判所に事件を併合する場合等，異なる裁判所に事件が係属することになる場

＊21　カードの「立証趣旨」欄には，証拠と証明すべき事実の関係（規則44 Ⅰ⑮）としての立証趣旨（狭義の立証趣旨）及び「公訴事実の別」を記載する（第2章第5の4，53頁参照）ことから，公訴事実の別の追加を「立証趣旨の追加」と表現することは自然なことといえるが，公訴事実の別の追加をするという実体を踏まえた表現をすることも差し支えないと考えられる。

合などには，それぞれの裁判所で記録が必要となることから，訴訟記録を別に編成する必要がある。分離した事件の記録を別に編成するか否かは，将来における再併合の可能性，予定される審理回数，上訴の見込みの有無等を総合勘案して決めることになる。

弁論が分離され，記録を別に編成する場合は，分離された被告人に関係する，カードを含めたすべての書類を新しく編成する記録につづり替えればよい。この場合，当該被告人のみに関係する書類については原本を，その他の被告人にも関係する書類については謄本をつづることになる[*22]。

【参考】共同被告人A・Bの事件について，Bの弁論を分離し，記録を別に編成する場合

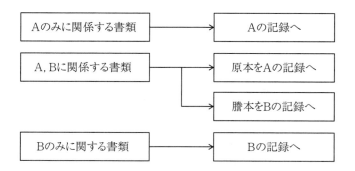

4　公判調書作成上の問題の所在

弁論が併合又は分離された場合には，作成する調書の通数，公判回数，事件番号，使用するカードの様式，「No.」，証拠番号等，形式面の処理に迷うことが多い。訴訟記録は第一審を担当する裁判官が利用するのみならず，訴訟関係人も閲覧・謄写（法40Ⅰ，270Ⅰ）する可能性があること，控訴等の申立てがあれば，上訴審においても利用することになることから，調書の作成や記録の編成について統一的に運用される必要がある。現状においても，ある程度統一されたルールに基づいて運用されており，特段の問題は見られないが，技術的側面が強く，経験の浅い書記官が事務処理に苦慮していることが窺われる。記録作成保管事務（裁判所法60Ⅱ）を掌る書記官としては，十分に理解しておく必要があるので，本項では，確立されたルールについて分析・整理を試み，検討を加えたい[*23]。

手続調書やカードを作成するに当たり，1つのポイントは番号の付し方にあるが，これには，2つの方法が考えられる。

> ①　特定の事件を基準として，それに連続する番号を付す。
> ②　複数の事件を比較し，番号の大きいものに連続する番号を付す。

①は基準として明確であり，優れているようにも思えるが，実際上，②で処理する項目もある。②のメリットは，番号の重複が少なくてすむという点であり[*24]，公判回数，

[*22] これは原則的な取扱いであり，複数の被告人に共通する証拠について，必ずしも分離された被告人の記録に謄本を綴る必要はなく，被告人の訴訟態様や上訴の見込み等を勘案して原本を綴る記録を選択することは可能である。

[*23] 本項の末尾に，典型的な併合・分離の事例に基づく，公判調書作成のポイントを整理した。

証拠番号はこれを採用している。例えば証拠番号について，甲事件について証拠番号1ないし3，乙事件について証拠番号1ないし8の証拠請求があった後，甲事件に乙事件を併合した場合，併合後に付す証拠番号につき，甲事件を基準として①を採用すると，4からになる。この場合，8までの番号が重複することになる。②を採用すると，9からになるので番号が重複するのは1ないし3だけで済むことなる。証拠番号が重複すれば，判決書に掲げる証拠の標目等，証拠を特定する際に手間がかかることから，なるべく重複しないように②を採用することには合理性がある。

5 手続調書の記載
(1) 事件番号
ア 併合の場合
(ｱ) 期日外で弁論の併合がされた場合
弁論の併合後に作成する調書には，併合事件の事件番号のほか，被併合事件の事件番号も記載する（「等」と表示して差し支えない。）。
(ｲ) 公判期日で弁論の併合がされた場合（被併合事件について実質的審理なし）
数個の事件につき，同一の期日を指定したが，被併合事件について実質的な審理に入る前に，弁論を併合した場合，被併合事件については，別に調書を作成する必要はなく，併合事件と併せて1通の調書を作成する。調書には，併合事件の事件番号のほか，被併合事件の事件番号も記載する（「等」と表示して差し支えない。）。
(ｳ) 公判期日で弁論の併合がされた場合（被併合事件について実質的審理あり）
同一の期日に数個の事件を各別に審理した後，併合した場合には，併合事件と被併合事件でそれぞれ調書を作成し，冒頭の記載は併合前を基準に各事件番号を記載する。なお，次回期日から，調書には，併合事件の事件番号のほか，被併合事件の事件番号も記載する（「等」と表示して差し支えない。）。
イ 分離の場合
弁論の分離後，新たに調書を作成する場合には，分離後の事件番号を記載する。

＊24 番号が重複すると，訴訟関係人が証拠を引用して意見を述べる際や，判決書における証拠の挙示において，どの事件におけるものなのか特定しなければならない。

第4章　各種手続とカードの記載

事件番号が同一の場合には，枝番を付するまでの必要はなく，この場合，調書の標題の右に「(弁論分離後)」と記載する。

(2) 公判期日の回数
ア　併合の場合

弁論の併合があった場合の併合後の公判期日の回数は，回数の重複を避けるため，併合前の公判期日の回数のうち，最も回数の大きいものに連続する回数を付する。

例えば，甲事件が第2回公判期日まで終了し，乙事件が第5回公判期日まで終了した後に，期日外で甲事件に乙事件が併合された場合，その後に作成する公判調書の回数は第6回となる（なお，公判調書の標題部分の適当な箇所に，例えば，「（併合につき第3回ないし第5回の公判期日の回数は欠）」というように記載しておく[*25]。）。

【併合前】

甲事件	1	2			

乙事件	1	2	3	4	5

【併合後】

甲事件	1	2	欠			6
乙事件	1	2	3	4	5	6

複数の事件が同一の公判期日に各別に手続が進められた後に弁論が併合された場合の公判調書に付すべき公判期日の回数も同様とする。

例えば，甲事件の第3回目の公判期日と，乙事件の第6回目の公判期日が同一日に指定され，当該各期日においてそれぞれ手続が進められた（実質的審理あり）後に併合された場合，甲・乙各事件について公判調書を作成する必要があるが，その場合の公判期日の回数は，いずれも第6回となる（甲事件の公判調書に回数が連続しない理由を記載するのは先の例と同様である。）。

【併合前】

甲事件	1	2		

乙事件	1	2	3	4	5	

【併合後】

甲事件	1	2	欠			6
乙事件	1	2	3	4	5	6

[*25] 公判調書上の回数が，第1回，第2回，第6回となり連続しないため，その理由を記載することにより，調書の散逸や回数の誤記でないことを明らかにするための措置である。

第6　弁論の併合・分離

イ　分離の場合
(ア)　訴訟記録を別に編成しない場合
　　　弁論が併合されている場合と同様に取り扱い，公判の開廷年月日順に分離前の公判期日の回数に連続する回数を付する。
(イ)　訴訟記録を別に編成する場合
　　　事件ごとに分離前の公判期日の回数に連続する回数を付する。
　　　公判期日において分離され，各事件について公判調書が作成される場合は，当該公判期日に限り，同一の回数を付する。
(3)　証拠調べ手続相互間の順序
　　公判期日において弁論の併合，分離がされ，その前後に証拠調べ手続が行われている場合，各手続相互間の順序を明らかにする方法としては，実務上は次の記載方法によることが多い[26]。

［手続調書］
　　証拠調べ等
　　　　証拠等関係カード記載のとおり（「期日」欄に①と表示したもの）
　　弁論の併合
　　　　裁判長
　　　　　甲事件に乙事件を併合して審理する旨決定
　　証拠調べ等
　　　　証拠等関係カード記載のとおり（「期日」欄に②と表示したもの）

※　カードの該当する「期日」欄に「5－①」，「5－②」と記載する。

6　カードの記載
(1)　弁論の併合
ア　記載の基準（使用するカード）
(ア)　併合後の証拠調べ手続の経過等は，原則として，『併合事件』のカードに記載する[27]。ただし，併合前に請求があった証拠につき併合後に証拠調べ手続が行われたときは，当該請求の記載があるカード[28]にその経過を記載する（カード記載要領通達第1の8参照）。これは，当該証拠に関する証拠調べ手続の経過の一覧性を保持するためである（カード解説41参照）。
(イ)　被告人複数の事件について複数用カードを使用している場合において，1名の被告人についてのみ追起訴があり，併合の上，追起訴関係のみの証拠調べをする際も，原則として複数用カードを使用する（質疑回答14参照）。同一記録においては，なるべく同じ様式のカードを用いる方が見やすいためである。

---

[26] そのほか，①公判調書（手続）に，「弁論の併合（検察官証拠番号8の取調べの次）」というように記載する方法や，②カードの各「期日」欄に，例えば「5（併合前）」，「5（併合後）」というように記載する方法がある（カード解説44参照）。
[27] 被告人が複数になった場合は，複数用のカードを使用する。この場合でも「No.」は，従前の1名用カードに連続した番号を付する。
[28] 被併合事件の証拠であれば，「被併合事件」のカードに記載することになる。

第4章　各種手続とカードの記載

(ｳ)　併合前（被告人1名）に請求があった証拠につき，併合後（被告人複数）に他の被告人の関係においても取り調べることになった場合，併合後に当該証拠の取調べの請求がなされた関係被告人については，請求者等の別に従って複数用のカードを起こし，そのカードに所要の事項を記載することになる。

　　なお，各「備考」欄に「甲○と同じ」等とメモ的に記載して，同一証拠であることを明らかにしておく（質疑回答15参照）。

イ　各欄の記載
(ｱ)　「(No.)」の箇所
　　併合後に新たにカードを作成する場合の「No.」は，併合事件における一連の番号とする（併合事件を基準にする。）。例えば，「No.2」まで作成済みの事件に「No.3」まで作成済みの事件を併合し，引き舟とした場合，併合後に新たにカードを作成するときは，「No.3」として起こすことになる。「No.」は，カードの紛失，散逸を防止するために記載するものであり，訴訟記録ごとに重複していても，後の手続に混乱を生じさせるおそれはないためである。

(ｲ)　事件番号
　　併合後に新たにカードを作成する場合は，併合事件の事件番号のほか被併合事件の事件番号も記載する（「等」と表示して差し支えない。）。
　　併合前に使用されていたカードを併合後にも使用する場合は，事件番号は従前のままでよく，被併合事件の事件番号を追記する必要はない（「等」とする必要もない。）。

(ｳ)　証拠番号
　　併合後に請求があった証拠の番号は，併合前に請求があった証拠の番号のうち，最も大きいものに連続する番号を付する。例えば，甲事件（証拠番号1ないし8まで請求済み）に乙事件（証拠番号1ないし10まで請求済み）を併合した場合の併合後における甲事件の証拠番号の初めは「11」となる。その場合には，11の番号の左部欄外に「併合につき9・10欠」と記載する。法5条又は法8条による併合の場合も同様に考えられる。

【併合前】

甲事件	1	2	3	4	5	6	7	8

乙事件	1	2	3	4	5	6	7	8	9	10

【併合後】

甲事件	1	2	3	4	5	6	7	8	欠	11
乙事件	1	2	3	4	5	6	7	8	9	10

㊤　公訴事実の別

　　公訴事実が複数ある場合*29,「立証趣旨」欄中の「公訴事実の別」の箇所には，当該証拠によって証明すべき公訴事実を記載する必要があるため，弁論が併合された場合には記載を要する。本起訴事件において公訴事実が１個の場合は，「公訴事実の別」を記載する必要はなく*30，追起訴事件について証拠請求がされる際に「公訴事実の別」に追起訴の日付等を記載すれば足りるが，分かりやすさの観点から，後に追起訴があり，弁論の併合が予想される場合には，本起訴事件についても「公訴事実の別」を記載しておくことも考えられる。

㊥「被告人の符号と全被告人の範囲」表

　　複数被告人の事件で，一旦弁論が分離されても，将来再び併合されることが予定される場合には，必ずしも当該被告人を「被告人の符号と全被告人の範囲」表の「全」の範囲から除外する必要はないものと思われる*31。同表の「全」に含まれる被告人の範囲はそのままにした上で，カードの「関係被告人」欄に「全」を使用しないで被告人の符号を記載する方法や，「Ａを除く全」と記載する方法も考えられる。

ウ　併合後の継続記載・続カードの使用

　　併合前に証拠調べ手続が終了した被併合事件の証拠について，併合後に新たに記載事項が生じた場合，当該証拠に関する一覧性保持のため，当該請求の記載がある『被併合事件』のカードに記載する。従前，「備考」欄に記載するのが相当であるとされてきたが，必ずしも「備考」欄に限る必要はなく，本来記載すべき欄の余白の有無や見やすさを勘案して記載すればよいと考える。

　　継続記載をする場合や続カードを使用する場合は，『併合事件』のカードに記載する。これは，併合により，被併合事件には確定丁数が付されるため，新たにカードを追加して編てつすることは許されないし，仮に被併合事件のカードに余白がある場合でも，併合後の証拠調べ手続の経過等は『併合事件』のカードに記載するのが原則であり，『被併合事件』のカードに記載するのは，一覧性保持のための例外的な取扱いであることから，継続記載や続カードの使用に当たっては，原則どおり『併合事件』のカードに記載することとしたものである。

---

*29　公訴事実が複数ある場合とは，追起訴によって弁論が併合された場合のみならず，１通の起訴状で複数の公訴事実が起訴された場合を含む。
*30　追起訴がされた段階で，本起訴分について「公訴事実の別」を追記する必要はない。
*31　「全」の範囲が細かく変動すると，カードを見る際に，逐一範囲表と対照する必要があり煩雑である。

第4章　各種手続とカードの記載

【記載例10】併合前に証拠調べ手続が終了した証拠につき併合後に記載事項が生じた場合

①継続記載をする方法
〔被併合事件のカード〕

4	検							26（わ）55の（乙）No.2に継続
〔（被）　　　　26.3.16〕共謀及び犯行状況（　　　　　　　　　）		1	1	同　意	1	決定・済	5	

※　被併合事件について，第1回公判で証拠調べ手続が終了した証拠について，併合後の第2回公判において，弁護人から意見が述べられた事例である（②と共通）。
※　「備考」欄の継続記載の表示について，「（甲）証拠番号10の次欄に継続記載」などとする例もあるが，検索の便からは，具体的な欄を特定しなくても継続記載先のカード番号（No.）さえ分かれば十分と考え，簡略な記載とした。
※　継続記載先が別の記録である併合事件記録のカードになるので，事件番号を記載して特定する。

〔併合事件の（乙）No.2のカード〕

4	検							26（わ）15の乙4の継続
〔　　　　　　　　　〕（　　　　　　　　　）			2	信用性を争う26.6.1付意見書				

※　継続記載であるため，証拠番号と標題のみを記載し，必要な欄を使用する。証拠番号は被併合事件における番号のままなので，当然，（乙）No.2に記載されている他の証拠の番号と連続性はない（第2章第4の8（1），40頁参照）。

②続カードを使用する方法
〔被併合事件のカード〕

4	検							
〔（被）　　　　26.3.16〕共謀及び犯行状況（　　　　　　　　　）		1	1	同　意	1	決定・済	5	
			2	信用性を争う※5				

〔併合事件の続カード〕

※	※	期日	請　求　・　意　見　・　結　果　等
併合につき1ないし4欠	5	2	信用性を争う（平成26年（わ）第15号事件・乙4）
			弁護人
			平成26年6月1日付け意見書記載のとおり

※　従前，このような場合は「備考」欄に記載するのが相当とされ，「信用性を争う」を「備考」欄に記載している例もあるが，余白があれば，本来記載すべき「意見」欄に記載してよいと考える。
※　「※番号」は，被併合事件，併合事件を通じて一連の番号とする必要があるので，併合前に被併合事件の※番号が併合事件の※番号より大きい場合は左部欄外に欠番の記載をする。
※　併合事件の続カードの「（平成26年（わ）第15号事件）」の記載は，必要的ではないが，例えば，併合事件，被併合事件ともに乙4号証が存在する場合には，明確にするために記載することも考えられる。

- 222 -

第6 弁論の併合・分離

【参考】弁論併合後に記載事項が生じた場合の記載箇所について（フローチャート）

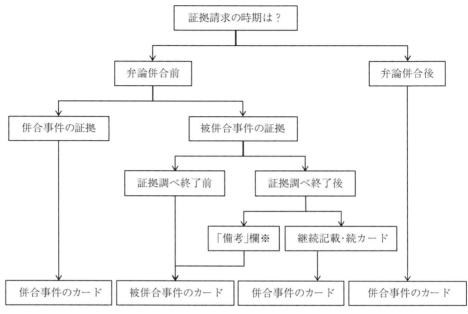

※「備考」欄を含む，本カードの各欄を意味する。

(2) **弁論の分離**
　ア **記載の基準（使用するカード）**
　　(ｱ) **訴訟記録を別に編成する場合**
　　　　弁論を分離し，新たに記録を編成した事件につき，分離前に請求があった証拠の証拠調べ手続が行われたときは，新たな記録中の当該請求の記載があるカード又はその謄本若しくは抄本にその経過を記載する（カード記載要領通達第1の9参照）。これは，当該証拠に関する証拠調べ手続の経過の一覧性を保持するためである（カード解説45参照）。
　　　　例えば，被告人A・Bが共同被告人として起訴されたが，公訴事実第1はA・B共犯の事実，同第2はA単独犯の事実，同第3はB単独犯の事実で，最初にA・B共犯の事実について証拠調べが終了し，A・B各単独犯の事実について証拠調べが終了していない段階で，Bの事件が分離された場合には，Bの事件について新たに記録を編成することが考えられる。この場合に，Bの事件の公訴事実第3の証拠のみを記載したカードは原記録に残しておく必要がないので，原記録から外してBの事件記録に編てつする（上記証拠のうち，Aの事件の証拠と同じカードに記載されているものについては，その分についての謄（抄）本を作成してBの事件記録に編てつする。）。原記録の方は，同記録に編てつのカードの余白に，「証拠等関係カード（No.3）はBの事件記録に転てつ」等と記載しておく。

第4章　各種手続とカードの記載

　(イ)　訴訟記録を別に編成しない場合

　　被告人複数の事件において，被告人ごとに分離した後，新たにカードに記載するときも，従前の複数用カードに引き続き記載する。分離された事件が，1人の被告人の事件を除き終局した後，残った被告人の事件について新たにカードを作成するときも，複数用カードを使用する。この場合，被告人が再び複数になる可能性がないので1名用カードを使用することも考えられるが，同じ記録の中ではなるべく同一のカード様式を用いた方が見やすい上，1名用カードには「関係被告人」欄がなく，複数被告人が1通の起訴状によって公訴提起された場合は事件番号が1つなので，分離後は事件番号による被告人の特定もできないためである。

イ　各欄の記載

　(ア)　「(No.)」の箇所

　　訴訟記録を別に編成しない場合は従前の番号に連続する番号を付すので問題はない。訴訟記録を別に編成した場合，特にカードの一部を分離した事件に転てつした後に新たにカードを作成する場合に問題となる。

　　基本事件については，転てつしたカードを含めた分離前の最終「No.」に連続する番号を記載する。

　　例えば，「No.8」まで作成済みの被告人A・Bの事件について，被告人Bの弁論を分離して訴訟記録を別に編成し，被告人Bのみに関する証拠の記載がある「No.6」と「No.8」を別記録に転てつした場合（この場合，A事件の「No.」の連続が途切れるので，欠けている「No.6」と「No.8」を別記録に転てつした旨をカードの余白に記載しておく。），基本事件（A事件）について新たにカードを作成するときは，「No.9」として起こすことになる。分離された事件（B事件）については，転てつされた「No.6」と「No.8」以外のカードのうち，被告人Aのみに関する証拠の記載のある「No.7」はA事件の記録に，被告人両名に共通する証拠の記載のあるカードについては謄（抄）本を作成して，原本はA事件の記録に，謄（抄）本はB事件の記録に編てつされることになる。B事件について新たにカードを作成するときは，「No.9」として一連の番号とする（B事件についても「No.」の連続が途切れた場合は，A事件と同様にカードの余白にその旨を記載しておく必要がある。）。

【分離前】

| A・B事件 | 1 | 2 | 3 | 4 | 5 | 6 | 7 | 8 |

【分離後】

| A事件 | 1 | 2 | 3 | 4 | 5 | 欠 | 7 | 欠 | 9 |

| B事件 | ① | ② | ③ | ④ | ⑤ | 6 | 欠 | 8 | 9 |

※丸数字は謄本である。

　(イ)　事件番号

　　訴訟記録を別に編成しない場合は，従前のカードを使用するので，事件番号は従前のままとなる。訴訟記録を別に編成する場合についても，分離前に使用され

第6 弁論の併合・分離

ていたカードを分離後に使用するときは，事件番号はそのままとする（分離後に新たにカードを作成するときには，分離後の事件番号を記載することになる。）。

(ウ) 証拠番号

訴訟記録を別に編成しない場合は，分離前と同様に取り扱い，請求順に分離前の証拠番号に連続する番号を付する。例えば，A・B各被告人につき，分離前に1ないし10までの証拠の取調べがなされ，分離後，Aにつき3点の証拠調べ請求があり，その後Bにつき2点の証拠調べ請求があった場合，Aについては11ないし13，Bについては14及び15の番号を付する。

【分離前】

| A・B事件 | 1 | 2 | 3 | 4 | 5 | 6 | 7 | 8 | 9 | 10 |

【分離後】

| A事件 | 1 | 2 | 3 | 4 | 5 | 6 | 7 | 8 | 9 | 10 | 11 | 12 | 13 | | |
| B事件 | 1 | 2 | 3 | 4 | 5 | 6 | 7 | 8 | 9 | 10 | | | | 14 | 15 |

訴訟記録を別に編成する場合は，分離前の証拠（他の被告人のみに関係する証拠も含む。）の最終番号「10」に連続する番号を付する。前例でいえば，Aについては11ないし13，Bについては11及び12の番号を付する。これはA・Bの事件は今後別々に進行するため，証拠番号が重複しても特段，問題は生じないためである。

【分離前】

| A・B事件 | 1 | 2 | 3 | 4 | 5 | 6 | 7 | 8 | 9 | 10 |

【分離後】

| A事件 | 1 | 2 | 3 | 4 | 5 | 6 | 7 | 8 | 9 | 10 | 11 | 12 | 13 |
| B事件 | 1 | 2 | 3 | 4 | 5 | 6 | 7 | 8 | 9 | 10 | 11 | 12 | |

カードの抄本を作成した場合において，抄本で最終番号が明らかにならないようなときは，抄本の適当な箇所に，例えば「（分離前の最終番号は○番）」というように付記しておく。これは，訴訟記録を別に編成した場合，その後の進行（判決の確定や上訴）により，訴訟記録が別々に移動する可能性があり，基本事件の記録が常に参照できるわけではないので，新たに請求する証拠の番号を確定させるために必要な情報として記載しておく必要があるためである。

ウ カードの謄（抄）本の作成方法

(ア) 問題の所在

分離された被告人について訴訟記録を別に編成する場合，カードについても分離された被告人の訴訟記録として「不足」のないようにする必要があることから，カードの謄本又は抄本を作成する。カードの謄本とは，記載済みのカードの各欄の「全部」について転写し，原本と同一である旨の認証を付したものをいい，カー

第4章　各種手続とカードの記載

ドの抄本とは，その「一部」について，謄本と同様の方法で作成したものをいう。抄本を作成する場合とは，分離された被告人に関係しない証拠について除外して認証する必要がある場合である。

カードに記載されている証拠は，分離された被告人のみに関係する証拠（①），分離された被告人に関係しない証拠（②），分離された被告人及びその他の被告人に関係する証拠（③）に分類できる【図1】。1枚のカードには複数の証拠（通常は5個）が記載されていることから，これらの組み合わせで，カードの処理方法が定まる。

1枚のカードが，①のみで構成される場合，基本事件の記録に残す必要はないので，別に編成した訴訟記録に編てつする（転てつ）。②のみで構成される場合，基本事件の記録に残し，別に編成した訴訟記録に編てつする必要はない。③のみで構成される場合，原本は基本事件の記録に残す必要があるので，謄本を作成して別に編成した訴訟記録に編てつする。①と③で構成される場合も謄本を作成して編てつする。問題は，②が含まれる組み合わせの場合（①+②，②+③，①+②+③）に，②も含めて謄本を作成するか，②を除いて抄本を作成するかという点にある【図2】。

【図1】

分類	関係被告人		
	A	B	C
①	○		
②		○	
			○
		○	○
③	○	○	○
	○		○

※共同被告人A・B・CでAの弁論を分離した事例である。

【図2】

証拠の組み合わせ	カードの処理
①	転てつ
②	編てつ不要
③	謄本
①+③	
①+②	謄本又は抄本
②+③	
①+②+③	

(イ) 検討

確かに，分離された被告人に関係しない証拠を除外して抄本を作成するのが理論的ではあるが，実際上，関係しない証拠に関する記載があっても有害的ではない[32]こと，抄本作成に要する手間（証拠の選別，マスキング）等を考えると，抄本にしなければならない特段の事情がない限り，関係しない証拠に関する記載も含めて謄本を作成するのが合理的であると考える。関係しない証拠に関する記載があることによる見にくさは，当該部分に斜線を引く等の方法[33]で解消することも考えられる。

---

[32] カード自体は証拠ではないので，当該被告人に関係しない記載があっても裁判官の心証形成には何ら影響しないと思われる。抄本を作成するのは専ら記録上の見やすさのためであると考えられる。

[33] この方法をとる場合には，謄本認証文言と併せて付記するなどして，斜線が引かれた時期を明らかにしておくのが相当である。

㈦　謄本認証の単位について

　　カードは，1枚ごとがそれぞれ数個の調書の一部ともなり得るものであり，数葉が続いて編てつされていても，それぞれが区分して編てつされていると解することができるから，本来，1枚ずつ認証するのが原則であるが，訴訟記録を別に編成する事件において新たにカードを作成する可能性を考慮して，検察官請求分（甲・人・乙の別），弁護人・被告人請求分，職権分，続カードの別に，それぞれまとめて認証するのが合理的である[*34]（全部まとめて一括認証すると，その後に作成される証拠等関係カードを所定の箇所に編てつすることができなくなるため。）。

㈧　認証の範囲について

　　カード全部が記載済みとなっていない場合であっても，謄（抄）本を作成する時点で記載済みの部分の全部又は一部について認証することができる。分離前に請求のあった証拠について，分離後に記載事項が生じた場合には，謄（抄）本認証されたカードに追記していくことになることから，どの部分（時間的範囲）の記載が謄（抄）本であるかを明らかにして認証する必要がある。

　　具体的には，証拠調べの途中で弁論の分離が行われ，訴訟記録を別に編成した場合で，カードの謄本を作成するときは，例えば，「第〇回公判期日（又は平成〇年〇月〇日）までの記載は謄本である。」というように，余白ないし欄外に認証するべきである。

　　この方法による場合，「備考」欄のメモ的記載については，「期日」や「年月日」の記載がないため，認証の範囲が必ずしも特定されないが，そもそもメモ的記載は，公判調書の一部として絶対的証明力を有するものではないため，謄（抄）本認証の範囲外の記載として処理しても特段問題はないと思われる[*35]。

[*34]　カード1枚単位での検討は前述のとおりであるが，まとめて認証する場合には認証する単位で検討する必要がある。なお，原本を転てつするカードがある場合には，それを含めた認証はできないことに注意する。

[*35]　特定する必要があれば，「（ただし，「備考」欄については，『　』の部分）」として認証することも考えられる（質疑回答19参照）。

第4章　各種手続とカードの記載

【記載例11】カードの抄本を作成した例

〔検察官（甲）No.4のカード〕

16　実　　　　　　　　　　　　　　　　　　　　　[○○○○　　○.○.○]　　犯行再現状況　　　　（○.○.○付　　　　　　）	2	A B	3	B	同　意	3	B	決定・済	1
[　　　　　　　　　　　　]　（分離前の最終番号は19番）　（		第2回公判期日までの記載は抄本である　　　平成○年○月○日　　　　○○地方裁判所第○刑事部　　　　　　裁判所書記官　○○○○　職印							

※　証拠番号1ないし16は被告人A，Bの関係，証拠番号17ないし19は被告人A関係の証拠である場合に，証拠番号16から19までの記載のあるカードについて，被告人A関係の証拠を除いた被告人B用の抄本を作成した例である。
※　分離後の第3回公判において甲16の意見聴取，採用決定，取調べが行われたので抄本認証されたカードに追記している（網掛け部分）。

第6 弁論の併合・分離

○主観的併合・分離の処理一覧（被告人A，Bを併合又は分離する場合）

		手続調書		証拠等関係カード			
		事件番号	公判期日の回数	使用する様式	「(No.)」の箇所	事件番号	証拠番号
併合		被併合事件の事件番号も記載する。	併合前の回数のうち、最も大きいものに連続する回数	複数用	併合事件（基本事件）における一連の番号	○併合後に作成するカードには、被併合事件の番号も記載する（「等」で可）。○併合前に作成したカードは、事件番号はそのまま（付記しない）。	併合前に請求があった証拠の番号のうち、最も大きいものに連続する番号
分離	別記録を編成する場合	分離後の事件番号を記載する。	事件ごとに分離前の公判期日の回数に連続する回数	1名用	分離前の最終番号（他の被告人に関するカードも含む。）に連続する番号	○分離後に作成するカードには、分離後の事件番号を記載する。○分離前に作成したカードは、事件番号はそのまま。	分離前の最終番号（他の被告人のみに関係する証拠も含む。）に連続する番号
	別記録を編成しない場合	分離後の事件番号を記載する。	開廷年月日順に分離前の公判期日の回数に連続する回数	複数用	従前の番号に連続する番号	従前のまま	請求順に分離前の番号に連続する番号（分離前と同様）

第4章　各種手続とカードの記載

第7　その他の手続
1　証拠調べに関する異議申立て
(1)　異議申立て制度の意義

　　検察官，被告人又は弁護人は，証拠調べに関し異議を申し立てることができる（法309Ⅰ）し，裁判長の処分に対しても異議を申し立てることができる（同Ⅱ）。

　　異議の申立てとは，当事者が当該裁判所に対し，裁判所，裁判官，訴訟関係人の訴訟行為が訴訟法規の定めているところを逸脱した場合に，その是正を求めてなす不服申立てとしての異議の申立てである（調書講義案158参照）。

　　以下，カードの記載に関係する事項として，証拠調べに関する異議申立てについて検討する。

(2)　証拠調べに関する異議申立ての手続

　　「証拠調べ」に関する異議申立ては，証拠調べに関する冒頭陳述，証拠調べ請求の方法，証拠調べに関する決定，証拠調べの順序，方法，証人尋問における相手方の尋問等，広く「証拠調べ」に関するすべての訴訟行為について許される（調書講義案159参照）。

　　法309条の異議の申立ての規定は，規定の位置から公判期日における訴訟行為のみを対象にしているようにも見えるが，公判期日外の証人尋問等に関しても，この異議の対象となると解される（条解674参照）。証拠調べの性質を持つ被告人質問についても同様である（石井・証拠法428参照）。

　　異議申立ての対象になるのは作為に限らず，不作為でもよく，さらに不適法を理由とする場合に限らず，不相当を理由とする場合にも申し立てることができる（規則205Ⅰ本文）。ただし，証拠調べに関する決定に対しては，不相当を理由に異議を申し立てることはできない（同ただし書）。証拠調べに関する決定について異議事由が制限されているのは，この決定が訴訟関係人の意見を聴いた上で（規則190Ⅱ，33Ⅰ），裁判所として慎重に判断を示したものであることなどが考慮された結果であるとされている（逐条説明123参照）。異議の申立ては，個々の行為，処分又は決定ごとに，簡潔にその理由を示して，直ちにしなければならない（規則205の2）。

	不適法	不相当
証拠調べに関する異議申立て	○	○
「証拠調べに関する決定」に対する異議申立て 例）・証拠の採否に関する決定（規則190Ⅰ） 　　・証拠調べの範囲・順序・方法を定め 　　　又は変更する決定（法297Ⅰ・Ⅲ） 　　・職権による証拠排除決定（規則207）	○	×

ア　証拠調べ請求に対する異議申立て

　　証拠調べ請求の方式が違法である場合，例えば，証拠調べの請求に際し，立証趣旨が明示されていない場合（規則189Ⅰ参照）や書面の一部の取調べ請求の際，その部分が明確にされていない場合（同Ⅱ参照）に，相手方は，これに対し異議を申

第7 その他の手続

し立て，これらを明示等することを求めることができる。

イ 証拠調べに関する決定に対する異議申立て

前述のとおり，証拠調べに関する決定に対する異議申立ては，不適法を理由とする場合に限られる。この「証拠調べに関する決定」には，証拠の採否に関する決定（規則190Ⅰ），証拠調べの範囲，順序，方法を定め又は変更する決定（法297Ⅰ，Ⅲ）等がこれに当たるほか，職権による証拠排除決定（規則207）も含まれる（条解676参照）。これらについては，決定に際して訴訟関係人の意見を聴かなかったこと，任意性を調査しないで被告人の供述調書の取調べを決定したこと，相手方の同意がなければ証拠能力がない書面について同意なしに証拠調べの決定をしたこと等，法令に違反した場合に限って異議の申立てができる。

ウ 証拠調べの方法に関する異議申立て

証人の証言内容が，意見，憶測，伝聞事項又は関連性のない事項にわたるとき，証人尋問中，主尋問の際の誘導尋問，主尋問の範囲を越えた反対尋問や誘導尋問が行われたとき等にも，異議を申し立てることができる。

被告人質問も，一般に証人尋問に準じた方法でなされるので，証人尋問の場合と同様，誘導による尋問等がなされた場合には，異議を申し立てることができる。

エ 異議申立てに対する決定

異議の申立てについては，遅滞なく決定をしなければならない（規則205の3）。

異議の申立てについて決定をするには，その決定に先立って異議を申し立てた相手方の意見を聴かなければならない（規則33Ⅰ）。この場合，意見を求められた相手方が自発的にその行為を是正した場合には，異議申立てが撤回されたものとして，裁判所は，申立てについて決定をする必要はなく，公判調書に記載しなくてもよい。

裁判所は，異議の申立が不適法な場合には，却下決定をしなければならない（規則205の4）。異議の申立てを理由がないと認めるときは，棄却決定をし（規則205の5），理由があると認めるときは，異議を申し立てられた行為の中止，撤回，取消又は変更を命ずるなどその申立てに対応する決定をしなければならない（規則205の6Ⅰ）。証拠調べに関する異議申立てで，取り調べた証拠が証拠とすることができないものであることを理由とする異議申立てを理由があると認めるときは，その証拠の全部又は一部を排除する決定をしなければならない（同Ⅱ）*36。

(3) カードの記載

異議申立てに関して，公判調書の必要的記載事項は，「法309条の異議の申立て及びその理由」（規則44Ⅰ⑰）と異議申立てに対する「決定」（規則44Ⅰ㊺）である。これは主として異議申立ての対象となった訴訟行為を公判調書上明確にしておき，上訴で争う（法379）余地を残しておくためである（条解676参照）。異議申立てに対する相手方の意見は，必要的記載事項ではないが，当該異議申立てに係る実質的な対立点を明らかにすることに資する記載であり，上訴審における訴訟手続の法令違背の有無の判断に有用であることから，記載するのが相当である。今回の裁判官ヒアリングにおいても，控訴審を担当する裁判官から，異議申立てのあった場合は，記録上，正確

---

*36 異議申立てによる証拠排除については，第7の2，233頁以下参照。

第4章　各種手続とカードの記載

に残してほしいとの回答があった[*37]。

　異議申立ては，その対象となった手続の次に記載する。例えば，裁判所の構成員に変更があったのに公判手続の更新をしないという不作為に対してなされた異議申立ては手続調書に，証人尋問中の異議申立ては証人尋問調書に，証拠調べ請求や証拠決定に対する異議申立てはカードに記載する。

　証拠調べ請求に対する異議申立ては，証拠調べ請求に対する意見として，カードの当該証拠の「意見」欄に，証拠決定に対する異議申立ては「結果」欄にそれぞれ記載する。ただし，証拠調べに関する異議申立てであっても，検察官が法300条所定の証拠調べ請求をしないことにつき被告人側から異議の申立てがあった場合は，カードに該当する証拠の記載がないので，手続調書に記載する。

【記載例12】証拠決定に対し異議の申立てがあった場合

12	員						
〔(被)　　26.3.8〕 犯行状況 (　　　　　　　　　)		4	4	不同意 必要性なし	5	(被告人質問後) 却　下 異議申立て※1	8

※	期日	請求・意見・結果等
1	5	異議申立て（乙12） 　検察官 　　本供述調書は，犯意の発生時期についての自白調書であり，検察官立証に不可欠なものであって，その請求を却下した証拠決定は，証拠採否に関する裁判所の裁量を逸脱した違法があるので，異議を申し立てる。 　弁護人 　　犯意の発生時期を基礎付けるものと検察官が主張する事実関係については被告人が公判廷で供述したところであるから，さらに本供述調書を取り調べる必要はない。したがって，異議申立ては理由がない。 　裁判官 　　異議申立て棄却決定

※　証拠調べに関する決定に対する異議申立ては，不適法を理由とするものに限られる（規則205Ⅰただし書）から，申立ての内容として「違法」である旨の主張が明らかになるように記載する。
※　異議申立てに対する相手方（弁護人）の意見を記載した例である。調書講義案164頁には「異議申立てに対する相手方の意見は，原則として裁判長の記載命令（規則44Ⅱ）がない限り記載する必要はないが，実質的な意見が述べられた場合は，記載するのが相当である。」とあるが，単に「理由がない」等の意見でも，決定に至る一連の経過を知るのに役立つことから，記載するのが相当な場合もあると考える（裁判体の意向を確認すべきである。）。

[*37]　異議申立てに関する記載には非定型的なものもあり，書記官限りで上訴審が求める正確かつ過不足のない記載をすることが難しい場面も考えられる。記載内容について迷う場合に裁判体に相談することは勿論のこと，その他の場合にも，調書の決裁時に記載内容について確認を求める等して，裁判体の認識と齟齬が生じないようにする必要がある。

第7　その他の手続

2　証拠排除
(1)　証拠排除の手続
　取り調べた証拠が証拠とすることができないことを理由とする異議の申立てを理由があると認めるときは，裁判所は，その証拠の全部又は一部を排除する決定をしなければならない（規則205の6Ⅱ）。この場合，裁判所は，排除決定を行う義務を負う。

　また，裁判所は，取り調べた証拠が証拠とすることができないものであることが判明したときは，職権でその証拠の全部又は一部を排除する決定をすることができる（規則207）。この場合は，訴訟関係人の意見を聴くことを要せず（規則33Ⅰ後段），裁判所の自由な裁量[*38]によって排除するか否かを決めることができる。

　このように，証拠能力のない証拠について証拠調べが行われた場合に，裁判所は，決定で証拠の排除を行い，違法な証拠調べの効果を消滅させることができるのである。

　規則207条の証拠排除の決定は，裁判所の職権によるが，訴訟関係人は，裁判所の職権発動を求める申出はできると解されている。異議申立てにより証拠排除を求める場合の手続は，前述の異議申立ての手続による。

　証拠排除決定は，証拠の種類を問わず，すべての証拠についてできる。公判期日外でするときは決定書により，公判期日に公判廷でするときは，その排除すべき証拠の標目と，排除する部分を特定して公判調書に決定を記載する（刑訴の実務（下）509参照）。

(2)　排除決定があった証拠の措置
　別段の規定はないが，排除された証拠を記録から取り除いたり，提出者に返還したりしてはならない。決定書又はカードに排除した部分を明示し，記録中にそのまま編てつ又は領置して，排除した事情がわかるようにしておく取扱いである（訟執資41－33参照）。

　排除された証拠は，心証形成の証拠資料にすることはできないから，有罪判決の証拠標目に掲記すると，判決の違法の問題が生じる（刑訴の実務（下）509参照）。

(3)　カードの記載
　法309条の異議申立てにより，異議を認めて排除決定がなされた場合は，公判調書の必要的記載事項は，「法309条の異議の申立て及びその理由」（規則44Ⅰ⑰）及び証拠排除の「決定」（規則44Ⅰ㊺）である。カードの「結果」欄に，「異議申立て※○」

[*38] この排除決定が裁量的であるのは，その証拠の証拠能力がないことを明示しなくても，その証拠が裁判官の心証形成に影響を与えることはないし当事者の攻撃防御にも支障がない場合があるからである。さほど重要でない証拠については，職権で排除決定をするまでもないという扱いが多い（石井・証拠法107参照）。

第4章　各種手続とカードの記載

と記載（異議申立ての具体的内容は続カードに記載）した上,「排除決定」と記載する。

「排除決定」は，異議申立ての一連の流れとして続カードに記載するよりも,本カードの「結果」欄に記載する方がよいと考える。それは，この「排除決定」が，異議申立てに対する裁判としての決定（規則205の6Ⅰ参照）というよりは，むしろ，証拠の採否に関する裁判としての決定と同様の性質を有しているからで,当該証拠の証拠調べ手続経過を，カードの横の一欄（個別証拠の一覧性）で把握できるようにするためである[39]。

職権により排除決定がなされた場合は,公判調書の必要的記載事項は,証拠排除の「決定」（規則44Ⅰ㊺）であり，カードの「結果」欄に「排除決定」と記載する。

【記載例13】証拠排除決定があった場合

①法309条の異議申立てによる場合

| 15　員　　　　　　　　　　　
〔(被)　　　　　　26.3.10〕
犯行状況
(　　　　　　　　　) | 4 | 5 | 任意性を争う | 5

8 | 決定・済

異議申立て※1
排除決定 | 3 | |

※　証拠の一部が排除された場合は,「結果」欄に「○項につき排除決定」とするか,「排除決定※○」として続カードに具体的部分を特定する方法が考えられる。

②職権による場合

| 15　員　　　　　　　　　　　
〔(被)　　　　　　26.3.10〕
犯行状況
(　　　　　　　　　) | 4 | 5 | 任意性を争う | 5

8 | 決定・済

排除決定 | 3 | |

※　本記載例は公判期日に排除決定があった場合であるが,公判期日外で排除決定をした場合は,決定書を作成の上,「結果」欄に「○.○.○（決定日）」と「排除決定」を記載する。

---

[39] 過誤防止の観点からも,本カードに記載した方が,判決書の作成や草稿点検の際の見落としを防止するのに有効であると考える。

第5章　公判前整理手続におけるカードの記載

1　意義

公判前整理手続とは，充実した公判の審理を継続的，計画的かつ迅速に行うために，第1回公判期日前に事件の争点及び証拠を整理する手続であり，訴訟関係人を出頭させて陳述させる方法による場合と，訴訟関係人に書面を提出させる方法による場合とがある（法316の2）。

2　手続の概要

刑訴法に定められた公判前整理手続の進行は以下のとおりである。

① 検察官の証明予定事実記載書面の提出（法316の13Ⅰ）及び証拠調べ請求（同条Ⅱ）・請求証拠の開示により，検察官立証の全体像を明らかにする。
② 類型証拠開示の手続を進める。
③ 検察官の証拠調べ請求に対する被告人側の証拠意見の表明（法316の16）並びに主張の明示及び証拠調べ請求（法316の17）により，被告人側の主張を明らかにする。
④ 主張関連証拠開示の手続を進める。
⑤ 必要に応じて主張の追加，変更，証拠の追加（法316の21）等を行う。
⑥ 争点及び証拠の整理結果を確認し（法316の24），審理計画を定める。

裁判所が公判前整理手続において行うことのできる事項については法316条の5に列挙されている[*1]。このうち，カードの記載に関係する「証拠調べに関する事項」は以下のとおりである。

法316条の5（抜粋）【証拠調べに関する事項】	
4号	証拠調べの請求をさせること。
5号	前号の請求に係る証拠について，その立証趣旨，尋問事項等を明らかにさせること。
6号	証拠調べの請求に関する意見（証拠書類について法326条の同意をするかどうかの意見を含む。）を確かめること。
7号	証拠調べをする決定又は証拠調べの請求を却下する決定をすること。
8号	証拠調べをする決定をした証拠について，その取調べの順序及び方法を定めること。
9号	証拠調べに関する異議の申立てに対して決定をすること。

---

*1　これ以外にも，公判前整理手続期日の指定・通知・変更（法316の6），弁護人の選任（法316の8），被告人への黙秘権等の告知（法316の9Ⅲ）の他，本条に列挙された事項を行う前提・手段となるものや，それらの事項に付随して行う必要のあるものは，公判前整理手続において行うことができる（条解728参照）。

第5章　公判前整理手続におけるカードの記載

3　公判前整理手続調書
(1)　意義

　　公判前整理手続調書は，公判前整理手続における訴訟手続とその内容を公証するために，書記官によって作成される文書である。訴訟関係人を出頭させて公判前整理手続をするときは，公判前整理手続期日を定めなければならず（法316の6Ⅰ），同期日には書記官が立ち会い，公判前整理手続調書を作成しなければならない（法316の12Ⅰ，Ⅱ）。公判前整理手続においては，当事者が種々の訴訟手続を行うだけでなく，裁判所も証拠決定その他の裁判を行うから，期日に行われた手続を明確にするため，書記官を立ち会わせるとともに，調書を作成しなければならないとされている（大コンメ(7)62参照）。

(2)　記載事項
ア　記載の要否

　　公判前整理手続調書の記載事項について，法316条の12第2項は，裁判所の規則の定めるところによる旨定めており，それを受けて「必要的記載事項」が規則217条の14第1項各号に具体的に列記されている[*2]。

　　公判前整理手続調書には，必要的記載事項として規定されている結果的事項のみならず，結果に至る経過的事項のうち，公判前整理手続の目的に照らして重要なものについても記載しなければならない。よって，単に裁判所や当事者のやりとり等の経過的事項を漫然と記載するのではなく，公判前整理手続期日における事件の争点及び証拠の整理の結果と重要な経過を簡潔に分かりやすく記載することを心掛ける必要がある。

　　結果に至る経過的事項のうち，何を記載するかについては，裁判体の方針と密接に関連する。これは，公判前整理手続は，事件の争点及び証拠の整理という目的に向かって，裁判体が個別の事案に応じて最も合理的と考える方法で進行させるものであり，進行方法や協議内容が非定型的である上，調書の記載事項についても，一般的な事件類型の別や，個別の事件の内容等により裁判体が重要と考える事項が異なるからである。

　　書記官としては，何を調書に記載すべき重要な事項と考えるかについて，裁判体と認識を共有する必要があるが，記載の要否については，その記載が公判前整理手続調書を作成する目的である「公判前整理手続の適正確保」に資するか，「公判前整理手続の円滑な進行の確保[*3]」に資するかといった観点から検討しなければならない。

イ　記載の箇所（手続調書とカードの区分）

　　公判前整理手続調書は，基本的には，手続調書とカードから構成されるが，調書に記載する事項のうち，証拠調べに関する事項は原則としてカードに記載する。すなわち，

[*2]　公判調書に関する規則44条1項と同様ないし類似の規定となっている。公判前整理手続調書に特有の記載事項は，①証明予定事実その他の公判期日においてすることを予定している事実上及び法律上の主張（8号），②証拠開示に関する裁定に関する事項（15号），③事件の争点及び証拠の整理の結果を確認した旨並びにその内容（17号）の3つである（条解739参照）。

[*3]　公判前整理手続調書を作成する目的は，「公判前整理手続の適正確保」であり（第1章第1の2，4頁参照），これが基本的かつ最も重要なものであるが，そのほかに，「公判前整理手続の円滑な進行の確保」の目的もあると考えられる。

3　公判前整理手続調書

公判前整理手続においては，証拠に関し，証拠調べ請求，証拠調べ請求に関する意見の確認，証拠調べの決定，却下の決定等が行われるが（法316の5），これらの手続に関しては公判期日におけるのと同様にカードに記載し，公判前整理手続期日に行われた事項の記載については，公判前整理手続調書の一部とされる。

なお，証拠調べに関する事項であっても，カードの記載に適さない事項（カードに記載できない事項又はカードに記載すべきでない事項）については，手続調書に記載することになる。一般論としては，個別の証拠に関するものや，確定的なものについてはカードに記載し，証拠全般に関するものや，予定的なものについては手続調書に記載することになる。

ウ　具体的検討

公判前整理手続で行うことのできる事項（法316条の5各号）のうち，「証拠調べに関する事項」について，具体的に記載の要否や記載の箇所を検討する[*4]。

①　証拠調べ請求に関するもの（4号関係）

- 証拠調べの請求は必要的記載事項（規則217の14Ⅰ⑨）であり，カードに記載する。
- 個別の証拠に関し，証拠調べの必要性について請求者から意見が述べられた場合，証拠採否の判断やその適否をめぐる上訴審の判断に資するものとして，記載するのが相当な場合がある。記載の箇所としては，請求者の意見として，主体を明示して「意見」欄に記載すべき場合と，立証趣旨を明確にするものとして「立証趣旨」欄に記載すべき場合とがある。
- 立証予定や証拠調べ請求の予定については，証拠整理の過程における経過的事項であるから，一般的には記載する必要はないと思われる。一方，証人尋問等の請求を行うことが確実で，審理計画に及ぼす影響が大きい場合など進行管理のために記録上明らかにしておくことが有益な場合もある。この場合にはカードではなく手続調書に記載する。
- 証拠の厳選の観点から，裁判所が訴訟関係人に検討を促した場合については，当該期日で対応が取られた場合には結果のみをカードに記載すればよいが，期日間又は次回期日に対応することになった場合は，進行管理の観点から必要があれば，その経過を手続調書に記載する。
- 複数の原証拠を統合した内容の新たな証拠が請求された場合，当該証拠がどの証拠を統合したものであるかについては，記載する必要はない[*5]。

②　立証趣旨等の明確化に関するもの（5号関係）

- 裁判所から訴訟関係人に対し，立証趣旨や証拠調べの必要性について釈明を求めた事項について釈明された場合は，証拠採否の判断やその適否をめぐる上訴審の判断に資するのであれば，記載する必要がある。公判前整理手続の進行の流れを把握できるように手続調書に記載するという考え方もあるが，個別の証拠に関

[*4] あくまで一般論としての検討であり，事案の性質や裁判体の方針によっては，異なる結論に至ることに注意されたい。公判前整理手続の研究134頁以下に詳細な検討がなされている。

[*5] 新たに請求された証拠の立証趣旨から読み取れる以上に，原証拠を特定する記載が必要な場合は考えにくい。

第5章　公判前整理手続におけるカードの記載

するものであれば結果をカードの「立証趣旨」欄（又は「備考」欄）に記載する。

③ **証拠意見に関するもの（6号関係）**
- 法326条の同意又は不同意，任意性や関連性等，個別の証拠に関する意見は，同意については，必要的記載事項（規則217の14 I ⑬）として，その他の証拠意見は記載相当事項としてカードに記載する。
- 証拠意見を述べるのを留保する旨の陳述がなされた場合，原則的には「意見」欄に「留保」と記載する必要はない[*6]。
- 証拠意見の見込み，予定については，基本的には記載する必要はない。進行管理の観点から特に記載する必要があれば，手続調書に記載する。
- 証拠意見の補足は，記載する必要があればカードに記載する。本来的には「意見」欄に記載すべきであるが，余白がなければ「備考」欄や続カードを利用する。

④ **証拠採否の決定に関するもの（7号関係）**
- 証拠調べをする決定又は証拠調べの請求を却下する決定は，証拠整理の結果として最も重要なものであり，必要的記載事項（規則217の14 I ⑯）としてカードに記載する。
- 裁判所が証拠の採否の判断を留保して公判に持ち越す場合は「結果」欄に「留保」と記載する必要はない[*7]。

⑤ **証拠調べの順序や方法に関するもの（8号関係）**
- 証拠調べの順序や方法を定める決定は，必要的記載事項から除外されている[*8]（規則217の14 I ⑯イ）が，審理計画を策定するに当たっては，証拠調べをする決定のみならず，取調べの順序や方法も定めておく必要があり，これらを定めた結果を一見して確認できることは，訴訟の円滑な進行にも資するため，記載するのが相当である。
- 証拠調べの順序について，カードには，取り調べた証拠の「取調順序」を記載する欄はあるが，取調べ予定の順序を記載する欄がないことから，手続調書に記載する。
- 証拠調べの方法について，証人尋問における遮へいの措置やビデオリンク方式で行う旨の決定[*9]については，公判調書の場合と同様にカードに記載する[*10]が，証人尋問に際して示す図面・写真等の資料の範囲や，鑑定人による鑑定結果の報告の方法の決定については，手続調書に記載する。

⑥ **異議申立てに関するもの（9号関係）**
- 証拠調べ請求や証拠採否の決定に対する異議の申立て（法309条）や，相手方

[*6] 留保については，第2章第5の6(3)ウ，72頁参照。
[*7] 手続調書に「公判の審理予定」として，当該証拠の採否を公判において判断する旨の記載をすることは考えられる（公判前整理手続の研究187頁【参考記載例4-92】参照）。
[*8] 指定された期日とカードの記載を併せて読めば明確になるとして，必要的記載事項から除外されている（条解739参照）。
[*9] 第3章第2の7，137頁以下参照。
[*10] カードの記載と併せて審理予定として手続調書に記載することも考えられる。

の意見，申立てに対する決定は，個別の証拠に関するものであるから，申立て及び決定については，必要的記載事項（規則217の14Ⅰ⑫，同⑯）として，相手方の意見については記載相当事項としてカードに記載する*11。

4 カードの記載

公判前整理手続で行われた証拠調べに関する事項をカードに記載する方法については，基本的には，公判手続の場合の記載と変わるところはない。公判前整理手続と公判手続は同じカードを利用する*12ので，公判前整理手続で採用された証拠について，公判手続で取調べが行われた場合，引き続き記載することになる。

(1) 公判前整理手続におけるカードの特徴

ア 証拠の厳選

従前，刑事裁判においては，検察官の請求した証拠に対し，弁護人が同意の意見を述べた場合，特段の事情のない限り，採用して取り調べることが通例であったが，今日では，「同意」と「採用・取調べ」は直結しない。特に，公判前整理手続を行う事件については，争点整理によって，立証すべき事実が絞り込まれ，あるいは立証しようとする事実の意味付けが変化することになる。そのため，検察官が当初の段階で必要十分と考える証拠を厳選して請求し，弁護人がこれに同意したとしても，争点整理の進行に伴って証拠調べ請求の撤回や，新たな証拠調べ請求が必要となる事態は避けられない。このような整理の過程を経て，公判において取り調べられる証拠が厳選されていくことになるが，それに伴ってカードに記載する事項も増えている。

イ 証拠意見の詳細化・多様化

公判前整理手続が，事件の争点及び証拠の整理を目的とする手続であるがゆえに，弁護方針によっては，証拠に対する意見の表明が，部分的かつ小刻みにされたり，手続の進行に合わせて，不同意部分が一部撤回され同意になる等，意見が変遷したりすることもある。また，裁判員裁判対象事件の場合，単に証拠とすることの同意・不同意の意見にとどまらず，証拠調べの必要性についての意見*13や公判廷における裁判員への配慮（遺体写真等，刺激の強い証拠に対する証拠調べの方法等）に関する意見など様々な意見が述べられることもあり，証拠意見が詳細化・多様化している。

ウ 期日外の記載事項の増加

訴訟関係人を出頭させて公判前整理手続を実施する場合（公判前整理手続期日を開く場合）においても，証拠調べ請求及びそれに対する意見の表明が期日外に行われることも多い。検察官の証明予定事実記載書面及び証拠請求書の提出期限を起訴後2週間程度とし，その後に第1回公判前整理手続期日を開く場合，検察官の証拠調べ請求は当然，期日外の記載となるし，その後の公判前整理手続期日で，証拠調べ請求や証拠に対する意見表明の期限を設定し，その数日後を次回期日として指定する場合も，

---

*11 異議申立ての記載については，第4章第7の1(3)，231頁参照。

*12 裁判官ヒアリングによれば，公判前整理手続段階と公判段階で別様式のカードを使用することも考えられるとの意見もあったが，前述のとおり，カードの記載事項の根拠となる必要的記載事項が，公判前整理手続調書と公判調書とで同様の規定になっていることに鑑みれば，様式面での大幅な変更は難しいと思われる。

*13 証拠の厳選を実現するために，実際に証拠を見ることができない裁判所に代わって，反対当事者が証拠の「必要性」をチェックする役割を果たすべきと考えれば，積極的に意見を述べる必要があるともいえる。

第5章　公判前整理手続におけるカードの記載

証拠調べ請求や証拠に対する意見表明は，期日外の記載となる。

(2) 一部同意について

証拠意見の表明が部分的かつ小刻みに行われたり，同意部分が変更されたりする場合，カードの記載が煩雑になる上，結果的に証拠調べ請求が撤回される場合も多いことから，詳細に記録化する実益がないのではないかとの意見がある。

確かに，公判前整理手続に付した事件，特に裁判員裁判対象事件においては，一部同意の書面がそのまま採用されて裁判所に提出されることは少なく，一部同意の意見は，当事者が自ら提出しようとする証拠のどの部分を相手方が争っているのかが明らかにされることにより，主張レベルでは明らかにならない具体的な立証上の対立点を知ることができ，自らの立証を整理する際の指針として機能するに過ぎず，裁判所が同意部分の特定に注意を払って詳細に記録化する必要性は低いとも考えられる。

しかし，「法326条の同意」は必要的記載事項（規則217条の14 Ⅰ⑬）であり，一部同意についても，それが確定的な証拠意見として述べられたものである限り[*14]，適正な手続が行われた経過を明らかにするためには記載する必要がある。ただし，記録化に関しては，同意部分の特定を，逐一カードに書き起こす必要はなく，一覧性に配慮しつつ，当事者作成の意見書を引用するなどして，合理的な事務処理に努めるべきである。

(3) 公判前整理手続終了後の証拠調べ請求

公判前整理手続の終了後に新たな証拠調べ請求を無制限にすることができるとすると，当該手続において本来行われるべき証拠調べ請求が行われない可能性があり，公判前整理手続における争点及び証拠の整理の実効性が著しく損なわれるおそれがある。また，公判審理の途中で新しい証拠が請求されるごとに相手方の反証のために審理を中断せざるを得なくなるなど，公判前整理手続において策定された審理計画に従った審理の実現は極めて困難になってしまう。

そこで，公判前整理手続に付された事件については，検察官及び被告人又は弁護人は，やむを得ない事由によって公判前整理手続において請求することができなかったものを除き，当該公判前整理手続が終わった後には，証拠調べ請求ができないとされている（法316の32 Ⅰ）。

「やむを得ない事由」については，個別の事案の諸事情を考慮して判断されることになるが，①公判前整理手続の段階で証拠の存在自体を知らなかったことがやむを得なかったといえる場合，②証人が所在不明であった場合など，物理的に証拠調べ請求が不可能であった場合，③公判前整理手続における相手方の主張や証拠関係等に照らし，その時点では証拠調べの必要がないと考えたことについて十分な理由があると認められる場合などが考えられる（条解788参照）。

[*14] 後に述べるとおり，当事者及び裁判体において，このような一部同意の意見は確定的なものではなく，証拠意見の予定を述べたものとして扱う場合もあり，この場合にはカードに記載しないこととなろう。書記官としては，当該証拠意見の位置付けについて，裁判体と認識を共有しておく必要がある。

4　カードの記載

【記載例1】公判前整理手続終了後に新たに証拠調べ請求があった場合

5　示			やむを得ない事由 ※1			
〔（被）外1名　26.9.26〕示談関係（　　　　　　　　　）	2	2	同　意	2	決定・済	5

※	期日	請　求・意　見・結　果　等
1	2	やむを得ない事由（弁5） 　弁護人 　　本件の示談は、公判前整理手続終了後に成立したものであり、公判前整理手続において請求できなかったことについてやむを得ない事由があると思料する。 　検察官 　　請求について異議はない。

※　「やむを得ない事由」についての疎明内容は、必要的記載事項ではないが、この段階における証拠の採否を判断するに当たり、重要度の高い要件に関しての当事者の意見であることから、請求者が陳述したのであれば、カードに記載するのが相当である。特に証拠調べ請求を却下した場合には、上訴審における判断のために記載する実益がある。
※　「やむを得ない事由」があると認められなければ、証拠調べ請求が却下されるので、意見の対象を区別して、「意見」欄に「請求につき異議なし　内容につき同意」と記載する方法も考えられる（公判前整理手続の研究206参照）。

(4)　その他の記載上の留意点

　公判前整理手続に関して、実務上、カード作成について留意すべき事項は以下のとおりである。

　ア　公判前整理手続期日で証人を採用し、証人尋問期日が定まった場合、「次回喚問」とするのは適切ではない。公判前整理手続期日と公判期日は、期日の種類が異なるので、「次回」という文言は使用できず、「第〇回公判喚問」又は「〇．〇．〇公判喚問」と記載する*15。

【記載例2】公判前整理手続において証人を採用した場合

3　証人〇〇〇〇				前4	決　定	
〔〇〇〇-〇-〇　60分〕被害状況（　　　　　　　　）	26.11.12	前2	しかるべく	前5	第2回公判喚問	
				2	済	3

※　公判前整理手続期日の第4回で証人が採用され、審理計画の定まった第5回で召喚する旨の決定があった例である。裁判体の方針にもよるが、書証・証人の採否を判断した上で、各証拠の立証に要する時間や裁判員の理解しやすさを考慮して証拠の取調べ順序（審理計画）を定める場合は、上記のようになる。

　イ　公判前整理手続の回数を表す略語「前〇」は、「備考」欄で使用しても差し支えないと考える。公判回数の場合（例：第1回公判）、「期日」欄では「1」とし、「備考」欄では「第1回公判」と記載するが、公判前整理手続の場合、どちらも「前〇」でよい。

---

*15　どちらの記載でも構わないが、後者の場合、「公判」の文言を忘れると期日外尋問の記載と混同するので注意が必要である。

第5章　公判前整理手続におけるカードの記載

略語表において，公判期日については，使用範囲を「期日」欄に限定しているが，公判前整理手続期日についてはそのような限定が付されていないことや，「前○」で十分に内容が伝わるからである。

ウ　予定主張記載書面に弁護人の証拠意見が記載されている場合，予定主張記載書面は第1分類の公判調書（手続）群に編てつされるが，記載されている証拠意見については，個別の証拠に関する意見であればカードに記載する[*16]。予定主張記載書面という書面の形式にとらわれず，記載内容からカードへの記載の要否を検討しなければならない。そのため，当事者から提出された書面については，証拠意見に関する記載がないかを注意して閲読する必要がある。

5　カードの問題点と改善策

(1)　標目の訂正

証拠の請求と取調べが同一期日に行われた場合，取調べの結果，カードの標目に誤りが判明すれば，実務上，カードの標目を直接訂正する運用が行われている。通常の公判審理においては，多くの証拠について，証拠の請求と取調べが同一期日に行われることから，直接訂正が可能な場合も多い。しかし公判前整理手続においては，手続上，証拠の取調べができず，証拠の請求と取調べが必然的に別の機会になるため，訂正をする場合はすべて「備考」欄でしなければならないことから，訂正が煩雑なことに加え，「備考」欄の記載が増えることで一覧性を損ねる可能性がある。詳細については，前述のとおり[*17]であるが，訂正を要する場面を限定した上で，訂正する場合でも，「取り調べた証拠の標目」（規則44Ⅰ㉚）として原則的には「標目」欄に記載するのが合理的であると考える。

(2)　整理された証拠を見やすくする工夫

公判前整理手続においては，証拠の整理の過程で請求が撤回されることが避けられず，これに関係する新たな証拠[*18]が請求されることも多いため，カード上，採用された証拠の記載が離れていたり，取調べ予定順に並んでいなかったり，撤回された証拠に埋もれて見づらいとの意見がある。

この点を解消するため，裁判体の方針により，訴訟関係人の了解の下，証拠整理が終了した段階で，同意された証拠を含めて全て撤回し，改めて取調べ予定のものだけを取調べ予定順に並べ替えて再請求してもらう運用例がある。その他，より現実的な方法として，公判前整理手続を終了する段階で，採用された証拠や採否未了の証拠[*19]について付箋を貼付するなどして，一見して区別しやすくする方法が考えられる[*20]。

[*16]　書面を引用する場合，当該書面の写しを第2分類に編てつするか，「備考」欄に「○○（引用書面）は第1分類に編てつ」などと記載する。訴訟関係人の協力を得て，証拠意見に関する部分については別途，証拠意見書として提出してもらうことも考えられる。

[*17]　第2章第5の3（5），50頁参照。

[*18]　裁判員裁判において用いられる「統合捜査報告書」等，いわゆる統合証拠（二次証拠）もこれに当たる。

[*19]　供述調書については，証人尋問や被告人質問の結果により証拠能力や必要性の有無を判断するために，公判前整理手続終了時点では請求自体は維持しておく扱いもある。

[*20]　具体的には，当該証拠の「備考」欄の余白等に貼付し，目的ごとに色を変えるなどの工夫が考えられる。

(3) 1枚のカードに記載する証拠の数

　公判前整理手続と公判手続とでは同じカードを用いることから、公判前整理手続に付した事件についても通常は1頁5欄のカード様式が用いられている。公判前整理手続が、証拠の整理を目的とした手続であり、いったん請求された証拠が撤回されることが多いという実情を踏まえると、多くの証拠を1枚のカードに記載できるように欄の数を増やした方が、より多くの証拠が一覧できるため、証拠整理に役立つとも考えられる[*21]。しかしながら、公判手続で引き続き利用することを考えると、いたずらに欄の数を増やすことは相当ではないこと、欄の数を増やすと相対的に各証拠を記載する欄が狭くなり、個別証拠の一覧性を阻害することになることから、汎用性のある様式としては、様式例の1頁5欄が適当であると思われる。ただし、欄の数を増減させることは通達においても許容されており、カードの記載方法と併せて、個別・具体的な事案において検討する余地はあると思われる。

(4) 証拠意見の変遷と記録化について

　公判前整理手続が争点と証拠の整理を目的とする手続であることから、整理の過程で当事者の意見が変遷することはある意味当然ともいえる。ただ、これを逐一記載しようとすると、記載欄が足りなくなったり、記載が複雑なものになったりして、一覧性が損なわれるという問題がある。これを解決するためには、記載自体を簡潔なものにするとともに、記載内容の取捨選択が重要となる。公判前整理手続のカードには証拠整理の結果及び重要な経過を記載する必要があるが、何を「重要な経過」と捉えるかについては公判前整理手続の目的を踏まえて考える必要があることは先に述べたとおりである。

　これに関連して、裁判体の方針により、訴訟関係人の了解を得て、公判前整理手続の初期の段階では証拠意見の予定をメモとして提出してもらい、意見がある程度確定的になった後に、正式な証拠意見書を提出してもらう運用例もある。この方法による場合は、書証の同意部分について段階的な変更が行われても、カードに記載するのは最終的に確定したものに限られるので、カードの記載自体は簡潔なものになるし、意見の内容もメモとして蓄積される[*22]ので、後から経過が分からないことはない。ただし、正式な意見書が提出されるまではカードには記載されないため、手続経過を一覧できるものとして、別途、手控えとしての証拠整理一覧表等[*23]を作成する必要が生じることもある。

(5) 期日外で提出された証拠意見書の取扱いについて

　前述のとおり、公判前整理手続においては、証拠調べ請求書や証拠意見書の提出期限を設定し、その数日後に期日を指定する運用が多く見られ、この場合の証拠調べ請求や意見表明は期日外になるが、期日外に提出された書面、特に証拠意見書の取扱いについ

[*21] 別様式のカードの利用については、第2章第1の2(3)、11頁参照。

[*22] 正式な証拠意見書ではない以上、訴訟記録に編てつすることは相当ではない。メモの位置付けとしては、裁判体の手控えに類するものになると思われる。

[*23] 公判前整理手続における裁判体の訴訟運営を補助するものとして、裁判体の手控えとして「証拠整理一覧表」を作成する運用例がある（参考書式として、公判前整理手続の研究277頁参照）。裁判体が適切に訴訟指揮や訴訟運営を行うためには、証拠関係についても必要な情報を整理した上で、見通しを立てる必要があり、この表には、同意・不同意等の確定的な証拠意見のみならず、証拠意見の予定や統合の経緯、証拠の採否の予定等を記載し、裁判体が効率的な訴訟運営を行うのに役立っている。作成するか否かは裁判体の方針によるが、作成するのであれば裁判体と書記官の情報共有の手段として活用することも考えられる。

第5章　公判前整理手続におけるカードの記載

て検討する[*24]。

　提出された証拠意見書は即日受理し，カードの「意見」欄の「期日」欄に提出された日を，「内容」欄に意見書の内容を記載するのが原則である（記載要領通達記第2の1(6)参照）。ところが，実際には，提出された意見書の内容が不明確な場合や，提出後に当事者双方で調整を行う等の事情により，直後の期日で変更される場合もあることから，合理的なカードの記載方法ができないか問題となる。

　この場合，原則どおり期日外の意見として記載すると，直後の期日で，内容が明確にされたり，意見が変更された場合，「意見」欄の記載が増えるのみならず，その変遷を記載する実益もないことから，提出時に記載するのではなく，期日で確認した上で記載するのが合理的ではないかという意見がある。

　この点については，書面の提出を準備行為と捉え，次回期日で内容を確認した時点で期日の意見として確定的に表明されたとする運用が考えられる。意見を明らかにすべき期限が定められた場合（法316の16等），期限が守られない場合には，公判前整理手続が終了されることもある（規則217の23）等，当事者に不利益があるため，書面の提出日が問題となるが，書面の提出期限との関係では，書面に押された受付印の日付が，提出日と考えれば，問題はない。

　ただし，このような運用を行うかどうかは，あくまで裁判体の方針によるものであり，実際の運用にあたっては，裁判体と協議し，訴訟関係人の了解を得る必要がある[*25]。

(6)　一括記載について

　公判前整理手続に付された事件については，通常，証拠調べ請求と，意見表明以降の手続とは，別の機会に行われることになるので，「請求」欄を一括記載する場合が多い。それ以降の手続においても（「意見」欄及び「結果」欄），一括記載が可能な場合もあるが，一括記載は，省力化の観点と見やすさの観点から総合的に判断して行うべきであり，一括記載にこだわるあまり，見やすさが損なわれないように注意すべきである[*26]。

　なお，公判前整理手続に付された事件については，証拠決定と取調べが別期日で行われることから，「結果」欄を分けて一括記載する方法が紹介されているが（平成19年7月5日付け最高裁刑事局第二課長，総務局第三課長，家庭局第二課長事務連絡「公判前整理手続に付された事件における証拠等関係カードの一括記載について」参照），証拠決定の一括記載をした段階で，一見すると「結果」欄が記載済みになっている印象を受けること，それぞれの一括記載の範囲が一致しない場合は必ずしも見やすくはないと思われることから，その利用については慎重に吟味する必要があると思われる[*27][*28]。

[*24]　期日外の証拠調べに関する事項は，調書の一部とはならないが，証拠調べ請求や証拠意見の記載は，その記載を前提に証拠意見の聴取や証拠決定が行われるなど，以後の手続の前提となるものであり，正確な記載が求められることから，記載内容について裁判体と認識を共有する必要がある。

[*25]　初回の打合せ期日において，裁判体の審理方針と併せて伝える方法も考えられる。

[*26]　一括記載の留意点については，第2章第8の2，91頁参照。

[*27]　書記官アンケートによれば，公判前整理手続に付した事件については，見やすさの観点から一括記載をしないという回答もあった。一律に考える必要はなく，個別・具体的な場面に応じて一括記載を検討すればよいと思われるが，書記官としては，問題意識を持つ必要があると考える。

[*28]　実際上，裁判員裁判においては，必ずしも証拠の請求順に取り調べるわけではないことから，取調べの一括記載を利用できる場面は少ないと思われる。

6 期日間整理手続

期日間整理手続とは，第1回公判期日後に，審理の経過によって争点及び証拠の整理を行う必要が生じた場合に事件の争点及び証拠の整理をするための公判準備である（法316の28）。

期日間整理手続については，公判前整理手続に関する規定（法316の2Ⅰ及び316の9Ⅲを除く）が準用されるほか（法316の28Ⅱ前段，規則217の27），検察官，被告人又は弁護人が期日間整理手続に付する決定の前に既に請求済みの証拠については，期日間整理手続において取調べを請求した証拠とみなされる（法316の28Ⅱ後段）。

期日間整理手続調書についても規則217条の27で公判前整理手続調書の規定が準用されているのでカードに関する記載についても，基本的に変わるところはない。

実務上，非対象事件を先行して審理していたところ（第1回公判済み），裁判員裁判対象事件が起訴されて両者を併合した場合（裁判員裁判対象事件を基本事件として），裁判員裁判対象事件について公判前整理手続に付すとともに，非対象事件についても期日間整理手続に付すことがある[*29]。この場合，その後の期日は，公判前整理手続期日と期日間整理手続期日を兼ねることになり，手続調書の標題やカードの「期日」欄の記載をどのように記載すべきか問題となるが，手続調書に「第〇回公判前整理手続兼第〇回期日間整理手続」と明らかにしておけば，カードに「前〇兼間〇」と記載する必要はなく，基本事件の回数のみ（この例で言えば「前〇」のみ）で足りると考える。

7 裁判員裁判

(1) 公判前整理手続と裁判員裁判

裁判員裁判対象事件については，充実した審理を迅速に行う必要性が非常に高い上，裁判員候補者が他の用務の調整等を行うためには，審理に要する見込み期間が明らかになっていなければならない。そのため，あらかじめ訴訟関係人の間で，争点及び証拠の整理を行っておく要請が高い。よって，裁判員裁判対象事件については公判前整理手続に付すことが必要的であり（裁判員法49），すべての事件が公判前整理手続を経て公判審理が行われることになる。

(2) カードの記載

裁判員裁判に特有のカードの記載としては，第1回公判期日前の鑑定と，区分審理を行った場合の公判手続の更新であるが，詳細については，各項目で述べたとおりである[*30]。

(3) 証拠一覧表について

裁判員裁判においては，当事者が「証拠一覧表」を作成して裁判体（裁判官及び裁判員等）に配付する運用が広く行われている。具体的には，公判前整理手続で整理された証拠について，公判廷での取調べ予定順に並べ替えて番号を付して[*31]，証拠の標目等の形式的

[*29] 非対象事件については，期日間整理手続に付すことが必要的でなく，訴訟関係人の意見を聴いた上で決定することに注意する。

[*30] 第1回公判期日前の鑑定については，第3章第7の7，167頁，区分審理を行った場合の公判手続の更新については，第4章第3の4(6)，203頁参照。

[*31] 公判前整理手続において多くの証拠が撤回されていることや，裁判員裁判においては，裁判員の分かりやすさのため証拠の請求順にとらわれず取調順序を定めることから，甲号証・乙号証の区別なく，新たに一連の番号を付している。

第5章　公判前整理手続におけるカードの記載

特定事項を記載したものであるが，公判審理において取り調べられる予定の証拠を一覧したり，新たに付した番号を証拠の特定[*32]に利用したりしている。これは，裁判員が取調べ予定の証拠の全体像を把握したり，必要に応じて書き込むことを想定しているものであるが，書記官としても，法廷において証拠調べの結果や「取調順序」等を記載する手控えとして，カードの作成に利用することも考えられる。

[*32] 具体的には証人尋問の際に証人に書証を示す場合や，論告・弁論で証拠を挙げる場合が考えられる。このような場合には証拠一覧表を調書に引用する等して，元の証拠番号（甲・乙）との対応関係を明らかにしなければならない。

第6章　控訴審におけるカードの記載

　控訴審の手続等については、「書記官事務を中心とした刑事控訴審の研究」（平成6年度書記官実務研究報告書）に詳細に研究報告されているので、本書では、控訴審における事実の取調べを中心としてカードの記載にあたり必要な限度で述べることとする。

第1　控訴審における事実の取調べ

　控訴審においても、公判期日における訴訟手続について、書記官が公判調書を作成するのは第一審と同様であるが、控訴審が事後審とされることから、公判調書の記載要件を定めた規則44条はそのまま適用されない[*1]。そこで、控訴理由を調査し、原判決の当否を判断するために事実の取調べがなされ（法393）、カードを使用する場合、第一審とは異なる配慮が必要となる。

1　事実の取調べの意義

　事実の取調べとは、第一審から送付された訴訟記録、証拠物、控訴趣意書、疎明資料及び答弁書以外の資料により実体法上及び訴訟法上の事実の存在を確かめることをいう。第一審から送付された訴訟記録、証拠物、控訴趣意書、疎明資料及び答弁書に関する調査は、法定の控訴理由の有無を検討する法392条の調査の内容として当然なし得るもので、ここにいう事実の取調べには含まれない（条解1056参照）。「事実の取調べ」は、「証拠調べ」を含み、しかもこれより広い概念である。

　事実の取調べの方法については、控訴審は第一審判決の当否を判断するための審級で、事後審査を目的とするものであるから、事実の取調べもその目的に必要な限度で行えば足り、また、具体的に取調べ方法を定めた規定はないため、適宜の方法によればよいことになる（控訴審の研究153,154参照）。しかし、控訴審における事実の取調べの方法は、証拠調べの方式に従って行うのを相当とする場合が多く、事実の取調べ請求があると、裁判所は証拠調べ手続と同様に、その採否決定前には証拠に対する意見聴取を行い（同時に法326条の同意の有無を確認する）、当該証拠を採用するか否か、職権による取調べが必要かどうかの判断を行う。その場合には第一審の証拠調べに関する規定が準用される（法404、規則250）。これは、もし証拠能力のない証拠による判断によって差戻しをすると、その判断に拘束力が生じる結果（裁判所法4）、証拠能力のある証拠によって事実を認定すべき差戻し後の第一審手続に支障をきたすこと、控訴審が破棄自判をする場合に、公訴事実の判断資料として耐え得る厳格な証明によるものであることが要求されるからである。

　事実の取調べを法定の証拠調べの方式によって行った場合には、公判調書（手続）には、「証拠調べ等　証拠等関係カード記載のとおり」と記載し[*2]、カードには、規則44条1

[*1] 例えば、規則44条1項7号、13号に定める各記載要件については、被告人の出頭義務がない点、控訴審の審判の対象が原判決の当否である点等から控訴審には適用がないといえる（控訴審の研究126参照）。

[*2] 控訴審においては、事実の取調べと証拠調べとは、多くの場合実質的に同じ意味をもち、上記の記載方法は実務上も定着した方法であることから、あえて「事実の取調べ　証拠等関係カード記載のとおり」と表記する必要性も低いと考える（控訴審の研究155参照）。

第6章　控訴審におけるカードの記載

項各号に定める必要的記載事項やその他審判に関する重要な事項を記載する[*3]のは、これまで第一審において記述してきたことと同様である。

控訴審が行う事実の取調べには、①控訴理由等の調査（法392）をするについて必要があるときに行ういわば原則的な事実の取調べ（法393Ⅰ本文）、②法382条の2の疎明があったものにつき量刑不当、又は、判決に影響を及ぼすべき事実誤認を証明するために欠くことのできない場合に裁判所が取調べを義務づけられるいわば義務的な事実の取調べ（法393Ⅰただし書）、③裁判所が必要があると認めるときに原判決後の情状について行う事実の取調べ（法393Ⅱ）の三つがある（以下、便宜、①「原則的な事実の取調べ」、②「義務的な事実の取調べ」、③「原判決後の情状についての事実の取調べ」ともいう。）。

2　事実の取調べの範囲

(1)　原則的な事実の取調べ（法393条1項本文）の場合

法393条1項本文は事実の取調べに関する原則的規定であるが、この場合取り調べる事実が、まず、第一審判決当時存在したものでなければならないことは、同条2項との対比上明らかである（注釈刑事訴訟法第六巻263参照）。しかし、取調べの対象となる資料の範囲には問題があり、特に事実認定及び量刑の審査に当たり、第一審で取り調べられなかった新証拠をどの範囲で取り調べ得るかという議論がなされている。新証拠は、原則的には後記(2)の同条1項ただし書により取調べが検討されるものであるが、これによらない場合、同項本文の取調べが可能となるかが議論の中心である（控訴審の研究156参照）。

この点につき、かねて学説上は控訴審の構造論とも関連して、①原裁判所で取り調べた証拠ないし請求を却下された証拠に限るとする説、②これに加えて原裁判所が職権で取り調べるべきであったと認められる証拠も含まれるとする説、③さらに、原審の記録あるいは証拠にその存在が現れている証拠も含むとする説、④当事者の請求による場合は、①ないし③の制限に服するが、職権による場合は、自由に新しい資料の取調べが許されるとする説、⑤請求による場合も職権による場合も、自由に新しい資料の取調べをすることができる説等の諸説が対立している。判例（最決昭59.9.20刑集38-9-2810）はこのうち、④に近い立場に立つように解され、実務の扱いも同様である（条解1057参照、参考として昭和24年6月23日付最高裁刑二第9205号刑事局長通達・刑裁資67-313、説の対立及び判例の立場につき安廣・昭59最判解説399以下）。

(2)　義務的な事実の取調べ（法393条1項ただし書）の場合

法393条1項ただし書は事実の取調べにおける新証拠の義務的取調べについて規定している。法393条1項ただし書の事実の取調べを行うには法382条の2に規定する「やむを得ない事由」、「疎明資料」等の要件を満たした場合に限り新証拠の事実の取調べができるのであって、取調べは無制限に認められるものではない（控訴審の研究159参照）。「やむを得ない事由」の意義については、その証拠の存在を知らなかった場合及びこれを知ってはいたが、例えば、証人が所在不明や外国滞在中などの理由によって取調べを請求できなかったとかのような物理的不能の場合に限られるとする説（物理的不能説）と、それに加えて、証拠の存在は知っていたが、原審では当該証拠を

[*3]　控訴審においても、カード様式等通達に従い、証拠等関係カードを使用する。

取調べ請求する必要がないものと信じていたという心理的不能の場合も含まれるとする説（心理的不能説）の対立がある。ただ，物理的不能といい，心理的不能といってもどこまでこれに含めるかは，それほど明確ではないので，近時は，この両説のどちらによるべきかという観点ではなく両説双方の観点を考慮しながら，具体的に妥当な解決をはかろうとする見解が有力である（控訴審の研究160，控訴審の理論と実務249参照）。

(3) **原判決後の情状についての事実の取調べ（法393条2項）の場合**

　法393条2項は，控訴審において例外的に第一審判決後の情状を事実の取調べの対象として認めたものである。実務上，本項により取り調べられる情状は，第一審判決後の被害弁償及び示談成立や被告人の反省の態度等が多い。本項は職権による取調べのみを認めているが，裁判所は第一審判決後の情状に関する事項を自ら察知することは困難であるから，実務では当事者が職権の発動を促すという形式で取調べ請求をする例が多い。

3　カードの記載について
(1) **事実の取調べ請求について**

　控訴裁判所に対し，事実の取調べを請求できる者は，検察官，被告人若しくは弁護人である（法393Ⅰ）。前述のとおり，事実の取調べは通常証拠調べの手続に則って行われるから，事実調べの請求の方式も，証拠調べの請求の方式とほぼ同様であり，規則189条に準じた方式による（規則250）。

　控訴審における事実の取調べ請求に関して第一審と異なる点として，事後審とされる控訴審では予断排除の原則がないから，第1回公判期日前には証拠調べの請求ができない旨定めた規則188条ただし書の準用がないと解されている（実務講座10-2357参照）。

　そこで，実務上事実の取調べ請求は，控訴趣意書の提出と同時に，あるいは，控訴趣意書に基づく弁論がされる第1回公判期日までに，事実取調べ請求書を裁判所に提出することでなされる場合が多いところ，同請求書が提出されたときにカードにその旨の記載をすべきか問題となる。

　これについては，①これらの事実の取調べ請求を適法な期日外の請求としてカードに記載する取扱いと，②公判期日前の事実取調べ請求書等の提出は，公判期日における請求の準備行為として提出されているものであって，特段の意思表示がない限りこの段階で事実の取調べ請求として取り扱う必要はなく，第1回公判期日において改めて請求をし直したときにカードに記載するという取扱いに分かれる。①は，控訴審は事後審であるから，その性質上第1回公判期日前の請求は許されるとする見解であり，②は，控訴審の第1回公判期日において控訴趣意書が陳述されて攻撃防御の対象が明らかになった後でなければ請求はできないとする見解である。控訴審においては，予断排除のための規則188条ただし書の準用がないことからすれば，理論的には①の見解により，期日外の請求としてカードに記載することになろうが，実務では②の扱いが多い（控訴審の研究164参照）。当事者は公判期日前に事実調べ請求書を提出していても，その後の公判期日において再度口頭で請求をする場合が多く，しかも，その場合に必ずしも請求書に記載してある全ての証拠について請求するとは限らないという

第6章　控訴審におけるカードの記載

実情を考慮すると，公判期日で請求書等に基づき口頭による証拠請求がなされたときに初めてカードに記載するという②の扱いのほうが合理的な処理とも考えられよう[*4]。

なお，控訴趣意書において事実誤認，量刑不当，再審事由があること，あるいは，刑の廃止，変更等があったことの主張をするに際し，疎明資料が添付されることがあるが（法382の2Ⅲ，383），これらの資料は，証拠能力の疑わしい伝聞証拠が含まれていることも考えられるから，当然には厳格な証拠調べの方式によっている事実の取調べの対象とはならず，証拠請求があった時点でカードに記載すべきであろう（参考として半谷・判タ347－39）。

また，上記のような疎明資料としてではなく，控訴趣意書末尾に証拠書類と思われる書類が添付されていることがあるが，単に添付されているだけでは，事実の取調べの請求があったとはいえないので（最決昭33.5.6刑集12-7-1327），カードに記載を要しない[*5]。

(2)　立証趣旨の記載について

第一審の証拠調べは，公訴事実の存否認定及び刑の量定のためになされるが，事後審とされる控訴審における事実の取調べは，直接的には控訴理由の有無を判断するためになされる。控訴審における直接の審判の対象が，当事者の申し立てた控訴理由の当否か，これを契機とする原判決の当否かについては学説の対立があるが，いずれにしても，控訴趣意書に明示される控訴理由を中心として当事者の攻撃防御が尽くされ，控訴裁判所は，控訴の理由があると認め破棄したときには，事件について処置をしなければならないから，被告事件自体も間接的に審判の対象となっている（控訴審の審判の対象についての学説の対立等につき，刑訴Ⅱ491参照）。

そこで，控訴審における事実の取調べによって明らかにしようとする事実とは，直接には，控訴理由となっている実体法上又は訴訟法上の事実若しくはその存否を証明するところの事実と解され，証拠請求にあたっては，これらの事実との関係を明示すべきことになる。さらに，間接的な審判の対象となっている被告事件との関係では第一審と同様の立証趣旨の明示も必要となる。

したがって，控訴審におけるカードの「立証趣旨」欄に記載すべき事項は，控訴理由との関係の明示がまず必要となり，その意味において第一審とは異なる記載がなされよう。控訴審の場合，「立証趣旨」欄の「公訴事実の別」の箇所の記載について，「控訴趣意第1」，「原判示第1」と記載する[*6]ことも差し支えない（質疑回答27参照）とされているのもその趣旨と考える。

[*4]　どの時点で正式な事実の取調べの請求があったものとみてカードに記載するのかについては，裁判体と共通の認識を持つ必要がある。

[*5]　この場合には，当事者に添付書類の趣旨を確認し，事実の取調べ請求をするのであれば，別途請求書の提出を促し，添付書類はその場で返還するのが相当であろう（控訴審の研究171参照）。

[*6]　通常はどちらかを記載することで，控訴理由との関係を明らかにすることができよう。

第1　控訴審における事実の取調べ

【記載例１】控訴審で法令適用の誤りが主張されている事案での「立証趣旨」欄の記載

〔検察官〕

1	前科　　　　　　　　　　　　　　　　　　　　　　 〔（事）○○○○　　27.3.17〕 被告人の前刑における仮釈放が取り消され，刑が執行されている事実 （　　　　　　　　　　　）	1	1	同　意	1	決定・済	1

※　原判決の未決勾留日数の算入に誤りがあるとして，検察官が控訴した事案である。

【記載例２】控訴審で事実誤認が主張されている事案での「立証趣旨」欄の記載

〔弁護人〕

2	証人　○○○○　　　　　　　　　　　　 〔（省略）　　　　　　　60分〕 本件覚せい剤を被告人から無償で受け取る約束があった事実 （　　控訴趣意第１　）	1	1	必要なし	1	決定（次回喚問）	
					2	済	1

※　覚せい剤取締法違反被告事件につき被告人が控訴し，控訴理由として第１に営利目的所持の営利性についての事実誤認，第２に量刑不当を主張している事案である。

(3) 原則的な事実の取調べと義務的な事実の取調べ

　　上記２の(1)で述べたとおり，原則的な事実の取調べについて，実務上は，職権による取調べについては，原判決当時存在していながら原審で取り調べられなかったいわゆる新たな証拠も原則的な事実の取調べの対象となるとする考えに立って運用されているが，当事者の新たな証拠の取調べ請求権が制限されるか否かについては説が分かれている。そして，制限されるとする説に立ち，場合によっては，当事者の新たな証拠請求を却下し，当該証拠について改めて職権による取調べをした旨をカード上に明らかにしておく必要があるという見解もあるが（法律時報23-10-17参照），実際上は，却下決定が黙示になされることもあって難しいと思われる。これに対し，原則的な事実の取調べについて，新たな証拠の取調べ請求権は制限されないとしつつ，控訴裁判所は裁量により当事者の請求を却下することも許されるとする説によれば，そのような必要は生じないことになる。

　　実務上は，当事者請求分のカードに職権による証拠調べである旨が明記されている例は見当たらず，控訴審では請求権がないことが明らかな後述の原判決後の情況についての証拠の取調べも請求者等ごとのカードに記載しており，カード上はいずれの説に立つのか判別できないようであるし，また，請求権が制限されるとする説は，具体的にどの範囲で制限されるかについてさらに説が多岐に分かれていることから，原則的な事実の取調べによったか，義務的な事実の取調べとしてなされたかをカード上的確に記載することは，事案によっては相当困難な場合も生じる。控訴審における個別証拠の一覧性という点からは，「やむを得ない事由」の疎明に関する主張や証拠の取調

べの必要性についての意見を的確に記載し，証拠決定に至る経過をカード上明らかにすれば足りるのではないかと思われる。

ア　法382条の2の「やむを得ない事由」の疎明について

当事者がいわゆる新たな証拠請求をするにあたり，裁判所に取調べを義務づける場合には「やむを得ない事由によって第一審の弁論終結前に取調べを請求することができなかった旨の疎明」という法382条の2の要件が必要である。

そこで，その点に関する主張や釈明が公判期日において口頭でなされ[*7]，義務的な事実の取調べの要件（法393Ⅰただし書）が満たされた場合には，裁判所は当該証拠請求を却下することはできなくなるので，これらの主張や釈明は証拠決定に至った実質的な理由が明らかになる重要な事項であり，カードに記載するのが相当である。

【記載例3】法382条の2の「やむを得ない事由」等についての主張をカードに記載した例

〔弁護人〕

	1	陳述書 〔(被) 26.6.3〕 時速168キロメートルもの高速は出していない事実 ( )	1	1	やむを得ない事由が存在せず，取調べの必要性もない 弁護人の釈明※1	1	却　下	

※	期日	請求・意見・結果　等
1	1	弁護人の釈明（弁1） 　　原審で速度違反の事実を認めたのは，就職を控えて早期に裁判を終わらせ，量刑上も参酌してもらう方が得策だと一審弁護人から助言を受けたためであるが，実刑判決を受け，真実を述べるに至ったものであり，上記事情は，法382条の2の「やむを得ない事由」に該当する。

※　検察官が弁護人の取調べ請求について，意見を述べたことに対し，弁護人が法382条の2の「やむを得ない事由」について口頭で疎明した場合の記載例である。
※　「弁護人の釈明」を「法382条の2の疎明」と記載することも考えられる。

イ　取調べの必要性について

第一審においては，通常立証趣旨が明示されることにより当該証拠の取調べの必要性が明らかになるが，控訴審においては，立証趣旨からはその必要性が明らかではなく，控訴趣意との関係における取調べの必要性が問題となることがあり，裁判所としても，その点を具体的に釈明吟味することが多い。そこで，公判期日において口頭により[*8]，具体的な必要性についての意見が述べられ，あるいは釈明がなされた場合には，これらの主張や釈明は証拠決定に至る経緯や理由が明らかになる重要な事項であり，カードに記載するのが相当である。

[*7]　事実取調べ請求書に法382条の2の「やむを得ない事由」の主張の記載がある場合には，その主張がなされた経過は記録上明らかであり，カードに記載する実益は少ないと思われる。
[*8]　事実取調べ請求書に取調べの必要性の主張の記載がある場合には，その主張がなされた経過は記録上明らかであり，カードに記載する実益は少ないと思われる。

第1　控訴審における事実の取調べ

　　すなわち，事後審とされる控訴審では，例えば，第一審で取り調べた証人を単に直接心証を得るためというような理由では再度取り調べるべきではなく，再度の事実審理を覆審的な意味でやり直すということは許されないから，当事者から再尋問の請求がなされた場合には，立証趣旨と控訴趣意との関連性及び訴訟記録を検討し，必要に応じて再尋問を必要とする具体的な理由を当事者に明らかにさせたうえでその採否を決定しているのが実務の大勢であるとされる（刑裁資200-236，260参照）。必要性が認められる例としては，事実誤認の主張をしている場合には，訴訟記録等からすると原判決の認定が経験則に反すると疑うに足りる相当の根拠があること，原審における証人の供述中重要な事項について趣旨不明なところがあること，又は必要な事項について尋問が脱落しているということなどである（刑裁資164-116参照）。

【記載例4】 控訴審において，証拠請求の必要性についての意見を記載した例

〔弁護人〕

							原審甲48と同じ
1	証人　〇〇〇〇						
〔(省略)　　　　　　30分〕法人税法違反の事実につき被告人に故意がなかったこと（　控訴趣意第1の2　）		1	1	必要性について※1	1	却　下	

※	期日	請　求　・　意　見　・　結　果　等
1	1	必要性について（弁1） 　弁護人 　　原審では，乙村が背任罪で訴追される可能性があり，これを免れるために証言があいまいとなっていた上，被告人からの指示につき何ら具体的な供述がなされていないので，再尋問の必要がある。 　検察官 　　背任罪と本件とは直接関連性がなく，本件については原審で詳細な尋問がなされており，取調べの必要はない。

(4)　原判決後の情状についての事実の取調べ

　　控訴裁判所は，必要があると認めるときは，職権で第一審判決後の刑の量定に影響を及ぼすべき情状につき取調べをすることができる（法393Ⅱ）。前述のとおり当事者から原判決後の情状を立証趣旨とする証拠請求があった場合，理論的には当事者に請求権がなく単なる職権発動を促す申出と考えられるが，実務ではカードの作成に当たって，いずれの当事者からの職権発動を促す申出であったかを明らかにするために請求者ごとにカードを作成し，事実の取調べをしない（職権を発動しない）場合は，同カードの「結果」欄に「却下」の記載をしている（控訴審の研究162参照）。上記のとおり当事者に請求権はないが，「却下」に職権を発動しない趣旨を含ませて使用しても格別支障はないと思われる[*9]。

[*9]　公務所等に対する照会及び書類の取寄せに関しての質疑回答40参照。

第6章 控訴審におけるカードの記載

【記載例5】原判決後の情状につき書証及び証人が取り調べられた場合

〔弁護人〕

3 示 〔○○○○外　27.1.7〕○○○○と被告人の間で示談が成立した事実	1	1	同　意	1	決定・済	3
4 証人　○○○○（在廷）①事故前日及び当日の被告人の勤務状況が苛酷であったこと②現在の被告人の反省状況及び勤務状況	1	1	①につき　必要なし②につき　しかるべく	1	②に限り決定・済	4

※　弁4の立証趣旨の②が，原判決後の情状についてのものである。
※　弁4の「結果」欄において，事実の取調べ請求は一つであるから，「①につき却下」と記載する必要はないと思われる。

第2　控訴審における被告人をめぐる問題

　控訴審は，控訴理由を中心として当事者の攻撃防御が展開されることから，法律上ないし訴訟上の知識が要求され，多分に技術的な性質を持つため，被告人のためにする弁論は弁護人でなければすることができず，被告人の訴訟活動については，弁論能力が制限され（法388），公判期日は必ずしも被告人の出頭が要件とされていない（法390本文）。そこで，カードの記載に関して次の点が問題となる。

1　被告人の供述

　控訴審においても，被告人が訴訟当事者としての地位を有するとともに，被告人が任意に供述する限りにおいては人的証拠としての意義をもつという点は，第一審と異ならないが，控訴審においては，事後審であることや被告人の弁論能力が制限されていることから被告人の供述がなされる場面は限定される。
　特に問題となるのは，弁護人のない事件で被告人の控訴趣意書に基づく弁論，事実の取調べが証拠調べの方式でなされた場合，被告人の最終陳述（法404，規250による法293Ⅱ，規則211の準用）が許されるのかどうかであり，一般に，被告事件についての陳述（法291Ⅱ）の規定は，控訴審には準用されないし，判例は，被告人の最終陳述権もないと解している（法393Ⅳ参照，破棄自判の場合につき最大判昭27.2.6刑集6-2-134）。このように被告人の陳述権を認めない考えに立てば，公判廷で被告人の陳述がなされても，これは事実上の陳述であって，公判調書には記載を要しないこととなるが，出頭している被告人に一言も発言させないことが訴訟形態として好ましくなく，被告人の発言を聞くことが真実発見のためにもなる点を考慮し，実務の扱いとしては，最終陳述という形式ではなく，事実の取調べの一方法としての被告人質問という形式をとって，被告人の弁解を引き出す扱いもされている（刑裁資200-154参照。弁護人のない事件で被告人の控訴趣意書に基づく弁論，事実取調べ終了後の被告人の最終陳述に関する運用

第2　控訴審における被告人をめぐる問題

につき刑裁資200-240参照)。そこで，控訴審では，第一審とは異なり，手続に関する供述も被告人質問としてカードに記載されることがある。

　請求により被告人質問がなされた場合のカードへの記載方法は，①第一審と同様に，職権分のカードを起こして「結果」欄に「施行」と記載する方法（カード記載要領通達第1の6本文）と，②請求者等ごとのカードを起こし，意見を聴取した上，「決定・済」，又は，「却下」として処理する扱い（同通達第1の6ただし書，カード解説34参照）の二通りが考えられるが，被告人質問も法393条の事実の取調べに当たり（最判昭28.12.11裁判集89-209)，これを実施するためにはその旨の決定を要すると解すれば（控訴審の実際35参照)，②の記載方法によることとなる。実務では，請求者が被告人質問につき立証趣旨を明らかにした上，相手方の意見を聴取し，決定の上取り調べるという②の記載方法による例が多い。被告人質問を事実の取調べとして実施するために決定を要するという実務の多数の扱いによれば，法382条の2第1項の「取調べの請求」は，狭義の証拠調べの請求に限られず，被告人に対する質問も含む広い意味に解すべきであり，したがって，被告人の供述についても，法382条の2の制限は及び，被告人といえども，控訴審において当然に新たな供述をなしうるわけではないことになるし（安廣・昭62判例解説215参照)，証拠決定にあたっては他の証拠方法と同様に必要性についても考慮されることから，これらの点についての意見等をカード上明らかにしておくのが相当と考える。

【記載例6】控訴審における被告人質問の記載例

〔弁護人〕

| 1 （被）〔　　　　20分　〕速度違反の事実を原審で否認しなかった事情，現在の被告人の家族の状況及び生活状況（　　　） | 1 | 1 | 原判決後の情状に限りしかるべく | 1 | 原判決後の情状に限り決定・済 | 1 | |

※　被告人質問につき制限を加えて，取り調べる旨の決定がなされたものである。
※　「結果」欄において，事実の取調べ請求は一つであるから，「その余につき却下」と記載する必要はなかろう。

2　被告人が提出した控訴趣意書

　被告人が作成した控訴趣意書には，法定の控訴理由に即した記載となっておらず，控訴趣意が必ずしも明らかでないものがあり，このような控訴趣意書は，陳述書ないし上申書として取り扱い，控訴趣意書としては公判廷で陳述しない扱いをすることがある（刑裁資200-28参照）。この場合，弁護人から提出された控訴趣意書に基づいて弁論をなし（法389)，被告人作成の控訴趣意書は証拠書類として取り調べたり，あるいは，弁護人に被告人質問の形式でその内容を明らかにさせるなどの方法がとられる（控訴審の研究142，刑事控訴審の実際57参照）。

第6章　控訴審におけるカードの記載

【記載例7】被告人作成の控訴趣意書を証拠書類として取り調べた場合

〔弁護人〕

1　控訴趣意書 〔（被）　　　26.12.18〕 現在の心境 （　　　　　　　）	1	1	同　意	1	決定・済	1	第1分類に編てつ

　※　被告人の控訴趣意書は陳述しない旨弁護人が明示した場合，判断遺脱の違法の疑義（法411Ⅰ参照）を生じさせないために手続調書に「被告人の控訴趣意書は陳述しない」旨記載することが必要である（最判昭27．1．10刑集6-1-69，最判昭31.6．19裁判集113-791参照）。
　※　取り調べた控訴趣意書の編てつ箇所については，そのまま第1分類に編てつする取扱いと，証拠書類として第2分類につづり替える取扱いがある。そのまま第1分類に編てつする場合には，記載例のとおり，当該証拠の検索の便のために，「備考」欄には「第1分類に編てつ」とメモ記載しておくとよい（控訴審の研究142参照）。

【記載例8】被告人作成の控訴趣意書を陳述しない扱いをした上で，被告人質問によって被告人の言い分を明らかにさせた場合

〔弁護人〕

1　（被） 〔　　　　　15分〕 被告人の控訴趣意書に記載した 被告人の言い分 （　　　　　　　）	1	1	しかるべく	1	決定・済	1	

　※　被告人の控訴趣意の趣旨が不明なので，「立証趣旨」欄の記載は，「被告人の言い分」としている。

3　被告人の事実取調べ請求

　　事実の取調べ請求者として条文上では被告人が挙げられているが（法393Ⅰ），弁護人が付されている事件では，弁護人からの事実の取調べがなされ，被告人が事実の取調べ請求をすることは少ないとされる（控訴審の理論と実際240参照）。これは，控訴審においても事実の取調べを第一審と同様の証拠調べの方式によっていることから，証拠請求を広い意味での弁論と考えると，控訴審における被告人の弁論能力の制限（法388）との関係で疑義が生じるからである。
　　そこで，弁護人の選任されていない事件において事実の取調べを要する場合は，弁護人の選任を勧告し，又は職権で国選弁護人を付す扱いが多いが，被告人が国選弁護人の選任を希望せず，職権で国選弁護人を付さない場合は，①例外的に被告人の証拠請求及び検察官請求証拠に対する認否を認めるという扱いと，②被告人の証拠請求は認められないが，事実上の「証拠申請」に基づいて裁判所が職権で証拠決定をし，検察官請求証拠に対する認否のみを被告人に行わせるという扱いがある（控訴審の研究164，刑裁資200-265参照）。訴訟指揮が①②のいずれによったのかにより，「証拠請求」の時点で請求

者分のカードに記載するか，取り調べることとされたときに職権分のカードに記載するか異なることになる。

4 被告人への出頭命令

　控訴審においては，被告人は原則として公判期日に出頭することを要しないが（法390条本文），裁判所は審理の状況から，被告人の出頭がその権利の保護のため重要であると認められるときは，法284条所定のいわゆる軽微事件以外の事件について，被告人の出頭を命ずることができる（法390ただし書）。被告人に出頭を命ずるか否かは裁判所の裁量によるが（最判昭37.12.14裁判集145-541），出頭命令を発する場合としては，被告人質問を行う場合，訴因変更が行われる場合，証人尋問等の事実の取調べがなされる場合が多く，とりわけそれが破棄自判の資料とされる場合等にはその必要性が高いであろう（控訴審の研究116）。

　出頭命令の性質は，決定であり，公判期日に出頭した被告人に公判廷で出頭を命ずるには，口頭で告知する（法65Ⅱ，規34）。被告人に対して口頭で出頭を命じた場合には，出頭を命じた旨を調書に記載しなければならない（法65Ⅱ）。それを調書に記載する方法は，手続的な事項として，手続調書に「指定告知し，被告人に対し出頭を命じた次回期日　平成26年12月25日午後1時30分」などと記載すればよいが，被告人質問が予定されている場合には，手続調書の記載とともに，弁護人請求の被告人質問のカードの「結果」欄に，「決定（次回出頭命令告知）」などと，被告人に対する召喚手続を要しない旨を当該カードにおいても明らかにするために，メモ的に記載してもよい。

第7章　破棄差戻し審におけるカードの記載*¹

第1　破棄差戻し後の第一審手続
1　手続の概要

　第一審判決が破棄され，事件が控訴審から差戻し又は移送*²（法398ないし400）（以下，「差戻し」を両者を含む意味で用いる。）された後の審理手続については，規則217条のほかは何らの規定もなく，学説上見解の分かれるところである。

　裁判所法4条により，上級審の裁判所の裁判における判断は，その事件について下級審の裁判所を拘束するのであるが，差戻し後の第一の裁判所が自らを拘束する控訴審の判断内容を知るためには，その判決だけではなく，訴訟記録及び証拠物についても十分検討する必要があることから，起訴状一本主義は，破棄差戻し後の第一審手続には適用がない（規則217参照）。

　次に，破棄差戻し後の手続をどのように行うかであるが，基本的には，公訴提起に引き続いて行われる第一審手続と異なるところはない（東京高判昭41.9.14高刑集19-6-656）。ただし，差戻し前の第一審の訴訟手続をやり直す必要があるか否かについては，その効力をどうみるかにより，控訴審判決の破棄理由において無効とされた差戻し前の手続を除き，差戻し後の手続は公判手続の更新に準じて行えば足りるとする説【続審説】と，差戻し後の手続は差戻し前の手続とは別個のものであり，差戻し前の手続を引き継ぐものではなく，最初から手続をやり直すべきであるとの説【覆審説】があり，実務では続審説に立った運用が行われている（平野・新実例刑事訴訟法Ⅲ 277参照）。

　続審説によれば，破棄の態様に従って次の手続がとられることになる（実務講座6-1453参照）。

① 原判決だけを破棄し，その基礎となった手続は違法としないと認められる場合（例えば，事実誤認，法令適用の誤りだけが破棄理由となっているとき）には，第一審の訴訟手続内で裁判所の構成がかわった場合の手続を規定した法315条，規則213条の2の準用により公判手続の更新を行えば足りる。

② 原判決を破棄するとともに，その基礎となった訴訟手続の一部を違法としてやり直しを命じていると認められる場合（例えば，公訴事実の同一性がないのに訴因の変更をして判決をしたり，証拠能力がない証拠を採用して有罪認定の資料としたとき）には，その部分のみをやり直し，その余の部分については，①と同様に公判手続の更新の手続をとる。

---

*1　破棄差戻し審の審理手続，公判調書の記載等については，旧様式のカード使用当時のものであるが，「破棄差戻後の公判調書作成を中心とした実務上の問題の研究」（徳永誠之助・昭和47年書記官実務研究報告書）に詳細に研究報告されている。

*2　法399条は，不法に管轄を認めたことを理由に原判決を破棄する場合に，当該事件につき第一審としての管轄がある官署としての裁判所に事件を移送しなければならない旨，規定する（条解1064参照）。法400条は，法398条，399条に規定する理由以外の理由によって原判決を破棄する場合の規定であるが，法400条による移送としては，原裁判所に差し戻すことが，裁判官の除斥事由である前審関与（法20⑦）との関係で裁判体の構成に困難が予想される場合が考えられる（柴田・注釈(6) 461参照）。

③ 原判決を破棄するとともに，その基礎となった訴訟手続の全部を違法とし，そのやり直しを命じていると認められる場合（例えば，必要的弁護事件において弁護人なくして審理したとき）には，公判手続の更新によることはできないので，初めから全部審理をやり直す。

このように差戻し後の第一審手続は，破棄理由に拘束されて審判を行う関係から，差戻し前の手続がどの範囲で効力を失ったと認められるかによりその後の手続の内容が異なるので，カードを含む公判調書の作成にあたっては，作成の能率化，簡易化を図る一方，通常の第一審と異なる差戻し審独自のものとして行われた手続は，具体的事案に即して的確に記載する必要がある（破棄差戻後の研究62参照）。

2 証拠調べ手続

差戻し審の証拠調べには，前述のとおり破棄理由により，公判手続の更新の中でなされる証拠調べと差戻し審としてなされる新たな証拠調べの二つがある。したがって，これらの手続がなされた場合には，カードを作成し，所要事項を記載することになる。

カードの記載に当たり，差戻し審で新たにカードを起こす場合，「No.」及び証拠番号を「1」から記載するのか，あるいは，差戻し前の第一審に連続した番号を付すのかという問題があるが，差戻し審の手続は差戻し前の手続とは区別され，差戻し審の記録は控訴審における第一審記録の取扱いと同様に編成されること（訟執資51-272参照），差戻し審の証拠調べであることを明確に特定すべきこと，差戻し審の公判調書の期日の回数は「第1回」から付すのが相当とされていること（破棄差戻後の研究62参照）等から，これらについては，「1」から起こすのが相当であると考える。

(1) 公判手続の更新における証拠調べ

上級審で違法とされなかった部分の証拠調べに関する手続は，前述の続審説を前提とした審理方式に従えば，公判手続の更新の中で処理されることになる[*3]。したがって，差戻し前の手続でなされた手続形成行為である証拠調べ請求及び証拠決定をやり直す必要はなく，法326条の同意は，差戻し後もその効力を失わないので，更新に当たり改めて同意を得る必要はない（東京高判昭30.10.31特報2-21-1117）。しかし，実体形成行為については，直接主義，口頭主義の要請からやり直さなければならず，差戻し後の手続において，差戻し前の第一審で取り調べられた証拠を犯罪事実認定の基礎とするには，改めてそれらの証拠を取り調べなければならない（東京高判昭28.11.14高刑集6-12-1695）。この場合，差戻し前の第一審で取り調べられた各証拠や公判調書中の供述部分は，職権で取り調べることになる（規則213の2③本文の準用）。なお，控訴審の手続が更新の対象となるかどうかについては後述する。

公判手続の更新がなされた場合に問題となるのは，公判調書への記載の程度である。裁判所の構成がかわった場合の更新手続については，公判調書には，行われた手続を逐一記載することは必要ではなく，記載要件を定めた規則44条1項46号により，単に，公判手続を更新した旨とその他一定の事項を記載すれば足りるのであるが，差戻し審での公判手続の更新の手続についても，実務上，一定した手続（規則213の2の準用）がとられる結果として規則44条1項46号が準用されると解されるから，同様の記載

[*3] 公判手続の更新については，第4章第3，198頁以下参照。

第7章　破棄差戻し審におけるカードの記載

でよいと考える[*4]（破棄差戻後の研究74，実務講座6－1460参照）。ただし，更新の対象とした差戻し前の手続の範囲については，差戻し審独自のものとして調書上明確に記載する必要があるので，手続調書には，単に「裁判官がかわったので公判手続を更新した。」と記載するのではなく，例えば「差戻し前の第一審の第1回公判ないし第4回公判手続を更新した。」等記載するのが相当と考える[*5]（破棄差戻後の研究73頁参照）。

　以下，公判手続の更新の中でなされる証拠調べ手続とカードの記載を具体的に検討する。

ア　取り調べない旨の決定

公判手続の更新において，差戻し前の第一審の証拠を取り調べた旨は，手続調書の「公判手続を更新した」旨の記載に含まれるから，通常カードに記載するまでもないが，取り調べない旨の決定があった場合には，その旨の記載が必要となる（規則44Ⅰ㊻の準用）。その場合に，既に整理された差戻し前の第一審のカードに直接記載することはできないので，記載方法としては，次の三つが考えられる。

①　差戻し審の手続調書に記載する方法（破棄差戻後の研究123頁の記載例。ただし旧様式のカードのもの。）

②　手続調書には「証拠調べ等　証拠等関係カード記載のとおり」と記載した上で，当該証拠の記載がある差戻し前の第一審のカードの謄本又は抄本を作成し，当該証拠の「備考」欄に記載する方法

③　手続調書には，②と同様に記載し，新たにカードを起こして当該証拠の標目を移記した上，「結果」欄に記載する方法（56幹研80）

○　検討

証拠調べ手続の経過を一覧するため，証拠調べに関する事項はすべてカードに記載するというカード様式等通達の趣旨からすると，②又は③の方法が相当であると考える。さらに，②の謄・抄本作成による記載方法は，差戻し前の公判回数と差戻し後の公判回数が同じ場合が生じて必ずしも見やすいものではないこと，「備考」欄に記載すべきスペースがない場合も考えられることから，差戻し審の公判手続の更新の中でなされたことを明確にする意味では，第二次差戻し後の第一審での手続にも対応することができる③の移記による記載方法が優れているように思われる。

③の方法によるときは，差戻し審の職権分のカードの「標目」欄に当該証拠の標目を移記し，「備考」欄に差戻し前の第一審の証拠の番号を明らかにして記載することになろう（当該証拠につき，差戻し前の証拠調べ手続経過を全部移記すべきとの考え方もあるが，差戻し審では，どの証拠につき取り調べない旨の決定がなされたのかを明らかにすれば足りるから，その必要はないと考える。）。

[*4] 会報51号43頁は，公判手続の更新の手続を準用しても，調書の記載事項についても当然に準用できるとはいえないから，逐一なされた手続を記載すべきであるとする。

[*5] 控訴審判決において差戻し前の手続の一部に法令違反があるとされ無効となっている場合や，控訴審において事実取調べが行われている場合には，更新の範囲を特定して記載する必要があるが，いずれでもない場合には，単に「裁判官がかわったので公判手続を更新した」と記載しても差し支えないとも考えられる。

第1　破棄差戻し後の第一審手続

【記載例1】差戻し審の公判手続の更新において取り調べない旨の決定がされた場合
［手続調書］
　　　　　公判手続の更新
　　　　　　　　差戻し前の第一審の全公判手続を更新した。
　　　　　証拠調べ等
　　　　　　　　証拠等関係カード記載のとおり
［カード］
〔職権〕

1 検					差戻し前第一審 甲24
〔○○○○　　26.6.8〕			1	取り調べない旨 決定	
（　　　　　　　　　）					

※　「標目」欄のみ移記し，「立証趣旨」欄，「請求」欄，「意見」欄は，空欄のままでよい。

　　イ　証拠調べの留保
　　　　公判手続の更新に当たり，差戻し前の第一審において取り調べた証拠については，証拠とすることができないもの又は相当でないものの判定をし，取り調べるか取り調べない旨の決定をするかの措置がとられるのが原則であるが，例えば，控訴審が差戻し前の第一審が取り調べた自白調書につき，証拠能力を否定してはいないものの，信用性に疑問があるとして差し戻した場合，信用性に対する疑問は，さかのぼって任意性にも影響を及ぼす可能性があるから，差戻し審としては，これを直ちに取り調べるかあるいは証拠能力がないものと認定して取り調べない旨の決定をするかを決することが困難なので，その取調べを留保することもできよう（実務講座6-1458参照）。公判手続の更新の中で，証拠調べが留保された証拠については，更新後，他の資料によってその証拠能力の点を調査した上，取り調べる旨又は取り調べない旨の決定がなされることになる。
　　　　取調べが留保された場合は，「留保」が特別な意味を持つから，公判調書（カード）に記載すべきである（破棄差戻後の研究82参照）。公判手続の更新においては，通常，取り調べた旨の記載をしないので，明確に「留保」した旨を記載しないと，調書上，更新の中で取り調べられたかのように見えるからである。記載方法は，アと同様に3つの方法が考えられるが，移記による方法が相当であろう。

【記載例2】差戻し審の公判手続の更新において証拠調べが留保された場合
［手続調書］
　　　　　公判手続の更新
　　　　　　　　差戻し前の第一審の全公判手続を更新した。
　　　　　証拠調べ等
　　　　　　　　証拠等関係カード記載のとおり

第7章 破棄差戻し審におけるカードの記載

[カード]
〔職権〕

1	検 〔○○○○　26.1.20〕 (　　　　　　　　　)	1	検察官 　留保の必要なし 弁護人 　信用性がなく 　任意性にも疑い 　がある	1	留　保		差戻し前第一審 乙4
				2	取り調べない旨 決定（職2取調 べ後）		
2	DVD　1枚 〔　　　　　　　　　〕 職1に関する被告人の取調べ状 況 (　　　　　　　　　)	2	双方 　異議なし	2	決定・（再生）済	1	

※　第1回公判期日で公判手続の更新がなされ，差戻し前の第一審の乙4号証の取調べについて，当事者の意見が分かれたことから，取調べを留保し，第2回公判期日において取調べ状況を録音録画した記録媒体（DVD）の取調べ（再生）を行った上で，取り調べない旨の決定をした事例である。当事者双方の意見は，手続経過を明らかにするために記載するのが相当であると考える。

※　記録媒体の取調べを行った後に取り調べない旨の決定をしたという経過を明らかにするために，「（職2取調べ後）」[*6]と記載している。

(2)　差戻し審での新たな証拠調べ

差戻し審で，公判手続の更新としての証拠調べとは別に証拠調べがなされるのは，①控訴審で取り調べられた証拠につき改めて証拠調べがなされる場合，②控訴審から違法とされた証拠調べ手続をやり直す場合，③その他，新たな証拠調べがなされる場合の三つが考えられる。

カードの記載方法は，通常の第一審と同様であるが，①，②の場合には，一覧性の観点から，控訴審又は差戻し前の第一審の証拠との同一性を「備考」欄に明示するのが望ましいと思われる。

ア　控訴審で取り調べられた証拠

控訴審は，事実の取調べをすることができ（法393），第一審の手続で現れた以外の証拠が取り調べられることがある。これらの証拠を差戻し審でどのように取り扱うかについては，控訴審での手続が公判手続の更新の対象になるかについての考え方により異なる。

㈠　更新の対象にならないとする考え方

本来，「公判手続の更新」とは同一審級内の手続を指し，事後審としてその構造を異にする控訴審での手続は更新の対象にならないとする考え方に立てば，公判手続の更新は，差戻し前の第一審の手続についてのみなされ，控訴審で取り調べられた証拠は，差戻し審として新たに証拠調べをしなければならない（佐藤・証拠法体系Ⅳ 155参照）。このうち，控訴審で破棄判断の資料とされた証拠は，破棄

＊6　「決定（○○後）」の記載については，第3章第1の4⑵イ，115頁を参照。

判決の拘束力との関係で職権により取り調べられることになろう。

【記載例３】控訴審で取り調べられた証拠を差戻し審で改めて取り調べた場合

〔弁護人〕

1	上 〔（被）　　　26.2.6〕 本件の経過 （　　　　　　　　）	1	1	同　意	1	済	1	控訴審弁1

※　控訴審で取り調べられた弁１号証について，破棄差戻し審においても弁護人から証拠請求があった事例である。控訴審の証拠との同一性を「備考」欄に記載している。

【記載例４】控訴審で破棄判断の資料とされた証拠を差戻し審で改めて取り調べた場合

〔職権〕

1	控訴審第２回公判調書中の証人○○○○の供述部分 〔　　　　　　　　〕 （　　　　　　　　）				1	済	1	

※　職権で証拠調べをするに当たり，上級審の破棄判断とその基礎となった証拠は，一体不可分の関係にあり，その取調べは，差戻し審の権限であると同時に義務と考え，改めて証拠決定をする必要はないと解する説（破棄差戻後の研究84参照）によれば，本記載例のとおり「決定」の記載は不要となるが，証拠決定を必要とする考え方もある（佐藤・証拠法体系Ⅳ 155参照）。
※　控訴審の証拠との同一性は，標目から明らかであり「備考」欄の記載は不要と考える。
※　取調べに当たっては，証拠能力の点を考慮しなければならないが，控訴審での事実の取調べは，厳格な証明にも用いられるように証拠調べの方式によっているのがほとんどであるので（「第６章第１の１，247頁参照），その場合は，改めて証拠能力について吟味するまでもないであろう。

(ｲ)　更新の対象になるとする考え方

　　控訴審での手続も公判手続の更新の対象に含まれるとする考えに立てば，手続調書には，「公判手続の更新　差戻し前の第一審の手続及び控訴審の手続を更新した。」との記載がなされ，控訴審で取り調べられた証拠は，更新の手続内で取り調べられる。これは，控訴審は事後審であるとはいえ，なお事実審であり，事後審査のための証拠も，自判の際にはこれを証拠となし得るものであり，破棄判決の事実上の判断の拘束力の観点からしても，差戻し審は控訴審の手続をも引き継ぐと解することによるものである（岡・公判法体系Ⅲ 125参照）。

第7章　破棄差戻し審におけるカードの記載

　イ　控訴審で違法とされた手続のやり直し等
　　　差戻しを受けた裁判所が，控訴審で一部又は全部につき違法とされた証拠調べ手続をなかったことにする場合や，やり直して以後の手続を進める場合には，差戻し審で新たにカードに記載することになる。
　　(ｱ)　一部の証拠調べ手続の違法
　　　　控訴審が破棄理由で示した違法な手続は無効になるので，その判決の拘束力の効果として，差戻しを受けた裁判所は，その手続をなかったことにして以後の手続を進めるか，あるいは，その手続を是正した上で以後の手続を進めなければならない。
　　　ⅰ　当該手続をなかったことにする場合
　　　　　例えば，公訴事実の同一性の範囲を越えた訴因の変更がなされたことを理由として差し戻された場合，差戻し前の第一審手続における変更された訴因事実に関する証拠の取調べは破棄判決により前提を失うことになる。そこで，控訴審の破棄判決によって無効となった証拠で，差戻し審がその関係の手続を是正することなく，なかったことにしておく場合，実務では，その証拠について取り調べない旨を明らかにすることがある。その際，カードには，①「取り調べない旨決定」と記載する場合と，②「取り調べない旨告知」とする場合がある（破棄差戻後の研究80参照）。①は，手続を明確にするために取り調べない旨の決定がなされた場合であるが，当該証拠は，破棄判決の拘束力により当然無効となって採用できない以上，改めて決定することは理論的に不要であり，取り調べない旨を明らかにするための告知と考えれば，②の記載をすることになる（いずれによるかは，訴訟指揮による。）。記載方法としては，(1)アと同様に3つの方法があるが，移記による方法が相当であろう。

【記載例5】控訴審で違法とされ無効になったと認められる証拠調べ手続につき，当該手続をなかったものとして取り調べない旨を明確にした場合
［手続調書］
　　　公判手続の更新
　　　　　　　差戻し前の第一審の全公判手続を更新した。
　　　証拠調べ等
　　　　　　　証拠等関係カード記載のとおり
［カード］
〔職権〕

1	員						差戻し前第一審 甲28
〔○○○○　26.1.19〕					1	取り調べない旨 告知	
(　　　　　　　　)							

- 264 -

ii 当該手続を是正する場合

　　証拠調べ手続をやり直す場合，控訴審の破棄判断により，どの部分が違法とされ，その結果どの部分が無効となったと認められるかにより，やり直す証拠調べ手続も異なることになる。
　　例えば，法326条の同意がない限り証拠とすることができない書面につき同意がないのに取り調べた場合や，任意性がないとして証拠能力が否定された自白調書を証拠としたことが破棄理由になっている場合には，あたかも通常の公判手続の更新の場合に「取り調べない旨の決定」があったのと同様に考えられ，その証拠調べ請求自体も効力を失ったと解されるから，請求からやり直すことが必要となるが，朗読又は要旨を告知されなかった証拠書類が罪証に供された場合等，適式な証拠調べを経ない証拠が用いられたときは，請求及び決定は効力を有し，更新に当たり適式に証拠調べをすれば足りると解される（実務講座6-1454参照）。

【記載例6】控訴審で違法とされた差戻し前の一部の証拠調べ手続を差戻し審でやり直した場合

［手続調書］
　　　　公判手続の更新
　　　　　　　差戻し前の第一審の全公判手続を更新した（ただし，差戻し前の
　　　　　　　第一審甲10の取調べを除く。）。
　　　　証拠調べ等
　　　　　　　証拠等関係カード記載のとおり

［カード］
〔検察官〕

1 員					差戻し前第一審 甲10
〔○○○○　26.12.15〕 犯行状況 （　　　　　　　　　）	1	1	同　意	1　決定・済	

※　同意を必要とする書証につき同意がないのに取り調べた違法がある場合に，差戻し審で改めて証拠調べ手続をやり直した事例である。
※　違法とされた差戻し前の第一審の員面調書の取調べは更新の対象にならないので，手続調書に「（ただし，○○を除く。）」と記載する。
※　証拠調べの請求からやり直すことになるので，「立証趣旨」欄以下の記載も必要である。

第7章　破棄差戻し審におけるカードの記載

【記載例7】差戻し審で伝聞例外の要件立証後に取調べをした場合

〔職権〕					
1　検 〔〇〇〇〇　26.6.14〕 （　　　　　　　　）			1 2	留　保 法321Ⅰ②後段 により済	 1	差戻し前第一審 甲14

※　法321条の要件立証が尽くされていないのに証拠として採用したのは違法であるとして破棄された場合，その請求自体も効力を失ったとみるか（清水・実例法学全集刑事訴訟法（新版）498参照），破棄判決の解釈として証拠調べ請求や証拠決定までが無効となったとはいえないとみるか（岡・公判法体系Ⅲ124参照）争いがある。前者の考えによれば，証拠調べ請求からやり直すことになり，後者の考えによれば，公判手続の更新に当たり証拠調べを留保した上，要件立証が尽くされれば取調べをし，法321条の要件に該当しないことが明らかになれば取り調べない旨の決定をすることになる（本記載例は後者による。）。

【記載例8】差戻し前の第一審の証拠調べ請求の却下決定が違法とされ，差戻し審で当該証人を取り調べる旨の決定をした場合

〔職権〕					
1　証人　〇〇〇〇 〔〇〇〇－〇－〇　30分〕 （　　　　　　　　）				1	決定・済	1	差戻し前第一審 人3

※　証拠調べの必要性についての裁量判断を誤って証拠調べ請求を却下したことが破棄理由となっている場合は，却下の裁判が控訴審で違法とされただけであって，請求の効力は残っているから，「請求」，「意見」欄の記載は不要であり，取り調べる旨の決定をして証拠調べがなされることとなる。

(イ)　全部の証拠調べ手続の違法

控訴審で，差戻し前の第一審の全部の証拠調べ手続が違法とされた場合には，すべての証拠調べ手続をやり直さなければならない。例えば，公開裁判（憲法82）に違反した場合は，裁判の公正に関する憲法上の基本原則に違反するもので全手続が違法となり，差戻し後の手続は，新たにやり直すことを要し，しかもこの場合は，差戻し前の手続の調書等は，たとえ訴訟関係人の証拠とすることの同意があっても，差戻し後の手続にこれを利用することができない（実例刑訴法499参照）。

しかし，必要的弁護事件において弁護人を付さない違法があった場合は，弁護人を依頼する権利は憲法上保障されたものであるから，弁護人の立ち会っていない手続については，最初から審理をやり直すべきであると解されるが，この場合は，差戻し前の手続の調書等は，訴訟関係人の証拠とすることの同意があれば，その利用を許しても差し支えないと考えられる（横川・刑事裁判の研究146参照）。

差戻し前の第一審で取り調べられた証拠を，証拠調べ請求から新たにやり直した場合，差戻し前の第一審で取り調べられた証拠については，原則として，改め

第1 破棄差戻し後の第一審手続

て「標目」欄及び「立証趣旨」欄に記載しなければならない。ただし，証拠調べの経過が差戻し前のそれと変わるところがなければ，差戻し審でのカードの記載の能率化，省力化の面からも，カードに逐一具体的に記載する必要はなく，例外的に，一覧性を損なわない限度で包括的に記載する方法[*7]も考えられる（具体的な記載方法は，破棄差戻後の研究140参照）。

【記載例9】差戻し前の証拠調べを全部やり直した場合

〔検察官〕

1	害				
〔○○○○　　　26.3.22〕被害状況等		第1回公判番号1ないし10 請求・同意・決定・済・取調順序番号順に1			
（　　　　　　　　　）					

〔弁護人〕

1	差戻し前第一審第1回公判調書中の証人○○○○の尋問調書				
〔　　　　　　　　　〕被告人の勤務状況及び交友関係		1	1	同　意	1	決定・済	2
（　　　　　　　　　）					

〔職権〕

1	差戻し前第一審第1回公判調書中の被告人供述調書				
〔　　　　　　　　　〕		1	双方同　意	1	決定・済	3
（　　　　　　　　　）					

※　差戻し前の第一審手続の調書等を利用できると解した場合の記載例である。
※　検察官請求分のカードについては，差戻し前の第一審の証拠について，原則どおり「標目」欄及び「立証趣旨」欄を記載した上で，一括記載をしている。

ウ　差戻し審での新たな証拠調べ

差戻し審において，ア，イ以外で新たに証拠調べがなされた場合は，通常の第一審のカードと同様に記載する。差戻し審では，第1回公判前にも証拠調べの請求をすることができるので（規則217②），その場合もカードに記載することになる。

[*7]　例えば，「標目」欄に，複数の証拠をまとめて「差戻し前の第一審第1回公判期日で取り調べられた各証拠」等と記載する方法が考えられる。

第7章 破棄差戻し審におけるカードの記載

【参考】

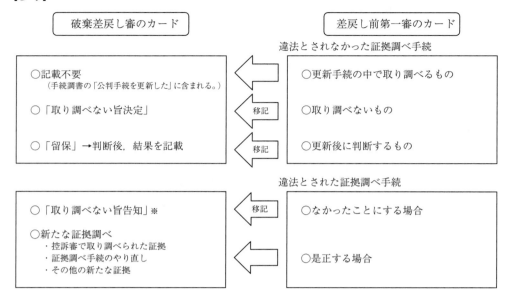

※ 「取り調べない旨決定」と記載する例もある（264頁参照）。

第2 破棄差戻し後の控訴審手続

　上告審から控訴審に事件が破棄差戻しされた場合の控訴審のその後の手続に関しては，刑訴法上何らの規定もない。したがって，控訴審の構造と上告審の破棄差戻しの判断内容及びその拘束力を検討し，差戻し後の第一審手続と同様の審理方式をとることになるので（控訴審の研究221以下参照），カードを含む公判調書の記載も，破棄の態様に応じて異なる記載がなされることになろう。

　控訴審で公判手続の更新をするにあたっては，上告審の手続も更新の対象となるかが問題となるが，上告審は，法律審としての色彩が強く，上告審における事実の取調べの方法も資料を公判廷に顕出*8すれば足りるとされ（最判昭41.12.9刑集20-10-1107），事実審のような証拠調べの方法によっていないことから，上告審の手続は，更新の対象とならないと解される（佐藤・証拠法体系Ⅳ 156参照）。

＊8　当該証拠を公判廷に提出し，訴訟関係人に閲覧させ，当事者に争う機会を与えた上，記録に編てつするものである。上告審における事実の取調べの方式として定着している（大コンメ(9)641参照）。

第8章　再審請求事件におけるカードの記載

第1　再審事件の概要

　再審は，確定した有罪判決に対し，その事実認定の誤りを是正するために認められる非常救済手続であり（法435），有罪の言渡しを受けた者の利益のために認められるもので，一定の事由（法435ないし437）があるときには，既判力をくつがえして再審理をする制度である。

　再審の手続は，再審を開始するかどうかを審査する再審請求手続と，再審開始決定の確定後に事件について審判する再審公判手続の二段階に分かれている。再審開始決定後の再審公判手続については，カード様式等通達上，証拠等関係カードを使用することとされており，また，再審開始決定前の再審請求手続についても，必要に応じカードを使用できることとなっているので，ここでは，カードの記載に関連する再審請求手続における事実の取調べの手続及び再審公判手続における証拠調べ手続について述べる。

第2　再審請求手続

1　事実の取調べの手続

　再審の請求があったときは，裁判所は，請求手続の適法性，再審理由の有無について調査した上で審判をするのであるが（法446ないし449），再審請求についての審理は，決定手続であるから，必要があれば事実の取調べをすることができる（法43Ⅲ，445）。事実の取調べは，規則33条3項の認める証人尋問及び鑑定に限らず，押収，捜索，検証，通訳，翻訳等の強制処分もなし得るほか，再審請求者，参考人等を審尋することもできる。また，別件訴訟記録の取寄せ，検察官から当該訴訟事件の公判未提出記録の取寄せ，公務所・公私の団体に対する照会（法279）等もできる（条解1143参照）。なお，再審請求書及びこれに添付された証拠書類等（規則283）を閲覧検討することや再審の対象とされた確定事件の訴訟記録を調査することは，当然なすべきものであり，ここでいう事実の取調べには含まれない（条解1143参照）。

　この事実の取調べの方式については，全く規定するところがなく，その手続に関しては，従来，職権主義的に行われていたようである（三井・刑事再審の研究167参照）。すなわち，再審請求手続は，専ら再審を開始するか否かを決める手続であって，事件そのものについての審判手続ではないことから，手続自体は非公開で，請求人による証拠調べの請求も権利の行使ではなく，単に職権発動を促すに過ぎないものとして，裁判所はその取調べ請求に対し許否の決定をなす必要はないとし（大決昭13.2.18刑集17-60），事実の取調べの要否，範囲，方法，程度等は，裁判所の合理的な裁量に委ねられるとしている（最決昭28.11.24刑集7-11-2283）。

　これに対し，確かに再審請求手続は再審を開始するか否かを決める手続ではあるが，それは一種の訴訟手続であることに違いはなく，また再審理由の中心といえる法435条6号をみればわかるように，その内容は事実の取調べ（法445）が主軸をなし，同号にいう「明白性」は罪責問題そのものとはいいにくいがそれに近いものであるということ

第8章　再審請求事件におけるカードの記載

から，最近の実務の傾向としては，事実の取調べの際の当事者の立会い[*1]，尋問権の保障など，徐々に当事者の関与を認めるものとなっているようである（三井・前掲参照）。

再審請求事件における事実の取調べは，犯罪事実の存否を判断するためになされるものではなく，再審請求の理由の有無を調査するためのものにすぎないから，厳格な証拠調べ手続による必要はないものとされている。しかし，前述のとおり，適正手続の保障，当事者主義の視点から，事実の取調べについても，一般公開という点を除けば，通常の公判手続と基本的に同様の手続運用が行われる事例もあるようである。

事実の取調べとして証人尋問や押収などの手続が行われた場合には，一般の定めに従って証人尋問調書や押収調書を作成すべきであるが，その他の任意の方法による事実の取調べを行った場合であっても，再審請求に対する決定が上訴の対象となることから（法450），これを何らかの方法で記録にとどめておくべきである（条解1144参照）。特に，関係人を審尋したような場合は，公判調書に準じた形式で，事実取調べ調書又は審尋調書を作成する方法も考えられる。

2　カードの記載について

再審開始決定前の再審請求事件は，カード様式等通達が適用される事件ではないが，必要に応じカードを使用することも差し支えないとされており（カード解説2参照），再審請求手続において事実の取調べがなされた場合には，カードを利用してその経過を記載することができる。

記載方法については，通常の訴訟手続における記載要領に準じ，請求者，職権ごとにカードを起こし（当事者に取調べの請求権がないとして職権によって行う場合は，職権カードのみ起こすことになる。），適宜カードの「標目」欄，「請求」欄，「結果」欄等を利用して，取調べの経過を記載すればよいと考える。その場合，調書の一部にはならないため，カードの冒頭部分の「調書と一体となる」旨の文言は不要な記載ではあるが，わざわざ削除するまでの必要はないと思われる。また，通常の訴訟手続における証拠調べとは異なり，「立証趣旨」欄，「意見」欄など，必ずしもカードの全ての欄を記載する必要はないであろうが，事実取調べの手続の経過をどの範囲で把握するためにカードを利用するのか，カードの利用目的に応じて，適宜の欄を記載すればよいと思われる。

このように，カードには事実の取調べの手続に関しては不要な部分があることや，再審開始決定により再審公判手続が開始されると，当然にカードを使用するので，後述のとおり記録の編成の面で紛らわしい結果となることも考えられることから，この段階では，カードを利用するよりも，むしろ適宜の様式で「標目」，「請求」，「結果」欄等を記載した「事実取調べ経過表」等を作成し，事実の取調べの経過を記載するのも一方法かと思われる。

[*1]　立会いの機会を与える方法は，適宜な方法により，証人尋問の日時，場所を告知すれば足りる（条解1143参照）。

【記載例1】再審請求事件における事実の取調べ経過につきカードを利用する場合

［弁護人］

1　証人　○○○○ 〔（省略）　　　2時間〕 （　　　　　　　　　　）	26. 10. 24			26. 10. 30	26.11.16 ○○大学で 尋問・喚問	
				26. 11. 16	施　行	
2　○○医科大学病院に 対する照会 〔　　　　　　　　　　〕 調査事項　○○○ （　　　　　　　　　　）	26. 10. 24			26. 11. 28	回　答	26.11.28 通知済
3　DNA型鑑定 〔　　　　　　　　　　〕 被害者の衣服に付着した犯人の DNA型と被告人のDNA型の 異同 （　　　　　　　　　　）	26. 12. 1			26. 12. 11	鑑定人尋問実施	鑑定人○○○○
				27. 3. 16	鑑定書提出	

※　事実の取調べ経過につきカードを適宜利用した例であるから，カード各欄の記載は本来の記載方法とは異なる。

第3　再審公判手続
1　審理の方法

　再審開始の決定が確定した事件については，その審級に従い，さらに審判しなければならない（法451 I）。「審級に従う」とは，原判決をなした裁判所が第一審であるときには第一審の手続により，控訴審・上告審であるときにはそれぞれ控訴審・上告審の手続に従って再審の公判審理を行うという意味である。しかし，すでに一度審理を経た事件についての再度の審理であることから，通常の公判と全く同様とは考えられておらず，第一審の手続の場合でも，起訴状謄本の送達は必要とせず，予断排除に関する規定の適用もないとされている（大コンメ⑽451 参照）。

　再審公判手続における審理方式に関して定めた規定は，法451条以外に存しないことから，①原確定判決の手続とは全く別個の手続として，これと関係なく新たに進行させなければならないとする説（藤野・ジュリスト303-40，大阪高判昭39.9.13 高刑集15-6-510 参照）と②破棄差戻し・移送後の手続に準じ，公判手続の更新（規則213の2）と同様な手続をすれば足りるとする説（刑裁資73-57 参照）とがある。通説的には，②の破棄差戻し・移送後の手続に準ずるといわれており，破棄理由のいかんによって，原判決の基礎となった手続の全部が違法とされたときは初めから審理をやり直すべきであるが，手続の一部が違法とされたときはその部分の手続のやり直しをして更新すれば足り，原判決だけが破棄されたときは公判手続の更新をすれば足りるという説によってい

第8章　再審請求事件におけるカードの記載

るものと思われ，この見解によるときは，手続の違法を理由とする再審はないので，結局，公判手続の更新手続に準ずるということになろう（小西・刑事手続（下）1023参照）。

再審公判手続が公判手続の更新の方法によりなされた場合の証拠調べ手続に関しては，原確定判決の訴訟手続において取り調べられた証拠は職権で取り調べられるが，再審請求手続において提出された新証拠及び事実の取調べの結果においては，更新されるべき手続の範囲外のものであるから，当事者の請求又は職権により証拠調べを行うことになろう。

2　カードの記載について

再審開始決定後の再審請求事件では，証拠調べ手続の経過及び被告人の供述がなされたことはカードに記載する。

略式命令の確定事件で，犯人の身代わり又は交通事故の偽装等を理由として再審開始決定があった場合，略式命令事件は，公判手続を経ず，主として請求と同時に差し出される証拠書類及び証拠物によって審査される手続であるから，再審公判において公判手続を更新する余地はなく，検察官から，略式命令の際に取り調べられた証拠の中から必要なもののみ証拠調べ請求される。このような事例では，別に犯人隠避あるいは詐欺等の確定判決を経ている場合が多いであろうから，それら確定事件記録中の判決書や捜査書類，供述調書等の謄本が併せて証拠調べ請求されることになる。請求された証拠についての証拠調べ手続は，証拠調べ請求に対する意見の聴取，証拠採否の決定という通常の公判手続と同様の方法で行われるので，カードの記載に関しても，それと変わるところはない。

新たな証拠の発見（法435⑥）を理由として再審開始決定があった事件の再審公判で，破棄差戻し後の手続に準じて公判手続の更新の方法により審理がなされる場合のカードの記載に関しては，第7章第1の2(1)，259頁を参照されたい。再審公判において新たな証拠調べの請求があったときは，通常の公判手続におけるカードの記載と同様である。

なお，再審公判手続について，原確定判決の訴訟手続とは関係なく全く新たに手続を行うという方法によった場合も，第7章の【記載例9】（267頁）が参考になろう。

第3　再審公判手続

【記載例2】再審開始決定があった事件の再審公判の場合

［検察官］

番号　標目 〔供述者・作成年月日，住居・尋問時間等〕 立証趣旨 （　公訴事実の別　）	請求期日	意見 期日	意見 内容	結果 期日	結果 内容	取調順序	備考 編てつ箇所
1　実 〔(巡)○○○○　23.1.24〕 事故発生状況の指示説明状況 （　　　　　）		第1回公判番号1ないし12 請求・同意・決定・済・取調順序番号順に1					
2　巡 〔(被)　　　　　23.1.28〕 自己に過失があることを認めた事実 （　　　　　）							
3　略 〔○○○○　23.2.23〕 自動車運転過失傷害罪で略式処理された事実及びその内容 （　　　　　）							
4　検（謄） 〔○○○○　24.5.26〕 ○○が仮装交通事故を起こし保険金詐欺をした事実及び同人が受傷していない事実 （　　　　　）							
5　判 〔○○○○　25.1.29〕 ○○が仮装交通事故による詐欺罪で有罪判決を受け，裁判が確定した事実及びその判決内容 （　　　　　）							

第8章　再審請求事件におけるカードの記載

第4　記録の編成について
　再審の請求があった場合は，再審請求事件として立件され，「刑事再審請求事件記録」が編成される。記録の編成方法については，5分方式を定めた記録編成通達の適用の対象外であるため，①関係書類を編年体で編成する方法と②必要に応じて5分方式に準じた編成をする方法が考えられる。再審請求事件は，再審開始決定又は棄却決定により終結するのであるが，その間に事実の取調べがなされ，証拠等関係カードあるいは事実取調べ経過表等を作成したときは，編年体方式で記録を編成する場合は，同記録の適宜の箇所に編てつして差し支えない。考えられるのは，記録の冒頭部分，再審請求書の直後，記録の末尾等であるが，わかりやすさの面からいえば，請求書の直後が適当かと思われる。5分方式に準じた編成をする場合は，第2分類の冒頭に編てつすることになろう。
　再審請求事件について，再審開始決定がなされた場合は，さらにその審級に従い公判手続が開始されることになり，以後は5分方式により「刑事再審訴訟記録」が編成される。したがって，再審開始決定後の訴訟手続におけるカードは，同記録の第2分類の冒頭に編てつされることになる。
　なお，この場合，再審開始決定前の再審請求事件記録は，一括して再審訴訟記録の第1分類冒頭に編てつされるので（訟執資51-51参照），再審請求事件での事実の取調べに際し，証拠等関係カードを使用したときには，証拠等関係カードが記録の第1分類と第2分類の2か所にそれぞれつづられることになる。

刑事事件における証拠等関係カードの
記載に関する実証的研究－新訂－

2016年 6 月	第 1 刷発行
2017年 7 月	第 2 刷発行
2022年11月	第 3 刷発行

監　　修　　裁判所職員総合研修所
発 行 人　　松　本　英　司
発 行 所　　一般財団法人　司法協会

〒104-0045　東京都中央区築地１－４－５
第37興和ビル７階
出版事業部
電話　(03)5148-6529
FAX　(03)5148-6531
http://www.jaj.or.jp

落丁・乱丁はお取り替えいたします。　　印刷製本／中和印刷(株) (46)
ISBN978-4-906929-50-4　C3032　¥3500E